문화관광여가론

Cultural Tourism Leisure Management

Preface

코로나 19 팬데믹 이후 전 세계의 사람들은 그동안 소비하지 못하고 억제되었던 관광과 여가에 대한 욕구를 갈망하게 되면서 많은 돈과 시간을 소비할 준비가 되었다.

최근 세계적인 코리아 열풍으로 인해 대한민국의 문화, 관광, 여가에 대한 욕구는 우리나라 국민뿐만 아니라, K-문화, K-관광, K-여가 등으로 세계인들로부터 많은 관심과 사랑을 받고 있다.

현 정부에서는 내국인 관광 활성화는 물론 2024년을 외래 관광객 방문 2,000만 명 유치를 목표로 전 세계를 대상으로 적극적인 마케팅 활동을 펼치고 있다.

우리나라의 아름다운 문화유산, 금수강산, 음악, 드라마, 음식 등 K로 시작되는 수많은 관광 자원들이 무궁무진하다. 또한, 전국의 지자체들은 각 지역 특성을 살려서 국내외 관광객들을 유치하기 위해 많은 자본과 시간을 투자하고 있다.

현대인들은 다양한 이유로 인해 많은 스트레스를 받고 있으며, 이를 해소하기 위해 자신에게 적절한 수단으로 힐링할 수 있는 방법을 찾고 있다. 예를 들어, 조용한 곳에서 명상을 하거나 힘든 운동을 하면서 스트레스를 해소하거나 각자의 취미 활동을 통해서 일상생활을 유지하기 위해 노력하고 있다. 하지만 일상적인 공간에서는 이를 해결할 수 있는 부분이 충분하지는 않다. 따라서 사람들은 부족한 부분을 채우기 위해 교외나 타 지역의 관광이나 여가 시설 등을 통해서 해소 하거나 또는 해외여행 등으로 부족한 부분들을 채워가기도 한다.

MZ세대는 일보다는 자신의 여가와 관광 등을 경험하기 위해 돈을 버는 경우도 많이 있다. 기성세대는 도저히 이해하기 힘든 일이다. 기성세대 중에서도 많은 사람들은 아직까지 여가 활동에 대한 인식을 사치라고 생각하는 사람들도 있다.

기성세대의 여가 활동은 잠자기, 산책, 휴식, TV 시청 등 비용이 거의 들지 않는 활동이다. 지금부터라도 생각의 전환을 해야만 남은 인생을 행복하고 건강하게 살 수 있다는 것을 깨달아야 할 때이다.

현대 사회에서의 여가 활동은 모든 사람들에게 선택이 아닌 필수적인 요소로 자리 잡고 있다. 여가 활동은 남녀노소 모두에게 삶의 활력을 유지하게 하고, 건강한 삶을 살 수 있게 한다.

본 교재는 관광 관련 전공 학생은 물론, 남녀노소에 대한 여가 교육에 대한 기초 입문서로도 손색이 없도록 집필하였다.

본 저자는 학부에서부터 박사학위에 이르기까지 관광 경영을 전공하고, 신라 호텔에서 근무하면서 많은 경험과 노하우를 습득하였다. 현재까지도 문화 관광 여가와 관련된 업무를 지속하면서 끊임없이 연구하고 있다.

앞으로도 지속적으로 좋은 내용과 최신 자료 그리고 미래 지향적인 문화 관광 여가 교재를 집필하기 위해 심혈을 기울이고자 한다.

2025년 1월
대표저자 박 영 제

Contents

Chapter
1

**여가의
이해**

Chapter 2

여가의 유사 개념

Chapter
3

여가의
발전 배경

Chapter 4

여가 욕구 동기와 행동

Chapter
6

청년 세대
여가

Chapter
7

1인 가구
여가

Chapter
8

시니어
(Senior)
여가

Chapter
9

**가족
여가**

**여가
정책과
공급**

Chapter
11

**현대와
미래
여가**

문화관광여가론

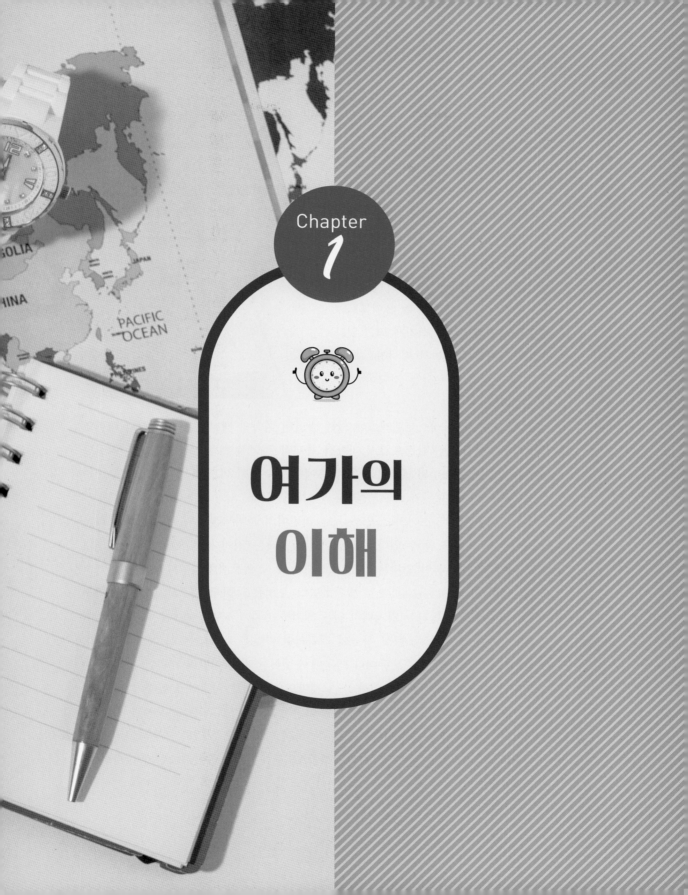

여가의
이해

1. 여가의 개념

여가를 등한시하고 사치스러운 것으로 여겼던 시절이 있었다. 지금의 여가는 모든 국민들의 필수적인 아이템이 되고 있다. 현대인에게 여가는 선택이 아닌 필수 요소로 인식되면서 여가를 삶의 일부로 여기는 사람들이 많아지고 있다.

현대인 중에서도 특히 MZ 세대들은 저축보다는 현재의 만족과 행복을 추구하는 경향이 두드러지게 되고 워라밸을 중요하게 되면서 럭셔리(luxury)한 현재의 삶을 추구하는 경향이 깊어지고 있다.

고대 그리스의 아리스토텔레스에 의해 발달된 여가의 개념은 자기 자신의 이해와 진실을 추구하기 위한 활동으로서 미학적·종교적·철학적 관점을 바탕으로 한 사고방식이다. 고대에는 소수의 권력층과 부유층에서만 누렸던 여가를 현대에서는 누구든지 당연히 누려야 하는 기본적인 권리로 인식하고 있다.

여가의 어원은 그리스어의 스꼴레(Schole), 라틴어의 라이세레(Licere), 로마어의 오티움(Otium)에서 그 의미를 알 수 있다. 그리스어인 스꼴레는 '정지, 중지, 평화, 평온'을 의미하고, 여가·학술 토론이 열리는 장소로 전해져 오고 있으며, 남은 시간(spare time)에서 자기를 위한 시간(time for oneself)으로 발전하였다. 오티움은 아무것도 하지 않는 소극적 상태를 의미하고, 스꼴레는 강제력이 없는 진지하고 자기 교양을 높이는 활동으로 예술, 철학, 학문, 스포츠 등 문화 창조의 적극적인 활동을 뜻한다는 학설도 존재한다. 스꼴레와 오티움의 개념은 노동이나 의무에서 벗어난 자유 시간적 개념이 강하며, 여가를 자기 수양이나 재생산을 위한 자기 계발의 시간으로 인식하고 있다. 따라서 여가는 '자기 수양의 개발을 위한 시간'에서 어원적 의미를 알 수 있다. 오늘날 이 용어가 영어의 school 또는 scholar의 뜻으로 변하여 전해져 오고 있다. 라틴어의 라이세레는 허락되다(to be permitted) 또는 자유스러워지다(to be free)란 뜻으로 오늘날 여가의 어원이 되었다.

표 1-1_ 여가의 유형

구 분		내 용				
Licere	Otium	아무것도 하지 않음	소극적 의미	잔여 시간	정신적, 육체적 평형 상태	
		여분		특별히 하는 일이 없는 시간		
		한가로움				
	Licere	허락되다		이완, 나태, 휴식		
		자유롭게 되다				
	Scole	학문	적극적 의미	자유 재량	정신적 발전 상태	
		철학		자기 향상		
		명상과 창조적 활동		자기실현		

출처: 조현호(2001), 여가론, 대왕사.

　우리나라에서는 영어의 Leisure를 번역하여 '여가'로 사용하고 있다. 여가(餘暇)는 단순히 남는 시간, 혹은 쉬는 시간의 개념이 아니라 문화, 학습, 자유, 예술 등의 함축적인 의미를 지니고 있는 매우 폭넓은 의미의 용어라고 할 수 있다.

　산업화에 따른 분업화, 기계화, 전문화 등에 의한 노동 시간의 감소에 비례하여 여가 시간이 증대되고 있다. 이로 인하여 현대 생활에서는 여가 시간을 어떻게 소비할 것인가에 대한 대중의 관심이 날로 증가하고 있으며, 앞으로 삶의 질을 결정하는 데 있어서 중요한 위치를 차지하게 될 것으로 예상된다.

　우리나라는 국민 소득의 향상과 라이프스타일의 변화로 어느 때보다도 삶의 질을 추구하는 경향이 갈수록 뚜렷해지고 있다. 삶의 질을 결정하는 요소는 가족 관계, 건강, 수입 등이 중요한 변수로 작용하고 있다. 하지만 이와는 상관없이 인간 누구나 자유롭게 자신이 좋아하는 활동들을 하고 싶어 하는 욕구를 가지고 있다. 즉, 여가 시간을 이용하여 자기 계발에 눈을 돌리고 있는 경향이 나이에 상관없이 증가하고 있다는 것이다.

　진정한 의미에서의 여가는 창조적, 문화적인 것이라 할 수 있으나 인간의 생활 전체 가운데에서는 창조적 활동과 무위 활동이 동시에 확장되어 가고 있다.

　여가 개념의 두 가지 기준은 〈그림 1-1〉과 같다. 여가는 이렇게 순수 직업, 순수 일,

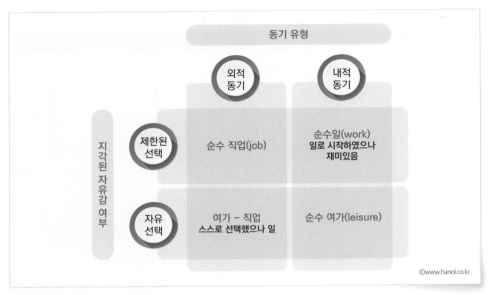

그림 1-1_ 여가 개념의 두 가지 기준

여가-직업, 순수 여가로 나눌 수 있다. 이것은 외적 동기, 내적 동기, 자유 의지로 선택했는지 따져볼 수 있는 선택의 성향에 따라 나누게 된다.

외적 동기란 외부의 영향력으로 인해 발생하는 동기이다.(예 출장, 업무 등)

내적 동기란 이와 반대로 자아 효능감, 성취감을 불러일으키는 순수한 근본 그 자체이다. 선택할 때 자유 의지가 들어가 있지 않다면 제한된 선택, 들어가 있다면 자유 선택으로 볼 수 있다. 즉, 완전한 여가는 내적 동기에 의해 내가 스스로 선택해서 하는 행동의 일체를 말하는 것이다.

1 여가의 정의

여가는 문화를 형성하며 여가에 대한 집합적인 지각은 여가의 중요성과 가치에 의해 변화할 뿐만 아니라 궁극적으로 정의되는 방식에 의해 변화된다. 여가는 여분(餘分) 혹은 잉여(剩餘)의 한가(閑暇)한 시간을 의미한다. 여분이나 잉여 시간은 여가의 자유 시간적 개념과 한가한 정신적 혹은 심리적 상태를 포함한다.

한국관광공사는 심신의 휴식 및 기회, 활동을 통한 즐거움, 적극적·소극적 즐거움, 창조적 자유, 해방감, 신체적·정신적 회복, 자아실현, 자발적 선택과 참여, 유익한 체험을 통한 반복적 이행, 생산적 활동, 사회적 논리에 따른 선(good)의 추구라고 정의하였다. 카플란(Kaplan)은 경제적 기능면에서 일과 대립, 유쾌한 기대감과 회상의 존재, 심리적 자유, 문화적 가치와 밀접한 관련성, 인간 생활 전체 영역에 영향을 주는 것이라고 하였다. 하비거스트(Havighurst)는 여가의 본질을 재미, 업무로부터 해방, 친구들과의 접촉과 교제, 새로운 경험 획득, 시간 보내기, 창조하는 기쁨으로 정의하였다.

　　여가는 사회 활동에 기초를 둔 현상으로 모든 사회화, 모든 상황에 맞게 여가의 정의는 변화하게 된다.

　　여가에 대한 정의는 크게 세 가지로 구분된다.

　　첫째, 여가는 의무적으로 구속된 시간과 대치되는 개념이다.

　　구속받지 않는 잉여 시간이 곧 자유 시간이자 여가이며, 여가를 자유 시간으로 보는 관점은 이용할 수 있는 시간의 질적 측면과 참여를 유도하는 여러 가지 관광 자원을 간과한다. 여가를 누리는 자유에는 계층, 생애 주기, 인종, 젠더(gender, 사회적 성역할)와 같은 구조적 결정 요소가 있다.

　　둘째, 여가는 여가 행동을 할 때만 성립한다.

　　이 관점에서 여가는 분명하고 객관적인 모습을 지니고 있다. 여가 시간에 수행되는 활동인 레크리에이션의 정의와 일정 부분 겹치게 된다. 이런 관점에서 여가의 정의는 가치와 동기에 따라 달라지게 된다.

　　셋째, 여가는 마음의 태도로 즐거움, 복지, 개인적 만족에 근거한다는 관점이다. 여가는 시간을 사용하는 방법에 의해 정의되어야 하며 시간 자체가 아니다. 이 개념은 여가 행동의 자발성이라는 속성을 과장하고, 개인의 선택 범위에 대한 사회적 한계가 있음을 간과한다.

　　여가는 의무적인 삶에서 오는 긴장을 해소하거나 공허감에서 벗어나게 해 정신적, 육체적인 균형을 유지시켜 줄 수 있다. 그리고 여가 생활에서의 성취를 통해 자존감이 향상될 수 있으며, 여러 사람과 함께하는 집단 여가를 통해 집단 내 문화와 가치를 학습하고 소속감을 키울 수 있다.

여가는 의무로부터 벗어난 상태이고, 올바른 사회생활을 하고 문화를 즐기며 인생을 정상적으로 영위하기 위해 행동하는 무엇인가를 지칭한다. 또한 생리적 필수 시간과 노동 시간을 제외한 여가 시간에 본인이 자유롭게 선택한 어떤 생활에서 기쁨, 만족감, 나아가 자아실현을 하는 것으로 정의할 수 있다.

여가는 하나의 행동 카테고리가 아니라 행동 양식으로서 오늘날의 여가 현상은 노동과 가정 생활 및 문화 전체에 걸쳐서 여러 가지 형태로 나타나고 있다.

(1) 여가를 보는 다섯 가지 관점의 정의

여가의 정의는 대개 다섯 가지로 분류하여 정의하고 있다. 여가는 단순하게 하나의 정의로서 결론을 내리기에는 다소 무리가 있기 때문에 다음과 같이 다양한 관점에서 정의를 살펴보기로 한다. 이는 시간적, 활동적, 상태적, 제도적 그리고 모두를 포함하는 포괄적인 관점으로 정의된다.

① 시간적 정의

가장 오래되고 보편적인 여가 기준은 '남는 시간으로서의 여가' 개념이다.

시간 개념의 정의는 인간은 직업이나 생활 양식 등에 따라 다소 다르겠지만 일반적으로 일상생활의 반복에서 크게 벗어나지 않는다. 인간의 생활 시간을 세 가지로 나누게 되는데, 생활 필수 시간, 노동 시간, 자유 시간이다. 하루 24시간의 생활 중에서 노동 시간을 의미하는 구속된 시간과 생리적 의미의 기본 시간을 의미하는 생활에 필요한 필수 시간을 제외한 나머지는 자유 시간을 의미한다. 이에 여가는 단순한 자유 시간이 아닌 개인의 성장과 발전을 위해 자신만의 가치를 추구하는 시간으로써 그 범위를 확대하고 있다.

여가는 인간이 생존하기 위해 필수적인 시간인 노동 시간을 제외한 나머지 자유 시간을 의미한다. 다시 말하면, 구속되지 않고 자기 판단과 선택으로 사용할 수 있는 자유 재량적 시간이라고 정의되고 있다. 자유 재량적 시간은 개인들이 여가를 경험하기 위한 그들의 의지를 표현하기 위해 자율적으로 선택할 수 있는 자유를 가지게 되는 것이다. 시간으로서의 여가 개념은 여가를 활용하는 사람에 의해 지역적, 문화적, 역사적으로 비교함에 있어서 의미 있게 생각되기 쉽겠지만, 여가를 선택할 때 여가를 즐길 수 있는 양을 선택하기보다는 질적인 여가를 선택하는 것이 중요하다고 할 수 있다. 질적인 여가를 활용하여 개인의 여가 활동을 확장하고 높은 성과를 가지는 것이 중요하다. 여가의 시간적 정의는 여가 자체를 계량화하기가 용이하다는 이유에서 많이 활용되고 있다.

켈리와 크라우스(Kelly&Kraus)는 여가 시간을 두 가지 관점에서 정의하였다.

첫 번째 관점은 여가 시간을 잔여 시간, 즉 의무적인 활동에서 남는 시간으로 보고 있다. 이러한 여가 시간은 비계획적으로 발생하는 것이며, 선택되지 않은 시간으로 보고 있다. 여가 활동에 있어서 이러한 시간은 우연한 기회, 조직화되지 않은 여가 활동 기회를 제공해 준다.

두 번째 관점은 여가 시간을 일이나 생활 필수적인 활동에서 남는 자유 재량적인 시간으로 보는 것이다. 자유 재량적인 시간은 여가 경험에 대하여 개인에게 선택과 자율성, 자유를 제공해 준다.

② 활동적 정의

여가에 대한 활동적 정의는 시간적 여가 개념에서 여가를 활동으로 인식하는 것이다. 즉, 여가를 활동의 내용에 따라 정의하면 여가는 자유 시간 내에 이루어지는 자유로운 활동이나 체험으로 정의할 수 있다.

여가의 결정 요인은 활동 내용이 중요한 역할을 하고 있으며, 인간 활동을 보상적 활동, 가사 활동, 사회 종교적 활동, 자기실현적 활동 등 네 가지로 구분하면서 자기실현적 활동에 속한다.

여가에 대한 활동적 정의는 두 가지 문제가 대두된다.

첫째, 활동으로서의 여가는 레크리에이션 개념과 동일해진다는 점이다.

둘째, 여가와 연관된 사람에게는 노동과 연결된 것으로 인식될 수 있다. 여가는 개인이 생활의 만족을 위한 질(quality)을 추구하고자 자유로이 선택하는 활동으로서 수면, 식사, 노동과 같이 일상화된 활동이 아닌 것을 말한다.

③ 상태적 정의

여가의 상태적 정의는 '물질적인 것으로부터 마음을 비운 심리적 상태 혹은 경험의 상태'로 여가를 통하여 무엇인가를 달성하고자 하는 것이 아니라 그 자체가 목적으로 여겨지고 있다. 따라서 여가를 단순히 시간적인 관점에서 정의하는 것이 아니라 참여하는 활동이나 참여자의 정신적 상태에 의해 정의하는 것이며, 시간이나 활동의 개념으로 정의하는 것은 다소의 문제점이 존재한다.

가령 스포츠의 경우 현상적으로는 활동으로서 여가의 범주에 들지만, 만약 이것이 직업이나 의무로서 실시될 때 스포츠는 일이 된다. 그 시간은 자유 시간이 아니라 의무적 구속 시간이 되기 때문이다. 이러한 문제점 때문에 여가와 비여가의 구별은 여가를 즐기는 행위 주체의 동기나 목적이라는 주관적인 요인에 의해서 여가를 정의하는 경우가 많다.

④ 제도적 정의

여가의 제도적 정의는 여가의 본질을 노동, 결혼, 교육, 정치, 경제 등 사회 제도의 상태나 가치 패턴과의 관련성을 검토한 것으로 그 내용은 다음과 같다.

1960년대 미국의 여가 학자인 카플란(M. Kaplan)에 의하면, 여가는 경제적으로 자유시간의 영역에 속하며, 참여자에 의하여 여가로 인식되고, 잠재적으로는 모든 영역의 의무와 노력을 포함하여 자기 계발을 하게 되고, 타인에 대한 기여를 하게 되는 자율적 활동 경험이라고 하였다. 베블렌(T. Veblen)은 상류 사회 계층의 상징으로 규정하고 있으며, 그들의 여가는 시간의 비생산적인 소비와 과시적 소비 그리고 금전의 과시적 소비로 볼 수 있어 노동으로부터 해방되어 여가를 향유한다는 것은 부의 증거이며, 높은 사회 계급을 의미하기도 한다고 하였다.

인간 생활에는 노동과 여가라는 두 가지 측면이 있는데, 이는 인간이 삶을 영위하는 데 있어서 노동으로부터 생기는 피로, 권태감, 압박감에서 해방됨으로써 에너지를 보충하여 재생산하는 수단으로 여가의 본질을 정의할 수 있다.

현대 사회에서 여가는 생활의 목적이 되지만, 노동은 여가 생활을 가능하게 하는 수단적 역할로 변질되어 가고 있다. 이와 같은 상황에서 여가는 노동과 대립 개념이지만 이 두 가지 요소는 제도적인 차원에서 상호 보완적인 관계로 유지되고 있다. 현대인들은 의식적으로 여가 활동을 통해서 그들의 이미지를 표현하려고 한다.

산업 사회에서는 경제적 부의 정도에 따라 소비가 좌우된다고 본다. 이는 소득 수준과 신분이 높을수록 여가 형태, 지출 규모, 여가의 운용 방식이 달라지게 되면서 고가의 상품이나 여가 장비를 선호하게 된다는 것이다. 여가 활동에 필요한 상품이나 서비스는 여가를 소비하는 사람의 이미지나 사회적 신분을 나타내는 명백한 외적인 상징이 되고 있다.

⑤ 포괄적 정의

여가는 복합적이고 다양한 면을 가지고 있으며, 어느 한쪽 측면으로는 여가의 본질을 충분히 설명할 수 없다. 여가의 요소들은 노동, 놀이, 교육, 기타 사회적 영역에 이르기까지 인간 행동의 모든 측면에서 나타나고 있어서 복합적이면서 다양한 면을 가지고 있는 것을 알 수 있다.

따라서 여가의 포괄적인 정의는 시간적, 활동적, 상태적, 제도적 요소가 적절하게 배합된 복합적인 속성을 가지고 있다. 현대 사회에서의 여가를 제대로 파악하기 위해서는 여가에 대한 포괄적인 요소들을 집대성할 수 있는 개념에 대한 정의가 필요한 시점이다.

📍2 여가의 본질

사회가 점점 첨단화되어 가고 있는 현실에서 여가의 개념도 이에 발맞추어 변화해 가는 것이 현명할 것이다. 인류 역사의 흐름 중에서 가장 크고 강력한 영향을 끼친 여가라는 개념은 인간 세상의 모든 분야와 밀접한 관계를 맺고 있기 때문에 앞으로 점점 더 첨단화되어 감에 따라 여가의 지위는 더욱 향상될 것으로 예상된다.

예를 들어, 경제적으로나 사회적으로 발전이 이루어지면 그에 따른 여가도 밀접한 관련성을 지니게 된다. 여가가 개인적으로나 사회적으로 비중이 커지게 되면서 그에 상응하는 여가의 역할 또한 더욱 증가하게 된다.

여가의 본질은 경제적인 기능면에서 일과 대립되어 있으면서 심리적인 자유를 느끼는 것으로 전체적인 생활에 영향을 주게 되는 것을 말한다.

여가는 개인의 성격, 가치관, 경제력, 사회적 지위, 신분, 성별, 학력, 관습에 따라 그

이용 방법이나 내용, 질, 수준 등이 비슷하고, 그에 대한 결과는 긍정적이거나 부정적으로 나타난다. 하지만 그에 따른 본질은 동일하게 나타난다.

여가는 삶의 질을 향상시킬 수 있는 매우 중요한 요소로 인식되고 있으며, 인간으로 하여금 자유, 활동 및 창의적인 능력의 발현을 모두 경험할 수 있도록 하는 가장 효과적인 수단이라고 할 수 있다. 또한 우리 주변에서 항상 존재하는 생활의 일부로서 내적인 동기가 자발적으로 생겼을 때 스스로 행하는  과정이며, 이때 행하는 활동이 바로 여가이다.

현대인에게 여가는 일상을 유지하기 위한 휴식과 같은 것으로 필수적인 요소이다. 현대인의 여가는 시간이 남아서 하는 활동이 아니라 개인적인 측면에서 건강을 유지하고 정신을 재충전하며 사회인으로서의 적응 능력을 강화할 수 있다. 사회적인 측면에서 사회 통합과 정신적 소외감을 줄이면서 성숙한 여가 문화를 가능하게 한다. 자본주의로 인한 여가 형태 변화를 그대로 수용하기보다는 여가의 개념들을 바르게 이해하고 적용함으로써 내재적 만족을 얻을 수 있도록 해야 한다.

여가의 본질은 다음과 같이 세 가지로 나눌 수 있다.

첫째, 노동으로 인한 긴장과 피로를 일시적인 휴식을 통하여 신체적·정신적으로 회복하게 하고 노동 재생산을 위한 촉매, 촉진 요소로서 작용하게 된다. 이러한 작용으로 여가는 일에 대한 보람과 성취를 느끼고 삶의 즐거움을 추구할 수 있게 된다.

둘째, 여가 활동은 제한된 공간 내에서 이루어지는 것으로 복잡한 환경에서 살아가는 현대인에게 스트레스 해소에 도움을 주고, 대인 관계 개선, 친목 도모, 그리고 직장과 삶에 대한 새로운 활력과 충전을 할 수 있는 역할을 하게 된다.

셋째, 여가는 사회생활과 자기 계발에 활력을 주는 중요한 역할을 하게 되고 건전한 레크리에이션을 통하여 개인의 기본적인 욕구 충족과 삶의 활력을 불어넣을 수 있는 역할을 하게 된다. 또한 여가 활동으로 인해 자신이 원하는 여가 형태를 선택함으로써 삶의 의미를 찾게 되면서 자아실현을 할 수 있는 기회를 가지게 된다.

(1) 카플란의 여가 본질 요소

① 인본주의적 개념

중국이나 고대 그리스의 사상과 같이 여가 자체를 인생목적으로 여기면서 사색하고, 예술을 즐기며 인생을 찬미하는 노동 없는 여가주의를 행할 수 있다.

② 요법적인 개념

노동에 상대적인 여가야말로 피로한 현대인의 스트레스를 해소하고 정신적, 육체적인 면에서 재충전이 될 수 있게 하는 것으로 보고 일을 위한 수단으로 취급한다.

③ 계량적인 개념

생리적·노동적인 일을 마친 후의 잔여 시간 모두를 여가 시간으로 보고, 상대적인 시간의 양이나 범위만을 강조하는 것으로, 공백 시간도 진정한 여가 시간으로 볼 수 있는가에 대한 논란의 여지가 있다.

④ 제도적인 개념

여가는 경제 활동, 자유 시간 내의 활동으로 참여자들이 이러한 영역 활동에 있어서 규범과 제약적인 의무와 노력을 수반한다. 위락으로써 개인 발전과 타인에 대한 기여를 도모하는 자율적 활동 경험을 중시, 여가를 사회 제도화하고 가치적 의의를 규정하고자 한다.

⑤ 인식론적 개념

익숙한 게임을 하는 것과 같이 현실적인 생활을 되풀이하거나 분석하는 것으로, 미적 정서를 현실적으로 변형시키는 것을 인식론적인 차원에서 가정적, 분석적, 미학적으로 개념화하려는 것이다.

⑥ 사회, 심리학적 개념

사회 내의 노동과 대립, 자유 활동 및 자발성, 기대 및 회상 등 여가의 구성 요소가 노동, 가정, 교육 등 실생활의 모든 부분에 관련되는 것이다. 이는 여가 자체만으로 성

표 1-2_ 여가의 유형

유 형		구체적인 여가 활동 사례
정신적 여가 활동	지적 여가 활동	독서, 토론, 글쓰기, 바둑 등
	미적 여가 활동	각종 예술 감상, 음악, 만들기 등
	정신 회복 여가 활동	명상, 휴식 등
사회적 여가 활동		게임, 사교 클럽, 자원봉사 등
신체적 여가 활동		각종 운동 등
소모적 여가 활동		게임, TV 시청, 인터넷 등

립되는 것이 아니라 그 어떤 것도 생활과 분리될 수 없다는 면에서 사회, 심리학적 상관성을 가진다.

여가 선호는 어떤 여가 활동 참여가 바람직한 상황이라고 믿는 것으로 '여가 활동 참여에 대한 선호'를 말하며, 여가 선호를 통해서 여가 활동 참여를 이해할 수 있다. 여가 선호 측정 방법은 여가 활동 중에서 어떠한 여가를 좋아하는지 선정하도록 하거나 활동에 대한 선호 정도를 표시하게 하는 방법이 있다.

3 여가의 의미와 중요성

여가는 많이 사용하는 말이지만 생애 설계에서의 여가는 다른 의미로 사용된다. 생애 설계에서 여가는 하루 24시간 중 신체적·생리적 기본 욕구 충족, 의무적인 가사, 직업·사회 활동, 사회 참여, 봉사 활동, 건강 증진, 자기 계발 및 영적 활동 시간을 제외한 나머지 시간의 활동을 말한다. 여가의 의미는 속성과 기능을 생각해 보면 더 잘 이해할 수 있다. 여가 활동의 기본 속성은 대체로 일곱 가지로 정리할 수 있다. ❶ 경제적 기능을 하는 일과 반대되는 것, ❷ 즐거움을 가지고 기대되고 즐거운 것으로 회상할 수 있는 것, ❸ 비자발적으로 사회적 역할을 수행해야 하는 의무성이 최소한인 것, ❹ 심리적으로 자유를 느낄 수 있는 것, ❺ 문화적 가치에 위배되지 않는 것, ❻ 중요성과 심각성의 정도가 다양한 것, ❼ 가끔 놀이의 요소를 포함하고 있는 것 등이다. 여가 활동과 관련되는 개념으로 '놀이'와 '레크리에이션(recreation)'이 있다.

'놀이'는 여가 활동의 한 형태이고 '레크리에이션'은 여가 활동 기능의 하나인 재창조 면에서 본 여가 활동을 말한다. 여가는 우리 삶에서 휴식의 기능, 기분 전환의 기능, 자기 계발과 재창조의 기능 등을 가지고 있다. 일상에서 우리는 의무와 책임이 주어진 일이나 학습이 많은 경우 신체적·정신적 스트레스와 피로가 따르기 때문에 쉬지 않고 계속 일을 하면 에너지가 소진될 뿐 아니라 건강을 해칠 수 있다. 여가는 스트레스와 피로를 회복하고 에너지를 재충전해 창의적으로 일할 수 있도록 일정 시간 동안 일에서 해방되는 휴식의 기능을 제공한다. 우리는 대체로 단조롭고 변화 없는 일상이 싫증나거나 게을러져 권태에 빠질 수 있다. 여가는 이런 단조로운 일상에 기분전환의 기능을 가지고 있기 때문에 권태를 예방하는 기능을 한다. 또한 일에서 요구하는 의무와 책임에서 벗어나 진정으로 자신이 원하는 활동을 할 수 있기 때문에 나의 교양이나 업무 능력을 높이고 에너지를 충전할 수 있는 계기를 만들어준다. 어떤 형태든 상관없이 여가가 없는 삶은 계속하기 어려울 뿐만 아니라 이런 삶이 계속된다면 삶에서 의미와 만족을 찾기 어렵게 된다.

여가에 대한 인식의 증가와 여가를 선호하는 사람들이 늘어남에 따라 여가에 대한 중요성은 더욱 확대되고 있다. 이에 대한 증거는 다음과 같다.

첫째, 더 나은 삶을 위한 행복의 중요성이 증가함에 따라 경제적 기반, 일 중심 가치관에서 여가의 중요성이 확대되는 가치관으로 점진적으로 변화하고 있다.

둘째, 20대 조사에 따르면, 여가 시간 보장을 위해 연봉 일부도 포기할 수 있다고 답한 사람이 89.2%라고 응답한 것으로 나타나면서, 젊은층일수록 여가 시간 확보 및 여가 활동에 대한 욕구가 매우 강한 것으로 인식되고 있다.

셋째, 디지털 및 정보 통신에 익숙한 MZ 세대(1981~2010년생)가 사회의 중요 세대로 등장하기 시작하면서, 4차 산업 혁명과 맞물려 새로운 여가 형태가 지속적으로 발전하고 있다.

넷째, 4차 산업 혁명과 시대 선도적인 MZ 세대가 형성해 나가는 여가 인식의 중심에는 웰빙, 일·여가와의 균형, 행복 추구 및 여가의 중요성이 강조되고 있다.

 2. 여가의 특성과 기능

 1 여가의 특성

여가는 일상적인 일과 관련된 것에서부터 벗어나 자유스러운 마음을 바탕으로 하고 있으며, 심리적으로는 즐거움을 향유함으로써 생활의 활력을 되찾게 되는 것이다. 여가를 통하여 심신을 새롭게 하고 다양한 경험을 하게 되면서 직장이나 가정 그리고 사회생활에서 새로운 활력소를 불러일으킬 수 있는 것이다.

현대인들은 매일매일 반복되는 업무와 생활에서 지친 상태로 여가에 대한 필요성은 인식하고 있지만, 비용과 시간 부족 그리고 이어지는 업무로 인하여 여가를 가질 여유가 없다. 이로 인하여 여가에 대한 인식 부족과 이유 때문에 다음과 같은 다양한 부작용을 가지게 된다.

❶ 현대 사회의 기계화와 관리화 정도가 진행될수록 인간성 상실이 문제시되고 있다.

❷ 일률적이고 단순함으로 개인의 몰개성화, 비개성화를 초래하여 자신만의 개성과 주체성을 가진 여가 활동을 할 수 없게 되면서 독창성을 가질 수 없게 된다.

❸ 직장이나 가정 등 생산 소비 국면의 일상성 가운데 개성적인 인간 능력을 발휘하려는 기회가 점차 감소하고 있다.

❹ 직장과 가정의 습관적 생활 국면을 넘어서 비일상성이나 인간 능력의 발휘 장소를 찾으려는 경향이 뚜렷하다.

❺ 급격한 산업화, 도시화의 진행으로 생산과 소비의 일상생활에서 급격히 자연스러움을 잃어가게 되면서 창조적인 활동은 여가 내에서만 이루어지는 현실로 이어지고 있다.

여가는 일상과는 다른 활동을 하기 위한 것으로 적극적인 의미를 가지고 있으며, 전적으로 자신의 선택으로 원하는 활동을 하기 위한 것이다. 활동 참가자에게는 직접적으로 즐거움이나 만족감을 주면서 자아실현의 욕구를 충족시킬 수 있게 된다. 따라서 여가는 다양한 특성을 가지게 되면서 사람들에게 여가에 대한 인식을 새롭게 하고 있다. 여가는 다음과 같은 특성을 가지고 있다.

(1) 일탈성(비일상성)

일탈이란 사회가 규정한 정도를 벗어난 행위로서 그 행위의 본질 또는 내재적 특성으로 규정되는 것은 아니다. 일반적인 관점으로서의 일탈은 부정적인 개념이 강하게 느껴진다. 하지만 지금에 와서는 비일상적인 개념과 같이 반복적인 생활이나 스트레스 해소 등 일상적인 활동에서 벗어나 일탈 욕구를 표현함으로써 주어진 현실을 극복하면서 창조적이고 활력적인 삶을 되찾을 수 있도록 하는 것이다.

여가는 일상적인 생활권을 벗어나서 이루어지는 것으로 경험하거나 체험할 수 없는 새로운 것을 추구하게 되는 것이다. 즉, 일상에서 먹고, 보고, 경험할 수 없는 것을 다른 장소에서 느끼고, 경험할 수 있는 것을 말한다.

인간은 일상과 일탈이라는 두 가지 이질적인 세계를 옮겨가며 살아가고 있다. 일하는 시간이나 주중의 통상적인 생활을 일상의 시간이라고 한다면, 놀이나 스포츠, 여행, 관광, 여가 생활, 종교적 의례, 축제와 같은 시간을 일탈문화로 여기고 우리의 생활과 함께 공존하고 있다.

현대인에게 일탈은 매우 중요하다. 일상에서 잠시나마 벗어나 새로운 세계를 경험한 후 몸과 정신으로 다시 일상으로 복귀할 수 있기 때문이다. 여가로 인한 즐거움은 비일상성, 일탈성을 체험하고 만족하는 데 있다. 여가는 우리가 일상에서 경험하기 힘들거나 시간적·금전적 여유가 부족한 부분들을 채워주는 역할을 하게 된다.

(2) 자유 선택성(Free choice)

인간은 자신이 가지고 있는 여러 가지 의무나 제약에서 벗어나게 되면 여가 시간의 활용은 전적으로 자신에게 달려 있다. 이러한 점에서 여가는 자발적인 것이며 자신이 좋아하고 하고 싶은 활동을 하는 것이다.

여가 생활에서의 참여하는 형태 또한 자유 선택에 의해서만 참된 여가로서의 가치를 가지게 된다.

여가의 참가 여부가 전적으로 개인의 자발성에 근거하는 것이라면 여가 생활에서의 참여 패턴도 자유 선택적 속성을 가지고 있어야 된다. 따라서 참된 여가는 외부의 어떠한 강요나 압력이 첨가되지 않은 순수한 자신만의 결정으로 하고 싶은 활동을 선택하는 것이어야 한다. 그럼에도 불구하고 여가를 즐기는 동안 사회적 제약을 받기도 하고, 대인 관계의 의무나 집단적 규율을 지켜야 하는 경우가 발생하기도 한다. 이는 진정한 여가라고 할 수 없다.

만약 타인으로부터 강요에 의한 여가에 참여하였을 경우 그것은 완전한 여가가 아닌 준여가(semi-leisure)라고 할 수 있다. 준여가는 여가를 즐기는 과정에서 의무성, 목적성, 상업성 등의 비여가적인 요소가 내포된 것을 말한다. 특히 민주적이며 선택의 자유가 보장되어야 함을 내포하기도 한다.

여가의 자유 선택성을 두 가지 차원으로 제시한 켈리(J. R. Kelly)는 네 가지 차원의 여가 형태를 제시하고 있다.

❶ 순수 여가는 행위자가 자유로운 선택을 하였으므로 노동과의 관계에서 독립성을 가져야 된다.(전체 여가 중 31% 차지)
❷ 보충적 여가는 자유 선택은 아니지만 노동과는 독립된 여가가 되어야 한다.(전체 여가 중 30% 차지)
❸ 조정적 여가는 행위자가 자유로운 선택을 하였지만 노동과 관련이 있는 여가가 된다.(전체 여가 중 22% 차지)
❹ 준비·회복적 여가는 선택의 자유는 없으나 노동과는 관계가 있는 여가가 된다.(전체 여가 중 17% 차지)

켈리의 여가 형태 중에서 순수 여가와 조정적 여가에는 자유 선택성이 내재하고 있으나 순수 여가를 제외하게 되면 나머지는 자유 재량성이 비교적 결여되어 있다. 보충적 여가, 조정적 여가, 준비·회복적 여가는 비록 노동과 분리되어 있다고 할지라도 노동과 여가가 결합되어 있는 형태로 묶여 있기 때문에 자유로운 여가를 가질 수 없다고 할 수 있다.

따라서 다른 사회 현상과 마찬가지로 의무의 개념을 완전히 벗어난 여가는 있을 수 없으며, 집단이나 조직 속에서의 여가는 약간의 사회적 구속력은 가지고 있다고 할 수 있다.

(3) 해방성(Free)

해방은 인간이 가져야 할 의무나 구속으로부터 자유롭게 되는 것이며, 자유롭게 된 상태에서 무엇인가를 해야만 하는 당위성을 말한다.

여가는 자신이 속해 있는 다양한 의무나 구속으로부터 벗어나야 하는 해방성을 지녀야 한다. 여가의 대상에 따라 약간의 차이는 있겠지만 여가 행위에 대한 대상과 시간이 가족, 가정, 사회로부터 완전하게 자유롭지는 못하더라도 어느 정도는 분리될 필요성은 있다.

인간은 누구나 일상생활에서의 만족감을 가지고 있을지라도 가끔은 지루함, 진부함, 단조로움과 같은 일상에서 벗어나 비일상적인 자유를 가지고 싶은 욕구를 가지게 된다. 따라서 여가는 의무로부터 오는 사회적 구속이나 개인에게 충분한 만족을 주지 못하는 일상적 활동으로부터 벗어나고자 하는 것이다.

진정한 여가는 여가 행위의 대상 및 시간, 가정과 사회로부터 어느 정도는 분리될 필요성이 있다. 시간적 의미로서의 여가는 생계 유지나 기타 타율적 제약이나 심리적 압박에서 벗어나 해방된 시간으로 일상생활을 유지하기 위한 필요성에 의해 제약을 받아서는 안 된다.

모우(A. Maw)는 여가의 해방성에 착안하여 여가의 모형을 구속성의 정도에 따라 완전 구속과 부분 구속으로 구분하고 있다.

구속성이 배제된 여가 생활의 유형으로 휴식, 스포츠, 놀이, 외식, TV 시청, 독서, 산보, 드라이브 등이 있으며, 일상생활의 제약적, 구속적 요소와 완전히 단절된 상태에서 행할 수 있는 것은 극히 제한되어 있으므로 '최소한의 의무로서의 여가'라고 표현하고 있다.

(4) 자기표현성(Self expression)

일반적으로 여가라고 하면 진지하지 못하고 질서정연하지 못한 행동으로 간주할 수 있다. 흔히 여가라고 하면 경박하고 진실성이 없는 여흥으로 간주되기 쉽지만, 여가는 어떤 의미에서 가치 표현에 몰두할 때 가장 진실할 수 있다. 다른 관점에서 살펴보면 심신 수양을 하는 진실된 면을 가지고 있다. 진정한 여가는 참된 자아를 구속하거나 제약하지 않고 최상의 만족을 느끼게 하는 활동이면서 인간의 참된 가치 표현에 집중할 수 있기 때문이다.

여가는 자기표현 활동으로 아무런 제약 없이 자아를 있는 그대로 충분히 표현함으로써 만족을 느끼게 되는 활동이다. 여가가 자기표현적 활동이라 할 때 신체적·정신적·정서적 자기표현을 의미한다. 삶에 있어서 자기표현과 자기 해방, 자기만족의 달성을 위한 수단으로서 내면 지향적 동기와도 관련이 깊다. 이와 관련하여 여가는 자유스러운 심성을 배양시켜 주고 가치 표현을 향상시켜 주기 때문이다.

현대 사회에서 복잡한 일상적인 생활에 의해서 진실한 자기표현성을 발휘하지 못하기 때문에 여가를 통하여 진정한 자신의 가능성을 표출하게 되는 점에서 중요한 역할을 한다. 사람들은 여가로 인해서 자신의 개성을 나타내고 인간의 가능성을 발휘하게 된다.

(5) 가치 창조성(Creation of values)

현대 사회에서 느끼게 되는 의무와 압박감에서 벗어난 여가로 인한 만족과 쾌락은 자신의 내면적인 가치와 감정을 충족시켜 주면서 진정한 여가의 의미를 느끼게 된다. 여가를 통한 만족감과 쾌락은 사회적 책임에서 오는 일상적인 압박에서 벗어나 내면적인 가치와 감정을 충족시켜 주기 때문에 여가의 기본적 요소로 작용한다.

여가는 순수한 즐거움(pure pleasure)을 얻기 위해서 영위되는 가치 창조적 활동을 말하며, 순수한 즐거움이란 즐거움 그 자체가 행위의 목적이 된다.

가치 창조적 활동이란 여가 활동에 참여에서 느끼게 되는 기쁨과 보람 등을 가지게 되고 자신의 삶의 만족뿐만 아니라 일상생활의 질을 더욱 풍요롭고 밝고 희망차게 하는 정신적 충족감을 느끼게 하는 것이다. 여가를 통한 즐거움은 그 자체가 행위의 목적이 되면서 삶의 보람과 의의를 가치 있게 하고 삶의 질을 향상시키는 역할을 한다. 여가에 있어서 가치의 창조성이 중요시되는 이유는 개인의 삶의 질을 측정하는 수단이며, 많은 사람들이 다양한 여가 활동에 많은 투자를 하고 있다.

(6) 노동 관련성(Work relation)

노동 관련적 여가의 특성은 일과 상호 의존적 관계이며, 일과 휴식을 제외한 자유 시간에 한정되고, 휴식 시간과 같이 분리되거나 분할된 시간을 의미하는 것은 아니다. 여가는 어느 정도는 일과 관련된 지속성이 유지된다. 따라서 여가는 노동과의 긴밀한 상호 작용 관계에 있다.

노동과 여가의 관계에 대해 파커(S. R. Parker)와 스미스(A. M. Smith)는 다음과 같이 확대 관계, 대립 관계, 중립 관계로 구분하고 있다.

첫째, 확대 관계(extension)는 노동과 여가의 구분이 불분명하거나 대체로 노동을 중시하는 형태로, 노동으로 인하여 자신의 능력을 인정받고 자아 성취감을 느끼는 것이다. 고도의 노동을 유지하면서도 여가의 필요성을 느끼게 되면서 자율적인 결정으로 여가 시간을 가질 수 있다. 대표적인 계층은 사업가, 의사, 엔지니어 등이다.

둘째, 대립 관계(opposition)는 노동과 여가의 구분이 뚜렷하게 구분되면서, 생활의 주 관심은 비노동 분야이다. 이러한 이유로 노동에 있어서는 자율성이 거의 보장되지 못하고 소극적인 능력을 가질 수밖에 없다. 대표적인 계층은 육체 노동자, 선원, 광부 등이 있다. 이들은 노동 이외의 활동들을 통하여 만족하는 생활을 얻고자 하며 노동에 대한 보상을 여가에서 찾으려는 경향이 강하다.

셋째, 중립 관계(neutrality)는 노동과 여가의 구분이 보통 수준이며, 생활의 주 관심사를 여가에 두기 때문에 노동에 대한 자율성이 대체적으로 부족하다. 대표적인 계층은 육체 노동자, 성직자, 소수의 전문가 등으로 능력 발휘의 정도가 낮은 경우이다.

뉴링거는 노동과 여가의 관계를 자유에 기준을 두고 인지하는가 아니면 제약에 기준을 두고 인지하는가를 중심으로 여가의 패러다임을 제시하고 있다. 자유를 지각하는 순수 여가, 여가화된 일(예정원 손질), 여가화된 과업(예게임, 도박)을 말한다. 따라서 순수한 일, 여가화된 과업, 순수한 과업 등은 여가로 볼 수 없다.

노동 연관성 여가의 특성은 일과 상호 의존적인 관계에 있으며, 일과 휴식 시간을 제외한 나머지 자유 시간에 한정하는 것이 타당하다.

(7) 생활 양식성(Life style)

현대 생활에서의 여가는 비일상적인 현상이 아닌 일상적인 활동으로서의 역할을 하는 삶의 일부가 되고 있다. 쇼우(S. M. Show)는 생활 양식을 대상으로 여가의 중요성을 연구하였다. 분석 결과에서 자유 시간 부분의 여가 속성이 86%로 가장 많았으며, 개인적 일부분인 여가는 59.7%, 자녀 양육 부분은 42.5%로 인간의 총 생활 중에서 여가의 속성은 35% 정도로 나타났다.

현대인의 여가는 전체 생활 중에서 노동과 의무로부터 상대적으로 독립된 것으로 존재하며 동시에 상호 관계를 통하여 건전한 생활을 위한 긍정적 기능을 유지하고 있다.

(8) 자아실현(Self actualization)

여가는 사람들의 정신적, 신체적인 발달에 많은 영향을 미친다. 업무와 관련되지 않고 자발적인 의지에 의해서 이루어지는 여가는 업무와 관련된 스트레스 해소는 물론 평소에 발달하지 못했던 자신의 잠재 능력을 깨우게 되면서 자기 발전과 자아실현을 추구할 수 있는 기회를 가지게 해준다. 자발적인 선택과 경험에 의해 이루어지는 여가는 자신에 대한 만족, 충실, 성취감을 얻게 되고 새로운 도전과 사고력을 가지게 되면서 자신의 성취 목표를 달성할 수 있게 한다.

여가를 통한 자아실현의 목표 성취는 즐거움과 행복감을 느끼는 동안에 쉽고 빠르게 성취할 수 있으며, 이는 취미 활동을 넘어서 자신과 지역 또는 그 이상의 물질적, 경제적 이득을 가져올 수 있다.

2 여가의 기능

오늘날 여가 현상은 노동, 가정 생활, 문화 및 사회 전반에 걸쳐 기능과 형태가 다양하게 나타나고 있다. 여가의 기능이라 함은 개인이 가지고 있는 여가 활동에 대한 주관적인 생각으로서 비교적 일관성 있는 여가 활동 능력으로 여가를 통해 나타나는 여러 가지 효과적인 결과를 의미한다.

여가의 기능에는 개인에 대한 기능과 사회에 대한 기능으로 나눌 수 있다.

개인에 대한 기능에는 휴식, 기분 전환, 자기 계발 기능을 들 수 있다. 휴식은 육체적 피로의 회복, 즉 노동이나 사회생활에서 오는 육체적·정신적 피로를 회복시키는 역할을 한다. 기분 전환은 보충적 경험이나 일상과 관련된 상황으로부터 탈피하면서 정신적 스트레스로부터 해방감을 경험할 수 있다. 자기 계발은 기계적인 일상의 사고나 행동에서 벗어나 폭넓고 자유로운 사회적 활동에 참가하여 심신을 안정시키게 되는 자발적인 학습 형태라고 할 수 있다.

사회에 대한 기능은 사회적 통합 기능과 문화적 기능이 있다.

사회적 통합 기능에는 일과 마찬가지로 한 사회나 집단에 공동 가치나 의식을 부여하고 공감대 형성을 통한 사회 통합, 소속감이나 일체감을 형성하게 되면서 사회적 일체감을 조성하게 된다.

문화적 기능은 음악, 미술, 연극, 만화 등의 대중문화의 질적 발전과 스트레스나 욕구 불만, 갈등, 정신적 불안 등을 해소하는 데 중요한 역할을 한다.

여가의 기능에는 긍정적인 기능과 부정적인 기능이 존재한다.

현대에 와서 급속하게 증가한 자유 시간은 사람들의 무지함으로 인해 여가 공포증으로 발전할 가능성이 매우 높다. 토인비(Arnold J. Toynbee)는 "장래 문명 발전은 여가를 어떻게 처리하느냐에 달려 있다"라고 하였다. 이처럼 과도기 상태의 여가 개념을 어떻게 처리하느냐가 가장 큰 과제이며, 국민들에게 잘못 이해된 여가 개념을 올바르게 인식시켜 주는 것 또한 중요한 과제이다.

과거 로마 시대의 퇴폐, 향락적 여가는 로마의 몰락을 초래하였다. 따라서 그러한 실수를 다시 되풀이 하지 않도록 여가에 대한 전반적이고 구체적인 정비가 필요하다.

(1) 여가의 긍정적 기능

① 휴식 기능

일상적인 생활에 지친 현대인은 휴식이라는 매체를 활용하여 쉼표를 가져야 할 필요가 있다. 휴식은 일상생활이나 근로 생활로 인한 육체적·정신적 피로와 소모를 회복시켜 주는 역할을 한다. 즉, 노동으로 인한 긴장과 피로를 일시적인 휴식을 통하여 신체적, 정신적으로 안정을 찾도록 유도하는 기능을 가지고 있다. 여가는 현대인들의 피곤한 심신을 안정시켜 편안한 휴식의 시간을 제공하면서 노동 재생산을 위한 촉매, 촉진 요소로서 작용하여 여가 활동을 통해 일상으로 복귀하였을 때 삶과 업무에 더욱 적극적인 모습을 가지게 된다.

② 심리적 기능

현대 사회는 갈수록 복잡해지고 경쟁이 치열해지면서 정신적, 심리적인 여유를 가지지 못하게 되면서 스트레스에 의한 많은 고통에 시달리고 있으며 이를 극복할 수 있는 명확한 방법을 찾기 위해 노력하고 있다. 여가는 일상의 압력을 기분 전환을 통해 심리적인 안정감을 찾고 개인에게 삶의 활기를 얻게 되면서 노동에서 오는 권태감이나 지루함을 일시에 해소하게 해주는 역할을 한다. 또한 여가는 일상생활에서 발생하는 욕구불만, 갈등, 좌절감, 정서적 불안, 정신 분열증 등의 현상을 진정시키게 하고 극복하게 되면서 정서적인 안정을 취할 수 있도록 유도한다. 따라서 건전한 여가 생활을 지속하는 것은 개인 정신력의 원천을 재생하고 왕성한 활동력을 가지게 하는 기능을 한다. 여가의 심리적 기능으로 현대인에게는 스트레스를 감소시키면서 새로운 일상을 경험할 수 있게 한다. 현대인에게 있어서의 심리적 안정은 모든 것에 대한 긍정적인 마인드를 가질 수 있게 한다.

③ 자기 계발 기능

복잡한 현대 사회에서 과도한 스트레스와 노동은 자기 계발을 위한 사회적 여건이 뒷받침되지 못하고 있어 이를 해소하기 위한 대책이 필요하다. 현대인들은 여가를 통하여 자기 계발의 역할을 대체하고자 하는 욕망이 갈수록 증가하고 있다.

현대인들은 경제 수준의 향상에 따른 자유 시간의 증대, 소득 수준의 향상, 교통 통신의 발달과 고속화로 인한 인간성의 회복추구를 배경으로 인간의 정신적 가치를 중요하게 생각하고 있다. 사람들은 새로운 것을 찾고 창조해 가면서 자신에게 잠재되어 있는 어떤 가능성을 발견하여 자아실현의 욕구를 충족시키기 위해 다양한 방안을 강구하게 되었다.

현대인들은 여가 활동을 활용하여 인간성 회복을 희망하고 인격형성과 특기를 살리고자 한다. 또한 급격하게 변하는 사회적 변화에 적응하고 자기 계발과 사회 발전에 기여할 수 있는 기능을 수행하고자 하는 욕구를 가지고 있다. 여가의 자기 계발 기능은 상실된 인간성과 에너지를 회복시키는 역할을 한다.

여가는 인간 활동과 발전을 추진하고 건전한 레크리에이션의 체험은 기본적인 욕구 충족과 충실한 삶의 영위에 도움을 준다. 여가를 통하여 자신에게 잠재되어 있던 어떠한 가능성을 발견하고 그것을 발휘하고 개발할 수 있도록 한다. 현대인은 여가 활동을 통하여 틀에 박힌 관습과 규율, 제도에서 벗어나 자신이 원하는 여가를 선택하고 실행에 옮기게 되면서 자기 발전, 자아실현의 욕구를 성취하게 된다.

④ 사회적 기능

여가 활동을 하는 현대인들은 일상적인 사회 관계에서 자연스럽게 자신의 사회적 위치를 자각하게 되면서 사회적 존재감을 배우게 된다. 자신이 가지고 있는 사회적 기능과 역할을 파악하게 되면서 원만한 태도와 기술을 배우게 되는 기회를 가지게 되는 것이다.

여가 활동을 통해서 상호 간의 권리와 즐거움에 대한 이해를 향상시킬 수 있으며, 여가 활동 집단에서 많은 역할을 하기 위해 자신의 능력을 향상시키려고 노력하고 자각하게 된다.

사람들은 공통된 활동을 함으로써 각자의 사회적 역할을 배우며 서로 공감하고 공평한 기회를 가지는 동일한 인간이라는 것을 이해하게 된다. 여가 활동에 모든 사회 구성원이 참여하게 됨으로써 보이지 않는 벽을 헐어 사회적 유대감을 형성하는 데 중요한 역할을 한다. 여가는 인간의 사회적 적응이라는 측면에서 긍정적인 기능을 가지고 있다. 인간은 여가를 통한 보다 폭넓은 사회적 접촉으로 가족 또는 사회 구성원으로서 자신의 소중한 역할을 인식하고, 상대방의 존재를 인정하며, 단체 정신을 함양하는 등 공동체의 일원으로서 자각을 경험할 수 있게 된다.

파커(Stanley Parker)는 여가가 사회에 대해 갖는 기능으로 세 가지를 들고 있다.

첫째, 구성원에게 사회에 대한 책임을 다하도록 가르친다.

둘째, 사회적 목표에 각자가 동참할 수 있도록 유도한다.

셋째, 사회적인 결속을 강하게 할 수 있는 기능을 가지고 있다.

여가의 사회적 기능은 사회적 가치나 유형의 인식과 타인의 권리나 즐거움에 대한 이해를 향상시킨다. 이는 사회에서 자신의 위치를 확고히 하고 적절한 역할을 할 수 있도록 유도하고 확신을 주게 되는 기능을 한다.

⑤ 교육 및 문화적 기능

여가 기능 중의 하나는 개인의 지적 능력을 향상시키게 되면서 여가의 목표와 교육의 목표가 서로 일맥상통하는 점이 있다. 여가를 통해서 개인의 지적 능력을 향상시킬 수 있으며, 새로운 사회 구성원에게 그들이 공동체의 일환으로 살아갈 수 있도록 교육하고 타인과의 사회적 관계 속에서 자아를 찾아 남과 더불어 살아갈 수 있도록 가르치는 기능을 한다. 여가 교육의 목표는 여가와 교육이 이루어져서 시너지 효과를 내는 것이며 여가를 통한 교육의 효과는 상상 이상으로 높다. 따라서 인간 삶의 질 향상과 지식 함양을 하게 하는 효과를 가지게 한다. 여가를 통해서 현대인에게 즐겁고 만족스러운 교육이 된다면 그 효과는 빠르고 지속적인 것이 된다. 또한, 여가는 개인의 지적 능력 향상으로 인간의 삶을 풍요롭게 만들도록 기여하는 기능을 가지고 있다. 노동과 학습이 자연스럽게 이루어지도록 하여 인간의 사회화, 평생 교육에도 중요한 역할을 하여 사회적, 집단적 목표를 달성하도록 도와주면서 사회적 결속을 유지시키는 기능을 하게 된다.

여가 활동 자체는 문화를 형성하여 이를 더욱 향상, 발전시켜 나가는 동시에 계승 창조해 나가게 되고, 다른 사람들과 함께 공동 문화로서 형성해 간다. 여가는 개인적, 사회적으로 문화를 창조하는 제1차적 의미를 가지고 있다. 문화가 인간의 학습, 스포츠, 예술, 취미, 창조 생활을 총칭한다면 여가는 문화 창조의 근본이 된다. 여가는 개인의 시간적·정신적인 상태를 자유로운 상태에서 재창조와 자아를 발견하기 위한 것으로 다양한 문화 활동과 예술 활동을 건전하게 받아들일 수 있는 수단이다. 따라서 여가는 문화 창조의 토양이 되며, 여가 활동 그 자체가 하나의 문화를 형성하여 이를 향상시키고 발전시켜 나가게 된다.

⑥ 기분 전환 기능

여가는 일상에서 일어나는 지루하고 일률적인 행동과 생각에서 벗어나도록 하여 일탈성을 느낄 수 있도록 하는 감정적 기능을 가지고 있다. 따라서 여가를 통하여 사회적인 공감대를 형성할 수 있는 일탈을 경험할 수 있도록 하여 올바른 방향으로 이끌어가는 역할을 한다.

여가는 한정된 시간이나 제한된 공간의 범위 내에서 이루어지는 인간의 창조적인 활동으로서, 일상적·직업적으로 받게 되는 스트레스나 긴장을 해소하고 리프레시(refresh)하게 하여 삶의 리듬을 보다 활력 있게 하면서 새로운 기분을 가질 수 있게 해준다. 여가 활동은 현대인에게 세련된 의식과 태도를 가질 수 있도록 해주며, 새로운 활력의 충전과 새로운 경험의 축적, 그리고 충만한 인생의 기쁨과 행복을 가져다주는 역할을 한다. 여가의 기분 전환 기능은 현대인의 사회생활에 있어서 활력을 보충해주는 필수불가결한 요소라 할 수 있다.

⑦ 경제적 기능

현대 경제 체제는 업무 수행 능력에 따라 개인의 능력을 인정받게 된다. 특별하고 결정적인 노동자만이 높은 대우를 받을 수 있는 능력주의 사회이다. 이러한 체계 속에서 여가는 두 가지 주된 기능이 있는데, 생산성 향상과 소비성 향상이다. 생산성 향상의 기능에는 정신적, 육체적인 건강을 향상시켜 주며, 소비성 향상으로는 여가에 필요한 여행, 스포츠, 대중매체, 문화에 필요한 장비와 의복, 장소 등의 기능들이 대부분 여가 시장 부문에서 제공된다. 이는 생산자와 소비자로서의 경제적 역할을 기초로 한다. 여가는 생산적인 경제력을 얻기 위한 것으로 정신적, 육체적인 건강을 향상시키는 생산적인 기능을 하게 된다. 또한 실용적인 취미에 건설적인 영향을 미치게 된다. 여가의 사회적 투자는 정당화되고 있으며 지출 분야는 가치를 평가하게 되는 기능을 가지고 있다.

⑧ 신체적 기능

과학 기술의 발달은 산업계의 자동화를 가져오게 됨으로 인해서 현대인들의 신체 운동이 감소되고 운동 부족으로 인한 체력 저하 현상을 초래하고 있다. 또한 생산 공

정의 복잡화, 통근 거리의 장거리화 등으로 인하여 정신적, 육체적 피로와 긴장을 축적시키게 되면서 휴식의 필요성을 절실히 느끼고 있다. 이러한 요소들을 해결하기 위해서 여가를 통한 다양한 활동을 함으로써 일상생활에서 축적된 신체적 피로를 해소하고 신체에 새로운 활력을 주어 일상으로 돌아가서 활기차게 일할 수 있는 힘을 회복시켜 주는 역할을 한다. 여가는 육체적 피로와 정신적 피로를 단기간에 걸쳐서 회복시켜 준다. 또한 여가는 '미래의 예방약'으로 여러 가지 질병 요인들을 사전에 예방하는 역할을 담당하고 있다.

우리나라는 급속한 근대화와 관료화 속에서 갈수록 인간성이 소멸되어 가면서 다양한 부작용이 발생하고 있다. 따라서 여가로 인해 생체 리듬을 되찾고 피로 회복으로 생활의 활력을 회복 하게 하여 개인적, 사회적인 기능을 효과적으로 수행할 수 있는 역할을 한다.

(2) 여가의 부정적 기능

① 획일화 기능

현대 여가의 개념 속에는 대중성, 무개성, 동질성, 획일성 등이 지배적으로 작용하여 인간의 주체적인 사고나 판단이 소외당하고 있다. 매스 미디어의 영향과 여가의 상업화 추구에 따라 이윤이 많은 여가가 사회적으로 주목을 받게 되면서 대중은 획일화된 여가를 선택하게 되고 여가의 본래적인 기능과는 상관없이 자기 본연의 개성 발휘에만 목적을 두는 여가 추구가 만연화되어 획일성이 작용하게 된다.

부유층이 즐기는 여가 활동과 과소비를 하는 여가 활동만이 오히려 값지고 보람있는 것으로 인식되면서 개인의 인간성 상실을 초래하게 되는 위험성을 가지고 있다.

② 모방적 기능

대중적인 여가는 일률적이고 인기있는 여가를 선호하는 경향이 매우 높다. 현대에 와서는 자율적인 여가 활동을 창조하기보다는 매스 미디어에 의해 노출되는 여가를 즐기려는 경향이 증가하고 있다.

유행 심리에 따른 모방성이 작용하여 정서적이고 맹목적인 행동이 앞서게 되며, 유행 심리 속에는 사고보다는 선행하는 사람들을 따라 하는 여가로 인지된다. 이러한 경향이 사회적 풍조를 이룰 때에는 대중에게 전염되어 전 사회적으로 확산될 뿐만 아니라 대중문화에까지 중독 현상이 확산된다. 여가 생활은 자기 자신이 지향하는 방향으로 영위되지 못하고 주변의 여건과 사회 환경에 의해 많이 모방되고 있다. 이러한 모방적인 여가 활동은 개인적인 취향이나 취미를 고려하지 않는 것에서 문제가 발생할 수 있다. 또한 일시적인 유행으로 지속적인 여가 활동을 유지하기가 힘들 뿐 아니라 활동에 소요되는 많은 비용으로 경제적인 피해를 줄 수 있다.

③ 위장화 기능

사회 내에서 여가에 대한 유행 심리가 확산될 경우 사회적 부작용에 대한 우려가 있으며, 개인은 여가를 통하여 자기의 행위를 위장화시킬 수 있다.

여가를 통해 자신의 행위를 위장화하여 실제 이상으로 과시하여 잘 보이고 인기를 얻으려고 하는 역할을 한다. 현대인은 여가를 자아실현의 수단으로 해야 하는데, 자기보다는 타인에게 보이기 위한 것으로 인식하고 있다. 각자의 분수에 맞지 않는 사치와 낭비로 인하여 소비 성향을 자극할 우려가 있으며, 자아실현의 수단이 아니라 타인에게 과시하려는 행위가 많아지게 된다. 이와 더불어 오락 의존의 생활을 영위해 오락 마비증에 빠짐으로써 이중 소외 현상을 일으킬 가능성이 높다.

④ 무감각화 기능

선량한 국민들을 대상으로 대중적인 오락을 이용하여 불량한 제품 판매나 구매 강요 등으로 대중에게 불건전한 여가 활동의 인식을 주는 경우가 발생한다.

나쁘게 조직된 대중 오락이나 여가의 그릇된 이용은 개인이나 사회의 의식을 불건전하게 하고 삶의 의욕을 상실시키는 결과를 초래하게 된다. 여가의 그릇된 이용은 삶의 의욕을 상실시키고 정치적, 사회적 문제에 대한 무감각화 현상을 조장하며, 국민의 건전한 여가 발전을 저해하는 요소로 작용하게 된다.

여가 시간이 증가함에 따라 이의 활용에 대한 부담을 느끼게 되면서 이를 효율적으로 활용하지 못하게 될 경우 사회화의 병리 현상을 느끼게 된다.

⑤ 향락화 기능

여가 활동이 획일화되고 다양화되면서 현대인들이 차별화된 여가에 대한 욕구가

많아지게 된다. 이런 욕구를 충족시키기 위한 일부 비양심적인 업체로 인해 비도덕적인 여가 활동을 확산시키게 된다.

여가가 건전하게 행사되지 못하고 향락적, 순간적, 쾌락적인 방향으로 흐른다면 인간은 그 속에서 가치관을 찾지 못하고 혼돈에 빠지게 된다.

여가가 향락적인 것만을 추구하게 되면 도덕관, 윤리관, 세계관, 역사관을 포기하게 되면서 쾌락이 최고라는 향락 제일 주의에 빠지게 된다. 이러한 현상은 청소년 교육이나 국민의 가치관 형성에 악영향을 미치게 된다.

여가 기업이 영리적인 추구에만 몰두하게 될 경우에는 향락성을 극대화시키도록 자극할 소지가 있으며 이는 매춘, 범죄, 퇴폐적인 윤락, 청소년 비행 등의 기본 원인이 되기도 한다.

3 여가의 효과

여가 활동은 피로한 현대인에게 휴식과 재미를 제공함으로써 행복감과 신선한 활력을 주어 긍정적인 영향을 주게 된다. 특히 스포츠와 같은 신체적 활동이 현대인의 몸과 마음에 긍정적 정서와 생동감에 선한 영향력을 전달하여 많은 효과를 주는 것으로 인식되고 있다.

여가 활동은 자발적으로 참여하는 즐거운 활동인 동시에 스스로 도전적인 활동을 통해 기술과 능력을 향상시킴으로써 유능감을 가질 수 있다. 또한 여가 활동에 함께 참여하는 사람들과 좋은 대인 관계를 촉진하고 유지하면서 적극적으로 참여하여 취미 영역에서 남다른 기술 수준에 이르는 것은 개인의 정체감에 중요한 의미를 제공하기도 한다. 캠벨(Campbell)과 모건(Morgan)은 여가 활동의 대인 관계적 측면에 대한 만족도가 전반적인 여가 만족도를 예측하는 가장 강력한 요소라고 하였다.

집단적인 여가 활동은 정서적 교감, 협동적 활동, 소속감 등의 사회적 욕구를 잘 충족시킬 수 있다.

여가 활동을 통하여 개인과 사회에 주게 되는 효과는 다음과 같다.

여가의 개인적 효과는

❶ 즐거움으로 인해 개인 건강의 증진과 체력 향상에 기여한다.

❷ 심적, 정서적으로 편안하게 한다.

❸ 원만한 인간관계를 유지하게 한다.

❹ 새로운 생활양식을 창조하게 되면서 건전한 생활 패턴을 유지한다.

여가의 사회적인 효과는

❶ 도시 환경 개선에 도움을 주로 효과가 있다.

❷ 국민 전체의 건강과 체력을 유지한다.

❸ 사회 복지의 질적 향상에 긍정적으로 작용한다.

❹ 자연환경 보존에 긍정적으로 작용한다

여가 시간의 증대는 개인의 소양을 개발하고 다양한 활동을 통한 창조력 향상의 근본이 되며, 더욱이 국민의 정신 문화 성장에 기여하는 효과를 가지고 있다.

3. 여가 활동과 기능

(1) 여가 활동은 다음과 같은 내용으로 해석된다

❶ 남는 시간에 스스로 즐거움을 얻기 위해 하는 자유로운 활동이다.

❷ 여가 시간에 이루어지는 활동, 레저(leisure)를 번역한 말이다.

❸ 일하거나 먹고, 자고, 숙제하고, 집안일하는 시간 이외에 남는 시간에 하고 싶은 운동을 하거나 영화나 텔레비전 등을 보는 것, 여행을 하는 것, 봉사활동을 하는 것 등이 여가 활동에 해당된다.

❹ '하는 여가'와 '보는 여가'로 구분이 가능하다.

'하는 여가'는 능동적인 여가이며(예 스포츠, 문화 예술 활동 등)

'보는 여가'는 수동적인 여가로 구분한다.(예 독서, 음악 감상, 낮잠, 영화 관람 등)

❺ 단지 '남는 시간', '무료한 시간'을 뜻하는 것이 아닌 '강제성 없이', '자발적인', 등의 의미가 포함되어 있기에 한가하고 할 일이 없는 시간이 아닌, 시간을 어떻게 보낼 것인가의 시간 활용과 그 과정 및 방법이 중요하다.

❻ '여가 만족'과 '생활 만족', '자아 존중감'을 다음과 같이 구분하고 있다.

여가 만족	생활 만족	자아 존중감
여가 활동 참여자가 여가 활동에 참가함으로써 느끼게 되는 주관적 감정. 여가 만족의 요인에는 사회적/정서적/생리적/환경적 만족이 있음	자신의 삶에 대한 주관적인 평가를 의미하며. 자신의 인생이 어느 정도 만족스러운가를 주관적으로 평가하는 것	자아의 정의적 측면에 대한 느낌의 척도

(2) 여가 활동의 기능

❶ 다양한 여가 활동은 몸과 마음에 활력을 찾아 주고 사람과의 관계를 돈독하게 해 주는 기능을 한다.

❷ 국민들에게 수준 높은 의식과 태도를 학습시키며 새로운 활력의 충전과 함께 경험의 축적 그리고 충만한 삶의 기쁨과 행복을 기대하게 하는 기능을 한다.

❸ 많은 스트레스와 긴장감 해소 그리고 삶의 에너지 충전을 위해서 현대인들은 점점 여가 활동에 관심을 기울이고 있으며 참여도 또한 높아지게 하는 기능을 한다.

❹ 여가 시간을 어떻게 활용하는가에 따라 개인의 자아실현에 도움을 주고, 건전한 여가 문화의 실현이라는 사회적인 영향력을 미치게 된다. 이는 결국 개인적·사회적으로 매우 중요한 의미를 주는 기능을 한다.

❺ 여가 활동의 다양한 특성과 기능으로는

ㄱ 일에서의 해방

ㄴ 운동 부족의 보충

ㄷ 인간관계의 개선

ㄹ 교육 기회의 계속적 제공, 창의력 신장

ㅁ 심적 갈등 해소 및 정서적 안정 등의 역할을 가능하게 한다.

4. 여가의 접근 방법

여가는 자신이 소유한 마음의 상태이며 지적, 명상, 심미적 활동을 통하여 문명을 발전시키는 것으로 인식하였다. 험프티 덤프티(Humpty Dumpty)는 "내가 여가라는 용어를 사용할 때 그것은 내가 하고 싶은 것을 자유롭게 선택하는 것을 의미한다"라고 설명한다.

인간은 일을 하지 않고 살 수 없으며, 동시에 노동을 한 후에는 반드시 여가가 동반되어야 한다. 일은 여가의 경제적 기반이 되고 여가는 일의 심리적 동기에 해당된다. 일과 여가는 인간의 삶을 지속시키고, 건강하고 의미 있는 생활을 위해 수행되는 필수불가결한 존재이다. 따라서 여가는 인간과 함께하는 자연스러운 삶의 리듬과 같은 것이다. 인간의 여가 활동은 강인한 체력과 건전한 마음을 유지시켜 주고 자기 성취에 대한 유희와 자기 계발을 통해 생활의 보람을 경험하는 가치 있는 문화 활동이다.

현대적 개념의 여가는 현대 사회에서 만들어진 산업 구조의 합리화와 높은 경제 성장으로 다양한 과학 기술의 발달에 의해서 업무 시간의 축소, 현대인들의 여가 시간의 증가와 생활 수준 향상을 가져왔으며, 여가 활동을 대중화시켰다. 삶의 질을 높일 수 있는 중요한 영역 활동으로 여가 활동을 언급할 수 있다.

여가는 도시화에 따른 생활 환경의 인공화로 인한 현대인들의 친환경적인 것, 자연에 대한 동경과 갈망, 사람들과의 접촉 기회를 얻을 수 있게 해주는 장점 등과 같이 심리적, 사회적 건강과 행복을 추구하려는 현대인들의 생활에 중요한 요소이며, 활력 있고 긍정적인 생활 양식을 제공하는 역할과 그에 대한 가치를 제공하고 있다.

여가 활동은 개인의 삶을 풍요롭게 할 수 있는 다양한 기회와 환경을 가지고 있다. 예를 들어, 자기 계발, 대인 관계 발전, 건강 증진 및 행복을 추구하여 효과적으로 기여하는 역할을 수행하고 있다는 점에서 그 가치가 높고, 그동안 축적되었던 스트레스의 해소와 심리, 정서적 안정을 되찾게 해주고 공동체 의식 함양과 사회성을 발달시켜 주는 등 많은 역할과 효과를 가져다준다. 여가 활동은 건강한 사회 구성원을 육성하고 건전한 여가 문화를 보급하여 국민의 총체적 복지 증진을 효과적으로 담당하고 있다는 점에서 삶의 질과 연결되는 복지 사회 구현의 중요한 지표라고 할 수 있다.

여가에 대한 접근 방법으로는 심리학적 접근, 사회학적 접근, 생물학적 접근, 철학적 접근 방법이 있다. 이에 대한 내용은 다음과 같다.

1 심리학적 접근

여가는 무엇보다 인간 행동의 한 형태이므로 심리학적 측면에서 접근해 볼 수 있다. 여가에 대한 행동은 사람마다 여가에 할애하는 시간과 방법 그리고 개인에 따른 활용 방법 등에 따라 여가 행동은 바뀌게 된다. 어떤 사람은 운동을 하고, 다른 사람은 음악 감상을 좋아한다. 또 다른 사람은 낚시를 좋아하여 시간만 나면 낚시를 하러 가는 반면, 빈둥빈둥하면서 시간을 허비하는 사람도 있다. 여가 행동은 개인의 취향과 심리 상태 그리고 관심을 가지고 있는 분야에 따라 각각 다르게 나타난다. 여가의 심리적 접근은 개인의 여가 행동을 좌우하는 핵심적인 역할을 한다.

2 사회학적 접근

여가의 사회학적 접근은 사회가 여가를 번창시킬 때 발생하는 것이다. 문명의 발달은 분업과 고도의 기계화로 우리 사회를 끊임없이 변천시켜 왔다. 산업 혁명 이후 사회는 농경 사회에서 도시화로 변천됨에 따라 여가의 중요성과 시간적 여가의 양이 매우 증대되었다. 현재 문명의 발달은 분업과 고도의 기술 발달로 인하여 인간의 삶을 끊임없이 변화시키고 있다. 산업 혁명 이후 농경 사회에서 산업 시대로 발전되면서 여가의 필요성을 인식하기 시작했다. 20세기의 여가 문화는 대중적인 여가 문화에서 혼란한 문제가 발생하는 여가에 이르기까지 여가에 대한 순기능과 역기능의 역할을 하게 되었다. 이러한 여러 가지 측면에서 여가에 대한 연구는 사회학적 관점에서의 접근이 가능하게 되었다.

3 생물학적 접근

여가의 생물학적 접근은 살아 있는 유기체 활동의 변화와 관계를 말한다. 살아 있는 유기체는 활동과 휴식의 연속적인 활동을 하고 있다. 지속적인 활동에 의한 생리적 에너지의 소비는 피로를 느끼게 되고 이에 대한 재충전의 과정을 거쳐야 한다.

만약 에너지 재충전의 기회를 가지지 못한다면 극도의 스트레스로 인하여 생리적 부작용의 문제로 생존의 위험을 느끼게 된다. 따라서 생물학적 관점에서의 여가는 생존의 유지와 건강 등의 측면에서 필수적인 요소라 할 수 있다.

 4 철학적 접근

여가의 철학적 접근은 여가의 본질이나 핵심에 근접하는 것이다. 현대 사회에서 고도의 문명 속에 살고 있는 사람들의 여가 문화는 인간의 삶에 얼마나 많은 가치를 부여하고 있는가, 오늘날의 여가 문화는 인간의 윤리적 측면에서 문제는 없는 것인가, 그렇다면 여가 도덕은 인간에게 어떤 영향을 주는가 등 여가의 본질이나 핵심을 이해하는 것이 중요하다.

5. 우리나라 여가의 특징

예로부터 우리나라 사람들은 노동을 미덕으로 여겨 왔다. 이러한 인식이 지금까지 전해지면서 여가에 대한 인심이 소박해지고 있다. 우리나라의 노동 시간은 OECD 국가 중에서 최상위에 있지만, 여가 시간은 최하위에 속해 있다.

여가 시간의 부족은 생산 활동에 투입하는 시간이 길어지면서 미래의 생산 능력을 높이기 위한 투자 시간과 학습 시간 그리고 통근, 통학 등의 활동에 많이 투입하고 있기 때문이다.

장시간의 노동은 단순한 휴식을 하는 여가로 발전하게 된다. 이러한 비활동적인 여가의 비중이 높다 보니 여가 활동을 하는 데 드는 비용 또한 낮게 나타나는 경향이 많다.

현재에 이르러서는 기계화와 과학 기술의 발달로 노동 시간이 감소하고, 여가에 대한 인식이 조금씩 변화하고 있는 추세이다.

1 여가 생활 만족도, 문화·여가 활동

2023년 국민 여가 활동 조사에 의하면 우리나라 국민 10명 중 6명이 여가 생활에 만족하고 있는 것으로 나타났다. 이는 2012년 이후 가장 높은 수준이다. 사회적 거리 두기 해제 이후 다른 사람과 함께하는 여가 활동 비율도 높아진 것으로 나타났다.

국민의 여가 지출 비용은 월평균 20만 천 원으로 전년 대비 2만 오천 원 증가했다. 이는 관광 활동과 같이 지출 비용이 큰 여가 활동의 증가와 더불어 소비자 물가 상승과 같은 외부 요인이 동반 작용한 결과로 추정된다.

적절하다고 생각하는 여가 비용 역시 27만 천 원으로 전년보다 3만 이천 원 늘어난 것으로 조사되었다. 국민의 월평균 여가 시간은 평일 3.6시간, 휴일 5.5시간으로 전년과 비슷했다.

코로나19 기간 감소했던 여가 활동 1인당 평균 개수는 2023년 16.1개로 전년(15.1개) 대비 1개 증가해 여가 활동의 다양성이 회복되고 있는 것으로 풀이된다. 연령별로도 모든 연령에서 전년 대비 여가 활동 개수가 늘어난 것으로 나타났다.

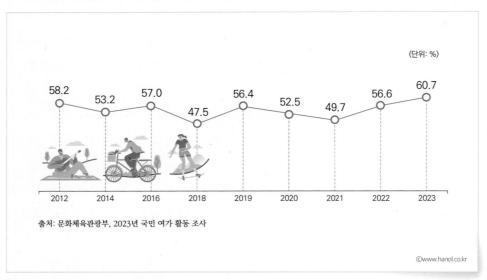

출처: 문화체육관광부, 2023년 국민 여가 활동 조사

📏 그림 1-2_ 전반적인 여가 생활 만족도

2022년 4월 '거리두기' 전면 해제 영향으로 다른 사람과 함께하는 여가 활동 비율도 높아졌다. 가족 동반 여가 활동 비율은 33.5%에서 34%로, 친구와 함께하는 여가 활동 비율은 12.4%에서 13.2%로 상승했다. 가장 많이 참여한 여가 활동 유형으로는 휴식활동이라고 답한 비율은 89.4%(복수 응답 가능)로 전년보다 1.4%p 하락한 반면, 스포츠 참여는 4.9%p 상승한 30.4%, 관광은 1.2%p 높아진 18.5%로 나타났다.

별도로 진행된 국민 문화 예술 활동 조사에서는 회복률이 이어졌다. 문화 예술 행사 직접 관람률은 58.6%로 전년 대비 0.5%p 상승했다. 문화 예술 행사 관람 횟수(관람자 한정)는 4.3회로 전년 대비 0.6회 늘어 팬데믹 이전과 유사한 수준으로 회복했다. 직접 관람률은 영화(52.4%), 대중음악·연예(11.0%), 미술(7.3%), 뮤지컬(5.5%), 연극(5.4%), 전통 예술(2.4%), 문학 행사(1.9%), 서양 음악 연주(1.9%), 무용(0.5%)순으로 조사되었다.

직접 관람률 이외에도 적극적인 형태의 문화 누림 지표인 문화 예술 행사 참여율은 4.8%로 전년 대비 1.1% 상승했다. 문화 예술 교육 경험률(1년 이내 학교 교육외) 역시 8.5%로 전년 대비 3.9%p 높아졌다.

여가 지출 비용은 월평균 20만 1천 원으로 전년 대비 2만 5천 원 증가하였으며, 이는 관광 활동과 같이 지출 비용이 큰 여가 활동의 증가와 더불어 소비자 물가 상승과 같은 외부 요인이 동반 작용한 결과로 추정된다.

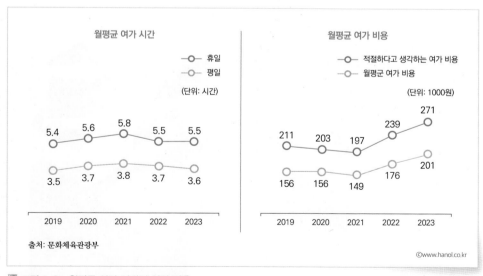

출처: 문화체육관광부

©www.hanol.co.kr

⏳ 그림 1-3_ 월평균 여가 시간과 여가 비용

2 여가 시간의 집중 현상

우리나라 여가 활동의 형태는 특정 시간에 한해 집중되는 현상도 심한 것으로 나타났다. 대부분의 여가는 하루 중 저녁에, 한 주에서는 주말에, 그리고 일 년 중에는 여름 휴가철에 집중되는 것이 일반적인 현상으로 나타났다.

우리나라 사람들 대부분의 여가 시간은 거의 일률적으로 시간적, 계절적으로 집중되어 있는 현상을 알 수 있다. 하루가 끝나는 저녁 시간에 가족이나 친구들 간의 식사나 스트레스를 해소하는 시간이 되고 있다. 주말에는 가족 여행으로 가까운 곳을 방문하여 봄꽃 축제나 여름휴가, 가을 단풍 등의 특정한 시간이나 계절에만 집중적으로 여가를 즐기는 경향이 강하다.

집중적인 여가의 활용은 여가 활동 후 즉각적인 일상으로 복귀하게 될 때 그에 따른 후유증이나 피로감을 유발하게 되면서 업무에 나쁜 영향을 미치게 된다.

우리나라의 여가 집중 현상은 선진국에 비해 시간적인 편중 현상이 더 심하다. 미국과 여가 시간을 비교해 보면 미국에서는 아침 기상 시간 이후 여가 활동 참여율이 꾸준히 높아지는 반면, 우리나라는 오후 8시 반 이전까지 참여율이 저조하다가 이후 급격히 상승하는 모습을 보인다.

Case Study

📊 2023년 전반적인 국민 여가 활동 조사 결과

사람들과 함께하는 활동적 여가 유형 증가(스포츠, 문화 예술, 관광)
여가 지출 비용도 증가, 전반적인 여가 만족도는 2012년 이후 최고 수치

전체 88개의 세부 여가 활동 중 한 번 이상 참여한 여가 활동 개수는 2023년 16.1개로 2022년(15.1개) 대비 1.0개 상승했다. 연령별로도 모든 연령에서 전년 대비 여가 활동 개수가 증가한 것으로 나타났다.

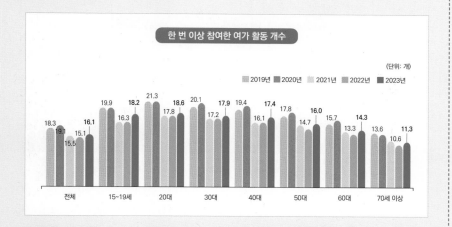

가장 많이 참여한 여가 활동 유형을 8개 중분류 기준으로 살펴보면 스포츠 참여(전년 대비 4.9%p 상승), 문화 예술 관람(3.1%p 상승), 스포츠 관람(2.6%p 상승), 관광(1.2%p 상승), 문화 예술 참여(0.9%p 상승)와 같은 활동적인 여가 활동 비율은 전년 대비 증가하였고 사회 및 기타 활동(전년대비 2.3%p 하락), 취미 오락 활동(1.6%p 하락), 휴식 활동(1.4%p 하락)은 전년 대비 감소한 것으로 나타났다.

가장 많이 참여한 세부 여가 활동은 TV 시청(60.8%), 산책 및 걷기(43.5%), 모바일 콘텐츠·OTT 시청(43.3%) 등 실내 공간에서 개인적으로 할 수 있는 여가 활동이 높게 나타났으며, 가장 만족스러운 개별 여가 활동 역시 산책 및 걷기(23.3%), TV 시청(20.5%), 쇼핑·외식(17.9%), 모바일 콘텐츠·OTT 시청(17.4%) 순으로 나타났다.

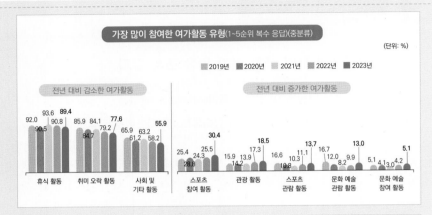

가장 많이 참여한 여가활동 유형(1~5순위 복수 응답)(중분류)

(단위: %)

■ 2019년 ■ 2020년 ■ 2021년 ■ 2022년 ■ 2023년

전년 대비 감소한 여가활동

전년 대비 증가한 여가활동

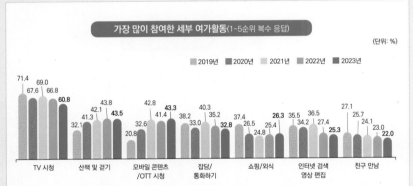

가장 많이 참여한 세부 여가활동(1~5순위 복수 응답)

(단위: %)

■ 2019년 ■ 2020년 ■ 2021년 ■ 2022년 ■ 2023년

자원봉사 활동 참여 비율은 다소 감소하였으나, 동호회와 지속적 여가 활동 비율은 증가하고 있는 것으로 나타났다. 여가 활동 동반자는 혼자서(50.5%), 가족과 함께(34.0%),

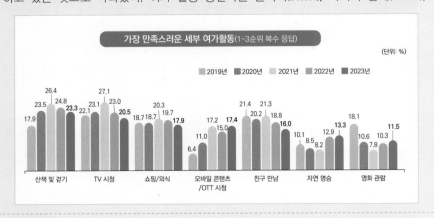

가장 만족스러운 세부 여가활동(1~3순위 복수 응답)

(단위: %)

■ 2019년 ■ 2020년 ■ 2021년 ■ 2022년 ■ 2023년

친구·연인과 함께(13.2%) 순으로 나타났으며, 전년 대비 혼자 하는 여가 활동의 비율은 감소하고 다른 사람과 함께하는 여가 활동 비율이 점차 상승하는 것으로 나타났다.

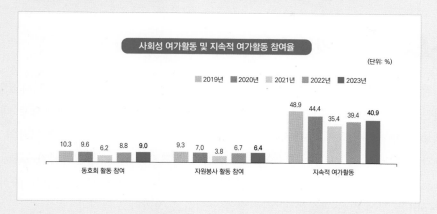

사회성 여가활동 및 지속적 여가활동 참여율

(단위: %)

2019년 2020년 2021년 2022년 2023년

	동호회 활동 참여	자원봉사 활동 참여	지속적 여가활동
2019년	10.3	9.3	48.9
2020년	9.6	7.0	44.4
2021년	6.2	3.8	35.4
2022년	8.8	6.7	39.4
2023년	9.0	6.4	40.9

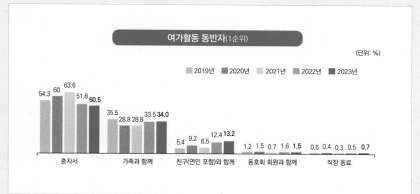

여가활동 동반자(1순위)

(단위: %)

2019년 2020년 2021년 2022년 2023년

	혼자서	가족과 함께	친구(연인 포함)와 함께	동호회 회원과 함께	직장 동료
2019년	54.3	35.5	5.4	1.2	0.6
2020년	60	28.8	9.2	1.5	0.4
2021년	63.6	28.8	6.5	0.7	0.3
2022년	51.8	33.5	12.4	1.6	0.5
2023년	50.5	34.0	13.2	1.5	0.7

국민의 월평균 여가 시간은 평일 3.6시간, 휴일 5.5시간으로 전년과 유사한 수준으로 나타났으나 월평균 여가 비용은 20만 1천 원으로 전년도 17만 6천 원 대비 2만 5천 원 증가하였고 적절하다고 생각하는 여가 비용 역시 27만 1천 원으로 2022년(23만 9천 원) 대비 3만 2천 원 증가하였다.

자신의 여가 생활에 대한 2023년 전반적 만족도는 '만족'(매우 만족+만족+약간 만족)이 60.7% 비율로 전년 대비 4.1%포인트 증가했으며, 2012년 이후 만족 수준이 가장 높은 것으로 나타났다.

6. 진지한 여가

1 진지한 여가의 개념

진지한 여가(Serious leisure)의 개념은 스테빈스(Stebbins, 1982)가 처음으로 제시하였다. 스테빈스의 연구에 의하면 "구애받지 않는 자유로운 시간에 적극적인 활동으로 내재적 보상 만족이 다양하게 주어지는 것"이라고 주장하고 있다. 또한 진지한 여가의 대상자와 조건이 되는 것은 아마추어(amateur), 취미 생활자(hobbyist), 자원봉사자(volunteer) 등으로 표현되는 의미로 어떠한 여가 활동에 대한 특별한 기술, 지식, 경험을 축적하고 추구하는 것에 깊은 관심을 보이는 행위의 의미로 정의하고 있다.

진지한 여가의 개념 정의에 포함된 아마추어, 취미 활동가, 자원봉사자의 활동 유형을 통해서도 진지한 여가의 특징을 살펴볼 수 있다.

아마추어는 여가 활동 분야에 상당한 전문성을 가지고 있지만 소득 목적의 여가 활동보다 확신, 인내, 헌신, 준비성, 자아 개념 등의 특정 태도를 우선한다.

여가 활동에서도 시간, 노력, 투자의 지속성으로 활동이 뛰어나며 여가 활동 분야의 명성을 쌓기도 하여 여가 자체가 삶의 중심이 되는 경우가 많다. 취미 활동가는 자신들의 여가 활동에 순수한 열정을 가지며, 비용, 보상 차원에서도 경제적 개념보다 활동의 과정에서 느끼는 만족감을 중요하게 생각한다.

진지한 여가는 특수한 기술·지식·경험을 획득하고 표출하는, 충분히 본질적이고 재미있고 참여자가 경력도 쌓아가는 성취감 있는 체계적인 활동이다. 돈과 시간을 적지 않게 투자해야 하기도 하고 몰입도도 높다.

진지한 여가는 지속적이고 적극적으로 참여하는 동호인 활동가처럼 참가하고 있는 분야에서 특정 기술의 자발적 습득 등 전문성을 갖추기 위해 참가자들이 관심을 가지는 측면에서 실력이 충분히 있는 아마추어나 취미생활자, 자원봉사자 등이 체계적으로 수행하는 것이다.

진지한 여가는 특별한 기술과 지식이나 경험의 축적을 추구하는 행위로 정의할 수 있다. 직장 내 동호회 여가 활동가들의 자발적이고 적극적인 여가 활동이다.

2 진지한 여가의 특징

진지한 여가는 기본적인 여섯 가지 특징을 갖는다.

첫째, 진지한 여가에 참여하는 사람들은 해당 여가 활동과 자신을 동일시하는 경향을 보인다. 진지한 여가가 개인의 삶에서 차지하는 비중이 커서 참여자들은 종종 자신이 즐기는 진지한 여가에 대해 자랑스럽게 밝히고, 개인의 정체성도 그 여가를 중심으로 형성되기도 한다.

둘째, 진지한 여가는 참여자의 노력과 관련이 있다. 진지한 여가를 즐기려면 참여자는 종종 많은 시간과 돈을 투자하고, 개인적 노력을 기울인다. 이런 노력의 결과로 해당 여가 활동과 관련한 특별한 지식과 기술을 습득한다.

셋째, 진지한 여가는 참여자가 여가 활동을 지속하는 과정에서 발생하는 여러 난관을 끈기 있게 극복해 나가는 과정을 요구한다.

넷째, 진지한 여가에 참여하는 사람들은 많은 노력을 기울이고 난관을 극복해 나가면서 해당 여가와 관련해 장기적인 경력을 쌓아나가게 된다. 일반적으로 진지한 여가에서 발견되는 여가 경력의 과정은 시작, 발전, 정착, 유지, 쇠퇴의 다섯 가지 단계로 이뤄진다.

다섯째, 진지한 여가에 참여하는 개인은 해당 여가 활동으로 자아실현, 자기 충만감, 자기표현, 자신의 재발견, 성취감, 자아 이미지 향상, 소속감, 사회적 교류 확대, 실제적 물건 획득 등 여덟 가지의 영속성 있는 혜택을 얻을 수 있다.

여섯째, 해당 여가 활동과 관련해 다른 참여자들과의 지속적인 사회 교류로 그들만의 독특한 정서를 형성한다.

진지한 여가는 여가 활동에서 단순한 참여가 아니라 체계적인 핵심 활동에 몰입하여 기능적으로는 여가 경력이 쌓여가고 심리적으로는 여가의 본질과 즐거움을 느끼며 성취감을 획득할 수 있다. 또한 사람들이 여가에 대한 지식과 기술 같은 기능적인 발달 과정에서 경험하는 심리적인 특성을 설명하는 개념으로 밝히고 있다.

진지한 여가를 통한 개인적 목표와 사회적 보상에 도달하기 위해서는 진지한 여가

활동에 참여해야 하며 인내심, 전문성, 지속적 혜택과 보상, 동일시, 독특한 기풍, 개인적 노력의 여섯 가지 특성으로 구분할 수 있다.

첫째, 인내심(perseverance)은 여가 활동을 지속하는 과정에서 발생하는 난관, 위험성은 대중 앞에 나서는 긴장감, 거북스러운 일을 하는 것 등의 극복을 통해 성취되는 긍정적인 느낌이다.

둘째, 전문성(career)은 적극적 활동을 통해 특수 상황이나 성취의 단계 그 전환점 등을 경험하면서 획득하는 것이다. 아마추어, 취미 활동자, 자발적 봉사자가 거치는 전형적인 과정으로 참가자들은 전문성을 가지고 여가 활동을 수행하며, 아마추어와 직업적 전문가 활동을 연결하는 교량 역할을 담당한다. 전문성의 기본은 관련 활동의 시간적 연속성 내에 있다. 시작부터 연속성을 따라 진전됨으로써 보상과 명성이 쌓여 나가는 것으로 생각하는 경향이 있다.

셋째, 지속적 혜택과 보상(durable benefit and reward)은 자아실현, 자아 발전, 자기표현, 자기 변화 및 보상, 성취감, 자기 이미지 강화, 사회적 상호 작용, 사회적 소속감, 지속적인 생산 활동 등으로 분류된다. 순간적 보상이나 기분, 단순한 재미는 일상적 여가에서는 중요하지만 진지한 여가에서는 부수적인 혜택으로 볼 수 있다.

넷째, 동일시(strong identify)는 다른 특성과도 관련된 것으로 진지한 여가에 참가하는 사람들은 자신이 선택한 활동과 자신을 동일시하려고 한다.

인내심, 전문성, 지속적 혜택과 보상, 개인적 노력의 네 가지 특성에서 생성된 독특한 감정이다.

진지한 여가 참가자들은 그들만의 사회 체계에 지속적 관심을 두게 된다. 이는 국지적 집단으로 특별한 믿음, 규범, 행사, 가치, 전통, 도덕적 원칙과 행동 기준을 갖춘 개성 문화(idio

culture)와는 다르게 하위 문화를 넓게 발전시키려 하는 것이다. 진지한 여가 참여자들은 그들이 선택한 일을 강하게 동일시하며, 자신들이 참여하는 일에 긍지를 갖고 고조된 상태로 자주 다른 사람에게 이야기하려 하며 새로운 사람과 대화를 나눌 때 그 일들에 관해 스스로 표현하려 한다. 이는 진지한 여가에 참여하는 활동자가 아닌 경

Chapter 1_ 여가의 이해

우 정체성을 발견하기에는 너무 평범할 수 있다.

다섯째, 독특한 기풍(unique ethos)은 자신이 선택한 것을 표현함으로써 서서히 드러내는 특유의 감정이다. 고유의 사회 체계(social world)가 존재하기 위해 수년에 걸쳐 자신이 추구하는 것에 열성적으로 빠져 있는 사람들이 있어야 발전한다.

여섯째, 개인적 노력(personal effort)은 전문성과 같이 시간의 연속성을 통해 보상과 명성이 축적될 것을 기대한다.

3 진지한 여가의 순기능

진지한 여가 생활로 인해 행복한 삶으로 경력이 되고 다양한 곳에서 보상받게 되는 효과를 가지게 된다.

첫째, 진지한 여가 활동은 깊이 있고 자아실현의 행복을 느낄 수 있는 삶을 영위할 수 있게 한다.

둘째, 진지한 여가는 자아의 방향성과 자아 표현법을 개발하는 데 무한한 가능성을 제공하는 영향력을 가지고 있다. 특히, 노력과 집중, 꾸준함을 요하는 진지한 여가는 생산성의 질을 성장시킴으로 인해 개인에게 만족감과 성취감을 통한 행복을 가져다주는 역할을 한다.

셋째, 진지한 여가는 공동체를 통한 사회성을 제공하거나 뚜렷한 가치와 신념으로 공동체에 참여함으로써 자아를 발견하는 기회를 제공한다.

넷째, 진지한 여가 활동은 개인이 가진 능력과 도전 수준의 균형을 통해 몰입의 경험을 이루게 한다.

다섯째, 몰입에 따른 행복은 우리 자신이 만드는 것이고 이는 복합성을 증가시키고 의식을 성장시키는 순기능을 한다.

4 진지한 여가와 일상적 여가의 구분

일상적인 여가는 즉흥적이고 특별한 훈련이 필요하지 않는 여가 활동이라 할 수 있

다. 반면에 진지한 여가는 개인적 표현, 자아실현, 정체성 향상, 자기만족과 같은 개인적 목표를 실현할 수 있는 중요한 기회이다.

진지한 여가 참여를 통해 개인적 충만함, 재충전, 경제적 보상, 자아실현, 자기표현 등의 긍정적인 개인적 이득이 있으며, 집단의 유지 및 목표 성취, 사회적 매력을 통한 사회적 이득이 있다.

따라서 진지한 여가(serious leisure)는 일상적 여가(casual leisure)와 구분되며 활동 참여 분야에 대한 긍정적인 적극성을 가지게 된다.

(1) 진지한 여가와 일상적 여가의 차이

일상적인 여가는 순간적 보상과 특별한 기술 등 지속적 과정이 필요하지 않다. 여가 활동에 많은 시간과 비용을 투자하면서 겪는 부정적 여가 경험을 극복하면서 지속적으로 여가 활동에 참여하기 위해 노력하는 활동이다.

반면에, 진지한 여가는 레크리에이션 전문화와 유사하며, 여가 활동의 참여율을 높일 수 있고, 참여자들이 특정 활동에서 중요한 가치를 실현하는 것이다.

미국 켄넬클럽 활동에 참가한 전문가와 아마추어의 경쟁 연구를 통해 진지한 여가에서 전문성 이론을 검증한 연구 결과, 진지한 여가 활동을 통해 지식이나 훈련, 기술적 습득을 위해 충분한 노력을 하게 된다.

전문성은 전문적으로 습득된 지식 훈련이나 기술을 토대로 심도 있는 개인적 노력에서 비롯되는데, 여가 활동하는 사람들에게도 지식이나 훈련, 기술을 습득하기 위한 충분한 노력이 요구된다. 기술과 지식의 상당 부분은 외부의 정규 교육 과정을 통해 습득되며 자발적 학습을 통해 완성된다.

진지한 여가 활동은 비용과 시간, 정신적 투자 등 다른 영역의 희생을 동반함에도 진지한 여가 활동을 통해 주어지는 정신적, 신체적 및 사회적 보상이 비용을 상쇄시킴으로써 만족을 느끼고, 그로 인해 성취감을 경험했을 때 참여하는 동기로 작용한다.

진지한 여가에서 성취감을 경험했을 때, 즉 강력한 보상을 경험할 때가 바로 진지한 여가 활동을 하는 동기로 작용하며, 이는 곧 진지한 여가 활동에 참가하는 의미이고, 참가자들이 그 활동에 매진하게 되는 동기가 된다.

5 진지한 여가를 통한 자아실현

여가를 즐기기 위한 활동으로 시작하여 진지한 여가로 발전하게 되는 경우가 많다. 진지한 여가로 발전한 여가 활동은 잠재적인 자신의 능력을 발휘하면서 자아실현의 현실로 성장하게 된다.

진지한 여가로 인한 자아실현은 다음과 같은 효과를 가질 수 있다.

첫째, 개인이 진지한 여가에 참여하면 그냥 새로운 기술을 습득하는 것뿐만이 아니라 개인이 가진 능력도 발달시키게 된다. 또한 그 지식과 경험을 통해 잠재 여가 생활을 통한 행복한 삶의 경력이 되고 다양한 곳에서 보상을 받게 된다.

둘째, 진지한 여가에서 깊이 있고 자아실현의 행복을 느낄 수 있는 기회를 가지게 된다.

셋째, 진지한 여가는 자아의 방향성과 자아표현법을 개발하는 데 도움을 주게 된다. 특히, 노력과 집중 그리고 꾸준함을 요하는 진지한 여가는 생산성의 질을 성장시킴으로 인해 개인에게 만족감과 성취감을 통한 행복함을 느낄 수 있게 해준다.

넷째, 진지한 여가는 공동체를 통한 사회성을 제공하거나 뚜렷한 가치와 신념으로 공동체에 참여함으로써 자아를 발견하는 기회를 제공한다.

다섯째, 진지한 여가 활동은 개인이 가진 능력과 도전 수준의 균형을 통해 몰입 (flow)의 경험을 이루게 한다.

 **Case Study**

🎡 국내 여가 관련 민간 기업 우수 사례

헬리녹스(Heliox)

- 코로나19로 인해 국내외 여행이 제한되자 이에 대한 대안으로 캠핑이 인기를 얻으며 국내 대표 아웃도어 브랜드 헬리녹스 또한 인기를 얻고 있다.
- 헬리녹스는 초경량 캠핑 의자에서 시작하여 테이블, 텐트 등 영역을 넓혀가며 나이키, 슈프림, 칼하트, 포르쉐 등 해외 유명 브랜드와 협업하며 글로벌 인지도 구축
- 제품의 기술력뿐만 아니라 디자인 고문을 따로 두어 제품의 디자인에 차별화를 두고 다양한 영역으로 확장하며 자신들만의 새로운 장르 개척
  – 사회적 흐름에 발 빠르게 대처하며 소비자들에게 호소할 수 있는 브랜드 이미지 구축

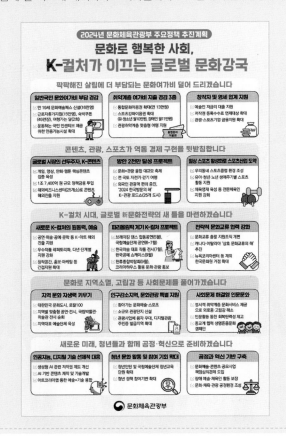

리트니스(Litness)

- 실내 다중 이용 시설 제한으로 인해 운동 시설 이용이 불가하자 비대면 온라인 홈트레이닝 서비스가 활성화 됨
- 리트니스는 온라인 트레이닝 플랫폼으로 전자 기기를 이용해 영상 통화 방식으로 집에서 원격 단체 운동 프로그램에 참여할 수 있는 서비스를 제공하며 트레이너가 화면에서 실시간으로 개인별 피드백을 주기 때문에 정확한 자세로 운동할 수 있음
- 1대1 코칭보다 한 단계 위 메타(Meta) 차원에서 소통을 촉진해주는 '메타 코칭' 서비스를 제공하여 차별성을 가짐
    - 온라인·비대면이라는 제약을 극복하기 위해 디지털 기술을 접목한 고객 맞춤형 서비스 제공

야놀자, 여기어때 등(숙박 O2O 서비스)

- 코로나 19로 인해 관광 산업이 침체하기 전까지 국내 숙박, 관광, 데이터 등 정보와 예약/예매 등을 통합적으로 서비스하는 플랫폼인 숙박 O2O(Online to Offline) 업체와 앱이 활성화되었음
- 가장 대표적 업체인 '야놀자'는 단순 예약 결제 사이트에 머무르지 않고 호텔을 비롯한 숙박업체들의 예약 자동화, 객실 관리, 관련 여가 서비스 제공 등으로 사업을 확장하며, 국내의 대표적인 유니콘 스타트업으로 자리매김
- 여기어때는 후발 업체이지만 2017년 5월 기준, 16개월 동안 이용자 점유율 65%로 출시 3년만에 대한민국에서 가장 많은 사람들이 사용하는 숙박 중개 애플리케이션으로 기록된 바 있음
    - 코로나19 이후 관광업이 재도약하는데 이와 같은 숙박 O2O 플랫폼이 일조하게 될 가능성이 있음

넷플릭스 등 OTT 서비스

- 정보 통신 기술의 발달로 원활한 스트리밍 서비스가 가능해지며 PC와 스마트폰으로 미디어를 시청할 수 있는 OTT 시장이 형성되었음.
- 코로나19 팬데믹으로 인해 관광 산업이 침체한 것과는 반대로 OTT를 통한 미디어 서비스 산업이 폭발적으로 성장하였음.
- 대표적인 서비스로 미국의 넷플릭스(Netflix)와 훌루(Hulu), 국내 지상파 방송사의 푹(Pooq) 등이 있음.
    - 엔터테인먼트 및 미디어 시장의 판도를 바꾸어 놓은 OTT 서비스가 앞으로 여가 산업에 어떻게 활용되어야할지 연구가 필요

 **Case Study**

🏛 트렌드를 반영한 여가 용어

플로깅(Plogging)

플로깅은 스웨덴에서 만들어진 용어이다. 이삭을 줍는다는 뜻의 스웨덴어 'Plocka Upp'과 'Jogging'을 합친 말이다.

조깅을 할 때 작은 가방이나 비닐봉지를 가지고 나가서 빈 페트병 등의 쓰레기를 주워 담아 집으로 돌아오는 것이다.

운동하면서 환경도 지키는 일석이조의 아이디어에 스웨덴 사람들이 적극 동참했고 이후에 프랑스와 아이슬란드 미국을 거쳐 전 세계로 퍼져나갔다.

국내에서도 2020년에 쓰레기를 주우면서 달리는 플로깅을 통해 서울의 자연과 환경에 대해 고찰하는 '쓰담쓰담 솟솟' 등은 일반적인 달리기를 변주해서 러너들의 호기심을 자극했다.

애슬레저(Athleisure)

애슬래틱(athletic)과 레저(leisure)를 합친 스포츠웨어 용어이다. '가벼운 스포츠웨어'라 할 수 있다. 이는 일상에서도 편안한 스포츠웨어를 선호하는 현대인들의 추세를 반영한다. 일상에서 레저를 즐기며 스타일까지 연출할 수 있는 의상을 뜻한다.

웰니스 투어리즘(Welness Tourism)

여행을 하면서 요가, 명상, 피트니스, 건강식, 레크리에이션, 교류 등을 통해서 심신의 건강을 고려한 활동을 하거나 지역 자원을 접하면서 새로운 자기 발견과 자기 계발을 할 수 있는 여행, 긴장을 풀고 건강을 되찾아 새로운 활력을 얻는 여행을 말한다.

마인드풀니스(Mindfulness)

마음챙김이라고 한다. 불교의 명상에 근원을 둔 단어이며, 산스크리트어로 '매 순간의 알아차림'이라는 의미를 갖는다.

지금 이 순간 마음에서 일어나는 것들을 온전히 알아차리는 상태를 뜻한다. 이는 1979년 MBSR(Mindfulness-Based Stress Reduction) 프로그램을 개발한 메사추세츠 대학교 의과대학 존 카밧진 교수에 의해 세계적으로 유명해졌다.

문화관광여가론

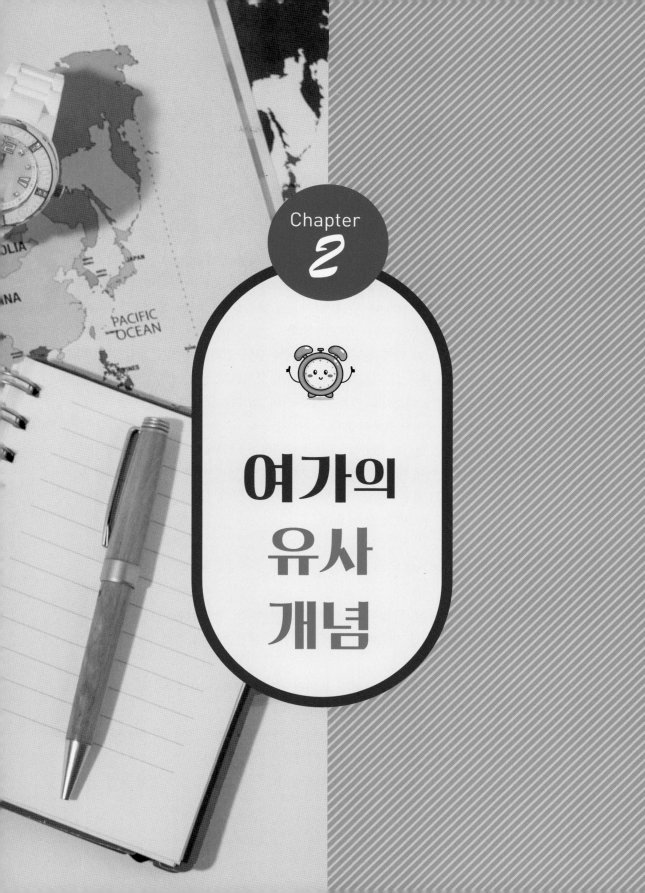

Chapter

2

여가의
유사
개념

1. 여가와 놀이

1 놀이의 개념

놀이는 일반적으로 어린이들의 행동을 의미하며 자발성, 개방성, 행동 그리고 내재적인 만족을 말한다. 어린이들의 행동이 중심이 되며 학습과 자기 발전의 밑거름이된다. 놀이는 레크리에이션과 마찬가지로 자유와 만족을 강조하는 개념으로 자유롭고 자발적이며 비예측적인 성격을 지니고 있다.

놀이는 활동 자체에서 만족감을 찾는 것이어야 하며, 결과나 목적을 지향하기보다는 활동의 과정이나 활동 그 자체가 주는 쾌락이 중시된다. 놀이는 일상생활이나 일에서 생기는 강박감을 해소하고 기분을 전환하며, 피로를 풀고 새로운 생활 의욕을높이기 위한 방법으로서의 효용이 있다.

후이징거(Huizinga)는 놀이는 인간의 근본적 행위라는 관점에서 놀이에 대한 본능적동기뿐만 아니라 놀이에 대한 즐거움도 강조하고 있다. 놀이는 평범함에서 벗어나 현실을 일시적으로 창조하는 행위의 한 영역으로 보고 있다. 놀이는 창조적으로 수행하는 여가의 행동 특성이라고 할 수 있다.

까이로스는 후이징거와는 다른 다음과 같은 여섯 가지로 놀이의 특성을 제시하고있다.

첫째, 자유로운 활동이다. 놀이하는 사람은 외부로부터 강요당하지 않는다.

둘째, 분리된 활동이다. 명확하게 정해진 시간과 공간의 범위 안에서만 놀이가 진행된다.

셋째, 확정되어 있지 않은 활동이다. 놀이의 전개와 결과는 정해지지 않고 놀이 참가자들이 자율적으로 결정할 수 있다.

넷째, 비생산적인 활동이다. 놀이를 통해서는 경제적 이익이 생산되지 않는다. 다만, 놀이 참가자 사이에서 놀이 개념의 경제적 이동은 있을 수 있다.

다섯째, 규칙이 있는 활동이다. 놀이에는 놀이마다 규칙과 질서가 있어 놀이 참가자들은 이를 준수해야 한다.

여섯째, 허구적인 활동이다. 현실과 비교하여 허구적이고 비현실적이라는 명백한 인식 속에서 활동한다.

까이로스와 후이징거의 놀이 특성을 정의해 보면, 놀이는 일상생활 외에 일정한 공간이나 시간 내에서 행해지는 자발적인 행동이다. 이러한 활동 내에는 규칙과 질서가 존재하고, 절대적 구속력을 가지게 되고 즐거움과 긴장감을 가지고 있다.

놀이와 여가의 관련된 정의는 즐거움을 위해 여가 시간에 하는 자유로운 활동을 뜻한다. 여가는 직업상의 일이나 필수적인 가사 활동 외에 소비하는 시간 또는 늘 하던 공부나 일로부터 벗어나 자유롭고 즐겁게 보내는 시간을 말하며, 자유 시간에 새로운 힘과 의욕을 얻기 위하여 하는 다양한 활동을 의미한다. 놀이는 여가 시간에 이루어지는 활동을 말한다.

2 놀이의 기능

놀이는 개인이나 집단 등 구체적인 대상에 대해서 알 수 있다. 놀이는 감정순화를 통한 정신적 발달과 신체적 발달, 사회성 향상, 지적 발달 그리고 문제 해결 능력 향상 등을 기대할 수 있다.

모든 사회생활과 집단에는 개인적으로나 집단적으로 갈등이 발생하게 된다. 이러한 갈등을 해소하는 데 가장 중요한 역할을 하는 것은 놀이다. 조선시대부터 지금까지 전해져 내려오는 놀이부터 현재에 맞는 놀이에 이르기까지 다양한 형태의 놀이로 사람들은 하나가 되고 갈등을 해소하는 데 많은 영향을 미친다. 놀이는 단순히 시간을 낭비하는 가치 없는 활동이 아니다.

놀이는

첫째, 신체적 건강과 근육 강화, 균형 감각, 리듬감 발달 등의 운동 능력을 증진시킨다.

둘째, 언어 발달, 물리적 개념, 논리 및 수학적 지식과 개념을 습득하여 전반적인 인지 발달에 도움을 준다.

셋째, 놀이 과정에서 사회적 규칙을 익히고 공동체 의식을 기르며 사회성 발달을 도모한다.

넷째, 놀이 환경을 창의적으로 해석하고 다양한 형태로 표현함으로써 창의성 발달에 도움을 준다.

다섯째, 다양한 신체 활동 놀이는 몸을 건강하고 튼튼하게 하여 또래와의 원만한 인간관계 형성에 도움이 된다.

또한 놀이는 운동형, 지능형, 사회형 놀이로 분류된다.

❶ 운동형 놀이는 기초적 신체 운동 능력이나 기능이 요구되는 활동이다. 예로는 달리기, 줄넘기, 공놀이 등 ❷ 지능형 놀이는 지적 사고의 능력이나 합리적인 선택이 요구되는 활동이다. 예로는 바둑, 오목, 장기 등이 있다. ❸ 사회형 놀이는 타인과의 상호 작용이나 사회적 역할 및 지위를 수행하는 활동이다.

3 여가와 놀이와의 관계

놀이는 즐거움과 재미 그리고 진지함이 동시에 존재한다. 우리가 알고 있는 모든 놀이는 정신적인 것으로 인간이 느끼게 되는 희로애락(喜怒哀樂)의 모든 것들은 놀이에 의해서 발생되고 해소된다고 할 수 있다.

놀이는 유아 교육에 있어서 단순히 놀이뿐만 아니라 교육적인 차원에서도 많은 영향을 주고, 놀이는 그냥 노는 것이 아니라 다양한 놀이를 통해서 조직과 사회와 과학적인 경험을 하게 됨으로써 교육의 가치를 더 높게 된다.

또한 롤플레이(role play)를 통해 역할극을 해봄으로써 상대방을 이해할 수 있는 기회를 통해 갈등을 해소하는 역할을 한다. 갈등과 어려움을 대동적 놀이마당을 통하여 해소하려는 집단적 축제의 장을 만들 수 있다.

여가와 놀이는 모두 내적 만족을 추구하기 위한 자유 선택적 활동이라는 공통점을 지니고 있다. 여가의 주체자는 성인들이 참여하는 활동이고, 놀이는 어린이들이 참여하는 활동이라는 차이점이 있다. 여가를 즐기는 어른들은 제약성이 따르는 반면, 어린이들은 자발적으로 아무런 제약 없이 즐겁고 자유롭게 놀이에 참여한다.

놀이는 인간의 본능적이고 무조건적인 욕구를 반영하는 행동을 뜻한다. 여가와 놀이는 자유 시간에 발생한다는 점에서 공통점은 있으나 여가는 목적 지향적인 활동이며 여가 시간 중에 발생하는 반면에, 놀이는 활동이 아니라 인간의 형태로서 일 또는 여가 시간에 언제든지 자유롭게 일어날 수 있다.

여가와 놀이는 자유, 자기표현, 만족 추구, 경험의 질, 자발성, 비의무성, 재미, 내적 경험의 추구 등 특성상 동일한 점을 많이 나타내고 있다.

 ## 2. 여가와 레크리에이션

1 레크리에이션의 개념

레크리에이션은 '새롭게 하다', '회복시키다'를 의미한다. 이는 힘든 활동이나 의무적인 활동 또는 노동을 잘하기 위하여 인간을 회복시키는 자발적으로 선택된 가볍고 휴식적인 활동이다. 개인에게 직접적이고 고유한 만족을 줄 뿐만 아니라 사회적으로 받아들여지는 활동이다.

레크리에이션은 자발적인 행동에 의해서 즐거움과 만족을 얻기 위해 활동하게 된다. 따라서 레크리에이션은 구체적인 여가 활동으로서 재발견, 재창조, 재생, 회복, 새로운 창조 등의 뜻을 담고 있기도 하다.

뉴 메이어(New Mayer)는 그 자체 이상의 연기된 보상이나 어떤 직접적인 필요에 의해 추진되는 것이 아니라 그 자체로서 직접적인 매력을 지닌 자유롭고 즐거운 것으로 여가에 행해지는 모든 활동으로 정의하고 있다.

레크리에이션은 여가 시간 동안 그 활동에 자발적으로 참여하는 개인에게 직접적이고 고유한 만족을 제공할 뿐만 아니라 사회적으로 받아들여지는 활동이다.

크라우스(Kraus)는 레크리에이션에 대해 다음과 같이 정의를 내리고 있다.

❶ 레크리에이션은 완전한 나태, 휴식과는 대조되는 활동으로 간주된다.

❷ 레크리에이션은 다양한 종류의 활동들이 포함된다. 활동에는 짧은 기간 동안 행해지는 활동과 인생 전반에 걸쳐 행해지는 활동도 포함된다.

❸ 레크리에이션은 자발적인 것이며, 외부의 압력이나 강제적·의무적으로 발생하는 것이 아니다.

❹ 레크리에이션은 사회적으로 실행되는 유익한 활동으로서 사회의 발전에 공헌한다.

❺ 레크리에이션은 자유 시간에 이루어지는 활동이다.

레크리에이션은 자율적으로 선택하고 자유롭게 참가하여 만족과 즐거움을 느낄 수 있는 활동이며, 건설적이고 창조적인 여가 활동이다.

현대 사회에서는 레크리에이션의 필요성이 적극적으로 요구되고 있다.

지속적인 레크리에이션 활동을 하게 되면 다음과 같은 효과를 가질 수 있다.

첫째, 여가를 통한 지속적인 정보 습득이 가능하게 된다.

둘째, 다양한 기능을 습득하게 됨으로 인해 실생활과 취미 생활에 활력을 주게 된다.

셋째, 많은 사람들과 활동하고 소통하게 됨으로써 자신을 부각시키기 위해 주저하지 않는다.

넷째, 사회적 관계 형성으로 폭넓은 인간관계를 유지할 수 있다.

다섯째, 건강한 육체와 건전한 정신을 가지게 되면서 부정적인 심리 상태를 완화할 수 있도록 한다.

레크리에이션의 목표를 살펴보면

❶ 민주성, 사회성, 창조성, 도덕성을 가져야 한다.

❷ 신체적, 심리적, 사회적 측면에서 다양한 효과를 낼 수 있어야 한다.

❸ 재창조 경험을 통한 마음의 변화를 가지는 것으로 레크리에이션은 여가 활동과

사회 생활에서 필수불가결한 활동으로 정착되어야 한다.

2 레크리에이션의 특성

현대 사회의 노동 기계화, 자동화의 증가로 인하여 인간들의 욕구도 다양하게 표출된다. 이러한 현상에서 자신의 여가 시간을 어떻게 활용하느냐에 따라 행복한 인생이 되기도 하고 위험한 인생이 되기도 한다.

오늘날의 레크리에이션은 노동을 위한 심신의 피로 회복, 기분 전환, 정신 건강 증진 등으로 개인의 성장과 사회의 발전에 가치를 두는 개념적 특성이 강하다.

재생과 재창조 및 개인이나 사회적 편익을 증진하기 위해 자발적으로 선택한 여가 중의 활동으로서 레크리에이션은

첫째, 개인적인 즐거움을 추구하지만 결과적으로는 개인의 육체적 · 정신적 · 감정적 · 사회적인 성장을 도모한다.

둘째, 개인적 즐거움과 만족 추구가 주요 동기가 되며, 일상적인 삶을 신선하게 한다.

셋째, 수많은 형태의 활동으로 표현된다.

넷째, 여가 시간 중에 영위되는 활동이다.

다섯째, 자발적 의사에 의해 선택되어 이루어진다.

여섯째, 시간, 공간, 인원 등의 제한이 없으나 주로 공동적인 집단적 활동성이 강하고 실행과 탐구라는 보편성을 지닌다.

일곱째, 목적 지향적 활동이다.

여덟째, 사회의 규범에서 벗어나지 않는 건강하고 건전한 활동으로 이루어진다.

 쉬어가는 코너

자유 시간, 레크리에이션, 여가의 차이점

쇼(Shaw)는 이들의 개념적 차이를 시간 사용 자료를 사용하여 분석하였다.

- 자유 시간: 대화, 사회적 상호 작용, 휴식, 기분 전환과 같은 활동에 참여하는 시간
- 레크리에이션: 자유 시간 활동 중에 특정한 유형의 활동에 참여하는 것으로 활동적이고 조직화된 것(스포츠, 문화 활동, 미디어, 취미, 공예 등)
- 여가: 주관적으로 경험하는 상태

 쉬어가는 코너

- R– Restoration: 회복
- E– Enjoyment: 즐거움
- C– Constructiveness: 건설적임
- R– Result: 결과
- E– Experience: 경험
- A– Activity: 활동
- T– Time: 시간
- I– Incentive: 동기
- O– Organization: 조직
- N– Nonwork Activity: 비생산적 활동

3 여가와 레크리에이션의 관계

여가와 레크리에이션은 시대적 배경에 따라 개념이나 활동 유형이 각각 다르게 변하고 있다. 사람이 생활해 나가는 데 있어서 필요한 시간이 곧 여가이고 스스로의 즐거움을 위해 또는 무엇인가 자기만족을 맛보기 위해서 자유롭게 하는 활동이다. 레크리에이션은 남과 더불어 전체의 조화를 가질 수 있으며 자신을 만끽하는 자기 형성을 느낄 수 있는 것이다.

우리는 잠시라도 이웃과 사회에 대한 책임감 없이 행동할 수 없기 때문에 자발적인 행위, 즉 레크리에이션을 즐길 때 더 강하게 윤리적 또는 도덕적인 책임을 느끼게 된다. 여가 선용이 올바르게 육성되는 사회에서는 도덕적으로 가치 있는 인격을 형성하여 화목한 분위기를 조성해야 한다.

여가와 레크리에이션의 관계는 여가를 시간의 개념으로 보고, 레크리에이션을 활동 개념으로 보고 있다. 하지만 여가는 레크리에이션보다 시간, 공간, 활동적 차원에서 보다 광의의 개념이다.

여가는 자유 시간에 포괄적이고, 덜 조직적이며, 개인적 목적이 우세하고, 동시에 내적 만족을 추구한다. 레크리에이션은 한정적 활동 범주 내에서 이루어지고, 개인적이기보다는 집단적으로 이루어져서 조직적인 동시에 사회적 편익을 강조한다.

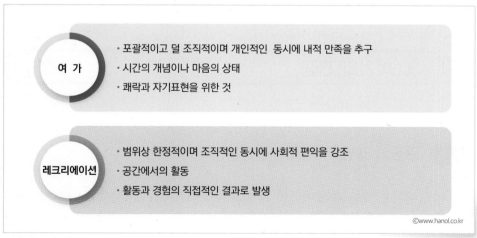

여가
· 포괄적이고 덜 조직적이며 개인적인 동시에 내적 만족을 추구
· 시간의 개념이나 마음의 상태
· 쾌락과 자기표현을 위한 것

레크리에이션
· 범위상 한정적이며 조직적인 동시에 사회적 편익을 강조
· 공간에서의 활동
· 활동과 경험의 직접적인 결과로 발생

©www.hanol.co.kr

⌛ 그림 2-1_ 레크리에이션과 여가의 차이점

레크리에이션은 다음의 조건들을 만족시킬 수 있어야 한다.

첫째, 레크리에이션은 여가 시간 내에 이루어져야 한다.
둘째, 스스로 흥미와 관심이 있어야 한다.
셋째, 기분 전환과 피로 회복이 가능해야 한다.
넷째, 신체적으로 건강 증진을 도모하고 정서적으로 즐겁게 할 수 있어야 한다.
다섯째, 창의적이어야 한다.
여섯째, 자기표현적이어야 한다.
일곱째, 개인이나 사회적 목적 추구에 가치나 의의를 두어야 한다.
여덟째, 일의 목적 이외의 활동으로 수단보다는 활동 자체가 목적이 되어야 한다.

이를 종합해 보면 레크리에이션은 여가에 참여할 수 있는 활동, 노동과 관련되는 개념, 생산적 목적 지향의 여가 활동, 일상생활권 내에서의 반복성을 갖는 여가 활동으로 이루어진다.

여가와 레크리에이션은 전체적으로 조화된 생활을 목표로 하면서 현실적으로는 일과 놀이를 분화시켜 별개로 여겨온 인류의 문화적 산물이다. 여가와 레크리에이션은 생활의 의미와 목적을 다시 찾는 시간이며 삶을 전체적으로 다시 바라보는 기회라고 할 수 있다.

 ## 3. 여가와 관광

1 관광의 개념

관광의 어원은 중국 주(周)시대의 역경(易經)에서 나라의 빛을 본다는 의미를 가진 '관국지광(觀國之光)'과 tour의 어원인 그리스어의 'tomus(=a turn)'의 대격인 'tomum'에서 기인한 것으로 목수가 원을 그리는 컴퍼스와 같은 도구, 도르레, 원 등을 뜻하는

'돌다, 순회하다'는 의미를 나타내고 있다.

관광은 일상생활로부터 벗어나 반드시 다시 돌아올 목적으로 이동하는 행위로서 인간의 관광 욕구를 충족시키기 위한 경제적 소비를 하는 일시적 이동이며, 타국이나 타 지역의 문물과 풍경을 접하고 즐김으로써 정신적·육체적 상태를 새롭게 하는 행위이다.

관광의 개념은 일곱 가지 요건으로 정의할 수 있다.

첫째, 이동성이다. 관광은 거주지에서 목적지까지의 일정 거리를 이동하는 여행을 수반한다.

둘째, 회귀성이다. 집을 떠나 여행 중인 사람이 반드시 다시 거주지로 돌아올 의사가 없다면 그것은 관광이 아니다.

셋째, 일상적 신분의 유지이다. 관광을 위해 일상의 신분과 책임 등 생활 패턴을 바꾸어가면서(예 휴직, 휴학 등) 일정 기간 이상을 타지에 머무르게 되는 경우(예 유학, 이민 등)는 관광이라 할 수 없다.

넷째, 심리적 거리의 이탈이다. 관광을 통해 얻을 수 있는 경험 중 하나는 탈일상성이다. 탈일상성은 거주지에서 목적지로의 이동 자체로 형성될 수 있지만, 이러한 탈일상성 요소를 이동 거리만 가지고 규정하는 정의는 모순이 있을 수 있다. 여기서 심리적 거리란 물리적 이동 거리와 탈일상성이 하나로 집약된 개념이다.

다섯째, 자유 의사이다. 관광도 여가 활동의 하나로 여가 시간에 일어나는 자유 활동의 하나이다.

여섯째, 관광은 사회적 일치 욕구와 문화적 욕구, 활동 욕구 등을 충족하기 위한 행동이다.

일곱째, 관광은 관광객의 경제적, 시간적, 기술적 능력에 따른 소비 행동이다. 관광객은 그들의 욕구를 충족시키는 동시에 경제적, 시간적, 기술적 능력에 부합되는 목적지를 선정하게 된다.

🔎 2 여가와 관광과의 관계

여가는 구속적이고 제약적인 형태에서 벗어난 자유로운 시간이며, 관광은 관광자가 자신의 욕구 충족을 위해 일상의 생활권을 떠나 이질적인 장소에서 경험하는 것이다. 여가와 관광은 상호 간에 공통성과 상이성이 동시에 있으므로 명확하게 구분하기에는 다소 무리가 있다. 여가와 관광은 정신적·육체적 발전과 회복이라는 점에서 시작되었지만 자유 시간적 개념의 여가는 관광이나 레크리에이션을 모두 포함하고 있다. 관광이 여가와 다른 점은 상당한 정도의 거주권역 이탈이라는 공간 이탈성에 있다. 따라서 관광은 다른 문화나 다른 환경을 접촉할 수 있는 상당한 거리의 이동을 수반하는 행위이며, 여가는 이동성이 이루어지기는 하나 주로 일상생활권 내에서 이루어지는 행위를 일컫는다.

여가나 관광은 자유 시간적 개념이나 자유 재량적 활동 개념상에서도 다른 부분이 있다. 여가나 관광 모두 비구속 시간, 즉 자유 시간에 자발적 선택으로 활동이 이루어지지만, 관광의 경우 이러한 공통적 속성 외에도 출장, 회의 그리고 수학여행 등은 구속성과 비구속성이 동시에 갖추어진 행위로서 이루어지고 있다.

관광과 여가는 상호 연계되어 있으며 독립적으로 존재하지는 않는다.

① 관광과 여가는 같은 시간 및 공간의 틀에 묶여 있다. 관광은 집을 떠나 최소 1박 이상 머무르는 것이며, 여가는 여가 시간의 한 부분에서 관광 행동이 이루어진다.
② 관광이든 관광 성격이 없는 여가든 가계 예산이 필요하다. 그러나 관광과 여가를 위한 가처분 소득이 부족하다면 다른 관광 행동이나 여가로 대체가 가능하다.
③ 관광과 여가는 동일한 공간을 공유하고 즐기기 때문에 서로 연관성을 가지고 있다.
④ 관광과 집 근처에서 보내는 여가 행동의 목표는 둘 다 사회의 구조와 관계가 있다. 이는 여가와 관광의 구조가 각각 독립적이며 비스듬하게 맞서기도 함을 시사한다. 여가는 가치 지향적이며 건강하고 목적 지향적이기 때문에 여가 지지자들은 관광을 여가와 반대로 생각해 관광의 소비주의와 상업주의를 지적한다. 그러나 실제로 사회적으로 구축된 여가와 관광은 서로 연계가 되어 있다.
⑤ 관광과 근거리 여가 활동의 관계는 고정적이지 않다. 둘의 관계는 문화와 경제의

부산물이며, 경제뿐만 아니라 여가와 관광에 대한 소비자의 기대치와 공급 여건은 시대와 사회에 따라 변하며, 사람들은 그것이 사회적으로 조성된 관행일 때만 기대한다. 여행과 대비되는 가정의 가치와 다양한 장소의 거주를 선호하는 것, 점점 상품화되어 가는 관광과 여가 행동은 꾸준히 변하고 있다. 따라서 관광과 여가는 장소성과 역사성으로 맺어져 있다.

4. 여가와 스포츠

1 스포츠의 개념

스포츠란 용어는 프랑스의 Desport에서 유래되고 있으나 라틴어 Deportire가 어원이다. 19세기에 이르면서 sports는 영국을 중심으로 전 세계로 확산되기 시작했고, 운동 경기 의미 외에도 오락, 레크리에이션 등의 의미도 가지고 있다.

스포츠의 어원적 의미는 일에서 벗어나 즐기는 기분 전환적 놀이나 활동이라 할 수 있다. 스포츠는 건전한 오락 활동의 하나로서 보수나 대가와는 관계없이 즐거움을 추구하는 신체 활동이다.

스포츠는 협의의 의미로는 경기, 체조, 체육 등의 개념으로 인식되고, 광의의 의미로는 놀이와 레크리에이션의 동의어로 사용하고 있다. 따라서 스포츠의 개념은 그 시대의 사회나 사람에 의해서 각각 다르게 진화하고 있다.

스포츠는 놀이적 요소에 게임이라는 경쟁적 요소와 신체적 기능이 추가된 활동이다. 그러므로 스포츠란 일에서 벗어나 즐기면서 기분 전환을 하거나 운동 기술의 향상과 건강한 체력을 유지하기 위한 신체적인 활동으로 정의할 수 있다.

현대의 스포츠 개념은 일정한 경기 규칙에 의해 승패를 겨루는 신체 활동으로 과도한 육체 활동 및 연습의 요소를 포함하고 있다. 스포츠 사회학자들은 스포츠의 신체성, 규칙성, 경쟁성 등을 강조하여 스포츠를 놀이와 게임으로부터 분리해서 정의해

왔다.

스포츠는 세 가지 측면의 가치를 가지고 있다. 이는 개인적, 사회적, 국가적 가치이다.

❶ 개인적 가치는 신체의 발달, 지적·정신적 발달, 사회적 성격의 육성, 오락 및 사교의 발달 그리고 성취감 달성을 느낄 수 있는 가치를 가지고 있다.

❷ 사회적 가치로는 사회 통합의 기능과 일체감 형성에 기여하는 가치를 가지고 있다.

❸ 국가적 가치로는 국가의 발전에 기여하고 성취감 혹은 자부심 그리고 국가 이미지를 제고시키는 역할을 하게 된다.

스포츠가 필요한 이유는 인간의 건강한 삶에 대한 욕구를 충족시켜 주면서 건강 유지와 증진에 많은 영향을 주게 된다.

2 스포츠의 본질적 요소

스포츠에 내재되어 있는 본질적 요소는 놀이성, 경쟁성, 활동성, 규칙성으로 구성되어 있다.

첫째, 놀이성이다.

스포츠는 경쟁, 우연, 모의, 현훈의 네 가지 놀이적 속성으로 이루어진 자유로운 활동이며 임의적인 활동으로 기쁨과 즐거움의 원천을 지닌 활동이다. 광의의 개념으로 정의할 경우 스포츠는 놀이의 범주에 속하면서 신체적 놀이가 될 수 있다. 하지만 협의의 개념으로 보면 스포츠가 놀이의 본질적 속성을 지니고 있다고 하더라도 놀이 그 자체는 아니라는 것이다. 즉, 신체적 놀이가 곧 스포츠가 아닌 제도화(규범, 조직)되어 경쟁성과 규칙성이 동반되는 신체적 활동을 스포츠로 규정할 수 있다. 스포츠의 개념 정의에서도 놀이적 속성이 존재하기 때문에 특수한 신체적 놀이로 간주될 수도 있다. 그러므로 스포츠를 놀이성을 지향하는 스포츠와 전문성(직업성)을 지향하는 스포츠로 구분하여 접근하는 것이 문화적 특성을 가장 잘 나타낼 수 있을 것이라 사료된다.

둘째, 경쟁성이다.

스포츠는 기쁨과 즐거움 등에 바탕을 두고 있지만, 놀이는 경쟁성이 부가되어 스포츠와는 다소 차이가 있다. 일반적으로 조직적 스포츠 참가자는 결과(승리, 업적 지향)를 중시하고, 비조직적 스포츠 참가자는 과정(공정, 참가 지향)을 중시한다. 스포츠는 규범에 의한 조직 성향이 제도화된 환경에서 비제도화된 환경까지 경쟁의 범주에 포함시키는 것이 합리적이면서 포괄적이고 문화적 특성을 더 잘 나타낼 수 있다.

셋째, 신체적 활동성이다.

모든 스포츠는 신체 활동을 통해서 이루어지고 있다. 스포츠는 신체적으로 활발하게 움직임으로 인하여 재미와 더불어 건강 증진을 도모한다. 하지만 스포츠에는 승패가 있으므로 기술 향상 등을 위해 강렬한 신체적 훈련 등도 함께 동반된다. 신체적 활동성은 단순히 신체만의 활동이 아니라 '지성(知性)·감정(感情)·의지(意志)'가 동반되고 체력과 기술을 중심으로 수행되는 문화적으로 유형화된 신체 활동이다. 스포츠는 사람들에게 주어진 상황과 밀접하게 관련되어 있고 사람들의 필요성이나 욕구, 가치를 반영시키는 활동으로 설명하고 있다.

넷째, 규칙성이다.

스포츠는 운동 규칙이 존재한다. 경쟁이나 놀이에 운동 규칙이 전제되지 않으면 스포츠로 즐길 수 없으므로 운동의 규칙성은 기본 요소가 된다.

3 여가와 스포츠와의 관계

스포츠는 여가 활동의 중요한 형태나 모든 스포츠 활동이 여가가 될 수 없다. 여가 활동은 인간의 자유 의지를 기본으로 하기 때문에 자유 의사에 의해 선택되어 즐기는 스포츠라 할 수 있다. 스포츠는 여가 활동의 하나이지만, 신체적인 활동과 적극적인 노력의 기술과 역량으로 체력을 소비하고 협동성과 정해진 규칙, 목표와 경쟁, 승패, 도전과 정복으로 구성된다는 점에서 놀이와는 다른 점을 가지고 있다.

여가로 즐기는 스포츠는 크게 관람형과 참여형으로 구분하고 있다.

관람형 스포츠는 직접 활동에 참여하는 대신에 금전적 지출 후 경기를 관전하는 것이다. 스포츠 관람이 여가의 한 형태로 자리 잡을 수 있었던 점은 스포츠 관람이 가지는 오락성 때문이다. 스포츠를 관람하면 재미있고 즐겁다. 또한 자기가 좋아하는 팀의 경기를 경험하면서 긴장과 흥분을 느끼고 동시에 팀의 승리를 통해 대리 만족

을 느끼게 된다. 경기로 인한 긴장감과 자아성취감을 동시에 느낄 수 있다면 현대인들은 그에 필요한 시간과 노력을 아끼지 않는다. 스포츠는 인간의 건강과 체력 증진 그리고 삶의 질을 향상시키는 사회적 기능을 가지고 있다.

참여형 스포츠는 인간의 건강과 체력 증진, 그리고 삶의 질을 향상시키는 사회적 기능을 가지고 있다. 이를 사회 체육이라고 하는데, 사회 체육은 국민 개개인의 복지를 확대하고 건강을 보호하면서 체육 활동을 증가시켜서 여가를 선용하게 한다.

스포츠는 기본적으로 체력을 향상시키고 건강을 유지할 수 있게 해줄 뿐만 아니라 스포츠를 통해 사람들은 순수한 즐거움의 욕구를 충족시킬 수 있다. 또한 다양한 스포츠 활동을 즐김으로써 다른 사람들과 교류할 수 있어 원활한 대인관계를 유지하게 된다. 스포츠 활동으로 인하여 건전하고 생산적인 여가 활동을 즐길 수 있다.

여가와 스포츠의 관계는 여가 측면에서 보면 활동적인 종목만 포함되는 반면, 스포츠 측면에서는 여가 시간을 이용한 스포츠만 포함된다.

 ## 5. 레저 스포츠와 레포츠

1 레저 스포츠와 레포츠의 개념

오늘날에는 레저(Leisure)와 스포츠(Sports)를 합성하여 레포츠(Leports)라는 단어를 많이 사용하고 있다. 과거에는 레저 스포츠라는 의미가 귀족들이 향유하는 전유물처럼 여겨졌지만, 현재의 레포츠는 모든 사람들이 여가 시간을 이용하여 신체적, 정신적 건강의 추구를 위하여 자신에게 투자하는 다양한 운동을 말한다. 레포츠는 여가 시간에 자유로이 즐기는 활동으로서 스트레스 해소와 기분 전환 그리고 탈일상성에 재미와 즐거움을 느끼는 스포츠 활동이다. 레포츠는 국민 복지를 실현하는 요소, 경제 활성화에 기여하는 순기능적 요소 그리고 다양한 수요와 요구에 부응하는 차원에서 교육적 가치와 사회적 조화 및 개인의 건강 그리고 개인의 오락을 주요 기능으로 한다.

레포츠 활동이 인류에게 큰 의미가 된 것은 그렇게 오래된 일이 아니다. 일반 시민이 노동 시간 이외의 자유로운 시간을 계속 얻을 수 있게 된 현재, 선진국을 중심으로 노동 시간이 점차 감소되고 생활에 안정을 찾으면서 사람들은 자신의 인생에 관심을 갖기 시작했다. 삶에 안정을 찾게 된 사람들이 한 번밖에 오지 않는 인생을 보다 풍요롭고 건강하게 지내며, 즐거운 시절을 보내고 여유를 즐기며, 자신의 뜻을 펼치고, 자연을 풍요롭게 누릴 수 있는 방법에 관심을 갖기 시작하면서 레포츠는 점차 대중에게 주목받기 시작한다. 사회가 발달함에 따라 삶의 질은 과거에 비해 나아졌고, 이런 측면에서 본다면 현대 사회에서의 레포츠에 대한 관심은 당연한 결과이다.

발전된 사회에서 사람들은 분명 편리라는 문명의 혜택을 받고 있다. 그러나 지나친 산업화, 정보화는 정신과 건강이라는 측면에서는 상당히 부정적인 면을 가지고 있다. 산림과 자연은 점차 그 자리를 잃어가고 도시라는 꽉 막힌 장소가 그곳을 대체해 버린 지금, 뒤늦게나마 사람들은 이 문명이 가져다준 양면성 속에 보다 나은 삶이라는 개념에 대해 적극적으로 다가가야만 했다. 그것의 한 수단으로써 레포츠는 일상의 스트레스를 해소하며, 때로는 자연을 향유하는 방편으로 사람들에게 스며들고 있다. 레저 스포츠 또는 레포츠는 여가 시간에 이루어진 스포츠 활동으로서 생계 유지의 목적이 아닌 순수한 스포츠 활동이며, 자신의 건강을 유지·증진하기 위하여 자기 계발과 기분 전환을 위해서 참여하는 활동적인 스포츠이다.

레저 스포츠의 개념을 설정하기 위해서는 다음의 내용들이 모두 포함되어야 한다.

첫째, 여가 시간에 행해지는 여가 활동으로서의 스포츠 활동

둘째, 생계 유지의 목적이 아닌 순수한 스포츠 활동

셋째, 의무적이거나 강제적인 성격이 포함되지 않은 스포츠 활동

넷째, 자발적이고 흥미로운 스포츠 활동

다섯째, 건강을 유지·증진하고 기분 전환을 할 수 있는 스포츠 활동

여섯째, 자기 계발을 위한 여가 시간의 스포츠 활동

이와 같이 레저 스포츠는 여가 시간에 이루어지는 순수한 여가 활동으로 아마추어 선수나 프로 선수와 같은 엘리트 스포츠 선수들은 의무적이거나 또는 직업적으로 실시하기 때문에 당연히 레저 스포츠 범주에 포함되지 않는다.

레저 스포츠는 신체적 활동 자체를 즐기는 스포츠로서 운동 자체의 즐거움에 중

점을 두되, 이를 통하여 건전하고 적극적인 여가 시간을 보냄으로써 몸과 마음이 건강해질 수 있을 뿐만 아니라 나아가서는 삶의 질을 한층 더 높일 수 있는 스포츠 활동이다.

현재에 이르러서는 레저 스포츠와 레포츠 분야에 대한 관심과 참여도가 시간이 갈수록 점점 높아지고 있다.

2 레저 스포츠의 특징

레저 스포츠는 일반적인 활동 스포츠에 비해 참가하는 데 비용이 많이 들며, 자연 친화적인 스포츠 참여를 선호하는 경향이 높다.

그 특징들을 살펴보면 다음과 같다.

첫째, 자연을 활용하는 경우가 많다.

자연을 벗삼아 자연과의 동화를 추구할 수 있을 뿐만 아니라 자연으로 돌아가고 싶은 인간의 본능적인 욕구를 조금이나마 만끽할 수 있다. 특히 복잡하고 삭막한 도심에서 생활하는 현대인들에게는 자연과의 친화가 절실히 요구되고 있으며, 하루가 달리 급변하는 정보화의 홍수에서 레저 스포츠는 스트레스를 해소할 수 있는 유익한 방법 중 하나가 될 수 있다.

둘째, 모험이나 극기를 즐기는 레저 스포츠가 각광받고 있다.

현대 생활은 자동화, 기계화 등으로 인해 육체적인 노동보다는 정신적인 노동에 시달리고 있으며, 단순한 작업의 반복으로 인해 매일 똑같은 생활이 되풀이되고 있다. 이러한 생활의 반대 급부적인 현상으로 자기 자신을 시험하기 위하여 극기 훈련에 참여하기도 하며, 배낭을 메고 목적지도 없이 고행의 여행을 떠나기도 한다. 또한 모험적인 스포츠 활동으로서 빙벽 타기나 암벽 타기에 만족하지 않고 인공적으로 암벽을 만들어 스포츠 활동으로 즐기는 현상까지 나타나고 있다.

셋째, 레저 스포츠를 즐기는 데 계절의 구분이 줄어들고 있다.

과학 기술의 발달로 인하여 잔디 스키나 실내 스키, 윈드 크루즈 등 신종 레저 스포츠는 특정 계절에만 즐기던 레저 스포츠의 활동 범위가 점차 넓어지고 있다.

문화관광여가론

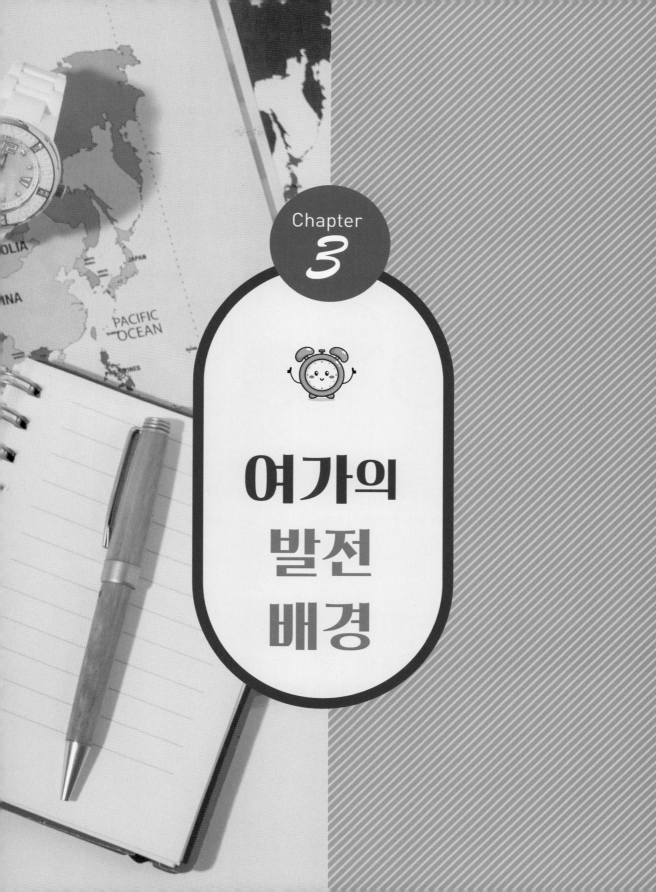

Chapter
3

여가의
발전
배경

1. 세계의 여가 발전

인류 사회의 역사는 여가의 역사이면서 사회 각 계급의 여가 분배와 이용에 관한 역사로 인식된다. 여가 현상은 원시 시대부터 존재하였으며, 인류의 여가 활동은 인간생활과 함께 끊임없이 변화를 겪어오면서 발전하게 되었다.

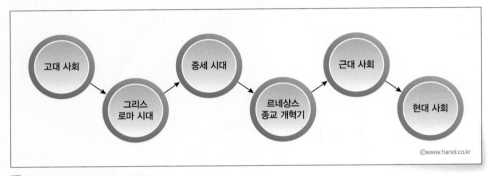

🏺 그림 3-1_ 세계의 여가 발전사

세계의 여가 발전은 고대 사회에서 그리스 로마 시대, 중세 시대, 르네상스 종교 개혁기, 근대 사회를 거치면서 현대 사회까지 이르고 있다. 세계의 여가 발전사는 다음과 같이 언급할 수 있다.

1 고대 사회의 여가

원시 사회에서의 노동과 여가는 생활의 전체로서 통합되어 있었으나 계급 제도가 정착되는 고대 사회로 접어들면서 육체 노동과 같은 생산 활동을 하게 되었다. 생산 활동은 노예가 담당하고, 교육과 문화와 같은 정신 문화는 유한 계급의 것으로 나누어지게 되면서 일과 여가가 분리되기 시작하였다.

고대 사회의 여가는 노동 시간 중 휴식을 취하거나 의식주에 참가하는 정도의 적은 부분을 차지하였다. 즉, 노동과 여가가 밀접하게 생활 속에 혼합되어 있었다.

고대 사회에서 일과 여가는 현대 산업 사회보다 훨씬 복합적인 성격을 띠고 있었다. 대부분의 활동들은 놀이 문화로서의 특징을 가지고 있었으며 축제나 춤 혹은 음주는 단조로운 일상생활로부터 벗어난 휴식이며 여가로 인식되었다.

문화에 대한 다양한 지식들은 이집트인들의 무덤이나 비문(碑文)과 같은 유물을 통해서 알 수 있다. 이집트인들은 계급 체계가 잘 발달되어 있었는데, 하류층들은 운동경기, 신체적인 스포츠 활동과 같은 동적이고 능동적인 여가 활동을 하였으며, 상류층들은 게임과 같은 정적인 여가 활동에 참여하였다. 이 시기부터 상류층들은 노동을 기피하게 되었으며 여가를 중시하는 사회적인 통념이 형성되기 시작하였다.

고대 사회에서 여가가 가졌던 주요한 기능으로는

첫째, 쾌락적, 향락적인 효력과 함께 회복의 기능을 지니고 있었다.

둘째, 사회적 관계에서 개인 간 또는 쌍방의 안전과 결속을 조정하는 효력과 동시에 갈등과 침해, 적대성 등 강한 감정의 탈출구 역할을 하는 치료적, 승화적 기능을 지녔다.

셋째, 개혁과 자기표현을 지향하는 창조의 기능을 지녔다.

넷째, 어린이와 어른 간의 학습과 관습 형성을 조장하는 전달 기능을 지녔다.

2 그리스 로마 시대의 여가

여가라는 것이 자유 시간 이상의 것이 되어야 한다는 사고는 고대 그리스 시대부터 시작되었다. 고대 그리스 시대에는 여가주의적인 여가에 대한 구분과 의식이 있었다. 그리스인의 여가관은 자신과 환경의 조화를 유지한다는 목표 속에서 나름대로의 가치 있는 생활, 자기 수련을 위한 학문, 철학 추구적 성격을 갖추고 있었다. 이 시대의 여가관은 자유 시간보다는 자신을 훈련하고 경작한다는 의미가 강하게 나타났다.

여가는 일과 구분되는 것으로 학문, 철학, 명상을 하고 교양을 얻고 마음에 수양을 얻는 활동이라는 의식이 있었기 때문에 여가 중에서 잘못 사용한 시간은 여가가 아닌 것이 되고, 오락이나 레크리에이션 같은 것은 낭비이며 스트레스와 같은 고통에서 벗어나기 위한 치료제일 뿐, 진정한 여가로 여기지 않았다. 이 시대의 여가는 문화의

창조에 기여할 수 있는 여가로서 소수 특권층만이 누릴 수 있는 자유로 인식되었다.

당시의 경제 활동, 의례적 활동, 종교적 활동 그리고 여가 활동은 현대 사회와 달리 시간적으로나 공간적으로 명확한 구분 없이 혼합되어 존재했다.

그리스인들의 여가는 자아계발과 표현을 위해 정치적인 뒷받침 속에서 발전되었으며, 그들의 다양한 여가 활동은 노동에서 벗어나 완전히 자신만을 위해 활용되는 시간이었다.

로마 시대에는 사회적 안정과 경제적 부의 축적 등으로 여가를 즐길 수 있는 유한 계급과 경제적 부를 축적한 일부 계층들은 일반인들과는 달리 많은 자유 시간을 가질 수 있었다.

로마인들은 여가가 부여해 주는 학습과 창조보다는 법률과 관습을 강조하였으며, 여가를 정치적 도구로 활용하기도 하였다. 당시의 로마인들은 여가를 위해 목욕탕, 야외 극장, 스타디움, 공원 등의 시설을 개발하였으며 주로 공공 시설물을 건축하였다.

로마 시대 여가의 특징은 크게 두 가지로 나눌 수 있다.

첫째, 여가는 정치적 목적을 실현하는 수단이었다. 집권층은 시민들의 잠재적 혁명 요인이나 불만을 해소시켜 주는 정치적 수단으로 여러 가지 유흥 시설을 시민들에게 제공하였는데, 그 결과 공공 여가가 발달하는 계기가 되었다.

둘째, 로마의 여가 문화는 생산적이기보다는 소비 지향적으로 변화되면서 비윤리적이고 과소비적이며 퇴폐적인 여가 문화로 발달하였다. 로마인들의 비생산적인 소비 문화는 유한 계층뿐만 아니라 대중들에게까지 전이되면서 로마 제국의 멸망을 초래한 원인들 중 하나가 되었다. 로마 시대의 여가는 참가에 의의를 두기보다는 소비에 더 큰 의미를 부여하였다.

3 중세 사회의 여가

중세 사회에서 노동을 중시하고 인간에게 종교적 차원에서 금욕을 요구하면서 쾌락과 놀이를 완전히 부정하게 되자, 여가를 즐기는 이들이 적어지면서 여가는 시대적으로 위축되었다. 여가의 시대적 위축을 초래한 중세 사회는 일명 '여가의 암흑기(Dark Age)'라고 한다. 기독교적 봉건 제도의 영향으로 보수적이고 건전한 여가 활동이 신분에 맞게 발전되었으며, 봉건 제도와 기사 제도의 정착으로 특권 계층(영주, 귀족, 기사)의 여가 문화가 출현하였다.

계급별로 구분된 여가 활동으로 지배 계층은 축제, 연회, 수렵, 여행, 도박, 가면무도회, 승마, 음악, 매 사냥, 독서 등을 즐겼다. 기사들은 교양을 넓히기 위해 독서, 음악을 즐겼으며, 농민들은 농한기를 이용한 음식, 술, 노래, 춤, 경기, 볼링, 수렵, 투계 등과 같이 일상생활에서 생일, 경사 등을 위한 연회, 축하 행사를 하여 교회가 인정하는 공휴일을 이용하여 여가 생활을 하였다.

중세 사회에서도 노동에 대한 부정적 평가는 르네상스 시기가 되면서 인간 중심적 생활 문화로 활성화되었다. 중세시대에는 종교적 영향력이 커서 엄격한 종교 철학과 윤리가 지배했던 시대였으므로 의식, 사고, 가치관은 세속적 향락의 탐닉에 제재, 절제를 강조하였다. 인간에게 여가는 꼭 필요한 것이라는 것을 알고 보다 값진 민중적인 정착의 계기를 가지게 했다.

중세 말기 노동에 종교적 의미를 부여하며 나타난 종교 개혁은 산업 사회 형성의 정신적 지주가 되었다. 일은 개인의 구원과 타인에 대한 봉사 수단으로 중시되었기 때문에 여가는 상대적으로 경시될 수밖에 없었다. 이 당시의 여가는 단순한 휴식으로 인식되었고 노동에 대한 부차적인 의미로 파악되었다. 종교 개혁의 가치관은 민중의 생활 의식 속에 형성되었다.

쉬어가는 코너

- 고대 이집트: 활동적이고 능동적인 인간성 중시 여가 활동으로 각종 운동 경기 성행
- 고대 그리스: 여가는 소수 특권층만 즐김. 종교적 동기에서 정기적 제례 의식인 올림픽, 네메안, 잇스미언 게임 등이 공공적 여가의 계기가 됨
- 고대 중국: 농경과 관련된 의식 행사 성행. 신분 제도 형성으로 소수 특권 계층의 여가로 한정

4 르네상스 종교 개혁기 여가

15세기 이후 종교와 봉건 제도가 지배하던 시대가 쇠퇴하고 문화를 중심으로 한 새로운 문화 예술 시대인 르네상스, 즉 문예 부흥기를 맞이하였다. 15~16세기의 문예 부흥기인 르네상스 시대의 여가는 인간 중심의 가치관을 기본 정신으로 하는 많은 사람들에게 더 많은 자유를 부여하고자 하는 자유 사상에서 출발하였다.

르네상스 시대는 새로운 인간 생활과 문화를 건설하려는 운동으로 중세에서 근대로, 정태적 문화에서 동태적 문화로, 봉건 사회에서 도시 개인주의적 사회로 연결되는 중대한 전환기였다.

르네상스 시대에는 중세의 종교적 차원의 금욕에서 인간의 이성과 본질을 자유롭게 하는 창조적 삶을 추구하였다.

르네상스 시대의 여가 활동은 주로 자기 계발과 지적인 욕구 충족을 위한 수단으로 인식되었다. 이 시기에는 귀족 및 왕조의 후원하에 문학, 드라마, 음악, 미술, 발레 등의 활동이 있었으며, 극장 및 오페라 하우스 등의 건설과 함께 교양적인 여가 시설이 증가하였다.

이후부터는 교양 증진의 수단으로서 상류층 특권 계급의 여가 문화로 인식되었다. 즉, 전통 사회에서의 여가는 특권 유한 계층 중에서도 일반 유한 계층에 편중되어 있었고 일반 평민들은 노동 중심적 생활 문화로 생산 노동의 필요에 의한 여가로 인식되었다.

르네상스 시대에는 평민의 여가 자유를 촉진시키는 데 비하여, 종교 개혁은 서구인의 노동 생활 태도에 더 큰 영향을 주게 되었다. 종교 개혁의 기간 동안 노동이 인간 생활의 궁극적인 것으로 신성시되었다. 하지만 여가는 죄악으로 간주되어 상대적인 중요성이 감소되고 여가 윤리는 20세기까지 연결되었다.

문예 부흥 시대 후기의 유럽은 영국을 비롯한 모든 국가가 청교도의 영향력에 좌우되어 노동을 미덕으로 간주하게 되면서 일하지 않는 것을 죄악시하였으며, 여가는 게으름과 악의 조화라는 신조를 가지게 되었다. 18세기에 들어서면서 종교적, 초자연적 사고에서 합리주의, 실용주의로 달라지면서 새로운 사고가 여가를 궁극적으로 재평가하게 하였다.

5 근대 사회의 여가

서구 근대 사회 형성은 산업 혁명 이후에 시작되었으며, 노예 체제를 이어받은 절대주의와 통상주의 체제를 붕괴시키고 자유주의와 자본주의를 성립시키면서 기존의 여가와 놀이 문화를 변화시키는 계기가 되었다.

캘빈과 루터의 종교 개혁으로부터 근대적 노동관에 의해 신흥 중산층이 지배계급이 되면서 18세기 이후의 공리주의 문화와 맞물려 근대적 여가는 노동자 계급의 생존을 위한 투쟁의 산물로 여겨지게 되었다.

19세기에는 다양한 사회적 계층의 레크리에이션 참여에 영향을 주었는데 다음과 같이 네 가지로 요약된다.

첫째, 새로운 도시 사회를 형성하게 되었다.
둘째, 직업 윤리관을 낳게 하였다.
셋째, 산업적 생활 양식을 새롭게 설정하게 되었다.
넷째, 더욱 광범위한 레크리에이션의 참여 기회를 조장하였다.

산업화가 시작되면서 기계의 발달과 더불어 새로운 공장형 생산 방식이 채택되고 노동력인 인간의 필요성이 절실해졌으며, 거대한 소비 시장까지 이르게 되었다. 대규모의 조직적 노동 집단이 형성되고 기계적인 노동, 인간성 상실 노동, 노동 시간의 장기화 등으로 휴식, 유급 휴가, 근로 시간의 단축 등 여러 가지 기회 추구 의식이 고조되면서 사회적, 제도적 차원에서 대책을 강구하기에 이르렀다.

산업 혁명과 더불어 여가의 대중화가 시작되었다. 20세기 자본주의 사회에 접어들게 되면서 '노동 및 생산 중심의 생활 양식'에서 '여가 및 소비 중심의 생활 양식'으로 변화되기 시작하였다. 미국 사회의 도시화, 대량 소비화, 경제적 발전, 대중 매체의 발달을 배경으로 레크리에이션이라는 용어의 탄생으로 건전한 오락으로 인정됨에 따라 대중 매체의 발달과 함께 대중 소비 사회로 발전하면서 여가와 소비를 중시하게 되었다.

근대 사회 여가의 특징은 다음과 같다.

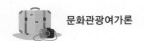

첫째, 기존의 여가 문화와 놀이 문화의 성격을 변질시켰다.

일과 생산이 시대의 궁극적인 목표가 되어 일 중심의 사고방식과 철학이 근대 유럽을 지배하게 되었다.

둘째, 일과 여가 시간의 개념 구분이 확립되었다.

노동 시간이 연장되고 상대적으로 가용 여가 시간이 감소됨으로써 노동의 대립 개념으로 여가에 대한 욕구가 증가되었다.

셋째, 급격한 도시화 현상을 촉진시켰다.

대량 생산, 대량 소비를 특징으로 하는 산업 사회는 많은 사람들을 도시로 끌어들임으로써 도시 내에 확보된 상업적인 여가 공간 및 시설들을 이용하게 되었으며, 여가 형태는 개인 중심의 상업화된 여가를 즐기게 되었다. 이런 현상은 사기업적 유흥, 오락 시설의 증가와 여가 산업의 발전을 초래하는 결과를 가져오게 되었다.

넷째, 여가 향유 패턴이 근교 야외 여가 활동의 증가로 변화되었다.

자동차의 출현은 여가 향유 패턴을 근본적으로 바꾸어놓기 시작하였다.

근대 사회에서는 일부 유한 계급에만 주어졌던 여가가 산업화와 더불어 대중화되기 시작하였으며, 일에 대한 보상 수단으로서 또는 일을 수행하는 데 필요한 에너지 공급 수단으로서 여가의 중요성이 부각되었다. 근대 시대는 노동과 여가 개념의 구분을 토대로 여가의 대중화를 도모할 수 있는 토대를 마련하는 시기였다.

6 현대 사회의 여가

현대인들이 추구하는 삶의 목표로 물질보다는 정신적인 풍요를 소중하게 생각하게 되면서 노동보다 여가 중심의 생활을 추구하게 되었다. 현대 생활에 있어서 여가는 모든 사람들에게 공평하게 제공되어야 한다는 것이 공통된 인식이다.

현대 사회의 특징은 탈산업화 사회에서 대중 소비 사회, 정보 사회, 여가 사회로 치닫고 있으면서 마치 생산자들이 그 속에 숨겨놓은 소비, 정보, 시간이 생활자의 의식과 활동을 움직이게 하는 기계 또는 모든 가공물에 의한 조작 방식이라는 아이러니한 현실적 실상이 되었다. 생산자와 소비자는 공식적으로 비용, 정보, 시간을 챙기면서 자기 경영을 철저히 하여 노동과 여가의 균형적 배분을 하게 된다. 왜냐하면 현대인들은 이 모든 것에 지쳐 있기도 하지만 이것에 의존할 수밖에 없기 때문이다.

산업 사회에서 후기 산업 사회로 변동됨에 따라 여가의 특성도 〈표 3-1〉과 같이 변화하고 있다. 현대에서 여가는 수단적 가치에서 자기 충족적 가치로, 주지주의적 방향에서 쾌락주의적 방향으로, 노동의 보상적 의미에서 인간 권리의 의미로 변화되고 있다.

오늘날의 사회는 대중문화 시대라고 할 수 있다. 대중문화는 놀이 또는 여가 문화에도 영향을 미치게 되면서 여가의 대중화가 실현되었다.

여가의 대중화 및 민주화 시기를 맞이하면서 물질적 풍요보다는 정신적 풍요에 더 많은 관심을 가지기 시작하였다. 그리고 노동 중심적 생활에서 여가 중심적 생활을 중요시하기 시작하였다. 여가는 인간 생활의 필수 요소이면서 누구에게나 균등하게 제공되어야 하는 인식으로 변화하였다.

현대적 의미에서 여가는 단순하게 노동에서 잃어버린 에너지를 회복하고 긴장을 완화시키는 보상적 차원에 머무는 것이 아니라 여가에서 보다 가치 있는 삶의 정체성을 찾고자 함에 목적을 두고 발전하고 있다.

인간이 산업화와 가까워질수록 더 많은 교육을 받게 되면서 한 번에 더 많은 여가

💡 표 3-1_ 과거의 여가와 현대의 여가의 특성 변화

과거의 여가	현대의 여가
수단적 가치	자기 충족적 가치
주지주의 방향	쾌락주의적 방향
노동 보상적 의미	인간 권리의 의미
도덕적인 사회 가치 기준	향락적인 인간 가치 기준
전통적인 계급적 특징	개인주의적인 대중적 특징
행정과 종교 교육의 리더	여가 산업의 선도자
상류 사회의 유한 및 특권 계급의 여가 독점	대중화 현상
부정적 비관주의 견해	긍정적 낙관주의 견해
행사 중심의 여가	상업주의적 여가

활동을 하고자 하는 시간 집약적 여가와 시간의 부족과 여가의 종류와 질에 따라 금전적인 현상도 동시에 발생하는 현상이 나타나게 되는데 이를 비용 합리적 이용 현상이라고 부른다.

현대 사회의 여가 성향은 노동 후의 휴식 차원이 아닌 개인의 생활 중심 활동으로 여겨졌으며, 여가와 노동의 통합적인 개념이 형성되었다.

현대 여가의 특징을 요약해 보면 다음과 같다.

첫째, 현대인에게 여가는 하나의 권리로 인식되어 국가적, 국제적 차원의 사회 정책적 대책이 요구된다.

둘째, 여가 정책 및 개발 등에 있어서 관료 체제화 현상이 두드러지게 나타나게 된다.

셋째, 현대의 여가 문명이 소비성과 직결되어 소비 혁명이라는 특징을 지니고 있다.

넷째, 국가가 국민의 여가 복지를 위해 장기적으로 시설 계획 및 대책을 수립하고 있다.

다섯째, 여가가 독자적 형태를 지니고 있는 독립 산업으로 등장하고 있다.

여섯째, '노동을 위한 휴식으로서의 여가'에서 '여가를 위한 노동'이라는 인식으로 전환되고 있다.

일곱째, 여가 현상의 무규제, 비규범으로 인한 가치 혼란의 양상이 파생되고 있으며, 여러 가지 여가 문제들이 심각하게 대두되고 있다.

 ## 2. 우리나라의 여가 발전

1 해방 이전과 이후의 여가

기원전 6~7세기의 청동기 사회에 정착형 농사가 시작되고 부족 국가가 생기면서 농경 문화의 보편적인 의식인 추수 감사제와 같은 축제 형태로 발전하여 왔다.

삼국 시대에는 신라, 고구려, 백제가 각기 그들의 지역 특색과 정치적 상황에 맞게 이를 변형시키고 다른 모습으로 발전시켰다. 이때부터 신분 계급을 강조했기 때문에 여가도 지배 계급과 피지배 계층의 여가로 이원화되기 시작하였다. 계급이 명확화되어 있었으므로 학문과 풍류 등 고상하고 사교적인 여가 성향을 즐겼던 상류층과는 반대로 서민 계급층은 불교 행사, 활쏘기, 그네 타기, 연날리기, 씨름 등의 놀이 형태의 여가를 즐겼다.

신라시대에는 명절마다 특별한 음식을 준비하고 춤과 여러 가지 놀이를 즐겼다. 신라의 귀족 자제들은 여가 활동으로 화랑도를 중심으로 자연을 벗삼아 유람하면서 시가(詩歌)를 즐기며 여러 무술 활동을 하였다. 고구려시대에는 유한 계급의 형성이 고착화된 것이 하나의 특징으로 나타났다. 외국에서 다양한 물품들을 수입해 안정적인 생활을 누리게 되면서 명절, 단오, 추석 등의 서민들이 즐길 수 있는 여러 가지 불교 행사가 많았다. 국가에서 시행하는 불교 행사인 연등회, 팔관회 등의 호화로운 연회와 온갖 유희를 갖는 풍습들이 많이 있었다.

백제시대에는 그들의 문화 예술 유적에서 뚜렷이 드러나듯 다른 두 나라와 달리 비교적 온건하며 우아한 성격의 여가를 즐겼다. 일상생활에서는 장기나 바둑 등을 즐겼으며, 축제 때에는 널뛰기, 씨름, 윷놀이, 그네, 강강술래 등을 즐겼다.

조선 시대에는 성리학이 발달하게 되면서 유림의 생활은 자연의 아름다움에 대한 동경과 칩거 사상에 따라 자연을 노래하고 낭만적인 여행을 즐기면서 부와 관계없이 한가한 생활을 유지하게 되었다. 하지만 주로 농업, 공업, 상업, 어업 등에 종사하는 서민 계급들은 양반 사회에 대한 불만을 해학적으로 풍자하는 놀이 형태를 즐겼다.

조선 후기에는 실학의 등장으로 풍속화에는 많은 놀이 유형이 묘사되고 있다. 특히 서민의 농경 놀이 문화를 잘 표현하고 있다. 농경 사회의 흔적을 남기고 있는 대동놀이는 서민들의 삶과 생계의 터전에서 탄생하였으며, 놀이는 생산과 노동을 보충하여 재생산 의욕을 창출하는 기회로 발전하였다. 이 당시의 대표적인 놀이 형태는 산유, 농악, 쥐불놀이, 호미씻기, 제기차기 등이 있다.

우리나라 전통 농경 사회에서 여가는 귀족 계급의 여가와 서민의 여가로 나누어지게 된다. 귀족 계급의 여가 생활은 신선 사상에 근거한 풍류도 문화로서 화랑도 문화나 양반 문화라고 할 수 있으며, 피지배 계급에 해당하는 천민이나 농민의 여가 문화

는 '일과 여가의 미분화 현상'으로 노동 생산성을 위한 수단이거나 농한기의 자기 파괴적인 활동으로서 서민의 여가라고 할 수 있다.

일제 강점기에는 한국의 전통적인 가치관이 파괴되었으며, 뚜렷한 여가 문화의 증거는 보이지 않는다. 광복 이후 노동 생산성을 강조하는 시기와 맞물려 여가에 대한 부정적 인식이 있었으며, 노동을 위한 수단으로만 여가의 가치를 인정받았다.

해방 이후는 6·25 전쟁이 발발하면서 국토는 황폐화되고 자연 및 문화유산이 파괴되었다. 이 시기의 여가 행정은 국가 체제를 새롭게 정립하는 과정에서 극히 필요한 행정 기관의 설치에만 머물렀기 때문에 국가적인 지원 정책이 지원되지 못했다.

단지 일부 부유층이나 특권층에 의해서만 여가가 독점되는 시기였다.

1953년 노동자들에게 연간 12일의 유급 휴가를 실시하도록 보장하는 근로기준법이 제정, 공표되면서 비로소 제도적인 자유 시간, 곧 여가 시간을 갖게 되었다.

우리나라의 대표적인 민속 명절은 우리 민족의 최대 명절이며 온 가족이 함께 민속 놀이를 즐기는 설이다. 설에 시작되었던 여가는 정월 대보름으로 절정을 이루게 되었다. 또한 음력 4월 8일 초파일, 그네뛰기와 씨름을 즐기는 음력 5월 5일 단오, 농사와 추수에 감사드리는 추석이 있다.

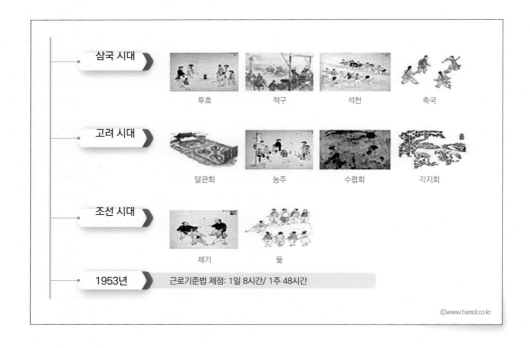

1960년대	라디오 방송국 개국
1961년	관광사업진흥법 제정
1962년	TV의 본격 보급, 주요 레저로 정착
1967년	지리산 최초 국립공원 지정
1982년	야간 통행 금지 해제 조치
1982년	프로 야구 출범
1988년	올림픽 개최, 스포츠형 레저의 급속 확산
1989년	근로기준법 개정: 주 44시간 단축, 토요일 오후부터 여가 가능
	해외여행 자유화
1990년대	밤문화 확산: 노래방, PC방, 찜질방
1995년	지방 자치제 실시로 지방별 축제, 레저 문화 공급 확대
2000년대	주5일제 본격 도입
	미국·일본 문화 탈피와 우리 것 관심 증폭
	IT·인터넷 급속 확산: 게임, 스크린 골프 등
2004년	KTX 도입: 레저 문화 확산의 계기
2007년	소득 2만 달러 돌파로 선진국형 여가 문화 수요 확산
2010년	다양한 숙박 예약 앱 활성화
2016년	캠핑 여가, 캠핑카 여가 활성화
2020년	OTT 시장 확대
	골프 여가 확대

61년, MBC라디오 개국

65년, 지리산 등산 안내도

ⓒwww.hanol.co.kr

🏖 그림 3-2_ 여가관련 주요 역사적 기록

 Case Study

🏛 조선 후기 풍속화에 나타난 일상생활로서의 놀이

풍속화는 그 시대에 살았던 사람들의 일상생활 모습과 놀이, 종교, 의례, 문화, 정치, 사상 등 다양한 생활상을 유추해 볼 수 있는 실증적 자료이다. 특히, 조선 후기 풍속화에는 서민들의 의식과 생활상이 구체적으로 표현되어 있다. 사진이나 영상 자료가 없던 과거의 풍속화는 당시 생활 문화를 용이하게 파악할 수 있는 귀중한 자료가 될 수 있다.

조선 후기 풍속화 작가 중 놀이 모습을 그린 대표적인 풍속 화가인 김홍도, 김득신, 신윤복, 김준근의 작품 85점을 분석하였다. 이 작품들은 국립 중앙 박물관, 간송 미술관을 비롯하여 펜실베니아 대학 고고학 박물관, 서울 역사 박물관, 함부르크 민속 박물관, 숭실대학교 한국기독교 박물관, 미국 스미스 소니언 기록 보관소 등에 소장되어 있다.

풍속화의 놀이는 참가자의 성, 세대, 놀이 장소, 참가자 수로 분석하고, 그 특징을 토대로 현대적 의의를 논의하였다.

풍속화에 나타난 놀이의 특징을 보면

첫째, 놀이 종류로는 공기놀이, 널뛰기, 제기차기, 골패, 쌍륙, 윷놀이, 바둑, 종경도, 장기, 투전, 씨름, 연날리기, 그네타기, 술래잡기, 팽이 돌리기, 줄다리기, 투호, 죽마놀이, 활쏘기 등 열아홉 가지였다.

둘째, 남녀가 함께하는 놀이도 있었지만 대부분 어렸을 때부터 성별로 나누어 놀이를 했고, 남성에 비해 여성의 놀이 종류는 부족했다.

셋째, 놀이의 주체는 남녀노소 모두 즐기며, 세대가 교감할 수 있는 널뛰기, 제기차기, 그네타기, 줄다리기 놀이 등이 있다.

넷째, 놀이 장소는 앉아서 즐기는 놀이라 하더라도 주로 실외의 자연 속에서 즐기는 특징을 보였다.

다섯째, 놀이의 참가자 수는 보통 2인 이상이며, 혼자 즐길 수 있는 놀이일지라도 구경꾼이 있고 경쟁하며 함께 즐길 수 있는 놀이였다.

풍속화에 나타난 놀이의 현대적 의의

첫째, 남녀의 놀이로 구분되었던 열아홉 가지 놀이는 남녀 함께 즐길 수 있는 놀이로 계승되고 있다.

둘째, 이 놀이들은 명절 놀이로 가정뿐만 아니라 유아 교육 기관, 학교, 직장에서도 세대가 함께하는 공동체의 건전한 여가로 발전되고 있다.

셋째, 오늘날 TV 시청이나 온라인 게임 등 비활동적인 실내 여가에 치중하고 있고, 놀이를 통한 면대면의 정서적 교감이 어렵지만, 풍속화에서 보이는 놀이는 상호 교감할 수 있는 자연 친화적인 놀이로서의 의의를 찾을 수 있다.

우리나라 과거의 놀이는 자연 친화적이며 개인적이고 비활동적인 놀이의 한계를 극복할 수 있는 대안이 되는 생활 문화로서의 가치를 담고 있다. 일상에서 남녀 구분 없이 과거의 놀이를 즐김으로써 전통 문화를 계승시킬 수 있는 점과 한국인의 정서가 담겨 있으며 우리나라 문화 홍보의 상징으로도 활용될 수 있다.

2 여가의 발아기(1960년대)

1945년 광복 이후부터 6·25 전쟁을 겪게 되면서 여가와 레크리에이션이라는 용어는 생각할 여유조차 없었다.

1960년대 이전에는 농경 생활 중심으로 유지되어 왔으며, 원조 부흥 경제와 현대적 관광 행정 조직 설치 및 문화재 보호 행정 정책이 시작되었다. 하지만 독립적인 여가의 개념은 거의 존재하지 못했다. 이 시기에는 여가에 대한 개념이 생겨나면서 여가와 관광 자원을 하게 되는 개발 발판을 마련했다. 전통적인 민속놀이가 공식적인 놀이로 지정되면서 도시와 농촌으로 빠르게 전파되었다.

1960년대에는 여가에 대한 의식이 생겨나고 여가, 관광 자원 개발에 의미를 부여하기 시작한 시기였다. 경제 발전을 기반으로 경제 발전의 시도로 도시화 및 산업화가 진행되었으며, 관광 진흥을 위한 제도적 기반 조성과 관광 자원 개발의 시초가 되었다. 이 시기에는 여가의 개념이 발생하게 되면서, 독립적 여가 생활을 위한 여건이 조성되기 시작했다. 또한 공업화가 시작되었으며 이로 인해 정신적 스트레스가 많아지게 되면서 여가 패턴은 기분 전환 욕구가 노동자들로부터 강하게 나

타났다. 그리고 국가의 발전 계획으로 인해 도서관, 유스호스텔, 관광 호텔 등을 건설하기 위해 계획을 수립하는 시기이기도 하였다.

1960년대에는 자연 발생적인 수준의 여가 형태였으며, 국립 공원 지정과 여가 관련 법규 등을 만들게 되었다. 이 시기에는 국민 복지 차원에서 여가 및 레크리에이션 시설에 대해 정책적으로 논의되기 시작하였다. 국민 전체가 건전한 여가 생활을 영위하는 명랑한 사회 분위기를 확립하는 것으로 다양한 휴양지 개발에 노력을 기울이게 되는 시기였다.

1967년에는 지리산이 최초의 국립 공원으로 지정되면서 관광 관련 법규를 정비하는 등 국가적 차원에서 여가 기반 조성에 적극적으로 지원하게 되는 계기가 되었다.

3 여가의 도약기(1970년대)

1970년대에는 경제 발전으로 인하여 여가에 대한 인식이 변화되면서 인간적 삶의 질을 추구하게 되고, 장기적 관광 종합 계획 수립과 관광 자원 개발의 본격화가 시작되었다. 정부가 다양한 관광 자원 개발에 힘을 기울이게 되면서 여가 의식과 여가 활동의 변화가 생기면서 여가 현상 대중화의 기반이 되는 계기가 되었다. 1970년대는 본격적인 여가 의식과 여가 활동이 정착된 시기로서 경제 발전에 따라 삶의 질을 추구하고자 하는 국민의 의식과 욕망을 자극하게 되었고, 그 의식과 욕망은 현대 산업 사회의 편익에 의해 증대되고 있는 여가에서 성취하게 되었다.

여가 시설의 수도권 편중 개발이 심해지면서 정부는 국민의 여가 생활권을 확대시키고자 전국적으로 실시하였다. 1974년부터 대규모 관광 휴양지를 지정하기 시작하면서 경주 보문 관광 단지와 제주 중문 관광 단지 그리고 국립 공원 지정을 시행하였다.

1970년대 후반에는 놀이를 통한 스트레스의 해소 등 일상생활의 해방감을 맛보려는 경향과 더불어 건전한 사회 질서 속에서 가족과 함께 여가 활동을 하게 되었으며, 친구들과의 야영 등이 새로운 여가 활동으로 나타나기 시작하였다.

1970년대에는 여가 행정 조직과 법률의 정비가 추진되었으며, 여가 자원의 개발 유형이 다양화된 시기로서 한국 여가 발전의 도약기라고 할 수 있다.

정부와 대기업들의 국내 관광 활성화를 위한 취지에서 5성급의 특급 호텔인 신라 호텔, 롯데호텔 등이 건립되기 시작하였다.

4 여가의 성장기(1980~1990년대)

1980년대에는 경제적 위기에 이은 경제 성장의 가속화가 진행되었으며, 관광 업무의 지역 분담 및 여가 생활 저변 확대가 시작되면서 대중화가 시작되는 시기였다. 관광 중심의 여가 정책이 다변화되기 시작하여 스포츠 활동에 대한 국민들의 관심이 증대되고 해외여행도 급증하는 시기가 되었다.

이 시기에는 국민의 여가 성향 이용 대상과 방법이 다양하게 나타나면서 개개인의 개성과 취향을 살릴 수 있는 활동적인 레크리에이션이 크게 보급되고 여가 활동에 대한 긍정적인 재평가와 아울러 전국이 1일 생활권으로 연결될 수 있는 가능성을 보여주었다. 여가의 긍정적인 역할 이면에는 부작용 또한 존재하고 있었다. 여가 문화가 활발해지면서 사치성 향락 산업이 급증하게 되었고 과소비적 여가 형태가 여러 가지 사회 문제를 가져오기도 하였다. 1980년대 향락적 여가 현상은 여가 및 유흥 비용의 조달을 위한 청소년의 비행 행동이나 범죄의 원인을 제공하기도 하였다.

1985년 한국개발연구원은 '2000년을 향한 국가 장기 발전 구상'에서 2000년대를 향한 여가 시설의 개발 방안을 다음과 같이 제시하였다.

첫째, 국·도립 공원 등 자연 공원의 개발을 촉진하여 여가 수요의 다양화에 대처한다.

둘째, 도시민의 건전 여가 선용을 위한 도시 공원의 개발에 필요한 녹지 확보 및 개발대책을 수립한다.

셋째, 승용차 소유의 보편화와 쾌적한 생활 환경에 대한 수요 증가에 대비하여 도시 주변에 전원 도시 개발을 추진한다.

1980년대 후반에 들어 86 아시안 게임과 88 올림픽 등을 계기로 스포츠·레저의 전성기를 맞이하게 되었다. 국가 주도하에 곳곳에 레저 스포츠 시설이 생겨나고 이러한 시설들을 전 국민이 이용할 수 있도록 하였다.

1989년에는 해외여행 자유화가 시행되면서 국내 여행만 하던 내국인들이 해외로 자유롭게 여행을 할 수 있게 되었다. 따라서 국민들은 국내의 한정된 여행에서 다양한 여가 선택의 기회를 가지게 되었으며, 폭넓은 여가 활동을 할 수 있게 되었다.

1990년대에는 국제화 및 지방화가 전개되면서 외환 위기로 인한 여가 생활의 전환기를 맞게 되었다. 정부는 여가 생활의 추구, 사회적 형평성의 실현, 세계 속의 관광 한국이라는 목표를 달성하기 위하여 각종 여가나 관광 진흥 정책을 수립하였다. 따라서 여가에 대한 인식 재정립, 국제화, 지방화, 자율화 추세에 주도적으로 대응, 국민의 여가와 관광 욕구 변화의 능동적 수용, 복지 차원의 여가와 관광 여건 조성과 시장 개방에 따른 여가나 관광 산업의 경제력 강화 등의 각종 여가 관련 정책을 수립, 추진해 나갔다.

1990년대 후반에는 IMF 금융 위기로 인한 경기 침체의 영향으로 일시적인 여가 활동 수요가 감소하게 되었고, 정부에서는 여가 생활의 추구, 사회적 형평성의 실현, 세계 속의 관광 한국이라는 목표를 달성하기 위해 각종 여가 및 관광 진흥 정책을 수립하였다.

국민의 여가 향유권 신장과 관련된 정책 개발에 박차를 가하게 되고, 21세기에 접어들면서 여가 생활의 중요성이 국가 정책에 크게 반영되고 있다.

표 3-2_ 한국의 여가·관광 생활의 시대적 흐름

구 분	사회·문화적 특징	경제 상황 변화	행정 조직과 법규	여가·관광 정책	국민 여가 생활
1960년대 이전	농경 생활의 전통과 냉전 체제	전후 복구와 원조 부흥 경제	현대적 관광 행정 조직 설치	문화재 보호 행정 실시	독립적 여가 개념 미비
1960년대	도시화와 산업화	국가 주도 경제 발전 본격화	관광 진흥 위한 제도 기반 조성	관광 자원의 본격적인 개발	여가의 개념 발생
1970년대	인간적인 삶의 질 추구	성공적인 경제 발전	장기 관광 종합 계획 수립	관광 자원 개발에 대한 정부의 적극적 개입	여가 의식과 여가 활동 정착
1980년대	민주화와 국내 정세의 불안	경제 위기에 이은 경제 성장 가속화	조직 개편과 관광 업무 지역 분담	관광 이외 여가 생활 저변 확대	여가 생활 위축에 이은 여가 대중화
1990년대	자율·개방, 국제화·지방화 전개	외환 위기로 인한 IMF 체제와 극복 노력	여가 생활 관련 정책 부서 강화	정부 역할의 전환 필요성 인식	세계화 속에서 한국적 여가 자각
2000년대	주 40시간 근무제 시행과 자기실현 욕구 증가	신자유주의 체제 도입	정부 부처, 지방 자치 단체의 여가 업무 담당 부서 확대	국민의 삶의 질 향상과 지역 균형 발전	질적 차원에서 여가 시간 활용과 관리

5 2000년 이후의 여가 문화

2000년대에는 주 40시간 근무제 시행과 자기실현의 욕구가 증가되기 시작하였다. 질적인 관점에서의 여가 시간 활용과 관리 인식이 대두되기 시작하였다.

우리나라는 OECD 국가 중에서 노동 시간이 가장 많으며, 일 중심적인 사회로 인식되면서 여가 시간은 여전히 부족한 것으로 나타나고 있다. 여가 시간이 많을수록 삶의 만족도가 높은 것으로 조사되고 있는데 우리나라 국민들의 삶의 만족도는 OECD 국가 34개국 중에서 28위로 열심히 일하는 것에 비해 삶의 만족도는 최하위 수준에 머무르고 있다.

주 5일 근무제 시행으로 인하여 연휴가 증가되면서 여가, 관광, 문화 산업에 대한 수요를 늘려 소위 여가 황금기를 맞이하게 되었다. 주 5일 근무제에 따른 트렌드는 체험형 여가 시장의 확대, 자기 계발과 사회적 여가 시장의 확대, 가사 노동을 대체하는 비즈니스의 확대, 기업 지원 서비스의 확대 그리고 기존 사업과 제품의 엔터테인먼트화로 변화하고 있다. 따라서 주 5일 근무제는 여가 황금기를 촉진하는 촉매제가 되는 계기가 되었다. 경제가 어려워지는 상황에서 국민이 여가 비용에 소비하는 오락, 문화비는 감소하는 경향을 보이고 있으며, 국민들의 건강 지향적 여가 활동에 대한 관심이 증대하면서 운동 및 등산, 낚시용품 비용 등의 지출이 많아지고 있다. IT 기술의 발달로 청소년과 성인의 여가 형태는 SNS나 게임 등의 사이버(cyber) 여가에 소비하는 시간이 점차 증가하고 있다.

Case Study

🎡 여가와 행복

행복은 인간의 기본 욕구가 만족되어 조금도 부족함이 없는 마음의 상태이다.

행복은 멀리 있는 것도 아니고, 일부러 만들 수도 없다. 자신에게 주어진 여가 시간을 잘 활용하면 작지만 행복과 만족을 느낄 수 있다.

행복해지는 길

- 내가 가장 행복하다고 생각하고 그것을 항상 고마운 마음으로 여긴다.
- 행복은 찾아서 얻어지는 것이 아니고 스스로 만들기 위해 노력해야 한다.
- 작은 일에도 늘 감사하고 만족할 줄 알아야 한다.
- 남의 행복한 모습에도 같이 행복해하고 축복해 준다.
- 작은 행복도 큰 행복으로 받아들인다.

옛날의 여가 생활과 오늘날의 여가 생활의 비교

- 옛날에는 많은 사람들이 함께 한자리에 모여 여가를 보냈으나 오늘날에는 혼자 보내거나 관심이 같은 사람들의 모임이 중심이 되고 있다.
- 옛날에는 양반, 평민, 노비 등의 신분에 따라 여가 생활이 다르게 나타났으나 오늘날에는 여가 생활의 종류와 방법에서 차이가 없어지고 있다.
- 남자, 여자에 따른 여가 생활의 차이가 줄어들고 있다.
- 옛날에는 마을 사람들이 단결을 위해 민속놀이를 하였으나 오늘날에는 취미 활동으로 하고 있다.
- 옛날에는 계절이나 명절에 따라 여가 생활을 다르게 하였으나 오늘날에는 계절에 구애받지 않고 즐기고 있다.
- 옛날에는 이동하는 데 제한이 있었으나 오늘날에는 세계 어느 곳에 가서도 취미 활동이 가능하다.
- 옛날에는 몇 가지 여가 활동만 가능했으나 오늘날에는 하루가 다르게 다양한 여가를 즐길 수 있는 아이템들이 생겨나고 있다.

6 여가의 과도기 단계

한국인의 여가 의식과 여가 활동에서 살펴본 바와 같이 한국인의 여가는 과도기 단계에 있다고 볼 수 있다. 노동 중심의 삶에서 벗어나 개인의 삶에 있어서도 삶의 에너지와 의미를 찾으려는 국민들의 의식이 지속적으로 변하고 있다. 이를 행동으로 옮겨 여가 활동에 진지한 태도로 몰입하고 능동적인 여가 활동을 하려는 경향도 계속해서 증가하고 있다. 하지만 여전히 TV 시청과 인터넷 검색 그리고 게임 등과 같은 여가 활동이 주를 이루고 있으며 의무감에서 완전히 벗어나 여유를 충분히 즐기지 못하는 문제들도 나타나고 있다.

한국인의 여가 의식과 활동의 변화가 기업에 있어서는 어떤 의미가 있는가?

여가는 일에서 오는 신체적, 정신적 불균형을 다른 측면에서 회복시켜 삶의 균형을 찾아줌으로써 업무 효율을 높일 수 있다. 또한 다양한 시각과 경험을 통해 창의적 아이디어를 발굴하는 데 도움을 줄 수 있다.

한국인의 여가 생활은 아직 과도기적 모습을 보이고 있다. 하지만 여가 의식의 변화와 제반 여건의 조성으로 향후 여가가 한국인의 삶에 중요하게 자리매김할 가능성이 있다. 한국인의 여가에 나타나고 있는 변화가 소비자로서 그리고 조직 구성원으로서 한국인의 삶에 어떤 영향을 미칠지 향후 지속적인 관심이 필요하다.

7 한국인의 여가 변화

1980년대 후반이 지나면서 의식주보다 여가에 더 많은 관심을 갖기 시작하였다. 선진국과 유사한 식생활과 주생활 그리고 여가 생활의 순으로 관심의 정도가 시간적인 간격을 두고 변화하게 되었다. 현재 한국인의 여가 형태는 선진국과 같은 여가 형태를 보이고 있으며 주말이나 휴가철이면 해외여행이나 국내 여행 등으로 교통 체증 현상을 유발하고 있다. 그리고 주변의 산이나 공원, 백화점이나 쇼핑 센터를 방문하는 다양한 여가 소비를 하고 있다.

한국인의 여가 현실은 지난 30여 년 간의 급속한 경제 성장으로 물질적인 풍요로운 삶을 영위하게 되었으나 삶의 질이 나빠졌다는 현실을 느낄 수 있다. 한국인의 삶이 질적으로 성장하지 못한 원인은 우리 사회의 독특한 경제 발전 전략에 기인하였으며 기업과 국민이 경제 성장을 위한 전투적이고 비상 시국적인 활동을 추구하였기 때문이다. 그리고 경제 성장을 위해 다른 모든 것을 희생하면서 '하면 된다'라는 사고 방식으로 삶의 질을 고려하지 않게 되었다.

한국인의 여가 생활에서 나타나고 있는 변화는 여가 의식과 여가 활동이라는 두 가지 관점으로 나눌 수 있다.

(1) 여가 의식의 변화

한국인에게 여가는 비생산적인 활동이나 다음의 노동을 위해 충전하는 소극적인 활동으로만 여겨졌다. 일을 하기 위해서 여가와 같은 개인의 삶을 희생하는 것을 당연하게 여기면서 살아왔다.

하지만 현재에 와서는 경제의 발전과 더불어 교육수준과 소득수준이 향상되고 주 40시간 근로와 같은 제도적 기반이 뒷받침되면서 여가에 대한 의식이 바뀌어갔다. 신세대의 의식 변화와 사회, 경제적인 이슈들의 영향으로 소득과 사회적 지위보다 여유로운 생활을 선택하는 다운 시프트(down shift) 삶을 희망하는 사람들이 많아지고 있다. 그리고 삶의 의미와 보람을 노동뿐만 아니라 여가로부터 찾으려는 사람들이 늘어나고 있다.

(2) 여가 활동의 변화

여가 활동은 일상생활에서 받게 되는 피로나 스트레스를 해소해 주는 여러 가지 활동을 말한다. 여가 시간은 보수를 바라지 않고 스스로 참여하여 즐거움을 찾으려는 활동이다. 여가 활동의 분야를 크게 세 가지로 나누게 된다. 사교 활동(예 놀이, 노래, 각종 스포츠), 야외 활동(예 곤충 채집, 식물 채집, 낚시, 사냥, 등산, 승마, 골프 등), 취미 활동(예 연극, 음악, 미술, 춤, 독서, 글쓰기 등)이다.

여가 활동은 일상에서 지친 심신의 피로를 회복시켜 주는 기능뿐만 아니라 새로운 일상을 맞이할 수 있게 해주는 비타민 같은 역할을 해준다. 여가 활동은 기회와 여건

그리고 의욕만 가지고 있으면 언제든지 가능하다. 여가 활동으로 자기 발전을 위한 필요 기능을 보충해 주고 현재의 능력을 업그레이드해주는 기능을 한다.

현대인의 여가 활동의 변화는 다음과 같이 점차적으로 발전하고 변화해 가고 있다.

첫째, 주 5일 근무제 도입의 효과로 여가 활동이 변하고 있다.

주 5일 근무제가 실시되기 이전에는 피로한 심신을 달래기 위한 휴식과 정적인 여가 활동을 주로 하는 경향이었다. 하지만 주 5일 근무제 도입 이후에는 현대인들의 충분한 휴식으로 인하여 삶의 질이 향상되면서 여가 활동에 대한 인식이 긍정적으로 변하고 있다.

둘째, 정적인 여가 활동에서 동적인 여가 활동으로 변하고 있다.

사람들의 생활 여건이 부족하고 여가에 대한 부정적인 인식이 강할 때는 정적인 여가를 선호하였으며, 지인과의 만남과 휴식 그리고 가벼운 산책 등의 여가를 많이 소비하였다. 하지만 지금에 이르러서는 정적인 여가에서 동적인 여가로 바뀌고 있다. 국내 여행뿐만 아니라 국외 여행으로 여가를 보내기도 하고, 다양한 스포츠 활동을 통하여 많은 사람들과의 교제와 활동을 하고 있다. 또한 다양한 종류의 문화 관람과 이벤트, 축제 등의 참가에 적극적인 행동을 나타내고 있다.

셋째, 가족 중심형의 여가 수요가 확대되고 있다.

여가 활동에 소비하는 시간이 많아지면서 가족 중심의 여가 문화가 정착되기 시작하였다. 친구와 동료와의 여가 시간을 활용했던 과거와는 달리 가족의 소중함과 가족애가 깊어지면서 가족 중심의 여가 활동이 증가하고 있다.

넷째, 주말 체험의 시간 소비형이 확대되고 있다.

주 5일 근무제 시행 후, 여가 시간이 많아지면서 주말을 적극적으로 이용하여 가까운 곳이나 먼 곳을 정하여 1박 2일 혹은 2박 3일간의 숙박 여가 활동이 증가하고 있다. 아이들을 위한 농촌, 산촌, 어촌 등의 생활 체험과 다양한 이벤트, 축제 등의 체험을 통하여 여가 활동은 물론 아이들의 지적, 신체적 경험과 지식 함양에 많은 영향을 주게 된다.

다섯째, 저비용의 계획적 여행이 증가하고 있다.

여가 시간이 많아지고 여가에 소비되는 경비가 많아지게 되면서, 여가 활동 경비 증가에 대한 심리적 부담이 많아지게 되었다. 따라서 일정한 소득으로 인하여 즉흥적인 주말 여행을 하기보다는 경비가 적게 들고 적은 비용으로도 즐길 수 있는 저가형 여가 수요가 증가하고 있다.

여섯째, 국내 관광 여행이 활성화되고 있다.

국내의 다양한 관광지 개발, 맛집, 펜션, 축제 등의 영향으로 가족과 함께 국내 관광여행이 활성화되고 있다. 또한, 한류의 영향으로 외국인의 국내 관광이 많아지면서 내국인의 국내 여행 또한 증가하고 있다. 주 5일 근무제 도입은 국민들의 삶의 질이 향상될 수 있도록 하는 데 긍정적으로 기여하였으며 동시에 가족 중심의 여가 문화 정책에 많은 기여를 하고 있다.

여가 활동이 지니는 일반적인 의미는 다음의 일곱 가지로 요약할 수 있다.

첫째, 여가 활동은 여가 이용자의 자유로운 선택의 결과로 행해지며, 인간의 자발성에 기초하게 된다.

둘째, 여가 활동은 동기(motivation)에 의해 추진되는 행동이며, 금전적이나 시간적 조건이 구비되었거나 여가 자원의 유인에 따른 결과로 이루어진다.

셋째, 여가 활동은 인간의 욕구와 밀접한 관련이 있다. 그 예로는 휴식, 기분 전환, 자기 계발, 사회적 성취 등을 들 수 있다.

넷째, 여가 활동은 그 행위의 결과에 의해 만족 수준이 달라지는데, 그 만족 수준은 여가 자원의 질 및 여가 산업의 서비스 정도에 의해 좌우된다.

다섯째, 여가 활동은 이동을 전제로 하는 활동으로서 이용자가 직접 여가 자원이나 시설로 접근해야 하며, 이러한 특징은 여가 활동 중에 잘 나타난다.

여섯째, 여가 활동은 여가 시간을 즐기는 하나의 과정으로서 일정한 단계에 따라 연속적인 활동이 발생하게 된다.

일곱째, 여가 활동은 동태적(dynamic)인 특징을 지녀서 그 활동에 영향을 주는 외적 환경 요소와 개인적인 요인의 끊임없는 변화에 따라 수시로 변화하게 된다.

8 2023년 국민 문화·여가 활동

문화체육관광부에 의하면 여가 생활 평균 개수와 만족도가 회복하는 추세이다. 조

사에선 TV 시청, 산책 및 걷기, 모바일 콘텐츠·OTT 시청, 쇼핑·외식 등 88개 세부 여가 활동을 보기로 제공했다. 이 가운데 한 번 이상 참여한 적 있다고 응답한 평균 여가 활동 개수는 지난해보다 1개 증가한 16개다. 올해 더욱 다양한 여가 활동에 참여하고 있는 것이다. 자신의 여가 생활에 만족한다고 응답한 비율 역시 60.7%로 1년 전보다 4.1%p 증가했다. 이번 만족도 조사 결과는 58.2%를 기록했던 2012년 이후 가장 높은 수치다.

월평균 여가 비용은 20만 1000원으로 지난해보다 2만 5000원 늘었다. 이는 지출 비용이 큰 여가가 늘었고, 물가 상승 등 외부 요인이 작용한 것으로 보인다. 적절하다고 생각하는 여가 비용 또한 27만 1000원으로 1년 전보다 3만 2000원 올랐다.

사회적 거리두기 해제 영향으로 단체, 야외 여가 활동도 확대하고 있다. 가족을 동반한 여가 활동 비율은 지난해 33.5%에서 올해 34%로, 친구와 함께한 여가 활동 비율은 12.4%에서 13.2%로 소폭 증가했다. 스포츠 참여, 관광 등 활동적인 여가 활동 비율은 전년보다 각각 4.9%p, 1.2%p 증가한 반면 휴식 활동은 1.4%p 감소했다.

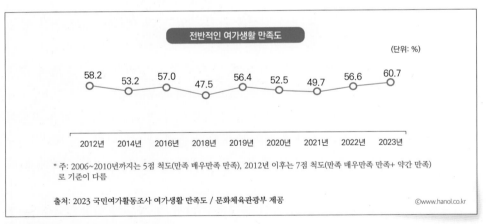

🏃 그림 3-3_ 전반적인 여가 생활 만족도

2023년 국민 여가 활동 조사에서 발표한 '팬데믹이 가져온 일상생활과 여가 활동의 변화' 보고서에 따르면 OTT를 통한 문화 예술 행사 관람률은 지난해 52.6%를 기록했다. ▲2019년 27.4% ▲2020년 38.8% ▲2021년 40%로 매년 꾸준히 증가하고 있는 추세이다.

　이는 코로나 사태가 진정된 이후 스마트 기기를 활용한 여가 시간 비중이 감소했음에도 나타난 결과이다. 2020~2021년 평일 기준 스마트 기기를 활용한 여가 시간의 비중은 50%대 이상이었는데, 2022년에는 평일 기준 37.8%를 기록해 2019년(37.1%) 수준으로 낮아졌다.

　문화체육관광부의 국민 여가 활동 조사에 따르면 '코로나19가 여가 활동에 영향을 미친다'는 응답자 비율은 2021년 86.5%에서 지난해 70%로 감소하기도 했다.

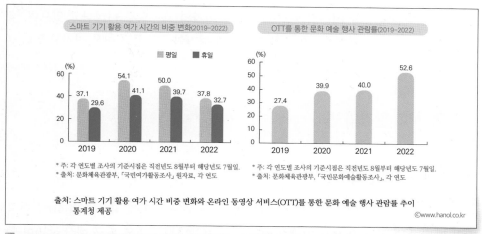

그림 3-4_ 스마트기기 활용 여가 시간 비중 변화와 OTT를 통한 문화 예술 행사 관람률

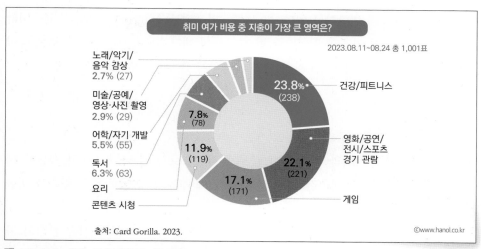

그림 3-5_ 취미·여가 비용 중 지출 영역

3. 여가 환경의 변화

우리나라의 여가 산업은 21세기 국가 경쟁력의 핵심으로 부각되면서 여가에 대한 인식 및 가치관이 변하고 있다. 다양한 매체의 등장 및 스마트 기기의 대중화 등 새로운 형태의 여가 활동이 등장하면서 국민들의 다양한 여가 생활 수요가 증대하고 있다.

변화하는 사회, 경제, 정책적 환경은 새로운 여가의 흐름으로 나타나고 있으며, 국민의 삶의 질 향상과 국가경쟁력 증진 차원에서 여가의 중요성은 더욱 커지고 있다.

1 사회 환경의 변화

(1) 인구 구조의 변화

저출산, 고령화가 빠른 속도로 진행되면서 국내 인구 구조에 따르면 2040년 한국인의 평균 수명은 89.38세로 지난 2008년 80.1세보다 9세 정도 평균 예상 수명이 늘어날 것으로 예상하고 있다. 저출산, 고령화 추세로 인하여 가족에 대한 가치관과 구성 방식이 다양하게 변화하고 있다. 최근에는 이혼의 독신 가구, 독거노인, 교육이나 취업 등으로 인하여 가족과 떨어진 독립 가구들이 대다수로 늘어나면서 새로운 라이프스타일을 형성하고 있는 1인 가구 수가 급속하게 증가하고 있다.

(2) 노동 시간 감소

주 5일 근무제의 도입과 주 52시간 근무제 시행으로 인해 늘어난 여가 시간에 대한 인식이 업무를 위한 재충전의 시간이라는 것에서 자기 계발과 욕구 충족을 위한 시간으로 변화되었다.

여가를 효율적으로 즐기려는 사람들의 소비 성향은 수동적 문화 예술 관람의 차원을 벗어나 참여형, 체험형 여가에 대한 수요 증대로 이어지고 있다.

주 52시간 근무제로 노동 시간이 감소함에 따라 여가 시간 증가, 공간 개념 확장, 그리고 여가 목적의 변화가 일어났다. 이에 대한 상세한 내용은 다음과 같다.

첫째, 여가 시간의 증가이다.

주중 6시 퇴근 이후에는 가족과 함께 시간을 보내거나 자기 계발을 위한 시간으로 활용하게 되면서 새로운 도전을 할 수 있는 기회를 가지게 되었다. 또한 백화점이나 대형 마트의 문화 센터에서 개최하는 다양한 문화 교양 프로그램 등을 수강하면서 삶의 활력을 되찾거나 다양한 지식 습득과 경험을 할 수 있는 기회를 가지게 된다.

둘째, 공간 개념의 확장이다.

퇴근 이후에 다양한 취미 활동과 여가 활동을 위한 원데이 클래스를 수강함으로 인해 많은 경험과 체험 활동을 통해 삶의 의미와 목적을 달성할 수 있다. 또한 취향을 같이하는 공동체가 생김으로 인해 인적 교류를 확대할 수 있는 계기가 된다.

셋째, 여가의 목적 변화이다.

다양한 여가 활동과 진지한 여가로의 발전으로 인해 미래 투자형, 힐링 추구형, 재능 공유 플랫폼 등의 형태로 목적이 변화된다.

(3) 스마트 시대의 등장

우리나라는 2019년 기준 이동 통신 기기가 7천만 대를 넘어섰다. 미국이나 유럽 국가들에 비해 세계적으로 가장 빠른 증가 추세를 보이고 있다.

스마트폰이 모든 연령층에 보급·확산되면서 문화와 여가 활동에 많은 영향을 미치고 있다. 스마트 시대는 보다 빠르고, 보다 가볍고, 보다 얇고, 보다 넓은 데다 성능과 디자인이 업그레이드된 스마트 기기들이 지속적으로 발전됨에 따라 라이프스타일에 크게 영향을 주고 있다.

스마트폰은 교육, 정보 습득, SNS, 애플리케이션을 통한 여가 활동 등 다양한 사회

적, 문화적 편리성을 제공함으로써, '종합 문화 서비스 플랫폼'으로 자리매김하고 있다. 이로써 여가 활동의 시공간상 경계는 허물어지고 자신의 생활 속에서 여가를 자유롭게 즐길 수 있게 되었다.

2 경제 환경의 변화

(1) 저성장 사회로의 진입

전 세계적으로 당분간 경제 성장이 저하되고 정부 재정 또한 긴축 추세를 보이고 있는 상황에서 기존에 진행되고 있는 투자와 개발 환경에 영향을 미칠 수 있다. 세계 경제의 저성장이 지속될 경우, 투자 저하로 인한 산업 경쟁력 하락, 경제 생태계에서 적자생존의 강화, 고실업, 저임금 상황의 장기화로 이어질 우려가 있다.

(2) 노동 시장의 변화

청년 실업의 증가와 베이비붐 세대의 은퇴가 시작되면서 국내 노동 시장 환경이 변하고 있다. 청년 실업률이 높아지면서 높은 취업문을 뚫지 못한 채 취업 의지를 상실한 니트족(NEET: Not in Education, Employment or Training. 일을 하지도, 교육이나 훈련도 받지 않고 있는 젊은이)이 증가하고 있다.

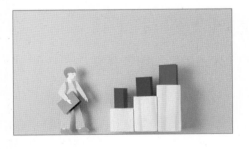

베이비붐 세대는 사회생활 초창기에 고도 성장기를 겪으며 이전 세대와 다른 풍요로운 소비 생활을 경험했고, 중후기에는 경제 위기로 경제적 어려움을 겪은 세대로 일명 '샌드위치 세대'라고도 불리면서 노부모 봉양과 자녀 양육의 책임 속에서 본인들을 위한 여가 시간을 충분히 갖지도 누리지도 못하고 있는 세대이다.

베이비부머들의 은퇴가 본격화되면서 노후 대책을 위한 지원 서비스뿐만 아니라 삶의 질을 향상시키기 위한 맞춤형 여가 정책의 필요성이 증대되고 있다.

Case Study

🏛 청년 '문화 예술패스' '여행·교통·숙박' 등 국민 여가 부담 낮춘다

정부가 2024년 국민 여가 부담을 낮추고 사회 문제를 해결하는 문화 민생 정책을 추진한다. 19세 문화 예술패스를 3월 말 처음 발급하고 여행가는 달을 확대해 교통, 숙박을 할인하는 등 국민 여행 부담을 낮춘다.

오는 7월 개막하는 '2024 파리 올림픽'을 계기로 프랑스에서 국립 예술 단체의 공연과 전시 등을 선보이는 K-컬처 프로젝트도 대대적으로 추진한다.

6000억 원 규모의 '케이-콘텐츠 전략 펀드'를 신설하는 등 역대 최대 1조 7400억 원 규모의 콘텐츠 정책 금융도 지원한다. '코리아 뷰티 페스티벌', '10월'(가칭) 대한민국공연축제' 등으로 방한 2000만 명 달성을 위한 프로젝트도 가동한다.

문체부는 '문화로 행복한 사회, 케이(K)- 컬처가 이끄는 글로벌 문화강국'이라는 비전으로 다음과 같은 내용이 담긴 주요 정책 추진 계획을 발표했다.

19세 문화 예술패스 3월말 첫 발급 – 교통, 숙박 할인도

문체부는 먼저 문화 민생 정책을 추진한다. 고물가·고금리 등 소비 여력의 제약이 높아지는 상황에서 국민 문화 여가비 부담을 덜어주기 위함이다.

이를 위해, '19세 문화 예술패스'를 첫 발급한다. 올해 시범 운영하는 19세 문화 예술패스는 16만 명에게 최대 15만 원의 공연·전시 관람비를 지원하는 사업이다. 정부는 관련 시스템 구축을 거쳐 추진할 예정이다.

저소득층 통합 문화 이용권(문화누리카드) 지원금도 연 11만 원에서 13만 원으로 올린다. 258만 명이 혜택을 보게 된다. 또한 근로자 휴가 지원 사업에 최대 15만 명, 숙박 할인권 최대 45만 장을 지원한다.

'여행가는 달'을 기존 연 1회에서 2회로 확대해 교통·숙박을 할인하는 등 국민 여행 부담도 낮춘다.

운동하는 국민에게 1인당 최대 5만 원의 인센티브를 제공하기 위해 인증 가능 시설과 사용처도 확대한다. 스포츠 강좌 이용권 지원도 확대한다. 저소득 유청소년 12만 명(월 10만 원), 장애인 2만 명(월 11만 원)의 스포츠 활동 지출 부담을 완화한다.

지역 소멸, 인구 절벽, 사회적 고립 등 국민 체감 수준으로 높아진 사회적 위기를 문화로 해결하는 데 앞장선다. 이를 위해, 광역형 도시 발전 모델 '대한민국 문화 도시'(13개) 컨설팅,

'로컬 100' 여행 상품 개발·홍보 확대 등으로 지역 고유 브랜드를 강화하고 지역 방문을 유도한다.

기존 지역 문화 예술 향유 사업을 통합해 지역별 맞춤형 공연·전시를 지원하고(신규 400억 원), 지역 공연계 자생력과 청년 예술인 기회 확대를 위한 지역 대표 예술 단체도 10개 안팎 새로 육성한다.

인구 감소 지역을 대상으로는 찾아가는 문화 예술·스포츠 사업을 확대하고, 관광 인구 확대를 위한 기반 시설 조성과 관광 기업 활동, 여행비 할인도 지원한다.

오페라, 발레 등 해외 진출 지원-2024 파리 코리아 시즌 추진

국제 무대에 올릴 경쟁력 있는 문화·예술 작품의 창출과 해외 진출 지원도 강화한다. 국내·외 문화 예술 기관, 단체 간 교류와 협업을 통해 오페라, 발레 등의 해외 진출과 뮤지컬, 미술, 문학, 공예 등의 해외 유통 지원을 확대한다. 우수 신작 후속 지원을 통한 우수 작품 레퍼토리화(대표 작품화), '창작·유통·해외 진출' 단계별 지원 강화, 다년 지원 확대 등으로 대표작가, 작품 창출을 뒷받침한다.

장르별 창작 공간 지원을 확대하고 국립 공연장 대관료는 인하한다. 예술 분야에 대한 정책 융자 및 펀드 등 자금 지원 정책 도입도 검토한다.

세계인이 주목하는 '2024 파리 올림픽·패럴림픽'을 계기로 프랑스 현지에서 '2024 파리 코리아 시즌'을 대대적으로 추진한다. 이번 파리 올림픽 첫 정식 종목으로 채택된 브레이킹 댄스 공연을 시작으로, 국립 합창단, 오페라단, 심포니 오케스트라, 현대 무용단 등 국립 예술 단체의 현지 공연이 이어진다.

콘텐츠 산업 2단계 도약 전략 수립

케이-콘텐츠가 세계 시장의 선두주자로 뛰도록 정책 금융으로 뒷받침한다. 세계적인 콘텐츠 제작 기반을 마련하기 위해 1조 7400억 원 규모의 정책 금융을 공급한다.

특히, 지식 재산(IP) 확보를 조건으로 하는 민간 중심의 '케이(K)-콘텐츠 전략 펀드'를 6000억 원 규모로 신규 조성한다.

콘텐츠 기업이 기획·개발, 수출 단계에서도 자금 지원을 받을 수 있도록 완성 보증 제도 역시 개편한다. 콘텐츠 산업 2단계 도약을 위한 전략을 수립하고, 게임, 영상, 만화·웹툰 등 핵심 콘텐츠를 집중 육성한다.

콘텐츠 해외 비즈니스 센터를 10곳 늘려 25곳으로 확대하고, 기업 지원 센터(일본) 신설, 관계 부처 합동 한류종합박람회 확대(1회→2회, 아시아·유럽) 등을 통해 국가 핵심 수출 산업으로서의 입지를 강화한다.

방한 2000만 명 달성 프로젝트

방한 관광객 1,750만 명을 넘어 2024년 방한 관광객 2,000만 명 시대를 여는 해가 되도록 문화·예술, 스포츠 등 모든 자원을 융합, 관광 효과로 연결하는 데 총력을 기울인다. 특히, 광화문과 강남, 명동, 성수 등을 거점으로 케이-뷰티, 패션, 의료를 융합한 대규모 '코리아 뷰티 페스티벌'을 개최한다.

'(가칭) 대한민국공연축제'를 통해 '웰컴대학로 페스티벌'과 '서울국제예술제', '서울아트마켓' 등을 연계한 공연 분야의 대표 브랜드 축제를 육성한다.

전국 자전거길을 활용한 자전거 여행과 코리아 둘레길 전 구간 개통을 계기로 걷기 여행도 활성화한다.

올해 한국 방문의 해를 맞이해 케이-관광 메가 로드쇼를 10개 늘려 25개 도시로 확대 개최하고, 관계 부처와 협력해 입국·교통·쇼핑 분야 외국인 여행 편의를 높인다.

관광업계 자금난을 해소하기 위해 6,365억 원의 융자 지원과 4,000억 원 규모의 관광 기업 육성 펀드를 조성한다.

호텔·콘도업체 외국 인력 고용 허가제(E-9) 시범 실시, 내국인 도시 민박 제도화 마련 등 관광업계 인력난을 해소하고 규제를 혁신하는 데도 적극 나선다.

일상 스포츠 활성화로 스포츠 산업 도약

문체부는 국민 생활 체육 저변 확대와 함께 전문 체육인 지원, 스포츠 산업 육성으로 스포츠 생태계 선순환 구조를 마련한다.

일상 속 스포츠 활동을 위해 세계보건기구(WHO) 권장 운동 지침(가이드라인)을 마련하고, 유아 친화형(신규3개)·시니어 친화형(3개→8개) 국민 체육 센터 조성, 초등 1-2학년 정규 체육 수업 확대 등 생애 주기별 건강 스포츠 활동 참여를 지원한다.

지정 스포츠 클럽(106→131개)과 맞춤형 스포츠 프로그램(233개→360개) 지원도 확대한다.

학생 선수 감소와 수업 병행 곤란 등으로 어려워진 전문 학생 선수 육성 상황을 고려해 국립체육 영재학교 신설을 검토하고, 체육인 복지 재단 설립과 체육인 교육 센터 조성 등을 포함한 '제1차 체육인 복지증진 종합계획'을 수립하는 등 전문 체육인 지원도 강화한다.

스포츠 기업을 대상으로 역대 최대인 3,919억 원을 지원하고 모태 펀드 투자도 374억 5,000만 원으로 확대해 스포츠 산업을 집중 육성한다.

출처: 문화체육관광부

3 정책 환경의 변화

(1) '공급자 위주의 정책'에서 '수요자 위주의 정책'으로의 변화

우리나라는 2021년 현재 개도국 지위에서 선진국으로 인정받는 국가로 선언되었다. 문화 관광 여가 분야에서도 공급자 위주의 정책 중심에서 수요자 위주의 정책으로 전환되어야 한다. 지금까지 정부나 지자체에서 일률적인 여가 시설, 프로그램, 콘텐츠 등을 공급하는 공급자 위주의 정책으로 진행되었다.

하지만 현재는 국민들의 여가에 대한 인식, 교육, 경험 등 여가 전문지식이 높아짐에 따라 수요자 중심의 정책이 필요한 시점이다. 여가 정책을 수립하기 이전에 국민들이 필요로 하는 여가 시설, 교육, 프로그램, 콘텐츠 등을 각 세대별, 성별, 지역별 등 다양한 수요자의 욕구와 필요를 파악하여 수요자 위주의 여가 정책을 수립할 필요가 있다. 수요자 위주의 여가 정책은 국민의 여가 활동을 증가시키게 되면서 국민들이 건강, 행복, 만족감을 가질 수 있다.

문체부에 따르면 한국의 여가 정책은 국민의 요구가 반영되지 않은 개별 사업 위주의 공급자 중심 정책으로 수요자의 정책 체감도가 미비하다. 더군다나 장애인의 경우 모두를 위한 디자인(유니버설 디자인)의 부재로 장애인의 여가 접근에 제약이 있는 실정이다. 이에 장르별 공급자 중심의 패러다임에서 대국민 서비스 중심의 패러다임으로 전환해 수요자 친화적 환경을 구축한다는 것이다. 또한 여가 취약 계층의 서비스 강화를 통한 무장애 여가 환경을 조성한다는 계획이다.

이와 관련해 지방자치단체는 장애인 등이 신체·연령 제약에 상관없이(barrier free) 여가 활동에 참여할 수 있도록 '여가 동행 서비스' 사업을 지원한다. 프랑스의 경우 '오늘 밤 외출합니다(Ce Soir je sors)' 서비스를 운영하고 있다.

(2) 여가 시간 확대를 위한 제도 변화

우리나라 법정 근로 시간이 주 52시간으로 줄어들면서 노동자들의 물리적 여가 시간이 증가되는 효과를 가져왔다. 근로 시간이 단축됨에 따라 현행 직장 중심의 음주 등 오락 문화에서 가족 중심의 여가 생활로 바뀌고, 재교육, 문화 및 레저활동, 사회 참여 등이 활성화되었다.

정부는 2021년 6월부터 근로자들의 삶의 질 개선을 위하여 '대체 휴일제'를 시행하게 되었다. 대체 휴일제는 공휴일이 토요일이나 일요일과 겹칠 경우 이어지는 주의 월요일 하루를 휴일로 지정해 휴일을 보상해 주는 제도이다. 이는 직장인들에게 토요일부터 월요일까지 3일의 짧은 휴가가 생기는 개념이기 때문에 관광이나 영화 산업 등 여가 산업에 매우 큰 파급 효과가 생기게 된다. 또한 노동자들의 주 52시간 근무제에 이어 학생들의 주 5일 수업제의 실시로 인해 학생들의 여가 시간도 증가하게 되면서 가족 중심의 여가 활동 확대에도 많은 기여를 하게 되었다.

 Case Study

2023년 국민 문화 예술 활동 조사 결과

문화 예술 행사 직접 관람률 58.6%, 참여율 4.8%, 교육 경험률 8.5%로 회복추세 연령, 소득 계층 간 관람률 격차 전년 대비 완화, 코로나19 이전으로의 회복세는 청년층, 고소득층이 빨라

지난 1년 간('22. 8. 1.~'23. 7. 31.) 국민들의 문화 예술 행사 직접 관람률은 58.6%로 전년 대비 0.5%포인트 상승하였으며, 관람자에 한정한 문화 예술 행사 관람 횟수도 4.3회로 전년 대비 0.6회 증가해 2020년과 유사한 수준으로 회복하고 있다.

문화 예술 행사 참여율 및 1년 이내 문화 예술 교육 경험률도 각각 4.8%(1.1%포인트 상승), 8.5%(3.9%포인트 상승)로 코로나19 이전 수준으로 회복세를 나타냈다.

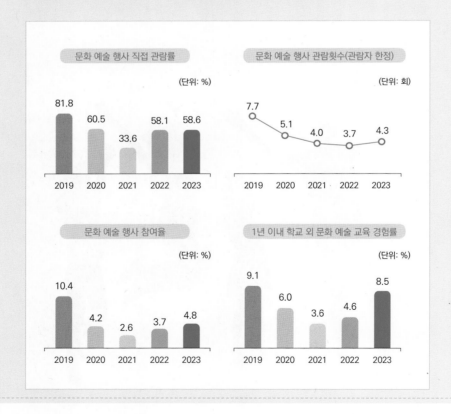

문화 예술 관람률을 연령별로 살펴보면 60대 이상의 고연령층은 관람률이 전년대비 비교적 큰 폭으로 증가(60대는 7.7% 포인트 상승, 70세 이상은 5.1% 포인트 상승)하였으며, 20~30대 청년층의 관람률은 전년대비 감소(20대는 4% 포인트 하락, 30대는 4.7% 포인트 하락)하였다. 소득별로는 저소득층(100만 원 미만)의 관람률과 고소득층(600만원 이상)의 관람률은 각각 5.7% 포인트, 3.2% 포인트 상승하여 소득간 격차는 전년대비 다소 완화된 것으로 나타났다.

　　코로나19 이전으로의 회복세를 살펴보면 고연령층과 저소득층의 회복세는 더딘 반면 20~30대 청년층과 고소득층의 회복세는 빠른 것으로 나타났다.

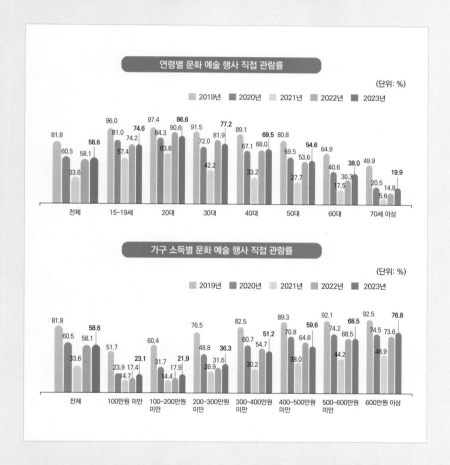

　　분야별 관람률은 영화, 대중 음악·연예, 미술, 뮤지컬 순으로 나타났으며, 대중 음악·연예 분야 관람률이 작년 대비 가장 큰 폭으로 상승했다.

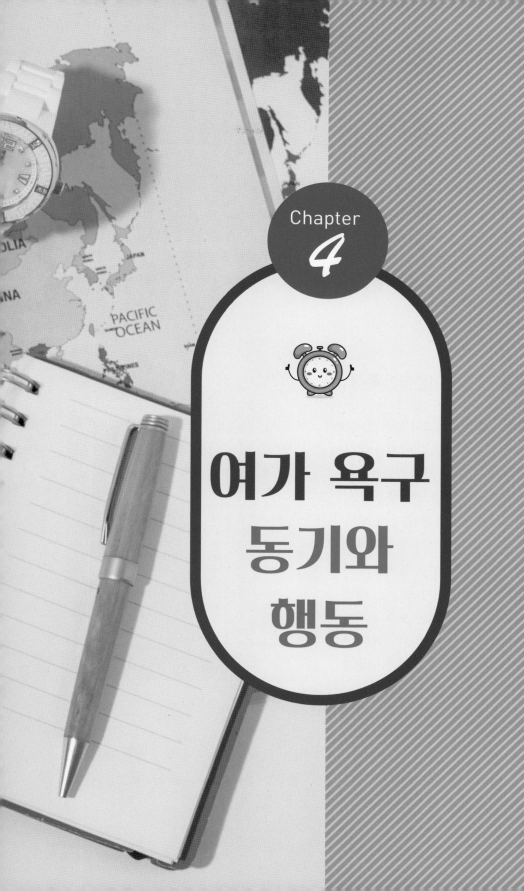

Chapter
4

여가 욕구
동기와
행동

1. 여가와 사회

여가는 사회 발달과 비례적 관계에 있다고 할 수 있다. 즉, 사회가 불안하고 불건전하면 여가의 부정적 측면이 강해지게 된다. 이와 반대로 정치, 경제, 사회적으로 안정된 사회가 지속된다면 건전한 여가 문화가 정착하게 된다.

여가는 사회의 변화 패턴과 함께 할 수도 있으며 사회의 변화를 리드할 수도 있다. 사회는 특정 유형의 여가 행동을 발전시키기도 하고 쇠퇴시킬 수도 있으며, 시대에 따라 변화하기도 한다.

1 여가의 기본적인 특성

여가는 단순히 휴식과 같은 소극적인 의미보다는 적극적인 활동을 의미한다. 따라서 여가 활동은 구속되는 시간이 아닌 자유 시간에 이루어지게 되며 의무감이나 외부로부터의 구속이 전혀 개입하지 않는 자유로운 활동이다.

여가 활동은 자발적인 행동에 의해 이루어져서 유쾌한 활동이 되며, 활동에 참가하는 모든 사람들에게 직접적으로 즐거움이나 만족감을 주게 된다. 따라서 여가 활동은 활동 그 자체 이외에 어떠한 보수나 대가를 기대하지 않으며 객관적이면서도 사회적으로 긍정적인 평가가 뒷받침되는 것을 특징으로 하고 있다.

여가의 기본적인 특성은 다음과 같이 네 가지로 나타난다.

첫째, 여가는 의무로부터의 해방이다. 여가는 의무를 전혀 수반하지 않는 것은 아니지만 일종의 활동이기 때문에 다른 모든 활동과 함께 사회적 관계의 영향을 받게 된다. 그럼에도 여가는 노동 현장이나 학교, 가정, 지역 사회 등의 기초적 사회 조직이 부과하는 제도적 의무로부터 해방된 자유로운 활동이다.

둘째, 여가는 경제적 이해관계에 얽혀 있지 않다. 어떤 보수를 위해 여가가 이루어져서는 안 된다. 만일 여가가 사회적 필요성의 법칙에 따른다 해도 그것이 진정 참된 여가가 되기 위해서는 물질적 목적에 맞추어진 어떠한 육체적, 지적 활동의 이용도 배제되어야 한다.

셋째, 여가는 즐거움과 만족을 희구한다는 성질을 가지고 있다. 여가는 어떠한 구속과 연관되어 있지 않고 전적으로 자율적인 의사에 의해서 이루어지는 것이기 때문에 어떠한 의무감이나 스트레스를 동반하지 않아야 한다. 따라서 여가 활동을 하는 사람에게는 오직 즐거운 시간과 경험을 주어야 하고 이는 여가에 대한 자기만족으로 이어질 수 있어야 한다.

넷째, 여가는 사회로부터 부과된 제도적 의무와는 달리 개인의 욕구에 대응하는 것이다. 그것은 개인이 타락할 가능성, 자연스러움을 상실하고 조직화, 규격화가 진행되고 있는 현대 사회의 공격성으로부터 개인과 개성의 존엄을 보다 적극적이고 자유롭게 지킬 수 있다.

2 여가 사회의 특성

현대 사회에서 일반 대중의 문화 활동 참가, 대중의 욕구에 부응한 창작 활동 등의 활성화 여부는 대중문화의 질 향상과 매우 밀접한 관계로 이루어진다.

대중이 참여하는 문화 활동은 의무나 금전에 결부된 것이 아니라 순수한 즐거움을 목적으로 하는 여가와 동일한 특징을 가지고 있다. 여가 활동은 문화적 요소를 포함하고 있으며, 대중문화에는 대중적인 여가의 내용이 혼합되어 있다.

여가 문화가 새로운 문화로 정착되면서 여가 산업이 새로운 성장 산업으로 발전되고 있는 추세이다. 오늘날의 여가는 일상생활과 사회생활 전반에 걸쳐 다양한 영향을 주고 있다. 여가 사회의 특성에는 비용적 특성과 편의적 특성으로 설명할 수 있다.

(1) 여가 사회의 비용적 특성

여가에 대한 인식이 확산되고 일부 고소득층의 과도한 낭비로 인해 사회적인 문제를 일으키기도 한다. 이러한 분위기가 지속될 경우 일반 대중들의 여가에 대한 부정적인 시각으로 여가 활동이 감소하게 되는 경우가 발생할 수 있다.

여가 활동에 소비되는 장비와 비용을 대중화해서 값싸고 좋은 장비로 여가를 즐길 수 있는 정책을 장려해야 할 필요성이 요구된다.

① 여가와 레크리에이션에 대한 과다한 투자

여가와 레크리에이션 활동이 많아지고 활성화되면서 활동에 필요한 장비구입과 활동비용이 많이 소요된다. 또한 활동의 진행 강도와 경험이 많을수록 새로운 장비구입 등 활동에 투자하는 시간과 비용이 증가하게 된다.

② 사치 행위로 오용하는 태도

여가 활동에 투자하는 비용이 많을수록 고급여가로 인식되면서 일반 국민들에게는 사치여가로 인식되는 경우가 많다.

③ 지나친 상업 행위의 만연

여가에 대한 사치와 투자 비용이 많아지게 되면서 여가에 필요한 다양한 업종이 많이 생기게 되고 대기업이나 해외 명품 브랜드의 과다 경쟁으로 인해 치열한 상업 행위가 만연해지고 있다.

(2) 여가의 상업화에 의한 편의적 특성

여가의 편의적 특성으로 현대인의 피로와 스트레스를 해소해 줄 뿐만 아니라 일상생활에 즐거움과 행복을 줄 수 있는 영향을 미치게 된다. 적극적이고 실용적인 여가 시간의 활용은 개인뿐만 아니라 사회적으로도 많은 장점이 된다.

① 높은 교육적 투자효과

다양한 여가 활동의 경험은 몸과 마음을 튼튼하게 해주면서 긍정적인 마인드를 가질 수 있게 한다. 또한 여가 활동으로 인한 간접적이고 직접적인 경험들은 개인과 사회활동에 많은 지식과 경험을 제공한다.

② 활달한 기상과 꿈

개인에게 적합한 여가 활동이 선택되면 자신의 기량이 증가되고 노하우를 가지게 되면서 전문가로서의 새로운 삶과 꿈을 실현하게 된다.

③ 건전한 시간 활용태도

자신에게 적합한 여가 활동은 무료하고 의미 없는 시간을 보내기보다는 건설적이고 일상생활에 활력을 주는 시간으로 만들 수 있다.

④ 미지의 세계를 이해하는 태도

일반적으로 경험하기 어려운 여가 활동의 선택은 새로운 경험과 긴장감을 느끼게 되고 미지의 세계에 대한 이해를 가지게 된다.

⑤ 여가 장비의 대중화, 저렴한 보급에 기여

여가 활동이 대중화되면 여가 장비와 구매량이 늘어나면서 가격이 내려가고 다양한 종류의 장비가 보급되는 효과가 있다.

⑥ 레크리에이션 기업의 등장

여가와 레크리에이션의 대중화는 제조업 분야뿐만 아니라 여가 활동 연구 분야, 기획사 등 전문적인 기업이 생성하게 된다.

⑦ 관광, 휴양 산업의 발달에 기여

과다한 업무와 다양한 이유로 인한 스트레스를 여가 활동으로 정기적이고 규칙적으로 해소하게 되는 역할을 한다.

⑧ 현대인의 스트레스, 욕구불만 해소에 기여

침체되고 균일화된 관광 산업과 휴양 산업에 새로운 개념의 활동들을 접목시킴으로써 관광객들의 새로운 욕구를 발생시킬 수 있는 역할을 한다.

Case Study

🏛 잠실 운동장 주변 63만m² 수변 여가·문화공간 조성

서울시 국제 교류 복합 지구의 중심인 수변 공간 잠실 종합운동장 인근 탄천·한강 일대 63만m²가 수변 여가 및 문화 활동 공간으로 조성된다. 사진은 한강(사진 ❶)과 탄천 생태 공원(사진 ❷) 모습이다.

국제 교류 복합 지구는 서울시가 코엑스~현대차 GBC(옛 한전 부지)~잠실 종합운동장으로 이어지는 166만m²에 국제 업무, 스포츠, 엔터테인먼트, 전시·컨벤션 등 네 가지 핵심 산업시설과 수변공간을 연계한 MICE 거점을 조성하는 사업이다.

여가 문화 공간은(사진 ❸) 서로 다른 세대와 취향을 가진 이용자들을 끌어들일 수 있도록 국제 교류 복합 지구 주 보행축 끝에 위치하는 수변 레저 시설(tree pier), 지면에서 자유롭게 솟아오른 보행교이자 전망대(event dome), 여러 길들이 엮여 만들어지는 매듭 광장 등 공간 일대를 즐길 수 있는 다양한 프로그램을 제시했다.

탄천보행교(사진 ❹)의 경우 오르내림이 있는 다발 형태의 강력한 이미지의 보행교(bundle bridge)로 다양한 레벨에서 공원 전체 보행 네트워크와 통합되도록 했다. 또 아치형 전망대와 미끄럼틀 계단 등 이벤트·체험공간을 도입해 지역 랜드마크, 관광 요소에 크게 기여할 수 있도록 했다.

출처: 송파타임즈(2019.11.)

3 여가의 필요성

현대 사회에서 '자신을 만나고 자신에게 돌아갈 수 있는 시간'으로서의 여가는 지극히 중요한 의미를 가진다. 여가를 통하여 우리는 주체성 있는 인간으로서 자기 자신의 가치를 깨닫고 자신의 욕구와 개성을 바탕으로 행동을 선택하고 추구할 수 있다.

여가는 있어도 좋고 없어도 그만인 의미 없는 시간이 아니라 반드시 있어야 하는 필수적인 시간이며, 삶의 질을 높이기 위한 하나의 권리로 인식해야 한다.

여가는 자유 시간의 확보가 아닌 하나의 활동이다. 인간은 누구나 스포츠와 학문, 예술 그리고 정치나 경제의 다양한 면에 관계된 활동이나 능력을 가지고 있다.

🟊 그림 4-1_ 바람직한 여가 생활의 장점

여가는 우리 생활에서 필수적인 요소로 인식되어야 한다. 왜냐하면 일상적인 시간에서 얻지 못하는 다양한 경험들을 여가 시간을 통해 경험하고 습득할 수 있는 기회를 가질 수 있으며 이를 활용하여 새로운 지식과 인간관계 형성을 돈독하게 할 수 있다. 특히 청소년기의 다양한 여가 시간의 활용은 장래의 직업 선택에 도움이 된다는 점에서 무엇보다 중요하다고 할 수 있다. 또한 업무 등으로 인한 압박에서 벗어나 건전한 오락, 운동 등의 활동을 함으로써 재충전의 시간으로 활용할 수 있다.

여가는 자유로운 선택에 의해서, 가능한 시간에, 자신 속에 숨어 있는 다른 면을 발견하는 시간이다. 여가의 역할은 자유 의지와 자유 선택 속에서 자신이 진정으로 꿈꾸어왔던 계획과 희망을 꾸준하게 실천하여 현실로 실현시킬 수 있도록 하는 희망의 씨앗이라 할 수 있다.

4 일과 여가의 균형

삶의 질 수준을 높이는 데는 다양한 방법이 있겠지만 그 중 한국 사회의 삶의 질 증진 방안으로 최근 가장 많은 주목을 받는 것은 '일과 삶의 균형'이다.

일과 삶의 균형은 일과 삶의 영역 간에 지각된 균형감으로 시간과 심리, 신체적 관여, 에너지를 질적으로 배분하여 삶에 대한 통제감을 가지고, 이를 통한 삶의 만족감을 경험하는 것으로 정의된다.

최근에는 일과 삶의 조화에서 오는 긍정적 전이와 촉진에 주목하여 개인의 행복과 삶의 질, 기업의 생산성과 국가의 지속 가능한 성장을 위한 긍정적 상호 작용에 대한 인식의 필요성이 제기되고 있다.

일과 삶의 균형 이슈에서는 여가와 건강, 개인의 성장 및 자기 계발과 관련한 부분이 새롭게 관심을 받으며 기존의 가족 문제 중심적 시각은 개인의 여가와 건강, 성장의 영역으로 확대되었다. 일과 여가의 균형을 위해서는 개인의 여가권을 보장하기 위한 제도적 차원의 노력도 매우 중요하다.

여가 활동은 일반인들의 바쁜 일생에서 탈피를 위한 출구 역할을 하며, 행복한 여가 선용으로서의 역할 등 긍정적인 다양한 기능을 통해 만족감을 얻게 하고 행복감을 줄 수 있다.

여가는 가정이나 회사로부터 분리되는 해방 성격을 띤다. 여가는 자유 선택성을 띠고 있는데, 자발적이며 강제성 없는 참여가 필수이다. 여가 참여를 통해 제약 없이 자아를 충분히 표현할 수 있으며 오락성과 가치 추구를 위한 정신적 만족을 얻을 수 있다. 노동과 의무로부터 독립된 형태로 존재하며 일에 있어서도 긍정적인 기능을 담당한다.

일-여가 균형은 재미와 같은 오락적 목적으로 자신의 인간관계와 신체 활동 그리고 여가 문화 활동이 균형을 통해 얼마나 만족되고 있는가 하는 생활의 질로 이루어진다. 일과 여가의 균형이 중요한 이유는 다음과 같다.

첫째, 근로 시간의 단축과 일과 여가의 균형은 국민 삶의 질 향상으로 직결된다.
둘째, 일 이외의 시간에 즐길 수 있는 다양한 여가 및 문화 활동을 지속가능하게 시간적 여건이 주어진다.

셋째, 여가 활동을 통해 얻는 만족은 높은 행복 지수로 이어져 건강한 행복 사회 구축에 밑거름이 된다.

넷째, 일과 여가의 조화를 통해 일에서 얻는 효율성, 생산성과 여가를 통해 얻는 충족감과 만족감은 국민 삶의 질 수준을 향상시킨다.

다섯째, 일과 여가의 균형을 통한 행복 사회 지향, 유엔의 세계 행복 보고서, OECD의 BLI(Better Life Initiative) 지수 등에서 행복한 삶을 구성하는 요인에서 일에 치중하는 삶의 반작용으로 일과 삶의 균형 요인이 중요시된다. 이때 삶의 중요 영역 중 하나인 여가 시간과 활동의 중요성이 강조된다.

여섯째, 노동 집약 사회에서 창의성과 유연성이 강조되면서 생산 활동을 활력 있게 하는 재생산 시간으로서 여가 활동과 여가 시간의 중요성이 강조된다.

문화체육관광부 2023년 국민 문화 예술 활동 조사에 따르면, 사람들과 함께하는 활동적 여가 유형 증가(스포츠, 문화 예술, 관광), 여가 지출 비용도 증가하였으며, 전반적인 여가 만족도는 2012년 이후 최고 수치를 기록했다.

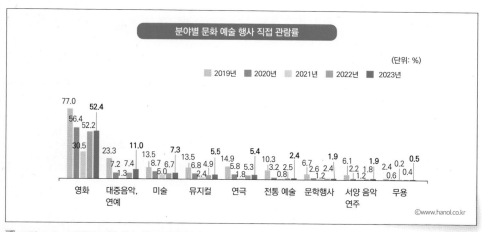

🏛 그림 4-2_ 분야별 문화 예술 행사 직접 관람률

전체 88개의 세부 여가 활동 중 한 번 이상 참여한 여가 활동 개수는 2023년 16.1개로 2022년(15.1개) 대비 1.0개 상승했다. 연령별로도 모든 연령에서 전년 대비 여가 활동 개수가 증가한 것으로 나타났다.

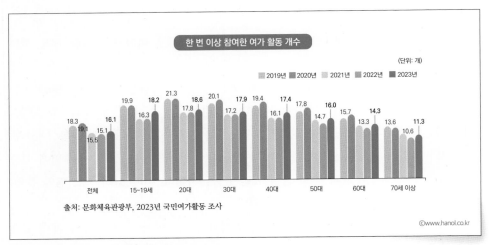

▣ 그림 4-3_ 한 번 이상 참여한 여가 활동 개수

가장 많이 참여한 여가 활동 유형을 8개 중분류 기준으로 살펴보면 스포츠 참여(전년대비 4.9%p 상승), 문화 예술 관람(3.1%p 상승), 스포츠 관람(2.6%p 상승), 관광(1.2%p 상승), 문화 예술 참여(0.9%p 상승)와 같은 활동적인 여가 활동 비율은 전년 대비 증가하였으며, 사회 및 기타 활동(전년 대비 2.3%p 하락), 취미 오락 활동(1.6%p 하락), 휴식 활동(1.4%p 하락)은 전년 대비 감소한 것으로 나타났다.

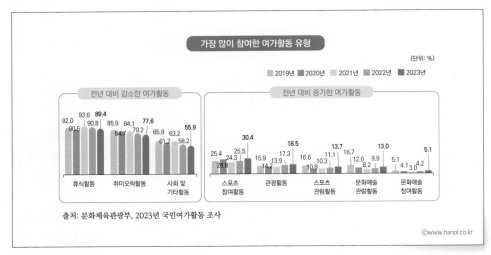

▣ 그림 4-4_ 가장 많이 참여한 여가 활동 유형

가장 많이 참여한 세부 여가 활동은 TV 시청(60.8%), 산책 및 걷기(43.5%), 모바일 컨텐츠·OTT 시청(43.3%) 등 실내 공간에서 개인적으로 할 수 있는 여가 활동이 높게 나타났으며, 가장 만족스러운 개별 여가 활동 역시 산책 및 걷기(23.3%), TV 시청(20.5%), 쇼핑·외식(17.9%), 모바일 컨텐츠·OTT 시청(17.4%) 순으로 나타났다.

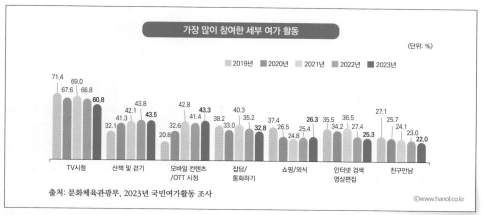

🗓 **그림 4-5_** 가장 많이 참여한 세부 여가 활동

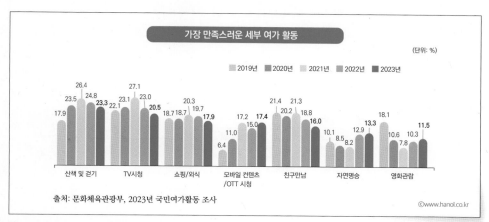

🗓 **그림 4-6_** 가장 만족스러운 세부 여가 활동

자원봉사 활동 참여 비율은 다소 감소하였으나 동호회와 지속적 여가 활동 비율은 증가하고 있는 것으로 나타났다. 여가 활동 동반자는 혼자서(50.5%), 가족과 함께(34.0%), 친구·연인과 함께(13.2%) 순으로 나타났으며, 전년 대비 혼자 하는 여가 활동의

비율은 감소하고 다른 사람과 함께하는 여가 활동 비율이 점차 상승하는 것으로 나타났다.

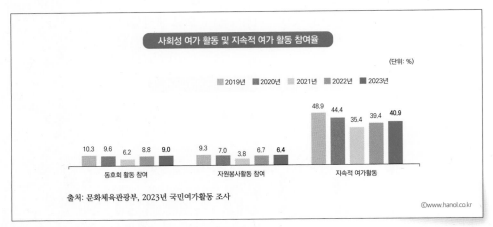

그림 4-7_ 사회성 여가 활동 및 지속적 여가 활동 참여율

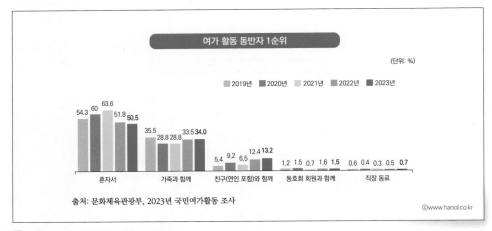

그림 4-8_ 여가 활동 동반자 1순위

국민의 월평균 여가 시간은 평일 3.6시간, 휴일 5.5시간으로 전년과 유사한 수준으로 나타났으나 월평균 여가 비용은 20만 1천 원으로 전년도 17만 6천 원 대비 2만 5천 원 증가하였고 적절하다고 생각하는 여가 비용 역시 27만 1천 원으로 2022년(23만 9천 원) 대비 3만 2천 원 증가하였다.

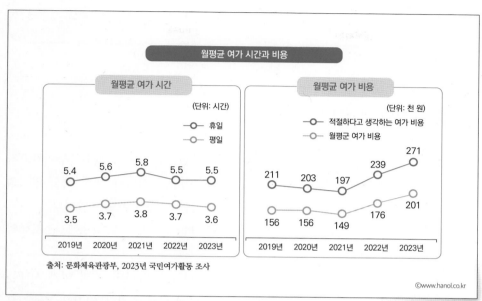

그림 4-9_ 월평균 여가 시간과 비용

자신의 여가 생활에 대한 2023년 전반적 만족도는 '만족'(매우 만족+만족+약간 만족)이 60.7% 비율로 전년 대비 4.1% 포인트 증가했으며, 2012년 이후 만족 수준이 가장 높은 것으로 나타났다.

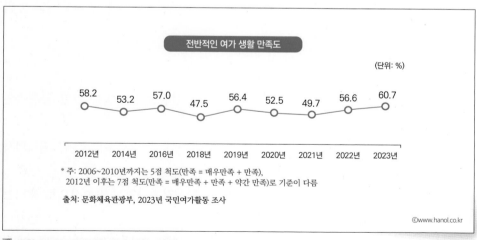

그림 4-10_ 전반적인 여가 생활 만족도

2. 여가와 문화

1 문화의 개념과 특성

문화(文化)는 자연 상태에서 벗어나 삶을 풍요롭고 편리하고 아름답게 만들어가고자 하는 사회의 구성원에 의해 습득, 공유, 전달되는 행동 양식이다. 또한 생활 양식의 과정 및 그 과정에서 이룩해 낸 물질적, 정신적 소산을 통틀어 이르는 말이다.

의식주를 비롯하여 언어, 풍습, 도덕, 종교, 학문, 예술, 각종 제도 등을 모두 포함하는 것을 문화라고 한다.

문화는 우리 사회에서 중요한 자리를 차지하고 있다. 왜냐하면, 소비 여가 시대를 맞아 삶의 여유와 삶의 질에 대한 열망이 과거에 비해 훨씬 커졌다. 인간은 본질적으로 놀고 싶어 하는 특성을 가지고 있다. 오늘날에 와서는 문화를 직접 대상으로 한 문화 산업 또는 문화 콘텐츠 산업이 크게 성장하고 있다.

현재 전 세계에 확산되고 있는 K-문화 예를 보면, 문화가 다른 산업에 미치는 영향력이 갈수록 커지고 있다는 것을 알 수 있다. 문화는 문화 산업 자체로서도 국가경제에 기여하는 바가 크지만, 화폐 가치로 계산되지 않는 다른 산업에 미치는 효과는 헤아릴 수 없을 만큼 성장하고 있다. 또한 문화는 국가 브랜드를 높이는 데도 중요한 역할을 하고 있음을 알 수 있다.

문화는 다음과 같이 다양한 특성을 가지고 있다.

첫째, 문화는 사회의 구성원들이 다른 사회의 구성원들과 구별할 만한 공통적인 것을 공유하는 특성, 즉 공유성을 갖는다.

둘째, 문화는 태어날 때부터 가지고 태어나는 것이 아니라 사회화 과정을 거치면서 학습되는 특성, 즉 학습성을 갖는다.

셋째, 문화는 윗세대의 지식과 경험이 다음 세대로 전해지면서 지속적으로 쌓이는 특성, 즉 축적성을 갖는다.

넷째, 문화는 어느 한 부분으로 존재하는 것이 아니며 지식, 도덕, 관습, 법, 예술,

신앙, 음식, 의복 등 문화의 각 영역이 통합적으로 서로 긴밀한 관계를 유지하여 유기체적인 전체를 이루는 특성, 즉 전체성 또는 통합성을 갖는다.

다섯째, 문화는 모든 사람이 공유함으로써 결과적으로 개인을 구속하고 사회적 관점과 균형화에 기여하는 특성, 즉 객관성 또는 사회성을 갖는다.

여섯째, 문화는 인간의 삶속에서 축적되고 학습되기 때문에 일상생활과 밀접한 관련이 있는 특성, 즉 생활성을 갖는다.

일곱째, 문화는 안정적인 객관성도 있지만 점진적인 변화 또는 변모하는 특성, 즉 변화성을 갖는다.

여덟째, 문화는 다른 동물과 구별되는 지적 사유와 실천을 도모하는 특성, 즉 예술성을 갖는다.

아홉째, 문화는 고상한 정신적 분위기를 조성하기도 하고 저급한 쾌락을 추구하기도 하는 특성, 즉 양면성을 갖는다.

위의 특성 중 첫 번째부터 일곱 번째까지는 대체로 문화 인류학적 측면에서 문화의 특성을 말하고 있으며, 마지막 두 개는 지적, 정신적, 심미적 측면에서 다루어지는 특성이다.

2 여가 문화의 구성 요소

여가 문화를 구성하고 있는 요인에는 여가 의식, 여가 시간, 여가 활동, 여가 대상 그리고 여가 비용이 있다.

(1) 여가 의식

노동 및 생산 중심의 생활 양식에서 여가 및 소비 중심의 생활 양식으로 변모하고 있으며, 주 5일 근무제 시행 확대로 여가 활동에 대한 급격한 변화의 계기를 제공하고 있다. 따라서 여가 의식은 사회 전반적으로 즐거움과 재미, 오락 등의 개념으로 진화하고 있다. 여가 만족도가 장기적으로 높아질 것으로 예상되고 있지만, 이에 대한

적절한 내용이 동반되지 못할 경우 저소득층은 상대적 박탈감으로 인한 불만이 증가될 확률이 높아진다.

여가는 모든 국민에게 균등한 기회를 제공해야 한다. 따라서 국가와 지방자치단체는 모든 국민이 참여할 수 있는 여가 활동에 필요한 프로그램 개발과 지원을 지속적으로 제공해야 한다.

(2) 여가 시간

주 5일 근무제로 인해 양적인 여가 시간뿐만 아니라 여가 시간의 연속성을 제공함으로 인해서 여가 생활의 질을 향상시키고 있다. 여성의 비중이 큰 문화, 관광 등 서비스 산업의 일자리가 증가하고 파트타임(part-time job)과 단기 계약직 등의 수요 증가로 여성, 고령자들의 자발적인 경제 활동이 증가하게 된다. 하지만 이에 비해 주말에 휴일을 가질 수 없는 노동자들은 상대적 박탈감을 가질 수 있다.

(3) 여가 활동

여가 활동이란 일상생활에서 생긴 피로를 풀고, 활기찬 생활을 위한 새로운 힘을 북돋우기 위해 여가 시간에 자발적으로 행하는 활동을 말한다.

삶의 질을 비교하여 볼 때 여가 시간의 양보다는 여가 시간의 내용을 중시하게 되고 여가 활동이 다양화되고 동적인 여가 활동(예 여행, 스포츠 등)이 증가하게 된다.

또한 건강이나 교양 지식 등의 함양을 위한 자기 계발 활동이 증가하고 문화소비, 문화 체험, 문화 생산 등의 문화 활동이 증가하게 된다.

정신적, 물질적인 풍요를 가지고 있는 사람들은 자원봉사 활동이나 사회 활동의 참여로 이어지게 되고, 가족 단위의 쇼핑, 정원 가꾸기 등 가사와 여가 활동을 겸한 활동이나 취미를 살린 부업 활동 등의 반여가(semi-leisure) 활동이 증가하는 경향이 높다.

(4) 여가 대상

여가의 만족감은 활동 자체보다는 사람에 의해 더 많은 영향을 받게 되며, 지금에 이르러서는 다양한 여가 활동들이 가족 단위로 이루어지게 되면서 가족 간의 화목을 두텁게 하는 역할을 하고 있다.

가족 간의 응집력과 만족감이 증가하면서 부모 자녀 간의 공동 여가 활동은 자녀 교육 기능으로 발달하게 된다. 이러한 이유로 사회적 문제인 청소년 문제의 감소로 이어지면서 가정뿐만 아니라 사회적인 범죄를 줄이는 데 많은 영향을 미치게 된다.

(5) 여가 비용

사회적으로 여가에 대한 긍정적인 인식이 확산되면서 여가, 스포츠, 외식, 쇼핑 등의 참여 활동이 증가하게 되었다. 따라서 여가 활동과 관련된 지출 비용이 큰 폭으로 증가하게 된다.

3 여가 문화의 발전 방향

오늘날 사회는 물질 문명의 발달로 소득수준의 향상과 여가 시간의 증가 같은 삶의 여건이 변화되어 인간의 문화적 삶에 대한 욕구가 커지고 있다. 문화는 단순히 놀고 즐기는 것이 아니라 사회적 생산력의 중심으로 자리 잡을 것이라는 전망과 함께 문화가 삶의 질 향상에 매우 중요한 요소라는 것이 공통된 견해이다. 문화생활은 남는 시간에 여가활용을 위한 것이 아닌 개개인의 창조적 능력을 기르고 삶을 풍부하게 하며 그를 바탕으로 새롭게 생산성을 올리기 위한 수단으로서의 의미가 더욱 확대된 것이다.

여가 활동의 중요성과 향후 인간의 복지는 물질적 측면만이 아니라 정신적 측면까지 고려한 삶의 풍요로움을 지향해야 할 필요가 있으며, 이를 통해 진정한 삶의 질 향상을 이룰 수 있다는 문화적 인식의 제고가 선행되어야 한다.

현재 우리나라의 여가 문화는 대도시에 편중되어 있어 중소 도시 지역 주민의 문화 활동의 기회를 감소시키고 프로그램의 부족으로 인해 문화 시설 이용률이 감소하고 있다. 이러한 이유로 중소 도시에 문화 시설 확충이 되고는 있으나 박물관, 도서관, 문예 회관, 문화의 집 등에 한정되어 있을 뿐 시설 또한 계획성 없이 획일적으로 건립하는 경우가 많아 시설 투자의 효율성이 떨어지고 있다.

여가 문화를 활성화하기 위한 기본 방향을 제시하면 다음과 같다.

첫째, 커뮤니티 기능을 중심으로 하는 생활 문화 시설의 균형적인 확충이 이루어져야 한다. 각 지역적, 계층적 형평을 제고한 수용자 중심의 문화 시설 공급 및 이용 체계를 확립시키고 세계 문화 도시와 비슷한 수준의 문화 시설을 확충하고 소규모이며 기능성이 강화된 다목적 문화 시설의 건립이 요구된다.

둘째, 문화 시설의 통합과 복합화를 통해 투자 및 운영의 효율성을 제고해야 한다. 인구, 지역적 특성, 문화수용을 고려한 복합시설 건립을 통해 개별적인 문화 시설 건립에 따른 비용 부담과 프로그램 부족, 운영 인력 부족으로 발생하는 문제점들을 해소해야 한다. 또한 이용 형태나 목적이 비슷한 기능의 문화 시설 통합, 복합화를 통해 수용자는 이용의 편리성을 도모하고 공급자는 절감된 투자 비용으로 프로그램의 다양화와 전문화를 통해 서비스의 질을 향상시켜야 한다.

셋째, 문화 예술 프로그램의 다양화와 사회 교육 기능을 강화해야 한다. 지역주민들의 자기 계발 욕구 충족 및 여가 시간의 적극적인 활용을 위하여 다양한 문화 예술 프로그램을 개발하고 전문강사를 도입하여 평생 교육의 기능을 강화해야 한다.

넷째, 문화 시설 간 네트워크 구축 및 서비스의 동질화를 추구하여야 한다. 문화 시설의 이용 체계 합리화와 서비스 수혜를 동일하게 유지하기 위해 소규모 문화 시설은 생활권 시설로 위계화를 추진하고 문화 시설 간 네트워크 체계 구축과 기능 연계를 강화하여 차별 없는 서비스를 제공해야 한다. 또한 문화 시설 이용의 공공성과 개방성, 이용자의 결속력 강화 및 상호 간의 교류를 활성화하고 전문가의 역할 강화로 문화 시설의 공공성을 제고해야 한다.

여가 문화의 사회적 변화를 계기로 하여 향후에 전개될 여가 문화의 전개방향을 살펴보면 다음과 같다.

첫째, 여가의 상업화 현상은 현재보다 더욱 가속화되고 있으며, 개성 추구형 여가를 선호하게 되면서 상업

화 현상을 탈피하고자 하는 여가 활동이 증가하게 될 것이다.

둘째, 인위적인 생활 환경, 즉 도시성의 지배를 극복하고자 하면서 생활체육 및 레포츠 지향형 여가, 자연 친화형 및 휴양 체재형 여가가 증가하게 될 것이다.

셋째, 젊은층을 중심으로 IT 기술의 발달에 따른 새로운 여가유형이 확산될 것이다.

넷째, 자아실현과 자기 계발을 추구하는 여가 유형인 창조형 여가나 커뮤니티 지향형 여가 등의 새로운 항목으로 확대될 것이다.

다섯째, 가족 중심적인 여가의 추세로 인하여 가족 동반형 여가가 더욱 증가하게 될 것이다.

3. 여가 동기의 이해

동기는 사람이 어떤 행동을 하게 하는 내적 충동이나 의도로서 어떤 분명한 목표를 향해 방향이 주어지고 활성화된 행동의 과정으로서 행동을 조절하는 것이다.

여가의 동기를 이해하기 위해서는 기본적인 심리적 에너지의 작동 과정 및 그것의 표출 형식 그리고 내재적 동기의 특징 등에 대해 파악해야 할 필요가 있다.

여가 동기는 내재적 동기와 외재적 동기로 구분한다.

내재적 동기란 인지 및 사회성 발달에 필수적이고 인생에서 활력과 즐거움의 원천이 되는 것으로 이것은 사회적 환경이 개인의 선천적 및 심리적 욕구를 지지 혹은 방해하는 것에 의해 촉진되거나 방해될 수 있다.

외재적 동기는 내재적 동기와는 대조되는 것으로 어떤 결과를 얻기 위해서 행동하는 것을 의미하는 것이며 자율성의 정도에 따라 매우 다양하다.

내재적 동기와 외재적 동기의 차이점은 내재적 동기는 행동을 실행한 뒤 그 자체의 즐거움을 추구하는 동기이며, 행위의 결과를 목표로 하는 것을 외재적 동기로 구분하게 된다.

📍 1 여가 욕구의 종류

욕구(needs)는 인간이 심리적으로 지닌 내적 결핍 상태로서 원하는 상황과 실제 상황 간의 차이라고 정의할 수 있다. 욕구는 원하는 상황과 현실 간의 갭(gap)이 클수록 강렬하게 나타난다. 따라서 욕구는 꾸준히 변화(어떠한 욕구가 충족되더라도 새로운 욕구가 발생)하게 되며, 개인에 따라 다양하고 취향에 따라 충족하거나 해소하는 방법 역시 다르다.

전통적인 여가 욕구는 모든 종류의 여가 욕구가 안정적이고 보편적으로 활성화된다고 보았다. 하지만 현재의 여가 욕구는 시대의 변화와 기술의 발달 그리고 장소에 따라 얼마든지 변화될 수 있다.

성영신(1996)은 개인적 생존과 성장 외에 사회적 환경과 물리적 환경 맥락을 고려하였다. 사회적 환경과 물리적 환경 성장 범주에 속하는 욕구는 다음과 같다.

(1) 자기 결정의 욕구

어떤 활동에 자유롭게 참여할 수 있도록 선택하는 것은 자기 결정의 욕구가 관여했다고 볼 수 있다. 따라서 자기 결정의 욕구는 여가 행동의 필수 조건이 되며, 이러한 욕구를 통해서 여가 행동을 선택하게 된다. 하지만 자기 결정의 욕구는 여가 활동을 선택하는 순간에만 영향을 미치는 것이 아니며, 여가 활동 중에도 수많은 의사 결정의 순간을 가지게 된다. 그 순간마다 자기 결정의 욕구는 구체적인 행동의 원인으로 작용한다.

자기 결정은 소극적 결정과 적극적 결정으로 구분한다. 소극적 자기 결정은 강제적 조건을 벗어나고자 하는 일상 탈출의 욕구이며, 적극적 자기 결정은 다른 욕구와 결부된 어떤 추구 욕구를 의미한다.

(2) 자기 향상의 욕구

인간은 누구나 자신이 가지고 있는 능력이나 지식 등을 확인하고 그것을 확대하려는 욕구를 가지고 있다. 여가 활동에 참여하는 경우 그것은 스스로의 의지에 의해서 선택하려는 점에서 자기 향상의 욕구는 쉽게 개입된다.

여가 활동에 의해서 지적, 정서적, 사회적, 신체적인 면에서 다양하게 자신의 능력을 향상시킬 수 있다. 구체적인 차원이 무엇이든 개인의 정체감을 확장하는 데 도움을 구하는 욕구라고 할 수 있다.

(3) 자기표현의 욕구

여가가 인간사에서 개인의 자발적 의지가 개입되는 가장 자연스러운 현상임을 가정하면 여가 행동은 행위자의 내외면의 모습을 가장 잘 드러낼 수 있는 기회가 된다. 이런 점에서 행위자 개인의 자기상(self-image)은 여가 행동의 양식에서 매우 직접적으로 표현된다.

여가 경험은 자기를 탐구하고 이해하고 표현할 수 있는 최적의 기회이다. 자기표현이 실현되는 여가 조건에서 개인은 창의성을 발현할 수 있을 뿐만 아니라 즐거움도 얻게 된다.

(4) 사회 교류의 욕구

여가 활동을 하는 동안에도 다른 사람과의 사회적 교류는 계속된다. 여가를 같이 즐기는 사람들과의 교류, 즉 가족과의 유대 강화, 이성 친구와의 관계, 새로운 친구와의 친밀감, 비즈니스와의 연계 등 모든 사회적 교류를 하는 역할을 하게 된다. 여가 활동의 구조적 특징에 따라 교류의 기회는 약간의 차이가 있을 뿐 어떠한 활동의 기준에 따라서 사회적 교류 욕구의 강도는 달라질 수 있다.

(5) 자연 교류의 욕구

인간은 사회적 환경과 함께 물리적 공간 속에서 태어나고 살아가고 있다. 인간은 자연 교류가 없는 상태에서 살아가는 것은 거의 불가능하다고 볼 수 있다. 따라서 누구나 자신만의 방법으로 자연 교류의 양식이나 욕구를 실현하기 위해 노력하게 된다.

여가를 즐기는 동안에 자연 교류의 욕구가 발생하는 것은 당연하다고 할 수 있다.

2 여가의 참가 동기

여가의 참가 동기는 여가 행동 참여 방식을 결정해 주고 여가 활동 참여 결과를 이해할 수 있도록 해준다. 참가 동기(motivation)란 요구, 인지, 정서(각 행동의 방향과 활성화를 시키는 하나의 내적 과정)가 서로 연관되어 나타나는 일반적인 용어이다. 여가 활동의 참가 동기는 여가 경험에 앞서 개인이 어떤 여가 활동에 참여하게 되는 의식적 및 무의식적 이유라고 할 수 있다. 사람들은 자신의 요구와 관련된 활동을 할 때는 관심을 가지게 되고, 자신의 요구를 만족시키는 활동을 할 때에는 즐거움을 느끼게 된다.

긍정적인 여가 활동은 보다 높은 자신감과 자기 개념으로 인해 여가 활동에 있어 더욱 진취적이고 창의적으로 자신의 태도를 변화시키게 된다. 따라서 여가에 대한 바람직한 태도는 건전한 여가 활동을 이끌며 개인에게 여가 활동을 적극적으로 유도하게 된다. 여가에 참가하게 되는 동기는 개인의 발전과 성장, 사회적 관계, 치료의 목적, 신체적 건강, 자극 추구, 자유와 독립, 향수 등의 다양한 목적으로 여가 활동을 하게 한다.

동기가 가지게 되는 기능으로는 행동을 일으키게 되는 시발 기능, 맹목적인 행동이 아닌 특수한 반응을 선택하는 선택 기능, 행동을 목표에 두는 지향 기능, 목표에 도달했을 때 그 행동의 재현 가능성을 높이려는 강화 기능이 있다.

여가 참가 동기의 특성은 다음과 같이 요약할 수 있다.

첫째, 여가 참가 동기는 행동의 원동력으로 작용한다.

동기는 욕구나 충동의 성질을 가지고 있기 때문에 유기체는 이러한 욕구를 감소하거나 제거하거나 강화시킬 수 있는 행동을 일으키게 된다. 욕구가 생기면 그것을 충족시킬 수 있는 행동을 한다. 욕구가 생기면 그것을 충족시킴으로써 유기체의 동력으로서 에너지를 제공해 주기 때문에 행동의 강도를 올려주기도 한다.

둘째, 여가 참가 동기는 정서적 흥분을 일으킨다.

어떤 욕구에서 동기가 형성되면 심리적인 긴장 상태를 가져오게 된다. 이때의 감정 사태를 여러 가지로 부르고 있으나 일반적으로 '정서'라고 한다.

셋째, 동기는 목표의 선택과 결과에 작용한다.

동기 유발이 된 사람은 내적인 에너지 변화에서 생기는 긴장을 감소시키기 위한 행동을 일으키게 된다.

동기가 지니는 공통적 요소를 다음과 같이 세 가지 측면에서 정의할 수 있는데, 이 요소들은 동기의 기본적 속성이라고 할 수 있다.

첫째, 인간 행동을 활성화시키는 측면, 즉 일정한 방식으로 행동하도록 촉발시키는 개인의 활성적인 힘을 말한다. 이 측면은 동기가 지니는 추동(drive) 또는 각성(arousal) 촉발을 가리킨다.

둘째, 인간행동의 방향을 설정하거나 또는 목표를 지향하도록 방향을 설정하는 측면, 즉 행동이 어떤 목표를 지향하여 이루어지는 현상을 가리킨다. 따라서 이 측면은 동기가 지니는 방향 또는 목표의 차원이다.

셋째, 인간 행동을 유지시키거나 지속시키는 측면, 즉 추동의 강도와 에너지 방향을 지닌 행동을 계속해서 유지시키는 힘을 의미한다. 이 측면은 동기가 가지는 지속성 또는 행동적 차원을 말한다.

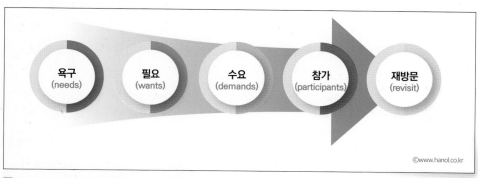

🏖 그림 4-11_ 여가 활동 참가를 위한 의사 결정 과정

🌐3 여가 만족

현대 사회의 생활 수준 향상과 노동 시간의 단축으로 인해 개인의 여가 활동은 이전보다 지속적으로 증가하고 있다. 이로 인해 사람들은 더 나은 삶을 영위하기 위해

여가 활동에 대한 경제적 및 시간적 노력과 투자를 아끼지 않고 있으며 본인의 여가를 어떻게 활용할 것인가에 대해 집중하기 시작했다.

여가 만족은 그 활동들의 지속적인 참가 여부와 흥미를 결정하는 중요한 요소로 만족스러운 여가 생활을 지속 가능하게 한다. 여가 만족은 여가 활동에서 인지하는 만족의 정도라고 설명할 수 있겠지만 이는 정의하기가 매우 어려운 주관적인 감정을 나타내는 극히 개인적인 것이다. 따라서 여가 만족은 개인의 기대와 충족 여부에 의해 결정된다고 볼 수 있다.

여가 및 레크리에이션에서 여가 만족의 개념은 특정 여가 활동을 통하여 개인이 추구하는 목적 및 욕구를 달성했을 때 느끼는 활동에 대한 긍정적 인식 또는 주관적인 만족감으로 표현되고 있다. 즉, 인간이 충족시켜야만 하는 사회 친화, 상호 작용, 대인 관계의 욕구 충족에 의한 산물이다. 여가 만족은 일반적인 여가 경험이나 생활에 대하여 즐거워하거나 만족해하는 주관적인 지각을 의미하는 개념으로 여가 활동의 선택과 참가의 결과로서 개인이 형성하거나 획득되는 긍정적 인식 또는 감정으로 정의할 수 있다.

이러한 여가의 만족스러운 감정은 개인의 의식적, 무의식적 욕구가 충족되면서 기인한다고 할 수 있다. 결국 여가 만족은 여가 활동의 선택 및 참가를 규정하고 그 활동의 지속과 흥미를 결정하는 중요한 요소로서 만족스러운 여가 생활을 가능하게 한다.

(1) 여가 만족의 구성 요소

여가 만족의 구성 요소는 라게브(Ragheb)와 비어드(Beard)가 개발한 여가 만족 척도(leisure satisfaction scale, 1980)에서 교육적, 심리적, 사회적, 휴식적, 신체적, 환경적 요인의 여섯 가지로 규정하고 있다.

① 교육적 요인

여가 활동에 참여함으로써 참가자의 지적인 욕구를 충족시키게 되며, 참가자의 주변적 환경과 지식 습득의 만족을 의미한다. 따라서 여가 활동의 환경이나 그 자체에 대한 학습 및 경험 등을 통하여 얻게 되는 것이다.

여가 활동 참여를 통해 자신과 환경에 대해서 알고 싶어 하는 욕구를 충족시킨다.

이에 해당되는 여가 활동은 새로운 경험, 호기심 충족, 새로운 시도에 대한 욕구 등을 자연스럽게 발생시킨다. 여가 활동은 우리 자신과 타인, 사회, 예술, 음악에 대한 본질을 학습시키는 폭넓은 경험의 기회를 제공한다.

② 심리적 요인

여가 활동에 참가하는 개인은 유익함과 즐거움을 얻을 수 있고 여가 활동에 따른 경험과 성취감에 의한 욕구를 추구한다. 따라서 각 개인들은 자연적으로 여가 활동 선택의 자유를 제공받게 되고, 자신의 자아실현을 충족시키는 활동에 참가하도록 동기를 유발한다. 아울러 이들은 자신의 능력과 재능을 발휘할 수 있는 다양한 여가 활동에 참여하게 되며, 이를 통하여 성취감 향유 및 개성 연출, 그리고 새로운 경험에 대한 욕구 등을 추구할 수 있다. 참가자들은 여가 활동에 참여함으로 인해서 흥미를 유발할 수 있고, 기쁜 감정은 물론 즐거움 발산, 자아의 탐구 및 발견이 가능하게 되면서 자신감, 성취감, 즐거움 등의 심리적인 여가 만족을 얻게 된다.

③ 사회적 요인

여가 활동을 통하여 개인이 여가 집단에 참가하게 되고 이에 따라 타인 혹은 타 집단과의 접촉이 필연적으로 이루어져 있는 개인의 사회적 적응에 기여하게 된다. 사회적 요인은 타인과의 교제, 의사소통 그리고 그에 따른 심리적인 만족감을 가질 수 있다. 즉, 여가 활동을 통하여 맺어진 인간관계에서의 의사소통과 사회적 상호 작용 등을 통하여 받게 되는 긍정적인 여가 만족을 가지게 된다. 또한 각 개인은 사회적인 유대 욕구를 여가 활동을 통하여 충족시키게 된다.

④ 휴식적 요인

여가 활동은 새로운 노동을 위한 휴식의 효과를 가지고 있다. 여가 활동은 인간에게 휴식과 원기 회복의 기회를 제공할 뿐 아니라 일상 속에서 일어나는 각종 스트레스를 해소하는 데 직간접적으로 도움을 준다는 사실은 명백하다.

⑤ 신체적 요인

여가 활동 참여는 신체피로 회복, 체력 증진, 근육 및 심장 강화를 위한 활동에도

영향을 준다. 이러한 신체 활동은 체내에 축적된 지방을 연소시킴으로써 체중조절, 비만 방지에 도움을 주면서 일상생활에 필요한 에너지를 공급해 준다. 즉, 신체적 혹은 생리적인 건강증진에 영향을 미치게 됨으로써 건강한 생활을 하는 데 도움이 된다.

⑥ 환경적 요인

환경적 요인은 여가 참가자들의 여가 환경에 따른 여가 만족감을 나타낸 것으로 여가 활동에 참여하는 환경과 시각적으로 대상들이 아름답게 나타날 때 여가 만족감을 느끼게 된다.

여가 활동 시 물리적 환경들이 아름답게 꾸며져 있을 때 참여자들은 더욱 큰 만족 감을 얻을 수 있고 흥미와 재미를 더할 수 있다. 훌륭한 미적 상태는 모든 대상물이 시각의 영역 내에서 상호 보완적인 자질들을 보여주도록 만들어진 상태를 말한다.

즉, 개인이 참가하는 여가에 대한 윤리적인 여가 환경의 아름다움을 경험하며 얻는 여가 만족감을 뜻한다.

쉬어가는 코너

여가 가치를 높이는 3P 원칙

여가는 긍정적인 경험을 통해 행복감을 느끼게 하고, 자기성찰의 시간을 갖게 해준다. 또한 여가는 효과적인 자기경영을 위한 중요한 매개체이다.

반면 여가를 잘 보내지 못하는 사람은 '여가 증후군'에 노출돼 우울이나 불안감에 빠지게 된다. 여가를 잘 보내기 위해서는 3P 원칙을 준수해야 한다.

❶ 개인(privation)적 특성을 고려한다.
❷ 여가 활동의 포트폴리오(portfolio)를 만들어 참여한다.
❸ 여가 비용(pricing)을 마련해야 한다.

여가를 철저히 준비하는 사람은 몰입에서 오는
긍정적 만족감을 기반으로 자기 경영에 성공할 수 있다.

4. 여가 행동과 과정

 1 여가 행동과 과정

여가 행동이란 여가 시간 동안에 이루어지는 모든 행위라고 할 수 있다. 여가 행동은 동인(motivator)에 의해 추진되는 행동이며, 인간의 욕구와 밀접한 관련이 있는 휴식, 기분 전환, 자기 계발, 사회적 성취 등이다. 여가 행동의 동기로서는 신기성, 도피성, 관계성, 유인성이 있다.

① 신기성(novelty)은 새로운 것에 대한 욕구로 창조성과 관련이 있다. **②** 도피성은 반복되는 지루한 일상으로부터 탈피를 의미하며 정신적, 육체적으로 휴식을 취하기 위한, 즉 해방감과 유사하다. **③** 관계성은 사회성을 의미한다. **④** 유인성은 여가 객체의 매력을 의미한다. 여가 행동은 욕구 → 정보탐색 → 의사 결정 → 여가 참여 → 사후 평가라는 일련의 과정으로 보았는데, 가장 핵심적인 것은 참여와 평가이다. 여가 이용자(주체)는 Needs(욕구)를 동기에 의해 지각하여 여가 행동에 참여하고자 하는 구체화된 Wants(필요)를 가진다.

구체화된 필요는 수요로 발전하게 되고 수요에는 세 가지 종류가 있다.

현재화된 유효 수요, 시간과 비용은 있지만 정보나 기술의 부족으로 아직 현재화되지 못한 유예수효, 시간과 비용, 정보는 부족하지만 여가에 참여하고 싶은 마음이 큰, 미래 참여수준 욕구를 나타내는 잠재수요가 있다. 잠재수요는 공급이 수요를 창출하는 것으로 이해할 수 있다.

다음으로는 의사 결정 단계인데 의사 결정 단계에서 의사 결정 시 가질 수 있는 다섯 가지 RISK가 존재한다.

선택한 여가 자체에 불만족할 수 있다는 기능적 RISK, 자기혐오와 같은 심리적 RISK, 만약 누군가에게 어떤 여가를 권유했는데 관심이 없을지에 대해 걱정하는 사회적 RISK, 신체 손상 등을 걱정하는 신체적 RISK와 재화의 부족을 걱정하는 비용적 RISK이다. 의사가 결정되면 여가 주체가 객체인 여가 대상, 시설과 공간에 직접 참여하게 된다. 참여가 이루어지면 여가 주체는 평가를 하고 다시금 새로운 여가 욕구로 향하게 된다. 이 일련의 과정 속에는 공공과 민간을 포함하는 여가조직, 마케팅 역할을 하는 매체가 끊임없이 정보를 제공하는데, 욕구가 필요로 변하는 구체화 과 정, 의사 결정 과정, 평가 과정에 시그널(signal)을 보내 여가 행동이 원활하게 작동하도 록 이끈다. 또한 객체인 여가 대상에게는 개발, 소비자의 욕구 반영과 같은 정보를 제 공하기도 한다. 여가 행동은 동태적인 특징을 지니는 것으로 여가 행동에 영향을 주 는 외적 환경 요소와 개인적이고 내적인 요인에 따라 여가 행동도 다르게 나타나게 된다.

이를 도식화 하면 다음과 같다.

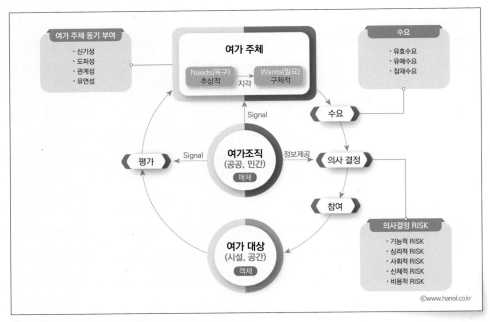

⏳ 그림 4-12_ 여가 행동 과정 알고리즘

여가 현상을 이해하기 위해서는 행위자의 행동 과정을 먼저 이해해야 한다.

어떠한 활동을 구성하는 일련의 여가 행동 과정은 이어지는 여가 활동에 어떠한 영향을 미칠 수 있는 회상이나 평가라는 단계를 거치게 되면서 후속적인 여가 행동 이 이어지게 된다. 이러한 과정을 거치게 되면서 동기, 체험, 결과 및 회상의 단계를 유추할 수 있다.

프리드먼(Friedman)과 리젠먼(Resenman)은 인간의 행동유형을 A유형과 B유형으로 나누어 여가의 의미를 다음과 같이 설명하고 있다.

① **A유형 행동**

만성적인 시간의 긴박감과 과도한 경쟁적인 충동이 특징이며, 항상 시간과 싸우고 지나친 경쟁 의식을 가지고 있다. 사소한 일에도 곧바로 적으로 대하는 경향이 많다. 따라서 A유형의 사람들은 지속적이고 끊임없는 시간과의 투쟁으로 삶 자체를 만성 심장 질환과 죽음의 문턱으로 몰고 가는 경향이 있다.

② **B유형 행동**

여유 있게 깊은 생각을 하며 대안들에 대해 숙고하고 표면적으로는 서로 다른 여러 가지의 사건, 사실 또는 과정일지라도, 새롭고 눈부신 파생물을 생성할 수 있다는 일종의 변증법적 상상에 몰입하기 위한 시간을 가지게 된다. 즉, B유형의 사람들은 정신적 여가가 있는 사람이라고 할 수 있다.

다양한 환경과 사회적 동인들이 우리에게 끊임없이 빠른 일과 생활을 강요하고 있다. 여가란 시간을 초월하여 시간 요구를 물리치고 단순하게 즐기는 능력이다. 이러한 능력을 발현하는 행동으로서 A유형의 행동에서 B유형의 행동으로 전환하면 여유로운 여가를 가지게 될 것이다.

여가 행동은 여가 시간 동안 자유로운 상태에서 다양한 요인에 의해 영향을 받게 된다. 여가 행동은 여가 활동이 진행되는 과정에서 이루어지는 모든 과정을 거치게 되는 하나의 과정이라고 할 수 있다.

여가 행동의 과정으로는 여가 욕구, 여가 동기, 여가 체험 단계 그리고 여가 결과 단계를 거치게 된다. 그 내용은 다음과 같다.

(1) 여가 욕구

오늘날 과학 기술의 발달에 따른 산업화와 경제 성장, 소득의 증가와 주 5일제 근무 등에 따라 여가에 대한 관심이 증대되면서 여가 활동을 하려는 욕구는 개인뿐만 아니라 사회적으로 확대되고 있다.

여가에 대한 욕구는 개인이 지니고 있는 욕구라 할지라도 인생 전반에 걸쳐 변하게 되며 개인 간이나 여가 장소에 따라서도 달라질 수 있다.

(2) 여가 동기

개인의 여가 행동은 동기에서 출발하게 된다. 동기의 개념은 인간행동을 이해하는데 있어서 핵심 요소가 된다. 동기(motivation)는 어떤 행동을 불러일으키는 심리적 에너지이며, 그것의 작용 방향 및 과정을 통칭하는 말이다. 여가에서 동기는 여가를 즐기려는 행동의 원인이 되며, 이는 심리적 에너지라고 할 수 있다. 동기의 어원은 'more-re'라는 라틴어에서 왔는데 '움직이다'라는 의미를 갖고 있다. 즉, 동기는 사람들을 움직이게 만드는 그 무엇인가를 의미한다.

동기는 주로 기본 추동, 욕구, 욕구와 추동의 관계 구조의 세 가지 요소로 구성된다.

첫째, 심리적 에너지에 해당되는 것이 기본 추동(basic drives)이고
둘째, 그 에너지가 작동하는 구체적인 목표를 암시하는 것이 욕구(needs)이며
셋째, 욕구와 추동의 관계 구조이다.

자아 결정의 정도가 크고, 그 행위 자체가 목적이 되는 내재적 동기에 의해 이루어진 경우에 한하여 그것을 진정한 여가 행위로 보아야 한다.

많은 학자들에 따르면 인간은 행동하기 전에 어떤 욕구를 느끼고 이러한 욕구를 해소하려는 동기가 생기면 이것이 행동을 이끌어낸다고 생각한다. 그리고 이러한 동기는 행위를 통하여 그 목적을 달성하고 만족을 얻어낸다고 설명한다. 이것이 가장 일반적인 동기 이론이며, 이 과정의 동기라는 것이 여가와 비여가를 구분하게 된다.

(3) 여가 체험 단계

여가 욕구가 시작되고 실현되는 연속의 과정이 곧 체험이다. 이러한 과정에서 여가를 즐기는 사람들은 다양한 심리적 상태를 경험하게 된다. 편리함, 안정감, 소속감 등의 이완 체험뿐만 아니라 신기함, 두려움, 짜릿함, 긴장감 등과 같은 흥분을 지각하게

된다. 여가 활동 중에는 심리적 반응과 생리적 반응이 동반되는 지각 현상이 곧 체험이 된다.

여가 활동을 수행하는 동안 개인은 사회적, 물리적 환경과도 상호 작용을 하게 되고, 그 상호 작용의 즉각적 결과물이 여가 체험이 된다. 이러한 체험은 대개의 경우 재미 혹은 즐거운 경험으로 느껴진다.

(4) 여가결과단계

여가 체험에 대한 결과는 단기적 측면과 장기적 측면으로 나누게 된다.

여가 활동을 마칠 때쯤 사람들은 단기적 측면으로 자기 체험에 대한 종합평가를 내리게 된다. 하지만 이러한 평가는 구체적이거나 모호한 경향이 있다. 대표적인 후속 평가는 만족감(satisfaction)이다. 아쉬움이나 슬픔, 불안 같은 부정적인 즉각 체험(onsite experience)이 지각된 경우에도 후속평가는 긍정적으로 이어질 수 있다.

여가 행동의 장기적 측면은 대부분의 경우 행위자가 잘 인식하지 못한다. 여가 체험이 누적되면 장기적으로 긍정적인 결과와 부정적인 결과를 낳게 된다. 부정적인 결과라면 정신적, 신체적, 사회적 기능이 파괴되거나 정체되는 것을 말한다.

이와 반대로 긍정적인 결과는 체험을 경험한 사람들에게 지적 능력, 신체적 능력, 정서적 능력 등에 좋은 영향을 미치게 되고, 개인의 삶의 질을 향상시키게 되는 호의적인 역할을 한다.

MBTI(Myers - Briggs Type Indicator)는 융(C. G. Jung)의 심리 유형론을 근거로 하여 일상생활에서 쉽고 유용하게 활용할 수 있도록 고안한 자기보고식 성격유형지표이다. 융의 심리 유형론은 인간 행동이 다양성으로 인해 종잡을 수 없는 것 같이 보여도 사실은 아주 질서정연하고 일관된 경향이 있다는 데서 출발하였다.

표 4-1_ MBTI 네 가지 선호 지표

지 표	선호 경향	주요 활동
외향 – 내향	에너지의 방향은 어느 쪽인가?	주의 초점
감각 – 직관	무엇을 인식하는가?	인식기능
사고 – 감정	어떻게 결정하는가?	판단 기능
판단 – 인식	채택하는 생활 양식은 무엇인가?	생활 양식

① MBTI 네 가지 선호지표의 대표적 표현

ㄱ E(Extraversion) 외향형

폭넓은 대인 관계를 유지하고 사교적이며 정열적이고 활동적이다.

- 자기 외부에 주의 집중
- 외부활동과 적극성
- 정열적, 활동적
- 말로 표현
- 경험한 다음에 이해
- 쉽게 알려짐

ㄴ I(Introversion) 내향적

깊이 있는 대인 관계를 유지하여 조용하고 신중하며 이해한 다음에 행동한다.

- 자기 내부에 주의 집중
- 내부 활동과 집중력
- 조용한, 신중한
- 글로 표현
- 이해한 다음에 경험
- 서서히 알려짐

ㄷ S(Sensing) 감각형

오감에 의존하며 실제의 경험을 중시하고 지금, 현실에 초점을 맞추어 정확하고 철저하게 일처리한다.

- 지금, 현실에 초점
- 실제의 경험
- 정확하고 철저한 일처리
- 사실적 사건 묘사
- 나무를 보려는 경향
- 가꾸고 추수함

ㄹ N(Intuition) 직관형

육감 내지 영감에 의존하며 미래지향적이고 가능성과 의미를 추구하며 신속, 비약적으로 일처리한다.

- 미래, 가능성에 초점
- 아이디어
- 신속하고 비약적인 일처리
- 비유적, 암시적 묘사
- 숲을 보려는 경향
- 씨 뿌림

ㅁ T(Thinking) 사고형

진실과 사실에 주로 관심을 갖고 논리적이고 분석적이며 객관적으로 사실을 판단한다.

- 진실, 사실에 주된 관심
- 원리와 원칙
- 논리적, 분석적
- 맞다, 틀리다의 판단
- 규범, 기준 중시
- 지적 논평

ㅂ F(Feeling) 감정형

사람과의 관계에 주로 관심을 갖고 주변 상황을 고려하여 판단한다.

- 사람, 관계에 주된 관심
- 의미와 영향
- 상황적, 포괄적
- 좋다, 나쁘다의 판단
- 나에게 주는 의미를 중시
- 우호적 협조

ㅅ J(Judging) 판단형

분명한 목적과 방향이 있으며 기한을 엄수하고 철저히 사전에 계획하고 체계적이다.

- 정리정돈과 계획
- 의지적 추진
- 신속한 결론
- 분명한 목적의식과 방향감각
- 뚜렷한 기준과 자기 의식
- 통제와 조정

ㅇ P(Perceiving) 인식형

목적과 방향은 변화 가능하고 상황에 따라 일정을 변경할 수 있으며 자율적이고 융통성이 있다.

- 상황에 맞추는 개방성
- 유유자적한 과정
- 융통과 적응

- 이해로 수용
- 목적과 방향은 변경 가능하다는 개방성
- 재량에 따라 처리될 수 있는 포용성

② MBTI 유형별 여가 활동

MBTI는 여가 선호 경향성 검사 도구를 활용하여 유형을 탐색하고, 본인의 선호 경향에 가까운 취미와 여가 활동은 몸과 마음에 활력을 찾아주며 주변 사람들과의 관계를 향상시킬 수 있는 중요한 인생의 키워드가 된다.

그림 4-13_ MBTI별 선호하는 취미 여가 활동

Ⓐ ISTJ

진지하고 종종 혼자만의 여가를 즐기는 그들은 집중과 철저함을 여가 활동에 적용한다. 목적적이며 구체적인 결과물, 어느 정도의 기술 진보가 있는 활동들을 좋아한다. 놀이에 대한 접근이 신중하고 자발적이지 않은 경향이 있다. ISTJ의 놀이 활동은 체스, 평범한 오락, 컴퓨터 게임, 에어로빅 또는 골프 등이 있다.

㋞ 유명인: 조지 워싱턴, 조지 부시, 신사임당

ⓑ ESTJ

활동적인 여가 생활을 추구하거나 스포츠와 같은 활동 지향적인 것을 관람하는 것을 좋아한다. 이들은 실체적인 현실주의자로 주로 집을 수선하거나 온실을 짓는 것과 같은 생산적인 결과가 있는 활동들을 선택하는 경향이 있다. 일을 조직하거나 운영하는 데 주도적인 역할을 하기 때문에 공동체 조직이나 자원봉사자들의 좋은 여가 활동이 될 수 있다. 자연에 대한 관심은 자연의 현상을 확인하고 분류하도록 하기도 한다.

다른 유형들보다 신체적 활동에 대해서는 관심을 덜 가지며, 골프와 같은 구조화된 스포츠(특히 일과 관련하여 사회 활동과 관련된)를 즐기는 경향이 있다.

　📖 유명인: 해리 S. 트루먼, 존 D. 록펠러

ⓒ INTJ

여가 시간을 아무렇게나 보내는 일은 드물다. 이들은 여가 시간에 해야만 하는 그들만의 모델에 맞는 여가 활동을 선택하는 경향이 있다. 독창적인 마음과 전략적인 게임을 자주 즐긴다. 영화나 문화적인 이벤트 참석, 독서를 통하여 그들의 직관력에 도전하고 싶어 한다. 독립적인 성향 때문에 수영이나 무전 여행 같은 개인 스포츠에 끌릴 수도 있다. 여가 활동의 성과에 대해 비판적인 경향이 있는데 그들은 전문적 지식이 더 중요하기 때문이다.

여가 선택에서 심각하고 목적적이어서 박물관을 찾아가거나 마라톤을 하거나 새로운 주제를 공부하는 것에서 만족을 찾는다.

　📖 유명인: 줄리어스 시저, 제인 오스틴, 토마스 제퍼슨, 존 F. 케네디, 궁예, 장준하, 노천명, 서태지, 이회창

ⓓ ENTJ

이들에게 최선의 여가 활동은 목적이 있어야 한다. 예를 들면, 사업을 발전시킨다

든가 건강을 유지한다든가 혹은 어떤 아이디어를 비평하는 것이어야 한다. 열렬하고 많은 활동에서 사교적인 리더가 되며, 친구들의 모임이나 공동체를 조직하려 한다. 놀이는 보통 일이 끝났다고 느껴진 후에야 가능하다. 대체적으로 파티나 경쟁적인 스포츠를 즐긴다. 스포츠 행사에 참여하거나 요트 경주, 고객 또는 동료와 함께하는 골프와 같이 사업과 휴식을 같이할 수 있는 사교 모임을 계획하는 것이 또 다른 놀이가 될 수 있다.

> 예 유명인: 히틀러, 빌 게이츠, 우피 골드버그, 숀 코넬리, 짐 캐리, 힐러리 클린턴, 김일성, 박정희

E ISFJ

이들은 업무를 마치고 나서야 여가를 즐긴다. 일반적으로 일을 많이 하기 때문에 그들의 여가나 휴식을 포기하는 경우가 흔하다. 그들의 여가 활동은 소중한 사람들에 대한 헌신으로 다른 사람들의 스포츠를 응원하는 자리에 있을 수 있다. 그들 자신의 여가 시간을 사용함에 있어서 가까운 친구들과 친척들에게 충성스럽다. 소극적이지만 목적적이고 활동을 계획하는 것을 선호한다. 그들의 신체적인 여건이나 편안함을 조성하는 것을 중요하게 생각한다.

놀이활동의 예로는 특별한 저녁식사, 소풍, 산책, 좋아하는 사람과 함께하는 TV 시청, 영화 감상 등이 있다.

> 예 유명인: 찰스 디킨스, 마이클 조던, 엘리자베스 여왕 2세

F ESFJ

여가는 일을 완수한 후에 해야 하는 것으로 믿는다. 이들은 타인들과 어울릴 수 있는 여가 활동을 선호한다. 마음이 온화하고 이야기하기를 좋아해서 위원회, 교회, 자원봉사자 활동, 또는 다른 단체 등에서 인기가 있고 활동적인 경향이 있다. 어쩌면 특별한 기회를 계획하고 실행하여 휴일, 가족행사와 친구들의 모임을 축하하는 것을 즐길지도 모른다. 종종 타인에게 동정심이 있는 사람으로 비추어지고 사교적인 스포츠를 즐기는 경향이 있다. 합창, 배구 놀이, 요리 수업, 파티, 교회 활동 등이 또 다른 좋은 놀이 활동이 된다. 때로는 자기 일신을 위해 책을 읽거나 영화를 보면서 삶의 가치 있는 측면을 탐색한다.

> 예 유명인: 빌 클린턴, 데니 글로버

ⓖ INFJ

여가 시간은 종종 혼자이거나 특별히 중요한 몇몇 친구들만 포함한다. 친한 친구들과 둘러앉아 서로의 느낌을 이야기하는 것은 특별한 것이 될 수 있다. 그들의 독창성은 종종 독서나 음악(연주, 작곡, 감상)과 같은 사려 깊고 개인적인 활동을 통해 나타난다. 조용하면서 따뜻한 성격은 작고 친밀한 모임을 선호한다. 신체적인 활동을 위한 에너지는 열의가 넘치는 다른 유형들에게 의기소침하게 보일 정도로 적다. 다른 놀이는 예술적이고 문화적인 이벤트, 정보를 제공하는 독서와 미적인 물건들을 수집하는 경향이 있다.

　예 유명인: 테레사 수녀, 마틴 루터 킹, 마이어 박사, 리차드 기어, 윤동주

ⓗ ENFJ

개인적인 여가를 즐기기 이전에 사람들과의 관계와 책임감 등을 우선시한다. 연회는 이들에게 매우 중요하다. 타인에 대한 관심으로 사교적인 행사 참석과 개인적인 표현을 하는 것을 즐길지도 모른다. 문학과 예술을 감상하는 것을 선호하고, 다른 유형들보다는 신체적인 활동과 경쟁적인 스포츠에 흥미를 덜 가지는 경향이 있다. 종종 계획적이고 조직적인 여가 활동을 하고, 타인의 여가 활동에 대해 책임이 있다고 느낀다. 놀이 활동의 예로는 독서, 박물관 견학, 이야기 수집과 말하기, 특선요리를 선택할 가능성이 많다.

　예 유명인: 로날드 레이건, 에이브러햄 링컨, 진 헤크만

ⓘ ISTP

자신의 흥미를 추구하는 것이 매우 중요하다. 여가를 즐길 수 있는 돈과 시간을 얻을 수 있다면 무엇이든 한다. 그들의 여가 활동은 초연한 호기심으로 특징지어지며, 동굴 탐험이나 스카이다이빙을 하든지, 혼자 또는 모험을 즐기는 친구와 함께하는 활동을 선택하는 경향이 있다. 기계, 비행기, 제트기, 스키, 소총 등을 조작하는 것을 좋아한다. 놀이에 익살스러운 유머를 사용하고 주의나 계획의 가시적인 노력을 기울이지 않고도 놀이 활동으로 쉽게 옮겨간다. 양궁, 아마추어 1인 희극 또는 무대 마술, 스쿠버다이빙 또는 레펠 등이다.

　예 유명인: 탐 크루즈, 제임스 딘, 클린트 이스트우드, 전지현

J ESTP

여가 생활을 무척 좋아하며 여가 시간을 최대한 누리기 위해 모든 수단을 동원한다. 대개 여러 가지 활동에 참여하고 있으며, 특히 운동경기에 선수나 관중으로 참가한다. 기계나 경쟁적인 팀 스포츠를 통한 자극을 필요로 하고 그로 인해 활동적이 되는 경향이 있다. 여가 활동에서 사람 관계보다는 활동과 경쟁이 더 중요하다. 깊은 사고를 필요로 하는 여가 활동은 견디기 어려워하는 경향이 있지만, 육체적이거나 기계적인 기술은 재빨리 습득한다. 여가 활동에는 자동차 경주, 비행, 소프트 볼, 배구, 복싱 등이 있다.

> 예 유명인: 고갱, 잭 니콜슨, 에디 머피, 마돈나, 브루스 윌리스, 마이클 J. 폭스

K ISFP

여가 시간을 좋아하며 여가 활동을 추구하고 그것을 음미한다. 지금 당장 인생을 즐기는 것이 이들에게 가치 있다. 친한 친구와의 조용하고 우호적인 관계나 편안한 상태에서 시간을 보내는 것이 중요하다. 관계와 환경에서 조화에 초점을 맞추는 경향이 있다.

조화에 대한 감각만 있으면 여가 활동에 대해 매우 태평스럽다. 춤과 스키 같은 육체적, 심미적 활동, 수영, 수영장에서의 휴식, 수공예 배우기, 작은 파티를 열거나 참석하는 것에 흥미를 가진다.

> 예 유명인: 베토벤, 마리 앙투아네트, 마를린 먼로, 폴 메카트니, 마이클 잭슨, 케빈
> 코스트너, 존 트라볼타, 어니스트 헤밍웨이, 김수환 추기경

L ESFP

재빠르게 여가를 취하며, 새롭게 변화를 주고 새로운 즐거움을 창조해 낸다. 이들은 활동적인 것을 좋아한다. 사교적이고 태평스럽고 매우 사회적이며 큰 파티나 모임을 좋아한다. 모임 내에서 원기왕성하고 따뜻하며 우호적이다. 또한 팀 스포츠를 통하여 타인들과 쉽게 상호 작용하며 재미있어 보이는 단체에 쉽게 합류하는 경향이 있다. 파티를 위해 무대를 꾸미거나 친구들을 위해 차양을 치는 것 등의 일을 즐기기도 한다. 다른 놀이 경향으로는 경쟁적이지 않은 게임들, 춤, 또는 농구 등이다.

> 예 유명인: 골디 혼, 밥 호프, 김경식, 김미화, 백지영, 양미라, 김민희

ⓜ INTP

혼자 독서하고 생각하고 TV를 시청하는 여유 있는 시간을 좋아한다. 때때로 사람을 사귀는 것보다 내적 활동이 훨씬 더 매혹적이라고 생각한다. 조용하고 내성적인 경향은 혼자 하는 여가 활동을 선택한다. 파티나 의례적인 사교 모임 또는 스포츠를 즐기지 않을 것이다. 독서, 문화적인 이벤트 또는 체스와 같은 지적인 활동을 자주 즐긴다. 심사숙고하는 성향으로 개인적인 여가 시간이 필요하지만 일을 충분하게 마무리해야 한다고 생각하기 때문에 그들의 직관은 일에 머무르게 된다. 따라서 여가를 소홀히 하기 쉽다. 또 다른 여가 활동은 배낭, 도보여행, 하이킹 또는 명상 등이다.

🄴 유명인: 아이작 뉴턴, 소크라테스, 알버트 아인슈타인, 메릴 스트립

ⓝ ENTP

여가 활동을 매우 즐기며 놀이에 진심이며 에너지 충전을 위해 새로운 여가 거리를 끊임없이 추구하는 편이다. 항상 새롭고 진기한 것을 추구하지만 때때로 최첨단을 걷는 사람으로 보일 수 있다. 종종 동료를 자극하는 ENTP는 관습에 얽매이지 않는 환경에서 재미있는 사람들 주위에 있고 싶어 한다. 참신함에 대한 욕망으로 독특한 이벤트에 마음이 끌리고, 모험에 대한 애정으로 여행과 모험적 활동을 즐긴다. 여가 활동에 관해 태평스럽고 종종 계획하지 않는 것을 더 선호한다. 이국적인 장소로의 여행, 새로운 활동의 탐색, 색다른 문화 행사 참석 등을 여가 활동으로 선택한다.

🄴 유명인: 토마스 에디슨, 알프레드 히치콕, 톰 행크스

ⓞ INFP

여가 활동의 많은 부분을 스스로 즐긴다. 반성적인 시간과 일이 잘되고 있다는 확신을 갖는 기회는 중요하다. 개인적인 열정을 가지고 창조적 집필, 음악 연주, 일기 쓰기, 사진 촬영과 같은 예술적인 활동을 즐기는 경향이 있고 언어에 대한 애정으로 시, 인용문, 책을 수집한다. 친밀하고 비공식적인 만남을 좋아하고 의례적인 큰 모임은 싫어한다. 비록 여가 활동을 통해 혼자 시간을 보내고 개인적인 표현을 하고 싶어 하는 강한 욕구가 있지만, 일에 전념하면서도 소홀히 할 수도 있다. 자연을 감상하거나 미술관을 찾아가거나 영화, 공연을 감상할 수도 있다.

🄴 유명인: 윌리엄 셰익스피어, 헬렌 켈러, 줄리아 로버츠, 잔 다르크, 슈바이처, 김정일, 이건희

ⓟ ENFP

여행과 독서를 좋아하는데 이런 활동들이 이들에게 경험을 제공해 주기 때문이다. 이들이 추구하는 여가는 대개 다른 사람들과 함께 어떠한 것을 배우는 것과 관련된다. 다양한 여가 활동에 열정적인 열의를 가지고 있으며, 의례적이거나 분명한 것을 넘어서는 상상력이 풍부한 놀이를 좋아하는 경향이 있다. 활동적이며 스포츠, 모임에서 중심이 되는 사람들이며 예술을 감상하거나 아마추어 연주가가 될지도 모른다. 자주 많은 자극을 필요로 하고 일 속으로 놀이의 요소를 가져오려고 노력한다. 소설 읽기, 악기 연주, 연극 동호회에서의 활동, 시 또는 노래 창작, 공연, 영화, 무용 참석 등이다.

🖾 유명인: 로빈 윌리엄스, 산드라 블록, 빌 코스비, 알리시아 실버스톤, 왕건, 심형래

2 여가 행동의 특징

여가 행동은 여가 주체의 주관적 행동을 의미하며, 그 행동은 여가의 객체 및 매체와의 밀접한 상호 작용의 결과로 나타난다. 그러므로 여가 행동이 지니는 일반적인 특징은 다음과 같다.

첫째, 여가 행동은 여가 이용자의 자유로운 선택의 결과로 이루어지며 인간의 자발성(Voluntariness)에 기초한다.

둘째, 여가 행동은 동인(Motivator)에 의해 추진되는 행동이며, 금전이나 시간적 조건이 구비되었거나 여가객체의 유인(Pull)에 따른 결과로 이루어진다.

셋째, 여가 행동은 인간의 욕구(Needs)와 밀접한 관련이 있다. 그 예로서 휴식, 기분전환, 자기 계발, 사회적 성취 등을 들 수 있다.

넷째, 여가 행동은 그 행위의 결과(Outcome)에 의해 만족 수준이 달라지게 되면서 여가객체의 질 및 여가 산업의 서비스 정도에 의해 좌우된다.

다섯째, 여가 행동은 이동(Movement)을 전제로 한 행동으로서 이용자가 직접 여가 자원이나 시설로 접근해야 하며, 이러한 특징은 관광 행동을 할 때 잘 나타난다.

여섯째, 여가 행동은 여가 시간을 즐기는 가운데 일련의 단계를 밟아가는 하나의 과정(Process)이다.

일곱째, 여가 행동은 동태적(Dynamic)인 특징을 지니는데, 그 행동에 영향을 주는 외적 환경요소와 개인적 요인의 끊임없는 변화에 따라 여가 행동도 수시로 바뀌게 된다.

여가 행동은 여가 주체인 이용자가 시간과 비용 등의 동인이 충족되는 조건하에서 여가 욕구를 실현하기 위해 자발적으로 참여함으로써 만족을 얻고자 하는 능동적인 과정이다. 특히, 여가 행동을 소비자 행동의 하나로 여길 경우에는 여가 제품과 서비스를 구매하고 이용함에 있어서 직접적으로 관련된 의사 결정 단위(Decision-making units)의 행위로 이해할 수 있다.

여가 행동은 여가 욕구를 충족시키기 위한 목표 지향적 행동(Goal-directed behavior)이며, 여가 활동을 통해 욕구를 충족시키려는 하나의 기술(Art)이며 과학(Science)이기도 하다.

3 여가 행동의 구조

여가 행동은 여가구조의 관점에서 보다 거시적으로 파악될 수 있다. 여가의 구조는 여가 현상 전반에 걸쳐 중요한 기능을 갖는 동시에 여가 행동에 많은 영향을 미치는 여가의 중추적 요소로서 크게 여가 주체, 여가 객체, 여가 매체로 구분된다. 이들과 상호 작용하는 요소로는 여가 조직, 즉 정부 및 각종 공사적 여가조직이 있다.

첫째, 여가 주체는 여가의 욕구와 동기를 지니고 있으며, 구체적으로는 여가의 이용자이다. 따라서, 여가 주체는 이용자들의 여가 활동에 대한 의사 결정 및 여가 유형 등을 포괄적으로 포함한다.

둘째, 여가 객체는 여가 이용자의 욕구를 충족시켜 줄 수 있는 가치를 지니고 있으면서, 그들을 유인하는 대상으로서 여가 자원 및 시설을 총칭한다.

셋째, 여가 매체는 여가 주체로 하여금 여가 자원 및 시설의 이용을 원활하게 이용할 수 있도록 매개 역할을 하는 것으로, 영리적인 여가 산업이 여기에 해당된다.

넷째, 여가 조직은 여가 주체와 매체, 객체 간의 상호 작용을 원활하게 유도하거나 각각의 요소를 육성·진흥하는 비영리적 조직으로서 중앙 정부나 지방자치단체, 공공 단체, 일반 기업, 학교 등이 여기에 해당된다.

4 여가 행동의 진행 과정

여가 행동의 진행 과정은 여가 행동을 넓은 의미에서 하나의 의사 결정 과정으로 보고, 여가 행동의 발생에서 경험 후 만족에 이르는 몇 가지 단계로 구분하고 있다.

미국의 첩(Michael Chubb)은 여가 및 레 크리에이션 행동의 진행 과정을 인식 단계, 초기 결정 단계, 탐색 단계, 최 종 결정 단계, 기대 단계, 준비 단계, 여행 단계, 주경험 단계, 귀환 단계, 사후 정리 단계, 회상단계로 나누고 있다.

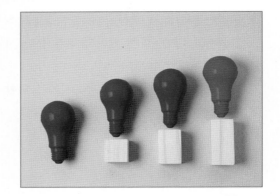

첫 번째 단계는 인식 단계이다.

여가 행동은 개인이 어떤 여가 기회가 있음을 인식하게 되는 순간부터 시작되며, 이러한 인식은 다음과 같은 여러 가지 자극에 의해 성립된다.

예를 들어, 가족, 친척, 친구에게서 여가의 참여 기회가 있음을 들었을 때 어떤 사 람이 여가 활동을 할 때, 대중 매체에서 여가 활동이 언급될 때, 여가 장비 및 시설을 알게 되었을 때 등이다.

두 번째 단계는 초기 결정 단계이다.

이 단계에서 개인은 그들이 참여할 것인가를 처음 결정하게 되는데, 초기 결정은 여가 참여의 기회 인식에 의한 즉각적인 반응의 형태로 그 결과는 긍정적이거나 아니 면 부정적일 수도 있다.

세 번째 단계는 탐색 단계이다.

누구나 일단 여가 활동을 결정하게 되면 일정 기간의 조사 및 타인과의 접촉이 뒤 따르게 되는데, 이것은 부모를 비롯한 보호자나 직장의 허락을 얻는 것과 관련되어 있다. 또한 정보를 얻는 단계를 말한다.

네 번째 단계는 최종 결정 단계이다.

비록 개인이 수년간 여가 참여에 대해 생각을 많이 하더라도 최종 결정을 하게 될 경우에는 대부분 쉽게 결정하는 사람들이 많다.

다섯 번째 단계는 기대 단계이다.

기대는 종종 연소한 아이들의 크리스마스 준비나 소풍에 대한 기다림과 같이 여가 경험을 얻기 위한 중요한 부분이다.

여섯 번째 단계는 준비 단계이다.

여가 활동에 대한 준비는 단순한 일일 수 있으나 참여자들은 염려를 한 나머지 심리적으로 자신을 준비하고 의도적인 활동 계획과 같은 준비를 하게 된다.

일곱 번째 단계는 여행 단계이다.

이 단계의 여가 행동은 가시적으로 관찰될 수 있으며, 그 자체가 유쾌한 모험이 될 수도 있다.

여덟 번째 단계는 주 경험 단계이다.

주 경험은 짧거나 길 수도 있고, 지속적이거나 그렇지 않을 수도 있다. 여가 행동은 보통 일련의 주 경험 및 종적 경험으로 구성되어 있다.

아홉 번째 단계는 귀환 단계이다.

여가 활동으로부터 거주지로 되돌아오는 귀환은 주 경험이 만족될 경우 유쾌할 수 있으나 반대로 주 경험이 만족스럽지 못할 경우에는 즐겁지 않을 수도 있다.

열 번째 단계는 사후 정리 단계이다.

이 단계는 여가 경험과 신체의 회복, 흥미나 기타 심리적 반응으로부터의 회복, 규칙 생활로의 복귀와 연결되어 있으며 여가 활동 후에 장비를 손질하는 단계이다.

열한 번째 단계는 회상 단계이다.

대부분의 사람들에게 여가 경험의 회상은 아주 중요하며, 어떤 사람은 주 경험보다 이 회상에 가치를 더 부여하기도 한다. 그 이유는 일시적인데 비해 휴가와 같은 낭만적인 활동의 회상은 수개월 또는 수년간 지속되기 때문이다. 특히, 특별한 사람과의 경험이나 이벤트일 경우에는 더욱 그러하다.

이와 같이 여가 행동의 진행 과정은 개인에 따라 다양하게 나타나며, 한편으로는 동일한 활동에 참여하면서도 그들의 여가 경험은 상이하게 나타나기도 한다.

개인에 따라서 여가 행동은 상호 결합된 패턴을 가지게 되고, 어떤 사람은 그의 여가 행동이 연속적인 패턴(Sequential Pattern)을 보이는데 비해, 어떤 사람은 동시적 패턴(Simultaneous Pattern)을 보임으로서 한 가지 이상의 행동이 동시에 발생하기도 한다.

5 여가 활동의 동기 형성

여가 활동이 동기를 형성하기 위해서는 제공되는 다양한 요소와 개인의 동기에 대한 상호 작용이 필요하다. 여가 활동이 동기를 형성하는 주요한 방법은 다음과 같다.

(1) 자기 결정성

여가 활동을 하기 위해서는 개인에게 자기 결정성이 필요하다. 자유롭게 선택하고 참여하는 여가 활동은 개인의 동기에 큰 영향을 미친다. 자기 결정성이 높은 여가 활동은 개인이 활동을 통제하고 스스로 목표를 설정할 수 있는 기회를 제공하며, 이는 내적동기를 강화시킬 수 있다.

(2) 흥미와 즐거움

여가 활동은 흥미로운 경험과 즐거움을 제공한다. 이러한 긍정적인 감정은 동기를 강화시키는 데 영향을 준다. 개인이 즐겁게 여가 활동을 하게 되면, 해당 활동에 대한 긍정적인 경험과 연결되어 동기를 유발할 수 있다.

(3) 자아실현과 목표 달성

여가 활동을 통해 개인은 자아실현과 목표 달성의 경험을 얻을 수 있다. 성취감과 자아실현은 내적 동기를 증진시키는 중요한 역할을 한다. 여가 활동에서의 성공과 성취는 개인의 능력과 자기 효능감을 향상시켜 동기를 형성하는 데 도움을 줄 수 있다.

(4) 사회적 상호 작용

여가 활동은 사회적 상호 작용의 기회를 제공한다. 다른 사람들과 함께 참여하며 소통하고 협력하는 경험은 사회적 동기를 형성할 수 있다. 그룹 활동이나 동호회 참여를 형성되는 사회적 동기는 개인의 사회적 연결성을 강화시킬 수 있다.

(5) 새로운 경험과 호기심 유발

여가 활동은 새로운 경험을 제공하고 호기심을 자극할 수 있다. 이러한 경험은 개인의 지적 호기심을 충족시켜 동기를 형성하는 데 도움을 줄 수 있다. 새로운 도전과 학습 기회를 통해 개인의 호기심이 자극되면 해당 여가 활동에 대한 동기도 자연스럽게 증가할 수 있다.

여가 활동은 이러한 요소들을 통해 다양한 동기를 형성하고 강화할 수 있다. 이는 개인이 삶의 다양한 영역에서 긍정적인 에너지와 의욕을 넘치게 하면서, 풍부하고 의미있는 삶을 추구하는 데 도움이 된다.

Case Study

🕐 직장인들의 여가 시간 활용법은 어떻게 달라졌을까?

소비자의 구매가 중심이 되는 마케팅을 하기 위해서는 소비 패턴에 대한 파악이 필요합니다. 그중에서도 직장인들의 소비율이 많은 부분을 차지하고 있기 때문에 직장인들의 트렌드를 파악하는 것이 무엇보다 중요합니다. 주 52시간 근무제가 시행된 이후에 많은 직장인 분들이 평일 저녁 시간에 여유를 가지게 되어 다양한 여가를 즐기는 문화가 생겼다고 합니다. 그래서 지난해 말 이노션에서 '대한민국 직장인 여가 트렌드'에 관련된 빅 데이터 분석 보고서를 발표하였습니다.

그렇다면 이를 토대로 여가 트렌드가 어떻게 달라졌는지 함께 알아볼까요?

여가와 취미 활동과 휴식 부분에서 변화가 생겼고, 본인을 위한 즐거움과 취미 생활을 찾아나가고 있다는 분들이 큰 폭을 차지했습니다. 그렇다면 변화된 여가 활용법을 시간, 공간, 체험 활동, 목적으로 총 네 가지 분야로 나눠 말씀드리겠습니다.

저녁 시간대의 문화 센터 수업의 증가

시간에 관련된 부분에서도 변화가 생겼습니다. 퇴근 시간 무렵인 주중 오후 6시 이후로 문화 센터의 수강생이 많아졌다고 합니다.

'주중 2교시'라는 신조어가 나타날 정도로 백화점 및 문화 센터에서는 주부에서 2030대 직장인으로 변화하고 있다고 합니다.

원데이 클래스 수요의 증가

부담스럽지 않고 하루에 다양한 체험을 경험할 수 있는 원데이 클래스에 대한 수요가 많은 관심을 얻고 있다고 합니다. 베이킹 클래스, 쿠킹 클래스, 캔들이나 비누를 만드는 클래스 등 체험할 수 있는 분야가 셀 수 없이 많아졌습니다.

동호회와 같은 본인의 취향에 중점을 둔 취향 공동체를 중심으로 한 인간관계에 대한 선호가 높아지고 있으며, 심리적인 만족을 위해 소비를 아끼지 않는 '나심비' 등의 신조어가 생겼을 정도입니다.

체험 활동에서의 세부적인 활동 증가

체험 활동이 여가와 미술, 운동, 사진, 음악, 음식 만들기로 더욱더 세부적으로 나누어지고 있다고 합니다.

음식을 만드는 활동에서는 베이커리가 인기가 많아지고 있는 추세로, 다쿠아즈와 마카롱, 케이크 만들기 등 종류 또한 다양해지고 있습니다.

미래를 위해 투자할 것인가? vs 힐링을 추구할 것인가?

취미 활동을 하는 것에도 목적이 나뉘게 되었는데, 미래를 위해 투자하기 원하는 분들은 취미를 넘어서 새로운 직업을 만들거나 창업으로 진행해 나가려는 모습을 보이고 있습니다. 이에 반해 힐링을 추구하는 분들은 직업 외에도 본인을 나타낼 수 있는 모습을 찾아 즐기려고 합니다.

이렇게 주 52시간제 도입으로 많은 것들이 변화해 가고 있습니다. 특히나 직장인의 여가 시간을 활용하는 모습도 달라지고 있어서 이를 통해 마케팅 면에서도, 여가 시간을 활용하는 것에 있어서도 참고하시면 좋을 것 같습니다.

출처: 직장인 생활백서 2021. 5.

6 여가 제약의 개념

여가 제약이라는 용어는 개인의 행동에 제약 요소로 경험되는 인간의 내적 심리 상태, 태도, 외적인 인간 상호 간의 상황 등을 나타내기 위한 것이다. 그러나 이러한 제약들은 여가 선호나 행동을 극복할 수 없는 결정 요소들로 개념화되지 않고 이들에 영향을 미치는 것으로 개념화된다.

여가 제약은 여가의 경험을 얻기 위해서 선호하는 여가 활동에 참여하고자 할 때 여러 한계로 인하여 원하는 만큼 충분하게 여가를 즐기지 못하는 심리적인 상태이다. 일반적으로 제약은 어떤 특별한 활동에 관여하지 못하는 원인을 의미하고, 여가 제약은 여가 참가 및 여가 만족도를 저해하며 억제하는 모든 것으로 정의한다.

여가 활동 참여자는 여가 활동을 통해 유익을 얻고 삶의 질을 향상시키기 위해 참여하지만, 원하는 여가 활동을 마음껏 즐기지 못하는 현실에 마주하고 있다. 여가 활동을 제약하는 여러 요인들로 인해서, 개인적으로 선호하는 여가 활동과 실제로 참여하는 여가 활동이 항상 일치하지 못하는 경우도 있다.

여러 생애 과정의 단계를 거치는 생애 주기에서 여가 활동의 참여나 그에 따른 여가 제약 요인은 서로 관계가 깊다.

(1) 여가 활동 참여 제약 유형

여가 활동에 여러 가지 제약 요인이 있으며, 크게 네 종류로 나누게 된다.

첫째, 시간적 제약이다.

여가 활동이나 생활 체육에 참여하고 싶은 욕구를 제한하는 것이 시간 부족이다. 시간 부족이 여가 참여에 큰 영향을 미치고 있기 때문에 시간적 제약은 중요한 요인이다.

둘째, 경제적 제약이다.

경제적 제약이란 자신이 행하고 싶은 여가 활동에 소요되는 비용의 부족으로 인하여 제약을 받는 것을 말한다. 제약 요인으로는 여가 활동에 필요한 기구의 가격, 입장료, 회비, 자동차 기름 값 등이 포함된다.

셋째, 개인적 제약이다.

개인적 제약이란 여가 활동이나 스포츠 활동 참여에 개인이 지각하고 있는 건강 및 신체적 장애, 기능 부족, 흥미와 상실, 소질의 부재 등과 같은 내재적인 제약이다. 개인적 제약 요인은 개인의 건강, 기능 부족, 흥미 상실 등의 요인으로 인해 여가 활동의 참여에 제한을 받게된다.

넷째, 사회 문화적 제약이다.

사회 문화적 제약이란 사회적 여건이 여가 활동의 참여를 제한하는 것을 의미한다. 즉, 여가 활동의 참여를 제한하는 사회적 여건은 지도자와 동반자의 부재, 장소 및 시설의 부족, 운동을 할 수 있는 조직과 프로그램의 부족, 참여 기회의 부족, 사회적 인식 부족 등이 있다.

다섯째, 물리적 제약이다.

금전이나 시설, 기회 부족, 시간 부족 등과 같은 요인들로 여가 활동 참여에 실제적인 제약으로 작용한다.

여가에 대한 선호와 참여 사이의 관계라는 맥락에서 살펴보면 내재적 제약, 대인적 제약, 구조적 제약으로 구분한다.

여가의 제약에는 내재적, 대인적, 구조적 제약으로 구분할 수 있다.

① 내재적 제약 요인

개인의 심리적인 이유에서 발생되는 원인으로 여가 선호와 상호 작용하는 개인의 심리적 특성과 태도, 상태 등을 포함하는 것으로, 여가 행동에 대한 개인의 성격, 태도, 지식, 기술, 스트레스, 분노, 갈등, 우울함 등을 의미한다. 이러한 내재적 제약은 비교적 안정적이지 못해 시간 흐름에 따라 변하기 쉽다.

② 대인적 제약 요인

여가 행동에 영향을 미치는 대인 관계망으로 배우자, 가족 구성원, 친구, 동료의 규모와 특징, 같은 여가 활동에 참가하는 동반자 등 사회적 관계 구조, 지위 등을 의미한다. 대인적 제약은 가족 내의 자녀와 부모 관계, 형제나 자매간의 관계, 동반자의 특정 여가 활동에 관한 태도 등이다. 관계 간의 선호도, 실력, 시간의 공유 등에서 불

🎈 표 4-2_ 여가 활동 제약 요인의 특징

구 분	유년기	청년기	성인기	노년기
생애 사건	· 정규 교육 과정 입문	· 대학 입시 · 취업 준비	· 결혼 · 자녀 출산 및 양육 · 직장 입문	· 은퇴 · 질병
제약 요인	· 부모의 경제력 · 부모의 여가 참여 의지 및 선호의 종류	· 시간 부족 · 여가에 대한 부정적 인식 · 입시 위주의 교육 과정 · 부모의 이해 부족 · 창의적 여가 문화 부재	· 시간 부족 · 비용 부담 · 우선순위 소외 · 여가 경험의 중단	· 건강 상태 · 여가 활동을 같이할 동반자 부재 · 경제적 노력
공통적 제약 요인	시간, 정보, 비용, 공간, 프로그램			
여가 활동 활성화 방안	· 경제력과 관계없이 여가 활동의 접근 가능	· 여가 시간 증대 · 여가에 대한 인식 전환 · 학업과 여가 활동의 성공적 병행 · 다양한 여가 문화 형성	· 여가 시간 증대 · 비용적 부담 해소 · 여가 참여의 지속을 위한 기업 및 정부의 제도적 지원	· 비용적 부담 해소 · 신체적 상태에 적합한 다양한 여가 활동 제공 · 함께 여가 활동을 즐길 수 있는 커뮤니티 형성

출처: 윤소영. 윤주(2009), 생애 주기별 여가 활동 모형개발, 한국문화관광연구원

일치가 되면 동반자의 여가 활동 참여는 불가능해질 수 있다. 즉, 여가 활동을 지속적으로 수행하기 위해서는 여가 활동에서 타인들과의 관계를 나타내는 상호 작용의 결과가 중요한 요인이 된다.

③ 구조적 제약 요인

개인의 여가 활동을 제약하는 환경 요인으로 외부 조건에 의해 야기되는 것으로, 여가 참여 기회를 제약하게 되는 것을 의미한다. 여가 선호와 참여 사이에 매개 역할을 하는 것으로 사회 제도의 규범, 시설 및 서비스의 미흡, 계절, 기후, 취업 등이 모두 구조적인 요인에 해당된다. 즉, 여가 활동을 지속적으로 수행하기 위해서는 복합적인 요인들이 고려되어야 한다.

여가의 제약 요인에는 시간, 비용, 능력 등 개인적 요인뿐만 아니라 시설이나 기회 같은 사회적 요인도 포함된다. 여가 활동의 종류 및 대상자에 따라 달라진다. 여가 제약 극복 과정에서 나타나는 여가 제약과의 긍정적, 적극적 협상은 여가 활동 참가를

가능하게 할 뿐만 아니라 참가의 수준을 향상시키기도 한다. 또한 여가 제약 극복 노력은 자신의 주변에서 촉발되는 환경적 제약을 완화하거나 감소시키는 데 기여한다. 즉, 다양하고 적극적인 여가 제약 극복 노력은 개인이 느끼는 여가 제약의 강도를 감소시키는 데 기여한다. 이런 사실로 볼 때, 여가 활동의 제약은 참가에 대한 여가 제약 극복 노력의 정도와 크기에 의해 결정될 수 있다.

여가 제약은 그것 자체에 대한 이해도 중요하지만, 어떻게 극복할 것인가 하는 점이 더욱 중요하다. 행위자의 입장에서 볼 때 여가 제약 요인은 개인의 행복감을 저하시키는 요인이 된다.

여가 제약의 극복 방향은 두 가지 요인에서 출발한다.

개인의 문제로 스스로 그것을 개선하거나 제거함으로써 제약 요인을 해결하는 것이 하나이고, 다른 하나는 구조적 제약 요인에 대한 대처 전략이다.

행위자의 관점에서 제약 극복은 결국 여가 활동을 둘러싼 상황의 문제에 대한 적극적인 대처를 의미한다. 여기서는 여가 태도 수정 전략과 여가 제약 대처 전략이다.

첫째, 여가 태도 수정 전략

여가 태도의 문제 때문에 여가 경험을 제대로 하지 못한다면 이는 누구의 잘못도 아니다. 순전히 개인의 잘못이다. 사실 아직은 많은 사람이 여가에 대한 부정적 태도를 가지고 있다. 특히 보수적이거나 산업 사회 가치관을 가지고 있는 사람들은 더욱 그러하다. 이들은 여가를 게으르고 피해야 할 것으로 인식한다.

여가 태도는 다시 두 가지 차원에서 나누어 고려해야 한다. 하나는 일반적인 여가 태도의 문제이고, 다른 하나는 구체적인 여가 활동 종목에 대한 태도이다. 대개 일반적인 여가 태도는 구체적인 여가 활동에 대한 태도에 영향을 미친다. 그러나 일반적으로 이 두 가지 태도가 일관적이다. 여가 태도가 정적인 사람들은 여가 경험과 활동에 대한 새로운 가치관을 가지는 것이 중요하다. 여가를 좋은 것이고 인생에 도움이 되는 것으로 인식하게 되면 행복한 경험도 그만큼 증가할 것이기 때문이다. 여가에 대한 부정적 태도를 가진 개인은 여가 경험과 활동에 대한 새로운 가치관을 가지도록 해야 한다.

둘째, 여가 제약 대처 전략

이미 여가 활동에 대한 수요가 있음에도 문제가 있어서 그 여가 활동을 즐길 수 없는 경우에 적용된다. 이런 경우 두 가지 대처 전략이 있으며, 하나는 여가 활동의 여러 구성 요소에 대한 개인의 인식과 행동을 수정하는 것이고, 다른 하나는 해당되는 여가 활동의 속성을 원하는 방향으로 의도적으로 전환하는 것이다.

7 여가 경험

여가를 함에 있어서 자신에게 가치를 부여하고 목표를 세움으로써 최선의 상태를 이루는 시간이라 할 수 있다.

여가 경험은 일관적으로 지속되게 느끼는 것이 아니라 단발적으로 마음 상태에 따라 달라질 수 있다. 또한 친구나 가족과 함께 여가 경험의 발생이 많을 수 있으며 어떠한 여가를 경험하는 것 또한 달라질 수 있다. 따라서 여가 경험은 여러 가지 경험으로 이루어진다. 이러한 여가 경험 감정은 물론 기간과 강도에 따라 변화가 지속적이 될 수 있는 특징이 있으며 항상 재미있고 즐거운 것만이 아니라 힘겹거나 불쾌할 수도 있다.

여가 경험은 여가 활동 시 수반되는 다양한 현상 및 경험한 현상으로부터 파생되어 발생하는 일들 사이에서 주관적인 체험을 의미한다.

여가 경험은 일상 탈출, 효능감 지각, 사회적 관계, 자아 확인으로 구분하고 있다.

첫째, 일상 탈출은 여가를 통해 일상의 어려움을 잊고 스트레스를 해소함으로써 생활에 활력소를 제공하는 기분 전환의 경험을 의미한다.

둘째, 효능감 지각이란 여가를 통해 얻을 수 있는 실질적 기술이나 능력 성취에 관한 경험이라 할 수 있다.

셋째, 사회적 관계는 여가 활동 중 만난 사람들에 대한 호감 및 관계를 통해 얻는 즐거움에 대한 평가로, 여가의 주요 동기 중 하나인 사회적 상호 작용과 관련이 있다.

넷째, 자아 확인이란 평소 드러내지 못했던 자신의 이미지 확인에 관한 것으로, 개인이 여가를 선택할 때 자신의 이상적 이미지와 여가 이미지의 일치도를 고려한다는 사회 심리학자들의 관점을 확인할 수 있으며, 여가 활동을 통해 이상적 이미지를 실현하여 자아실현이 이루어진다.

여가 경험의 주요한 요인에는 인지 자유도, 내적 동기, 인지 효능이 있다.

① 인지 자유도

여가 행동 참여 시 어떠한 외부적 구속 또는 필요성에 의해서가 아니라 참여자 자신 스스로 자유로움을 인지할 수 있어야 한다. 행위자의 주어진 상황 통제력(locus of control) 정도로 측정하고, 참여 행동의 내면적 통제도가 높을수록 행동에 대한 책임감을 갖게 된다.

② 내적 동기

여가 행동의 참여는 주로 내적 동기에 기인하며 이것은 충만, 즐거움, 만족을 유인하고, 외적 동기에 의해 유발된 여가 행동인 경우 인지 자유도의 감소를 유발하면서, 인지 효능감이 증가하면 내적 동기화가 될 수 있다.

③ 인지 효능

여가 행동 참여 시 참여자는 참여하는 행동에서 요구되는 최소한의 필요 기능을 습득하고 있어야 한다.

인지 효능감이란 이러한 심리적 상태가 실제로 존재하는가의 여부를 증명할 수 있는 측정과 계량화의 문제가 아니라 참여자 스스로 느끼는 주관적 측면에서의 자신감 또는 유능감을 의미한다.

여가는 단순히 여가 시간이 증가한다고 하여 여가에 대한 만족과 삶의 만족도에 기여하는 것이 아니다. 즉, 여가 시간의 증가가 삶의 만족으로 항상 이어진다고 보기는 어렵다. 오히려 어떻게 여가를 만들어가는 것으로 우리의 삶의 질은 매우 달라지게 된다. 여가 활동은 오랜 기간 여가 기술을 습득하는 과정을 통해서 개인적인 만족과 즐거움을 경험하게 되고, 이후 일정 수준 이상이 되면 자신의 여가 기술을 다른 사람들에게 교습하고 지도하게 되는 특징이 있다.

쉬어가는 코너

- 소소한 여행: 소확행, 가심비, 가시비
- 일상에서 만나는 비일상 여행
- 경험 소비, 여행 액티비티 전성 시대
- 누구나 즐기는 여행: 은퇴에서 100세까지
- 여행 트렌드 세터, 뉴 제너레이션
- 다이내믹 방한 시장, 유동성과 다변화
- 관광 시민, 여행 가치를 생각하다
- 모바일과 여행 플랫폼 비즈니스의 진화
- 공유, 여행 공간·이동·경험을 잇다
- 빅 데이터가 여는 AI 관광 시대

Case Study

🏙 시민이 꼽은 서울의 랜드마크는 한강…외국인은 광화문 광장

서울 시민은 한강을, 서울에 거주하는 외국인은 광화문 광장을 서울의 으뜸가는 상징으로 생각하는 것으로 나타났다.

시민들은 또 편리한 교통, 다양한 먹거리와 쇼핑을 '서울의 매력'으로 꼽았다.

서울시는 총 2만 가구(15세 이상 가구원 3만 5천881명)를 대상으로 조사한 '2023년 서울 서베이' 결과를 발표했다.

서울 시민이 생각하는 서울의 랜드마크를 묻는 항목(복수 응답)에 48.3%가 한강을 꼽았다. 이어 광화문 광장(36.1%), 고궁(32.3%), N서울타워(17.2%)가 2~4위를 차지했다.

서울의 랜드마크

서울 시민 총 2만가구(15세 이상 가구원 35,881명) 대상
2023년 서울서베이 조사 결과, 복수 응답

서울 시민 응답	2010년	서울 시민 응답 2023년	서울 거주 외국인 응답 2023년
고궁	37.5%	한강 48.3%	광화문광장 45.9%
N서울타워	33.3%	광화문광장 36.1%	고궁 41.4%
광화문광장	29.9%	고궁 32.3%	동대문(DDP) 25.6%
한강	25.8%	N서울타워 17.2%	한강 23.1%
청계천	24.3%	롯데월드타워 15.6%	N서울타워 19.5%

2010년 조사에서 4위였던 한강이 이번 조사에서 1위로 올라서고, 당시 1위였던 고궁이 두 계단 하락해 10여 년 간 시민이 인식하는 랜드마크에 변화가 있음이 확인됐다.

또 서울에 거주(91일 이상 체류)하는 외국인 2천500명을 대상으로 한 조사에서는 광화문 광장(45.9%)이 1위를 차지했다. 이어 고궁(41.4%), 동대문 디자인플라자(25.6%), 한강(23.1%) 순이었다.

서울의 매력을 묻는 항목 중 도시 접근성 측면에서는 편리한 교통이 1위를 차지했으며 도시 편의성에서는 다양한 쇼핑·먹거리가 상위에 올랐다.

도시 환경 측면에서는 시내 활동의 안전성이 1위를 차지했다.

시민들은 여가 생활의 중요성에는 동의하지만 실제로는 일에 좀 더 집중된 삶을 살아가고 있었다.

서울의 랜드마크 순위(서울서베이 시민 조사)

(단위: %. 다중응답)

구 분	서울 시민		서울 거주 외국인 (2023년)
	2023년	2010년	
1순위	한강(483)	고궁(375)	광화문 광장(45.9)
2순위	광화문 광장(36.1)	N서울타워(33.3)	고궁(41.4)
3순위	고궁(323)	광화문 광장(29.9)	동대문(DDP)(25.6)
4순위	N서울타워(17.2)	한강(25.8)	한강(23.1)
5순위	롯데월드타워(15.6)	청계천(24.3)	N서울타워(19.5)

여가보다는 일에 더 집중한다는 응답자 비율은 30대(47.9%)와 40대(47.3%)에서 40%대 후반을 기록했으며, 50대(39.2%)에서는 40%를 살짝 밑돌았다.

여가 생활에 할애하는 시간은 다소 부족하지만 '여가 생활 만족도'는 2020년 5.27점에서 2023년 5.70점으로 상승했다.

시민들은 휴식(42.8%), 여가 활용(17.8%), 건강 증진(17.0%), 자연 감상(14.1%)을 위해 공원을 방문하는 것으로 나타났다.

지난 6개월 사이 88.5%가 공원을 방문했고, 자주 찾는 공원 유형은 집 주변 소규모 공원(82.8%), 둘레길·숲길 등 산림(52.3%), 대형 공원(47.5%) 순이었다.

또 시민 3명 중 2명(68.6%)은 수변 공간을 포함한 하천에서 여가 생활을 즐기는 것으로 나타났다.

하천에서 주로 즐기는 여가 활동은 권역별로 특징이 있었다.

도심권에서는 친목과 취식, 동북권에서는 달리기·체조, 서북·서남·동남권에서는 자전거 타기를 즐기는 시민이 많았다.

도보 15분 이내 공원·숲 등 녹지 환경에 만족한다고 답한 비율은 2021년 46.1%에서 2023년 51.6%로 올랐다.

출처: 연합뉴스 2024. 5. 9.

문화관광여가론

Case Study

🏠 집에서 지역을 여행하다 – 랜선 여행 탐방

전 세계적인 코로나 바이러스 감염증–19의 대유행으로 국가 간 이동의 제한이 장기화되어감에 따라, 금년 1분기 세계 관광객 수는 전년 대비 22%가 감소하였으며, 2020년 전체 국제 관광객 수는 60~80% 감소할 것으로 세계 관광기구(UNWTO)는 전망하고 있다. 세계 여행 산업은 전례 없는 최대의 위기를 맞고 있으며 우리나라도 예외는 아니다. 그러나 언제나 역사가 말해주듯, 위기는 새로운 비즈니스 기회를 모색하고 혁신적인 기술의 탄생을 가속화시키는 기폭제 역할을 해왔다.

이동 제한, 자가 격리 등의 범국가적 조치와 안전을 중요시하는 생활 패턴의 대두로 '비대면' 소비 문화가 빠르게 확산되고 있는 가운데, 여행 산업에서도 디지털을 기반으로 한 '언택트 마케팅'이 포스트 코로나 시대 새로운 '표준(뉴노멀)'으로 자리 잡을 것이라 예상된다. 해외여행이 자유롭지 못한 지금, 포스트 코로나 시대 새로운 여행 트렌드로 '랜선 여행'이 떠오르고 있다. 여기서는 국내외에서 진행하고 있는 대표적인 랜선 여행 사례에 대해서 소개하고자 한다.

'랜선 여행'은 온라인에서 즐기는 여행을 의미하는 신조어로, 사람들은 사회적 거리두기 기간 동안 집 안에서 편안하게 여행 프로그램이나 여행 vlog(브이로그)를 감상하면서 대리 만족을 느낄 수 있었다. 최근에는 실시간 양방향 소통 등의 기능이 더해져 좀 더 리얼하게 간접 여행을 즐길 수 있는 형태로 진화하고 있다.

우리나라 토종 OTA(온라인여행사)인 '마이리얼트립'은 해외여행을 가지 못하는 여행객들을 위해 세계 각지의 베테랑 가이드들이 직접 여행지를 소개하고 실시간으로 체험을 공유하는 온라인 여행 서비스를 국내 업계 최초로 선보였다. 화상 회의 앱을 통해 상품에 따라 5명에서 15명이 참가하여 진행되며, 여행 가이드가 소장하고 있

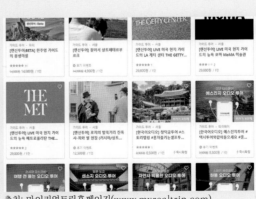

출처: 마이리얼트립홈페이지(www.myrealtrip.com)

는 현지 영상과 사진을 통해 여행지 정보 학습은 물론, 실제 경험 위주로 구성된 간접 여행

166

체험이 가능하다. 녹화 편집된 영상을 일방적으로 전송하는 형태의 VOD가 아닌 실시간으로 가이드와 관광객 간 양방향 소통을 통해 여행에 간접 참여할 수 있는 '리얼 랜선 투어'인 셈이다. 현재 일부 상품에 대해 베타 서비스가 진행 중에 있으며, 정식 서비스가 가능해진다면 여행객들은 자신에게 필요한 콘텐츠를 구입해서 언제든지 가상 여행을 즐길 수 있게 된다.

글로벌 숙박 공유 플랫폼인 에어비앤비 역시 '온라인 체험'이라는 새로운 언택트 비즈니스 모델을 개발하여, 4월부터 서비스를 제공하고 있다. 현지 호스트가 진행하는 실시간 영상 세션을 통해 현재 30개국 여행지에서 즐길 수 있는 약 400개의 프로그램이 진행되고 있으며, 7월 현재 누적 예약자 수는 5만 명이 넘었다. 가상으

출처: 에어비앤비 홈페이지(www.airbnb.co.kr/s/experiences/online)

로 떠나는 런던 해리포터 도보 투어를 비롯하여, 미슐랭 스타 셰프와 함께하는 온라인 쿠킹 클래스, 휴대전화 사진 촬영 비법, 다도 체험 등 집에서 즐길 수 있는 체험 프로그램 등이 있으며, 일행만 참여할 수 있는 프라이빗 예약 서비스도 운영 중이다. 한국과 관련된 체험 프로그램으로는 오미요리연구소 대표가 진행하는 한국의 전 부치기 등 한국 음식 클래스를 비롯하여, K팝 댄스와 K뷰티 체험 등이 인기리에 운영 중이라고 에어비앤비는 밝혔다.

한편 스위스, 캐나다, 두바이, 체코, 태국 등 세계 각국의 관광청은 코로나로 인해 예기치 못한 격리와 단절로 고통을 겪고 있는 자국민 그리고 전 세계 관광객들에게 희망과 응원의 메시지를 전달하고자 다양한 코로나 위기 극복 캠페인과 랜선 여행 이벤트를 전개하고 있다. 스위스 관광청은 'Dream now, Travel later'라는 캠페인을 통해 스위스를 방문하지 못하는 관광객들을 위해 실시간으로 루체른의 관광지를 감상할 수 있는 웹캠 서비스를 공식 홈페이지를 통해 제공하고 있으며, 시내 오디오 투어도 체험할 수 있다. 또한 '빛은 희망이다'라는 주제 아래 3월 24일부터 4월 26일 동안 마터호른 봉우리를 스크린을 이용한 조명 쇼가 진행되어, 이 위기를 함께 극복하자는 메시지를 전달하였다.

스위스 관광청 홈페이지를 클릭해서 들어가면, 1월부터 12월까지 스위스의 아름다운 풍경과 관광객들의 모습을 드론으로 촬영하여 요들송·워낭소리·알프스의 바람소리와 같은

자연의 소리를 함께 담은 월별 파노라마 영상이 바로 펼쳐진다. 비록 방구석이지만 마치 새가 되어 실제 스위스를 여행하는 기분이 들 수 있도록 한 것이다. 이 밖에도 자동차와 기차를 통한 스위스 일주 여행과 트레킹 여행도 가상으로 코스별로 체험할 수 있다.

출처: 스위스 관광청 웹사이트(www.myswitzerland.com)

　　두바이 관광청은 웹 사이트를 통해 두바이의 랜드마크이자 세계 최초 7성급 호텔인 버즈 알 아랍 호텔의 외관과 내관을 360도로 찍은 영상을 공개하여 큰 호응을 얻었다. 버즈 알 아랍은 호텔 투숙객이나 레스토랑 방문객의 경우에만 건물 출입이 가능하기 때문에 두바이를 방문하더라도 관람하지 못하는 경우가 많아 이러한 서비스를 제공하게 되었다. 이외에도 박물관이나 갤러리를 방문하지 못하는 방문객들을 위해 80명이 넘는 작가가 참여하여 300여 개의 개별 작품으로 구성된 온라인 전시회를 열고, 작품에 대한 세부 정보가 표시된 태그를 클릭하여 작품을 감상하고 마음에 드는 작품은 온라인으로도 구입할 수 있는 서비스를 제공하고 있다.

출처: 두바이관광청 여행가이드 웹사이트(www.dubai360.com)

　　한편 한국관광공사와 지자체에서도 코로나 위기 대응 캠페인을 활발하게 전개하고 있다. 한국관광공사에서는 추억의 라떼 여행 챌린지, 여행지 사진 맞추기 이벤트, 슬기로운 드라이브 여행 등 사회적 거리두기 기간 중 내국인을 대상으로 하는 방구석 여행 이벤트를 진행하였으며, 마인 크래프트 등 가상 현실 게임, VR, 드론 영상 등을 활용한 온라인 언택트 테마관을 운영하고, 글로벌 축제인 보령 머드 축제를 집에서 즐길 수 있는 온라인 머드 축제 이벤트를 개최하는 등 여름 휴가 기간을 대비한 집콕 힐링 프로젝트를 계획하고 있다.

출처: 한국관광공사(https://kto.visitkorea.or.kr/)

해외 관광객 대상으로는 한국 여행에 대한 지속적인 관심을 갖게 하고, 코로나가 종식된 이후 한국 여행을 유도하기 위한 다양한 온라인 프로모션을 전개하고 있다. 한국에 오지 못하는 관광객들에게 가상 현실 기술을 활용하여 명동, 인사동, 경복궁, 남이섬, 제주도 등 한국 인기 관광지의 360도 라이브 파노라마 영상을 제작하여 셀럽을 활용한 랜선 여행 이벤트를 진행하고 있다. 또한 트렌드에 민감한 Z세대(1997년 이후 출생 세대)를 공략하기 위해 네이버 제트의 글로벌 증강 현실(AR) 아바타 서비스 '제페토'를 활용하여 한국 관광지 홍보에 나설 예정이다.

한편 유명 인플루언서와 해외 여행사 직원들이 소개하는 '한국 랜선 라이브 투어'는 한국의 핫플레이스(인기 명소)와 함께 그동안 알려지지 않은 새로운 관광지와 액티비티를 간접적으로 체험하게 함으로써 좋은 반응을 얻고 있다. 한국 대중문화의 첨병인 글로벌 한류 팬들을 대상으로 K-pop 랜선 여행 이벤트도 진행하였다.

출처: 한국관광공사(https://kto.visitkorea.or.kr/)

한류 스타가 사랑하는 한국의 관광지, 음식, 드라마, 영화 등을 소개하고 실시간으로 팬들과 소통하는 방구석 팬미팅 행사에는 11만 명의 한류 팬들이 참여하여 큰 인기를 끌었다.

지금까지 국내외 대표적인 랜선 여행의 사례들을 살펴보았다. 그렇다면 랜선 여행이 단지 코로나 팬데믹 시기에만 반짝 뜨고 없어질 일시적인 현상일까. 온라인상의 간접 여행이 '설렘, 감동 그리고 추억'으로 대변되는 우리의 '찐' 여행을 대체하는 것은 당연히 불가능하지만, 앞으로 오프라인 여행을 상호 보완하면서 '여행의 한 축'을 담당할 것으로 업계 관계자들은 전망하고 있다. 랜선 여행은 시간적으로 혹은 경제적인 이유로 여행을 가지 못하는 사람들에게는 '비대면 여행 경험 공유'의 역할을 하게 될 것이며, 에어비앤비의 호스트가 들려주는 와인 이야기, 영국의 홍차 이야기는 여행을 준비하는 이들에게는 배경지식과 정보 습득의 역할을, 베테랑 가이드가 안내하는 고궁 여행, 미술관 탐방 여행은 학생들에게 교육용 콘텐츠로서 가치를 발할 수 있다.

여행이 끝나 집으로 돌아오더라도 시간에 쫓겨 미처 방문하지 못했던 관광지는 '가이드 랜선 투어'를 통해 다시 연결될 수 있고, 사람들은 여행지에서의 추억을 떠올리며 새로운 여행을 계획하게 될 것이다. 특히 코로나 이후에는 루브르 박물관, 경복궁과 같이 사람들이 붐비는 관광지는 직접 방문 대신 이러한 온라인 콘텐츠로 대체하려는 수요가 적지 않을 것으로 보인다. 따라서 박물관, 미술관과 같은 문화 시설과 고궁과 같은 역사 유적 시설에 대해서는 밀도 높은 디지털 콘텐츠 제작이 필요하며, 여행사나 여행 서비스 기업들은 뉴노멀 시대에 생존하기 위하여 디지털 전환을 통한 지속 가능한 비즈니스 모델을 구축하려는 노력을 기울여야 할 것이다.

출처: 웹진 문화관광 2020.08호

문화관광여가론

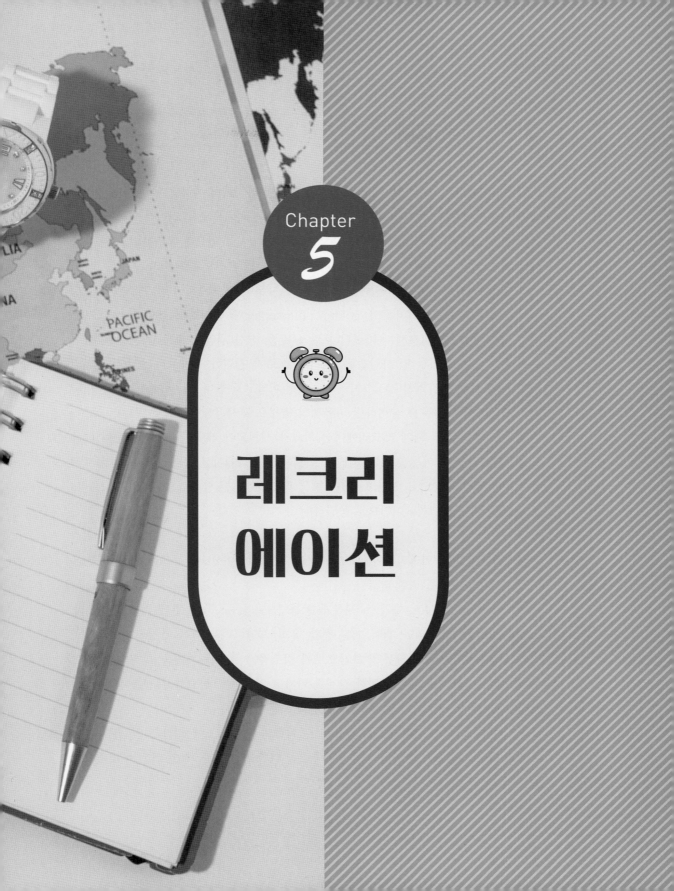

Chapter

5

레크리
에이션

1. 레크리에이션의 개념

레크리에이션은 우리 민속에서 이어받은 유산의 하나로서 행복을 추구하는 인간생활과 더불어 인간의 기본적인 요소이다. 레크리에이션은 신체적, 정신적, 사회적 가치와 인격 형성과 복지 사회의 발전에 중요한 의의를 가지고 있으며 우리들의 고된 생활에 힘과 의욕을 북돋아주고 즐거움의 원천이 되는 자기표현의 활동이라고 할 수 있다.

레크리에이션의 어원인 라틴어 'recreation'은 문예 부흥기에 인간 개조의 필요성을 부르짖었던 인도주의자들의 'golden philosophy'에서 이루어진 용어로서 그 뜻은 '인간의 여가를 이용해서 마련된 오락적 활동, 심신 위안적 활동, 기분전환, 놀이 등의 활동'을 말하며 어떤 사람들은 '자기 스스로가 자진하여 활동하는 비직업적 또는 여가에 보수를 바라지 않고 하는 자진 활동'이라고도 한다. 이 용어는 1911년 미국의 레크리에이션 운동을 장려하던 비단체의 명칭으로 사용되었다. 1932년 미국 로스앤젤레스에서 제1회 세계 레크리에이션 회의가 개최되어 레크리에이션 운동이 처음으로 세계 각국의 이목을 끌게 되면서 현재는 레크리에이션 용어는 하나의 국제적 용어로서 널리 사용되고 있다. 1980년 한국 레크리에이션 협회(당시 문교부)에 정식 단체로 등록한 이후 레크리에이션으로 통일하여 표기하고 있다.

레크리에이션은 '리크리에이션(re-creation)'과 '레크리에이션(recreation)'의 두 가지 발음이 있는 것처럼 그 뜻 또한 다르다.

're-creation'은 개조, 재창조, 새롭게 만들다(making a new)라는 뜻을 가지고 있으며, 'recreation'은 오락, 위안, 취미, 기분 전환, 유희, 휴양이라는 뜻을 가지고 있다.

레크리에이션은 어떤 활동을 즐김으로써 창조적인 결과를 가져올 수 있어야 하므로 리크리에이션과는 서로 밀접한 관계를 가지고 있다. 즉, 레크리에이션을 통해서 리크리에이션이 되어야 참다운 레크리에이션이 되는 것이다.

레크리에이션은 일상적인 업무에서 오는 피로와 스트레스에 의한 지친 심신을 해소하고 다시 일상으로 복귀하였을 때 새로운 힘과 활력소를 주게 되는 에너지라고 할 수 있다.

여가와 레크리에이션의 차이점

여가는 포괄적이고 덜 조직적이고 개인적인 동시에 내적 만족을 추구한다. 레크리에이션은 범위상 한정적이고 비교적 조직적이며 동시에 사회적 편익을 강조하고 있다. 여가는 보통 시간의 기간이나 마음의 상태를 말하며, 레크리에이션은 공간에서의 활동을 가리킨다. 여가가 쾌락과 자기표현을 위한 것이라면, 레크리에이션은 활동과 경험, 직접적 결과로서 발생한다. 그리하여 레크리에이션은 시간, 공간적 의미보다는 감정적 상태를 말한다. 레크리에이션은 넓은 의미에서 이성화된 여가의 형태이며 즐거움의 향유 수단이라고 할 수 있다.

1 레크리에이션의 정의

레크리에이션은 보수를 목적으로 하지 않는 자유롭고 즐거운 활동이나 그 형태를 뜻한다. 레크리에이션과 레저는 상대적 자유 시간과 본질적인 만족이라는 점에서 공통성과 유사성을 가지나 레크리에이션은 레저에 비해 '활동'이라는 점을 중시한다. 따라서 단순 휴식 등은 제외되는 경우가 많다.

레크리에이션을 정의하는 주요 특징은

❶ 여가 또는 레저에 행해지는 활동이다. 즉, 시간적으로는 구속 시간이 아닌 자유 시간이다.

❷ 외부로부터 강제가 없는 자유로운 활동이다. 즉, 활동의 태도는 전적으로 개인의 자발적인 내적 욕구에 의해서 이루어져야 한다.

❸ 유쾌한 활동이다. 같은 활동이라도 개인에 따라 즐거움을 느끼는 정도에는 커다란 차이가 있으나 활동 참가자에게는 직접적으로 즐거움이나 만족감을 주는 것으로 선정된다.

❹ 급료나 보수를 구하지 않는 활동이다. 활동 그 자체 이외에 어떠한 보수를 기대하지 않는 활동이다.

❺ 객관적이면서도 사회적으로 긍정적인 평가가 뒷받침되는 활동이다.

레크리에이션은 각자가 선택한 활동에 스스로 참가하여 만족을 느낄 수 있으며, 동시에 문화적, 사회적으로 받아들일 수 있는 건설적이며 창조적인 여가의 활동이다.

레크리에이션의 의미는

첫째, 어떠한 활동에 대한 각자의 흥미와 욕구에 의해서 결정되는 것이다.

둘째, 각자가 행하는 활동에서 희열과 만족을 느끼지 못하는 것은 레크리에이션이라 할 수 없다. 만족과 희열을 느끼지 못하는 것은 마치 고된 노동과 다를 바 없다.

셋째, 레크리에이션은 자발적인 활동인 경우에만 이루어진다. 타인의 강제, 권유에 못 이겨서 하는 것은 스스로 우러나서 하는 자발적 활동이 아니기 때문에 레크리에이션 활동이라 할 수 없다.

2 레크리에이션의 본질과 분류

(1) 레크리에이션의 본질

마이어(Meyer), 브라이트빌(Brightbill), 세섬스(Sessoms)는 공동 저서인 'Community Recreation(1969)'에서 레크리에이션의 기본적인 성격을 다음과 같이 설명하고 있다.

첫째, 레크리에이션은 언제나 어떤 유형이든 활동으로 이루어진다. 그것은 신체적이든 정신적이든 어떤 종류의 활동을 하고 있는 것이다.

둘째, 레크리에이션은 하나의 형태만 있는 것이 아니다. 레저를 활용하여 사람들이 즐길 수 있는 활동은 무한히 많다.

셋째, 레크리에이션은 동기에 의해 결정된다. 사람이 어떤 행동을 행하려고 선택하고 의지를 결정하게 하는 것이 동기이다.

넷째, 레크리에이션은 비의무적 시간에 이루어진다. 생계를 유지하기 위해 필요한 시간을 제외한 시간에 이루어진다.

다섯째, 레크리에이션 활동을 한다는 것은 전적으로 자발적인 것이다. 개인의 자유로운 참여를 원칙으로 한다.

여섯째, 레크리에이션은 일반적으로 실시되며 구축된다. 레크리에이션은 하나의 조직에 의한 심리적이고 생리적인 표현이다. 참가자들은 레크리에이션을 통한 다양한 방법으로 자신을 표현한다.

일곱째, 레크리에이션은 참된 의의가 있는 행동이다. 레크리에이션은 즐거운 행동이라고 해서 그 진실성이나 참된 의의가 부정되는 것은 아니다.

여덟째, 레크리에이션은 유연성을 지니고 있다. 레크리에이션이 실행되고 있는 환경과 조건 등에 의해 정의될 수는 없다. 그것은 여러 경우에서 발견될 수 있으며, 조직적으로 실시되는 경우도 있고 비조직적으로 실시되는 경우도 있다.

(2) 레크리에이션의 활동 분류

레크리에이션의 영역은 다양한 형태로 분류할 수 있으며, 분류자에 따라 여러 가지 형태로 나눌 수 있다.

사업 주체별로 분류하면 첫째, 국가 및 시·군·읍 등의 공공 기관에서 주최하는 공공 레크리에이션, 둘째, 민간 비영리 단체가 영위하는 민간 레크리에이션, 셋째, 영리 혹은 비영리 단체가 그 단체원이나 구성원을 대상으로 운영하는 사적 레크리에이션, 넷째, 영리를 목적으로 일반 사람들의 욕구를 만족시켜 주기 위해서 제공되는 상업 레크리에이션이 있다.

레크리에이션 활동을 내용이나 주요 특성에 따라 분류하면 다음과 같다.

레크리에이션 활동 형태는 여러 가지가 있겠지만 각 개인의 개성, 취미, 연령, 직업, 생활 환경이나 경제력, 성별에 따라 선택이 다양하게 나타나게 된다.

🎈 표 5-1_ 활동 범위에 따른 레크리에이션의 분류

종류	내용
지적 레크리에이션	활동의 형태는 정적이며 지식을 얻고 자기 계발을 위한 활동이다. 예 독서, 시 낭독, 연설, 웅변, 채집, 지적 게임(퍼즐 게임), 퀴즈게임, 연구 조사, 창작, 회화 등
사회적 레크리에이션	원만한 대인 관계의 형성과 사회적 성격의 육성을 위한 활동이다. 예 담화, 게임, 캠핑, 포크댄스, 각종 파티, 축제, 봉사활동, 복지 사업 등
예능적 레크리에이션	직접 체험을 통해 욕구와 감정을 분출하고 자기표현의 기회로 삼는 창작 활동으로 예술적 기능과 감각을 익히고 재능을 승화시킬 수 있는 프로그램들이 이에 속한다. 예 미술, 문학, 음악, 연극, 재봉, 수예, 공작, 인형극, 영화 감상 등
신체적 레크리에이션	각종의 스포츠 활동을 통하여 건강을 도모하고자 하는 동적인 활동들이다. 예 낚시, 하이킹, 등산, 소풍, 골프, 수영, 각종 스포츠 및 레포츠 등
취미적 레크리에이션	장기, 바둑, 사진술, 놀이, 연 날리기, 꽃꽂이, 당구, 도자기 만들기, 라디오 청취, TV 시청 등
관광적 레크리에이션	여행, 고적 답사, 해수욕, 꽃놀이 등

위와 같은 많은 활동 종목이 반드시 한 분야에만 국한되어 있지 않고 다른 분야에도 관련되어 있음을 알 수 있다. 예를 들면, 포크댄스는 여러 사람이 어울려서 즐기는 활동으로 사회적 레크리에이션이기도 하지만, 한편으로는 신체적 레크리에이션이기도 하다.

3 레크리에이션의 특징

현대 사회는 크게 급변하는 사회, 무한 경쟁 사회, 일시성의 사회 등의 특징을 나타내고 있다. 이러한 사회의 특성에 맞게 레크리에이션은 그 중요성을 더욱 뚜렷하게 드러내고 있다. 교통수단의 발달, 여가 시간의 확대, 정보의 산업화, 사회 복지 제도의 변화, 사회적 도시화 등으로의 흐름은 오늘날 사람들에게 레크리에이션의 필요성을 증가시켜 주고 있다.

레크리에이션의 선행 조건을 살펴보면 다음과 같다.

❶ 일과 자유 시간의 관련이 중시된다.

❷ 활동을 중시하고 단순한 휴식은 제외된다.

❸ 활동의 자유와 즐거움이 강조된다. 강제된 활동은 고역이므로 내적 욕구와 결부된 만족도가 높은 활동이 효과적이다.

❹ 개인차가 크다. 같은 활동이라도 개인에 따라 즐거움도 되고 노동이 되기 때문에 활동은 개인의 기호나 태도가 우선시되어야 한다.

❺ 사회적 상식에 합치되는 건전성이 요구된다.

이와 같은 조건으로 이루어지는 것이 레크리에이션이라 할 수 있지만, 전통적 개념은 작업 중심 사회를 배경으로 한 수단적 의미의 개념, 즉 보다 나은 작업을 위해서라는 생각이 바탕에 있다. 자유 시간의 사용을 작업과 관련시켜 생각하는 것은 중요하지만, 노동이 질적으로 변화하고 자유 시간이 증가한 오늘날에서는 수단이라기보다는 목적의 성격이 강하게 작용하고 있다.

레크리에이션에 대한 기본적인 욕구는 남녀노소의 구분이 없으며, 이에 대한 내용은 다음과 같다.

① 새로운 경험의 욕구

지금까지 경험해 보지 않은 새로운 것에 도전하고 배우게 되면서 삶의 활력을 느끼게 된다.

② 창조적 표현의 욕구

레크리에이션 활동에서 배운 것을 토대로 하여 새로운 아이디어를 창출해 낼 수 있는 능력을 개발할 수 있다.

③ 사회적 관계의 만족

레크리에이션 활동을 하면서 만나게 되는 다양한 사람들과의 관계로 사회활동의 범위가 더욱 확대된다.

④ 신체 활동의 욕구

레크리에이션 활동으로 인해 평소 사용하지 않는 신체 활동을 할 수 있다.

⑤ 경쟁의 즐거움

사회적 관계에서의 치열한 경쟁이 아닌 즐거움을 위한 선의의 경쟁은 삶의 활력을 가질 수 있다.

노동의 질적 변화와 전문화, 여가관의 분열, 상업 오락의 보급 등의 요인으로 인하여 자유 시간 사용에 대한 결정은 현대인들에게 중요한 요소가 되었다. 따라서 레크리에이션은 인간 본연의 자세를 중심으로 하는 관점에서 접근하는 것이 중요하다. 레크리에이션의 특징을 종합해 보면 다음과 같다.

❶ 레크리에이션은 신체 활동을 포함한다.
❷ 레크리에이션은 여러 가지의 활동 형태가 있다.
❸ 레크리에이션의 참가는 완전히 자발적이다.
❹ 레크리에이션은 여가 속에서 추구된다.
❺ 레크리에이션은 동기에 의해서 결정된다.
❻ 레크리에이션은 유연성이 있다.
❼ 레크리에이션은 부차적 효과를 가져온다.
❽ 레크리에이션의 경험에서 얻어지는 결과는 예측할 수 없다.

4 레크리에이션의 역할과 필요성

(1) 레크리에이션의 역할

인간성 회복을 위한 문화 국민으로서 자질 함양에 기여하는 개인의 역할이 더욱 크다는 것이다.

레크리에이션은 참여자의 기분 전환, 심리적 긴장 완화, 능동적 자기표현의 기회 제공, 그리고 건전하게 여가를 보낼 수 있도록 하는 역할을 한다. 또한 레크리에이션 활동에 참여함으로써 사회적 욕구 불만의 해소와 건전한 자아 정체감 회복에 도움을 준다.

레크리에이션이 국민 생활에 미치는 역할은 크게 생산 능력의 향상, 행복의 추구, 교양 및 인격의 향상이다.

① 생산 능력의 향상

레크리에이션은 일상생활을 벗어나 사람들에게 기쁨과 즐거움을 주는 것뿐만 아니라 일에 대한 능률을 높이는 데도 많은 기여를 한다. 사람들은 레크리에이션을 통하여 긴장을 완화하는 동시에 일상생활로의 복귀에 따른 활동의욕 증진과 활력을 불어넣어 주는 효과를 볼 수 있다.

노동이란 흔히 긴장이 따르기 마련이지만 레크리에이션은 긴장을 풀어주는 동시에 다음 활동의 의욕과 활력을 불러일으키면서 생산 능률을 높여준다. 생산 증대는 국민생활의 소득 증대와 직결되는 문제로 레크리에이션의 역할은 크다.

현재에는 많은 기업이 직원들의 생산성 향상과 스트레스 해소 등을 위해 레크리에이션의 활동을 적극적으로 지원하고 장려하는 사례가 많아지고 있다.

② 행복의 추구

레크리에이션의 궁극적인 목적은 행복한 삶을 유지하기 위한 도구이다. 심신의 건강은 일상적인 생활의 행복과 즐거움을 가질 수 있으며, 사람들은 레크리에이션을 통하여 건강을 유지하고 인생을 행복하고 즐겁게 지낼 수 있도록 노력한다.

인생이란 생존 경쟁만을 위해서 사는 것도 아니며, 항상 고된 노동을 위해서만 사는 것도 아니다. 레크리에이션 활동은 인간의 행복에 많은 영향을 주는 역할을 한다.

③ 교양 및 인격의 향상

레크리에이션은 크게 지적, 사회적, 예능적, 신체적, 취미적, 관광적 레크리에이션으로 이루어져 있다. 사람들은 여가를 통해서 다양한 활동들을 하고 폭넓은 교양을 쌓으면서 자기 완성의 기회를 갖게 된다. 또한 이러한 활동들을 하게 되면서 사회적 성격이 발달하여 교양과 인격을 갖추게 된다.

(2) 레크리에이션 활동의 필요성

현대 사회는 새로운 변화와 급격한 미래를 예상할 수 있는 시기이다. 세계인들은 기계 문명이 발달되면서 인간은 소외감에 빠지게 된다. 컴퓨터, 인터넷, 스마트폰 등을 통한 최첨단 정보 통신 매체로 지구촌의 정보 홍수 가속도는 멈출 수 없을 만큼 빠르게 진행되고 있다. 인간은 상실감에 빠져 있으며 도덕적인 삶과 질적인 삶은 경제적 부의 척도에 따라 가치가 변질되어 버렸다. 인간성의 회복이라는 가치가 삶의 질을 개선하게 되고 급격하게 변화하는 사회에서 필수적인 요소로 인식된다.

레크리에이션은 다음과 같은 이유로 인해 현대인들이 살아가는 데 꼭 필요한 활동으로 정착되어야 한다.

첫째, 레크리에이션은 급변하는 사회에 대처할 수 있는 방안이 된다. 글로벌화로 인한 세계의 모든 사회는 급격하게 발전하고 변하고 있다. 신속하고 정확한 정보가 개인이나 기업에 있어서 중요한 시대이다. 이러한 상황에서 혼자만 열심히 한다고 해서 급변하는 사회를 따라갈 수 없다. 따라서 레크리에이션을 통한 정보의 교류와 협력은 공생할 수 있는 지름길이 될 수 있다.

둘째, 노동 시간의 단축과 자유 시간의 증가로 레크리에이션을 통해 삶의 활력을 얻는다. 과학 기술과 기계의 자동화는 사람들의 노동 시간을 단축시켜 주면서 단축된 시간을 레크리에이션 활동에 투자하게 하였다. 이러한 활동에 의한 스트레스 해소와 활력은 일에 대한 자부심과 창의성을 발휘하게 하여 생산의 극대화를 가져오게 하는 역할을 하게 되었다.

셋째, 도시의 증대 및 인구 집중, 불건전하고 부자연스러운 생활 형태를 레크리에이션으로 해결할 수 있다. 도시 집중화로 인해 사람들이 한곳으로 집중되었다. 이로 인하여 불건전한 시간 낭비와 사회 범죄가 증가하였다. 하지만 지속적인 레크리에이션 활동은 문제점 해결은 물론 신체적, 정신적 건강을 유지할 수 있게 되었다.

넷째, 분업화에 의한 자기표현의 결핍을 레크리에이션을 통해 극복할 수 있다. 증가 하는 분업화로 단체 활동이나 협력 활동 등이 줄어들면서 개인화가 급증하고 있다. 분업화는 부서나 팀원들의 협력이나 생각의 공유보다는 개인적이거나 소수의 인원들 로만 구성되어 자기표현의 방법에 소홀해지게 된다. 하지만 레크리에이션 활동에서 자신의 적극적인 의견을 피력할 수 있어 자신감 회복의 기회를 가질 수 있다.

다섯째, 레크리에이션 활동으로 청소년의 범죄 및 비행 행위를 줄일 수 있다. 청소년 시기는 지적, 정서적, 사회적인 면에서 급격한 변화를 가져오는 시기이다. 이 시기에 효 율적인 관리가 되지 않으면 평생 고통 속에서 살아가게 된다. 학교교육에서부터 건전한 레크리에이션 활동에 대한 교육은 심신 건강에 많은 영향을 미치게 된다. 레크리에이 션 활동으로 인해 건전한 몸과 마음은 청소년 범죄와 비행 행위로부터 자유로워진다.

여섯째, 레크리에이션 활동으로 부자연스러운 생활 여건을 완화할 수 있다. 비계획 적인 생활과 생활 여건은 청소년의 성장기와 성인기에 이르기까지 많은 부작용을 일 으키는 원인이 되기도 한다. 따라서 레크리에이션 활동으로 인한 단체 정신 함양과 적극적인 활동은 규칙적인 생활을 유지할 수 있도록 한다.

 ## 2. 레크리에이션의 역사

1 레크리에이션 역사

레크리에이션이 미개 사회에서부터 존재했다는 주장이 있으나 현대적인 의미에서 레크리에이션 운동은 19세기 말부터 존재했으며, 그 중요성이 강조되면서 본격적으 로 부각된 것은 비교적 최근의 일이다. 특히 현대의 고도산업 사회에서 노동 시간이 감소함에 따라 개인에게 더 많은 자유 시간이 주어졌다는 사실과 깊은 관련이 있다.

1919년 국제노동기구(ILO) 발족은 중요한 의미를 가진다. ILO는 노동자들에게 충분한 여가를 줄 것에 대한 권고안을 1924년, 1936년에 거듭 발표했고, 1945년에는 휴가 시설 이용에 관한 결의, 1946년 노동자 레크리에이션 조직에 관한 제 원칙, 청소년의 여가 시간의 비용에 관한 결의를 진행했다.

레크리에이션은 인간 역사와 함께 일찍부터 존재하여 왔다. 하지만 최근에 이르러서야 레크리에이션에 대한 중요성이 강조되었다. 산업화, 도시화, 노동 시간의 단축 등 일련의 사회 변화 등으로 레크리에이션에 대한 관심과 태도가 증가하게 되었다. 구체적으로 자유 시간의 사용을 둘러싼 문제이기 때문에 노동 시간이나 자유 시간의 변화와 관련이 깊다.

1919년 국제노동기구는 레크리에이션에 대한 새로운 시대를 열게 하는 계기를 마련하였다.

2 우리나라 레크리에이션의 역사

우리나라의 레크리에이션 운동은 1945년 해방 후부터 본격화되었으나 그 이전에도 YMCA 등을 통해 스포츠 보급 운동 등이 전개되었다.

한국 여가 및 레크리에이션 협회가 1960년에 창립되어 전국 레크리에이션 대회 개최 및 야외 레크리에이션 지도자 강습 등을 펼치고 있다. 최근에는 직장 레크리에이션 운동 및 지역 레크리에이션 운동도 활발하게 벌이고 있다. 이외에도 한국 여가 및 레크리에이션 학회(1982년 설립), YMCA 한국사회체육진흥회(1985년 발족) 등의 조직이 설립되어 활발하게 활동하고 있다. 1956년 국제 레크리에이션 협회가 발족되어 레크리에이션 운동의 국제화를 본격적으로 선도했다. 이 조직은 1973년 세계 레저 및 레크리에이션 협회로 개칭되었다.

우리나라 레크리에이션의 변천 과정을 5단계로 나누어 고찰하고 그 시대의 정치, 경제, 사회, 문화와 레크리에이션 활동과의 관계를 비교하여, 한국 레크리에이션 협회를 중심으로 그와 관련된 주변 활동의 역사적 의미를 객관적인 차원에서 분석하고자 한다. 각 시대마다 레크리에이션 활동의 의미와 역할 그리고 특이점을 고려하여 태동기, 활동기, 침체기, 재건기, 부흥기의 5단계로 나누어본다.

(1) 태동기(胎動期 : 1960~1965)

한국의 레크리에이션 활동은 1945년 광복 이후부터 살펴보고자 한다. 광복 이후 우리나라는 6·25 전쟁이라는 엄청난 동족 상잔의 비극을 겪었고 가난 했던 우리 국민은 여가, 레크리에이션이라는 용어를 생각조차 할 수 없었던 시대였다. 그리고 정치, 경제, 사회, 문화적 조건에 비추어볼 때 레크리에이션 활동은 아득한 일이었다. 이러한 환경에서 레크리에이션 활동은 각종 종교 단체와 스카우트, 4-H 클럽에서 오락적인 부분으로 활동하였고 1959년 5월 미국 국무성과 세계 여가·레크리에이션 협회(World Leisure and Recreation Association)의 전신인 레크리에이션 협회(International Recreation Association) 주최로 국제 레크리에이션 교환 계획에 한국인으로서는 최초로 김오중(전 한국 여가, 레크리에이션 협회 회장)이 하였으며, 뉴욕 대학교 대학원 과정에서 레크리에이션을 전공, 연구했다. 1960년 12월에 한국 레크리에이션 협회를 창립했다. 1964년 문교부로부터 사단 법인체로서 인가를 받고 조직적으로 레크리에이션을 보급했다. 그 후 1965년에는 국제 레크리에이션 협회에 가입함으로써 국제적인 유대와 교류를 갖게 되었다.

(2) 활동기(活動期 : 1966~1970)

한국에서는 민간 단체 최초로 한국 레크리에이션 협회가 창립되었으나 초창기에는 사회적인 인식 부족과 정책적인 지원이 없었기 때문에 보급 활동에 어려움이 많았다.

그러한 여건에서도 1962년부터 전국 레크리에이션 지도자 강습회 및 대학생 연수회를 통하여 점차적으로 계몽 및 보급 활동을 해오다가 1965년 정부의 국고 지원금(당시 750만 원)으로 각종 지도서, 계몽 영화, 음반 등을 제작하고 전국적으로 지부를 결성하였다.

또한 YMCA에서는 'Sing a Long Y'라는 노래 부르기 프로그램을 비롯하여 각종 게임 및 포크댄스 등 오락 및 스포츠를 지도·보급해 왔다. 당시 라디오와 TV 보급으로 국민들의 문화 활동에 많은 변화를 주었다. 각 대학에서도 레크리에이션 클럽 활동으로 전국 대학생 레크리에이션 연합회를 조직하였다.

(3) 침체기(沈滯期 : 1971~1979)

하나의 단체가 발전하기 위해서는 정치, 경제, 사회적 여건과 정책적인 지원이 서로 조화를 이루었다. 그러나 협회의 보급 활동을 활발하게 진행할 수 있었던 국고 보조금마저 1969년(당시 300만 원) 지원 이후 중단이 되자 이때부터 레크리에이션의 활동은 침체기에 들어섰다. 당시 국고금의 중단은 정책을 이끌어나가는 행정가들은 국민여가 생활에 대한 인식 부족도 있었겠지만 정치, 경제, 사회적인 변화로 국민 여가 욕구에 대한 관심을 가질 수가 없었다. 1972년 당시 정부에서는 외래어로 된 단체 명칭을 한국어로 개명하도록 종용한바, '한국레크리에이션협회'를 '한국건전오락운동본부'라고 개명하였다.

설상가상으로 매스컴에서도 레크리에이션이라는 용어를 거의 사용하지 않고 '건전오락' 또는 '여가 선용'이라는 용어를 주로 사용했다. 이 시기를 침체기로 보고 있다.

(4) 재건기(再建期 : 1980~1990)

한국레크리에이션협회가 침체기에 있을 당시 정부에서는 새마을 운동의 일환인 공장, 새마을 운동 활성화를 위해 1974년부터 기업인, 사회 지도층 인사들을 대상으로 새마을 연수교육이 실시되었다. 이러한 연수 교육은 교육 분위기 및 일체감 조성을 목적으로 연수 교과 과목으로 건전 가요 시간이 배정되었으며, 협동심 함양을 위해 체육 시간에 게임 및 포크댄스 등 레크리에이션 활동의 일부가 보급되기 시작하였다. 레크리에이션 활동이 각 기업체에 홍보됨에 따라 실기 지도자들이 각종 연수 교육, 야유회, 체육 대회, 단합 대회, 캠프 파티 등 행사에 보급, 지도 활동이 시작되었다.

한편 한국레크리에이션협회는 1970년부터 침체기를 맞이하면서 조직 내부의 갈등으로 보급 활동은 마비되고 사무실만 겨우 유지해 오다가 1979년부터 다시 국고 지원금(당시 900만 원)을 받아 레크리에이션 지도자 연수 교육을 일반, 대학생, 회사원, 주부 등을 중심으로 실시하였다. 그러나 협회의 노력으로 국고 지원금은 3년간 지원되다가 1982년부터 또다시 중단되었다. 그러나 지도자 양성 교육은 계속 실시해 왔으며 이때부터 각 단체에서 문화 센터 등을 개설하여 건전한 여가 활동을 보급함으로써 국민들이 여가에 대한 인식을 새롭게 하고 매스컴에서도 공식적으로 레크리에이션 용어를 사용하여 점차적으로 국민 의식의 변화를 가져오게 되었다. 또한 정부에서도

1982년 행정 부서인 체육부가 발족되었고 1989년도에는 각 시구청 산하에 생활체육부가 발족되면서 국민의 여가 생활에 정책적인 지원이 시작되었다.

각 시구청의 생활체육과는 스포츠 분야에 치중되어 있었기 때문에 여가 생활의 전문 부서는 없었다. 체육부가 설립된 이후 정부에서는 종래의 방법과 비슷하게 선수 중심의 스포츠 정책에 비중을 두었다. 1985년부터는 경제적인 변화는 국민 소득이 높아지게 되자 필연적으로 나타나는 여가에 대한 욕구가 분출되기 시작했다. 이에 따라 국민 전체의 여가 선용을 위한 정책으로 전환되어 가기 시작하였다.

(5) 부흥기(復興期 : 1990~현재)

건전한 레크리에이션 운동이 범국민 운동으로 확산되려면 정치적, 사회적, 경제적인 뒷받침이 활발하게 이루어져야 한다. 또한 국민의 문화적 의식이 높고 활동을 지도 · 보급하는 각 민간 단체들과 서로 일체감이 조성되어 모든 국민이 레크리에이션 활동을 생활화하여 참된 삶의 보람을 느낄 때 비로소 부흥기라고 할 수 있다.

3. 레크리에이션의 요소

1 레크리에이션의 요소

레크리에이션의 요소는 다음과 같이 요약할 수 있다.

(1) 할 만한 가치가 있는 것(Worth-while)

레크리에이션의 정확한 역사는 알 수 없지만 그리스 로마 시대 이전의 운동 경기도 일종의 레크리에이션 범주에 속한다. 레크리에이션에 대한 실제적인 단어의 사용은 16세기경이라고 예측할 수 있다.

현대 사회에 와서는 레크리에이션 활동이 지속적으로 증가하고 있다. 다양한 여가 활동, 정서 순화, 건강 생활 등 현대 생활에 적응할 수 있는 지식, 태도, 방법 등을 이해하면서 개인적 혜택이나 사회적 기여를 할 수 있는 역할을 한다.

(2) 사회적으로 용납되는 것(Socially accepted)

복잡한 현대인의 생활에서 레크리에이션은 의식주와 마찬가지로 필수적인 요소로 강조되고 있다. 레크리에이션이 사회적으로 인정되면서 ❶ 급변하는 사회에 대처 ❷ 기계화(자동화)에 의한 노동력의 감소 ❸ 노동 시간의 단축과 자유 시간의 증가 ❹ 민주주의적 생활 양식과 상통 ❺ 부자연스런 생활 조건의 완화 등을 들 수 있다.

(3) 여가를 선용하는 것(Leisure)

레크리에이션은 일상생활에서 몸이 지쳐 있을 때 피로를 풀어주는 것처럼 심적 고통과 복잡한 머리를 식혀주는 의미에서 여가를 선용하는 것과 관련하여 세 가지 측면이 있다.

첫째, 어떤 활동에 대한 각자의 흥미와 욕구에 의해서 이루어진다.

둘째, 각자가 행하는 여가 활동에서 희열과 만족을 느낀다.

셋째, 마음으로부터 우러나오는 자발적인 활동에 의해 이루어지는 것으로 구분할 수 있다. 또한 레크리에이션 활동 자체에서 연유되는 만족에 의해 동기화된다.

레크리에이션 활동은 자발적인 의사로 참가하게 되면서 직접적이고 만족스러우며 가치가 있고 사회적으로 받아들일 수 있는 것이다. 따라서 자기만족을 위한 것이며 문화적, 사회적으로 받아들일 수 있는 창조적이고 건설적인 여가 활동이라 할 수 있다.

(4) 만족을 느낄 수 있는 것(Satisfaction)

오늘날의 레크리에이션 트렌드는 단지 여가 선용도나 유희적 기분을 즐기기 위한 것뿐만 아니라 생산 능률의 향상, 행복의 추구, 교양 및 인격 형성을 하는 데 많은 역할을 하고 있다. 이러한 레크리에이션 활동은 과거 단순한 취미 활동을 넘어서 현재에는 자기 계발과 건강 증진에도 영향을 미치면서 삶의 만족을 느낄 수 있는 활동으로 인식되고 있다.

(5) 자발적으로 참여하는 것(Voluntary)

타인에 의한 약간의 강요나 간섭에 의해 참여하면 진정한 레크리에이션이라고 할 수 없다. 순수한 레크리에이션이란 전적으로 자신이 선택한 활동과 원하는 시간에 이루어져야 한다. 레크리에이션에는 적극성을 띠고 있는 능동적 형태와 소극적인 성격을 띠고 있는 수동적 형태를 가지고 있다. 능동적(적극적)인 형태는 각종 스포츠, 등산 등 직접적으로 참여하여 즐기는 것, 영화감상, 독서, 음악 감상 등 수동적(소극적) 두 가지가 있다. 수동적인 활동도 필요하지만 능동적인 레크리에이션 활동이 기쁨과 만족을 얻고 느끼며, 여러 사람들과 어울려 즐기는 가운데 바람직한 인간관계를 가질 수 있게 한다.

쉬어가는 코너

레크리에이션의 선행 조건

- 여가 시간에 이루어지는 것이다.
- 목적 의식이 필요하다.
- 강제성이 없고 자발적이어야 한다.
- 창조적이고 건설적이며 교육적인 것이어야 한다.
- 사회적으로 수긍되며 용납되는 것이어야 한다.
- 할 만한 가치가 있어야 한다.
- 타인에게 폐를 끼치지 않아야 한다.

2 개인과 집단에 미치는 요소

(1) 개인을 위한 레크리에이션

① 삶의 균형을 유지해 준다

우리 생활의 대부분은 항상 원만하고 만족할 만한 경험만으로 이루어지지는 않는다. 지식과 학문을 추구하는 학생들은 대부분의 시간들을 학교에서 보내기 때문에 자유롭고 창조적인 경험을 할 수 있는 여가 시간이 필요하다. 열심히 일하는 노동자는 생활의 균형을 위해 휴식이 필요하다. 이와 같이 레크리에이션 활동은 일상에서 지친 심신을 회복시켜 주어 개인의 풍요롭고 조화된 삶에 기여한다.

② 상상력과 창조성을 살려준다

레크리에이션은 현대인에게 발생하는 다양한 상황의 문제 해결을 위한 기회를 준다. 참여자는 다른 이들과 관계를 맺고 새로운 기능을 습득함에 따라 자신들의 잠재력을 탐색하게 되고, 자신에게 몰입할 수 있는 새로운 통찰력도 얻으며 상상력을 개방함으로써 자기 성취에 대한 새로운 희망을 가지게 된다. 참여자의 생각에 더하여 다른 참여자들의 생각과 의견을 더하게 되면 상상 이상의 시너지 효과를 얻을 수 있다.

③ 경쾌한 즐거움을 위해서도 유익하다

레크리에이션 활동의 시초는 즐거움으로 시작된다. 유쾌함과 묘미만으로도 충분히 즐길 수 있다. 참여자 자신이 하고자 하는 의지만으로도 즐겁고 유쾌한 시간이 된다.

④ 새로운 우정을 위한 개방성을 유지해 준다

레크리에이션과 대화를 통한 타인들과의 상호 관계는 새로운 의미와 새로운 관계 형성의 길을 열어준다. 따라서 우리가 살아가고 있는 사회는 혼자만으로는 살아갈 수 없다. 같은 생각과 취미를 가지고 있는 조직에서의 활동은 형제애를 느낄 수 있을 만큼의 우정과 개방성을 가질 수 있다.

⑤ 자신에 대한 이해에 좋은 길잡이가 된다

인격적인 말과 행위에 대한 반응을 통해서 자신의 성격과 인간성의 실체를 이해할 수 있다. 갇혀 버린 자신을 발견하는 것은 쉽지 않다. 따라서 타인의 진정한 충고와 지식들은 자신을 이해하고 새롭게 태어나는 하나의 계기가 될 수 있다. 레크리에이션 은 자신의 삶에 대한 평가와 재조정을 고무하는 기회가 된다.

⑥ 모든 삶의 조화를 부여한다

레크리에이션 활동을 통하여 모든 삶의 형태를 바르게 설정하고, 성취감과 목적성 을 겸비한 인격을 형성하게 된다. 이러한 올바른 삶의 변화는 개인과 주위의 모든 사 람들에게 많은 행복과 즐거움을 준다.

(2) 집단을 위한 레크리에이션

① 공동 의식을 고취시킨다

레크리에이션 활동은 동료들과 이웃과의 관계를 개선하는 계기가 된다. 상호 간의 이해와 노력은 서로를 이롭게 해주는 힘을 발휘하게 한다.

② 개인은 집단에서 가지는 역할을 수용하게 한다

집단에서 각자의 관계를 유지함으로써 지도자, 수행자 등의 다양한 역할로 개인의

수행능력과 함께 그룹의 활동이 원활하게 수행된다.

③ 집단의 단합을 유지한다

레크리에이션 활동으로 공동의 목적을 달성하기 위한 개인의 주장을 양보하고 타협하면서 독단적인 생각을 공동의 의견에 맞춰가는 과정을 겪게 된다. 동료 간의 즐거움이나 목적 달성을 위한 수용적 자세는 집단의 단합으로 이어진다.

④ 집단의 통합을 유지해 주는 안전장치가 된다

집단 생활에서 발생하게 되는 잡음과 갈등을 해소하는 데 많은 영향을 미친다.

3 레크리에이션 프로그램 설정

레크리에이션 프로그램은 구체적인 각각의 활동을 행하기 쉽도록 시간적, 공간적 요소를 결정하고 기회나 정보를 제공하는 일련의 방법과 순서를 말하고 있다. 또한 프로그램은 일종의 지침 도구로서 레크리에이션 전문가가 여가 활동을 전개시켜 나가는 데 가장 중요한 도구라고 할 수 있으며, 프로그래밍은 그것을 계획하여 가는 과정이라고 할 수 있다.

프로그램을 설정하는 단계는 '참가자 고려 단계 → 활동의 선택 단계 → 활동의 준비 단계 → 예비 완성 단계 → 프로그램의 재검토 단계'로 나눌 수 있다.

프로그램을 보다 효과적으로 작성하기 위해서는 다음과 같은 사항을 고려해야 한다.

(1) 참가자 욕구 파악

욕구파악은 매슬로 욕구 5단계설이나 '라이프사이클에서 어떠한 욕구를 가지고 있는가'를 파악하는 데 도움이 된다. 욕구 파악이 충분치 않으면 프로그램은 참가자의 기대를 만족시킬 수 없다. 따라서 참가자들이 구체적으로 어떠한 사항에 만족하는가를 정확하게 파악하는 것이 중요하다.

(2) 욕구에 따른 활동의 선택

참가자의 욕구를 어느 정도 파악하였다면 다음에는 욕구에 따른 활동을 선택한다. 현재의 참가자와 미래의 참가자들이 하고 싶어 하는 활동을 파악하고 이들을 만족시킬 수 있는 방안들을 강구해야 한다.

(3) 프로그램의 라이프사이클

인간에게 라이프사이클이 있듯이 프로그램에도 라이프사이클이 있다. 새로운 프로그램은 계몽기, 발전기, 성숙기, 포화기를 지나 쇠퇴하는 단계로 이어진다. 이러한 일련의 과정을 프로그램의 라이프사이클이라고 하며 프로그램 내용은 언제나 인기 있는 활동이 될 수 없다. 프로그램이 성숙하는 시점은 보편적으로 그 전개 방법에 따라 여러 가지 욕구를 만족시킨다. 포화기로 변하는 시점은 항상 새로운 프로그램을 개발하고 소비자들의 욕구를 충족시켜 줄 수 있는 프로그램을 활성화하여 지속적으로 보급할 수 있어야 한다.

(4) 준비 일정

어떤 행사를 프로그램하는 경우, 준비위원회의 발족에서 해산까지 어느 정도 정확한 준비 일정을 작성해 줄 필요가 있다. 스케줄은 행사 내용에 따라 일반화하는 것은 어렵다. 준비 일정을 세우는 경우 두 가지가 있다. 하나는 실시일을 결정하여 두고 역산하는 방법이고, 다른 하나는 준비 일정에서 계산하여 실시일을 결정하는 방법으로 어느 쪽도 무리한 스케줄이 아닌 여유 있는 일정을 세울 필요가 있다.

(5) 프로그램의 안내 및 홍보

프로그램의 안내와 홍보는 프로그램에 적극적으로 참가하도록 한다. 안내 및 홍보의 주요 방법은 프로그램에 관한 뉴스를 흘려 참가자를 촉진하는 홍보이고, 다른 하나는 참가한 사람에게 훌륭한 프로그램을 진행하고 그 프로그램이 좋은 인상을 주게 되면 참가자들의 만족감을 극대화하는 것이다. 프로그램에 만족한 참가자들이 주위 사람들에게 적극적인 참여를 독촉하게 되면서 자발적인 구전 효과를 가질 수 있다.

 **Case Study**

왜 여가 스포츠 활동에 참여하는가?

여가는 기본적인 활동과 노동의 시간, 즉 생활에 필요한 필수적인 활동에 소요되는 시간을 제외한 자유로운 시간을 의미하며, 여가 시간에 개인의 만족과 편익을 위하여 자유롭게 선택하고 참여하는 활동을 여가 활동이라 한다. 여가는 여가 활동 그 자체보다는 여가 활동에 참여하면서 얻게 되는 경험적 가치를 의미하는 것이며, 여가 활동에 참여하는 사람들의 심리적인 상태나 만족 등을 통해서 여가를 정확하게 이해할 수 있다.

활동형 여가, 스포츠 활동의 특징

여가는 잉여 시간의 단순한 소모 형태가 아닌 특정 활동을 좀 더 진지하고 전문적인 형태로 참여하는 방식으로 발전하고 있으며, 여가에 참여하는 활동의 종류나 형태 또한 기존의 수동적인 여가에서 적극적이고 활동적인 여가에 참여하는 참여형 여가로 변화하고 있다.

대표적인 활동형 여가로는 바로 스포츠 활동을 통해 여가를 즐기는 것이다. 스포츠 활동은 단순히 신체적 건강을 유지하기 위하는 것이 아니라 정신적인 건강에도 도움을 주며, 사회적 활동에 적응을 하기 위한 하나의 방식으로 인식되고 있다.

스포츠 활동의 특징이자 장점으로는 서로 다른 문화적 배경과 이해를 지닌 이질적인 개인들을 공동체로 융합시키는 역할을 하며, 사회적으로는 다국적 사회에서 발생할 수 있는 여러 가지 갈등을 예방하는 '사회 통합'의 역할을 하기도 한다. 예를 들어, 미국에 유학을 간 우리나라 학생이 영어를 구사하는 것이 자유롭지 않다 하더라도 스포츠 활동에 참여하여 경기의 룰 속에서 현지인들과 하나가 될 수 있는 것이다.

같은 맥락으로, 한국에 유학 온 또는 일을 하기 위해 온 외국인들의 경우, 한국어를 구사하는 것이 유창하고 자유롭지 않다고 하더라도, 스포츠 활동에 참여하면서 자연스럽게 한국어를 배우고 한국인들과 친구가 될 수 있는 것이다.

스포츠 활동과 같은 이러한 활동형 여가는 새로운 국가의 다른 환경, 문화, 언어, 생활 방식 등의 차이에서 오는 어려움을 극복해야 하는 이방인들에게 문화 적응 과정에서 필요로 하는 상호 간의 교류의 기회를 제공하고, 서로의 차이나 우열 없이 동등한 입장에서 경쟁을 이끌어내는 능동적 활동의 측면에서 중요한 요인으로 작용한다.

스포츠 여가 활동에 참여하는 사람들

현대인들의 여가 활동에 대한 중요성과 관심은 폭이 점차 넓어지고 있다. 그중 현대인들이 가장 선호하는 여가 활동 분야 중 하나가 스포츠 활동이다. 이들은 여가 스포츠를 자신의 요구에 맞춰 참여하면서 신체적인 건강 향상과 건전한 여가 활동의 수단으로 즐기고 있다. 스포츠 활동 참여는 일상생활에서 발생할 수 있는 불안과 우울증, 스트레스를 해소하며, 사회적 긴장감과 스트레스를 해소시켜 정신 건강을 증진시켜 주기도 한다. 또한 스포츠 활동은 참여자에게 도전감과 성취감을 느끼게 해주며, 스포츠 참여 활동을 통한 신체적, 인지적, 태도적 기술 습득은 만족감을 향상해 운동을 통한 행복감에 도달할 수 있게 해준다.

심리적으로는 목표 달성, 성취감, 타인에 대한 배려와 도전 의식을 얻게 되고, 신체적으로는 스트레스 해소, 체력 향상, 다이어트 효과를 얻기도 한다. 사회적으로는 정보 공유, 새로운 만남, 이직의 기회 등을 얻게 되어 여가 활동을 통한 친교의 기회를 얻을 수 있다. 스포츠 활동은 집단 내의 다른 구성권과의 상호 작용을 통해 습득하고, 사회의 구성으로서의 문화를 습득하고 자신의 문화적 특성을 발휘하는 과정이다. 또한 스포츠 활동은 참여자와 대상자들 간에 긍정적 이미지를 형성하고, 외국인들에 대한 호감도를 증진시킨다는 특징도 가지고 있다. 이와 같이 스포츠와 같은 비언어적 활동(예 예체능 활동, 춤, 공연 등)이 사회 적응에 긍정적 영향을 준다는 많은 연구 결과들이 있다.

스포츠 여가 활동을 통해 추구하는 최종 가치, 행복!

최근 한국에서 유학하는 외국인 유학생 중 여가 시간에 스포츠 활동에 참여하는 참여자 141명을 대상으로 스포츠 여가 활동에 참여하는 이유, 이를 통해 얻게 되는 긍정적인 결과와 추구하는 최종적 가치 연구에서 흥미로운 연구 결과가 나왔다. 외국인 유학생들이 스포츠 여가 활동에 참여하는 이유로는 '체력 증진을 위해', '한국어를 배우기 위해', '자기 계발을 위해', '한국 문화 이해'로 나타났으며, 이 중 가장 많은 비율은 차지한 것은 '체력 증진'이었다. 외국에서 유학하는 학생들은 유학 생활을 성공적으로 마치기 위해서는 체력을 기르는 것이 가장 중요하다고 생각하기 때문이다.

여가 스포츠 활동을 통해 얻는 긍정적인 결과로는 '타인 이해', '건강 유지', '한국어 실력 향상'과 '즐거움'으로 조사되었다. 이 중 '건강 유지'가 가장 높은 비율을 차지하였다. 마지막으로 최종적으로 추구하는 가치의 경우, '행복', '성취감', '사회성 증가' 순으로 높게 나타났다. 이 세 가지의 단계(참여 이유-참여 결과-추구 가치)를 연결해서 해석해 본다면 '체력을 증진하기 위하여 스포츠 활동에 참여하고, 이를 통해 건강을 유지하여 행복함을 느끼는 것'이다.

어떠한 종류의 여가 활동에 참여하는가는 개인의 선택이다. 누군가에게는 TV 시청, 웹서핑이 가장 큰 행복을 가져다주는 여가 활동으로 꼽힐 수 있다. 행복은 주관적인 것이며, 여가 시간을 어떻게 활용하는가는 개인의 가치관에 따라 다르게 나타나기 때문이다.

출처: 이나현(2020), 관광레저 연구

4. 레크리에이션의 기능 및 효과

1 레크리에이션의 기능

오늘날 현대 사회는 기계 문명의 발전으로 노동이 자동화됨에 따라 여가 시간은 점차 증가되고, 인간들의 욕구도 다양하게 표출된다. 이러한 상황에서 사람들은 자신의 여가 시간을 어떻게 활용하느냐에 따라 행복한 인생이 되기도 하고 무미건조한 또는 위험한 인생이 되기도 한다.

레크리에이션은 가치관을 포함한 활동의 기회이다. 가치 활동이 개인이나 사회에 어떠한 역할을 하는 것으로 개인적 기능과 사회적 기능으로 분류된다. 개인적 기능은 첫째, 레크리에이션의 목적을 어디에 두는 것에 따른 기능 둘째, 레크리에이션이란 말의 뜻(휴식, 기분 전환, 재창조)으로부터의 기능 셋째, 레크리에이션을 통해 현대의 소외된 인간과의 관계를 보는 기능 등이 있다.

레크리에이션의 사회적 기능으로는 사회 학습의 기능, 재생산의 기능, 사회 통합적 기능, 문화적 기능, 사회 문제 해결 기능이 있다.

레크리에이션 활동 또한 잘못된 인식으로 인하여 향락적, 관능적, 퇴폐적인 오락으로 인식되어 그 본래의 기능을 상실하게 되는 경우가 있다.

급변하는 현대 사회의 구조를 직시할 때 레크리에이션을 통한 생산성 향상, 행복의 추구, 교양 및 인격 형성, 정서 함양 등의 교육적 가치를 추구하는 기능이 요구되며 다음 몇 가지로 구분하여 그 기능을 살펴보고자 한다.

(1) 여가 선용을 위한 지식, 기능, 방법, 습관 구비

현대 사회는 대중 여가 시대(mass leisure age)를 맞이하고 있다. 문화를 창조하는 여가는 21세기로 접어들어서 급격하게 증가하고 있다. 여가에 대해서 아무런 준비와 대책을 강구해 본 일도 거의 없는 무방비 상태에서 여가시대를 맞이한다는 것은 대단히 위험한 일이 레크리에이션의 가치관이나 기능을 상실하는 것이다. 따라서 여가 시대는 단순히 여가를 즐기기만 하면 된다는 것이 아니라 여가를 자신의 것으로 알고, 이용하는 방법을 개발하여 창조하는 것이 레크리에이션의 기능을 수행하는 일이다. 아울러 여가에 대한 이해방법, 기능, 습관을 기르도록 하는 것은 매우 중요한 일이다.

(2) 자기표현의 기회

사람은 누구나 자기를 남 앞에 나타내려고 하는 경향이 있다. 직종에 의해 역량이나 기술, 지식 등이 표현된다. 자기표현이 억제되면 욕구 불만이 쌓이게 되어 때로는 반사회적 행위로 나타나는 원인이 되기도 한다. 현대인들은 각자의 직종에서는 자기표현을 기피하는 현상이 있는 반면에, 자유 시간인 여가 시간은 개인이 좋아하는 취미 활동을 통하여 자기를 표현하고 실현할 수 있는 유일한 기회를 가질 수 있다. 자기표현의 기회를 나타내는 유일한 기능은 레크리에이션이다.

(3) 인간관계 형성 및 개선

인간관계란 존경, 이해, 동정, 친절, 희생, 봉사 등 상부상조가 동반된다. 레크리에이션 활동은 여러 사람과 어울려 즐기는 레포츠이다. 그리고 모든 이해관계를 떠나서 동등한 위치에서 참가하게 됨으로써 평소의 사회적 신분, 직업 의식, 우월감 등은 없고 오직 기쁨과 즐거움에 가득찬 분위기에 도취하게 된다. 그러므로 서로 이해하고 친숙해지며 화목한 가운데 일체감을 갖게 된다. 현대 생활의 이기적인 현상, 실리 추구, 이해 부족 등 비인간성을 초래하고 있는 사회 구조를 생각할 때 레크레이션은 인간관계의 교량적 역할을 하면서 서로 협조하고 신뢰하는 기능을 가진다.

(4) 스트레스 해소

현대 사회의 구조와 생활의 여건은 개인에 따라 차이는 있지만 누구나 스트레스를 받지 않는 사람은 없다. 이러한 원인은 생활의 복잡성, 공해, 매연, 환경 오염 등에서 오며 해결방안으로 정서 안정이 필요하다. 스트레스 병(stress diseases)이란 일의 압박 때문에 생긴 신경병이라고도 하며, 흔히 정신적 외상 또는 정신적 세균이라고도 한다.

흔히 스트레스는 현대병이라고 하여 이로 인한 질병은 무수한 것으로 해소 방안이 강구되어야 한다. 즉, 해소 방법은 욕구 불만을 풀어주며 자기를 표현할 수 있는 기회를 갖도록 하는 것이다. 각자 주어진 귀중한 자유 시간에 자기가 좋아하는 활동을 유익하게 즐기고, 생각하고, 느끼고 표현할 수 있는 길은 각자의 여가 시간을 가치 있게 활용하는 레크리에이션 활동이다. 그러므로 현대 생활의 특성으로 보아 인간 생활에 가장 많이 나타나는 스트레스 해소에 적극 활용되는 분야 또한 레크리에이션이다.

(5) 심신의 건강과 체력 향상

심신의 건강은 우리들의 생활 기반이며 행복의 기본 조건이다. 왕성한 생활력이나 활동력도 각자의 건강과 체력에 의존하고 있다. 그러나 산업계의 자동화로 인해 기계가 인간 노동력의 98.5% 이상을 담당하고 있어 신체 활동 감소로 인한 운동 부족 현상이 나타난다. 체력의 저하와 질병은 개개인의 생활력, 활동력을 감소시키는 원인이 되며, 개인의 위기인 동시에 국민 전체의 위기이기도 하다. 이러한 관점에서 온 국민이 스포츠 및 레크리에이션에 적극 참여하여 능동적으로 참여하는 레크리에이션 생활화는 시대적 과제가 되고 있다. 레크리에이션은 단순한 흥미나 소질이 아니다. 활동을 통하여 심신의 단련과 건전한 생활을 유지하기 위한 활력소인 동시에 레크리에이션의 기능이다. 모든 국민이 건강하고 튼튼한 체력을 유지하고 건강한 삶을 영위하기 위해서 스포츠 및 레크리에이션의 활동에 참여할 수 있도록 적극적으로 지원하고 장려해야 한다.

(6) 동심으로 돌아가려는 기회 부여

복잡한 사회생활과 생계유지 상황에서도 사람들은 종종 단순하고 천진하고 때 묻지 않은 자연스러운 상태로 되돌아가고 싶은 욕구가 생기는데 이를 자연스럽게 충족시켜 줄 수 있는 활동이 레크리에이션이다.

(7) 현실에서의 일시적 탈피

현대 사회는 개인, 학교, 직장, 단체, 사회적 조직 생활 등 상당히 복잡한 관계로 연결되어 있다. 복잡한 사회생활에서의 긴장, 불안, 공포 등을 쉽게 떨쳐버릴 수 있는 기회가 많지 않다. 따라서 레크리에이션 활동을 통하여 잠시나마 모든 것을 잊고 또 다른 환경이나 사람들과 함께 새로운 관광과 활동을 함으로써 건전하고 손쉬운 치료적 효과를 거둘 수 있다.

2 레크리에이션의 순기능과 역기능

레크리에이션은 조상으로부터 전해져 내려온 것으로 인간의 기본적 욕구인 행복, 만족, 희열을 추구하는 인간 생활과 더불어 지금까지 이르고 있다.

레크리에이션은 신체적, 정서적 가치와 인격 형성 및 복지 사회의 발전에 중대한 영향을 주고 있다. 어떠한 활동을 즐김으로써 창조적인 결과를 얻어야 하는 만큼 상호 보완 관계를 가질 수밖에 없다. 하지만 실질적으로 레크리에이션에 참가하는 사람들

표 5-2_ 레크리에이션의 기능

기 능	내 용
위화적 기능	어울려 위로해 주는 기능
전환적 기능	기분이나 상태를 다른 방향으로 바꾸어주는 기능
보조적 기능	모자라는 것을 보충해 주는 기능
준비적 기능	필요한 것을 미리 마련하여 갖추어주는 기능
추구적 기능	목적한 바를 이루도록 끝까지 쫓아 구해주는 기능
레크리에이션의 추구 방향	신체적 건강, 정신적 건강, 사회적 발달

의 대부분은 동기가 창조적이든 아니든 활동을 즐기는 것과 자신의 취미를 만족시켜서 스트레스를 해소하는 것, 삶에 있어서 심신을 수련하고자 하는 동기를 가지고 있다.

여가 활동은 일상생활에 소요되는 생리적 필수 시간과 의무 생활 시간을 제외한 자유로운 시간에 의무성이 최소한이고, 문화적 가치에 위배되지 않는 범위 내에서 심리적 자유와 즐거움을 느낄 수 있는 활동이다. 이와 같은 여가 활동은 본질상 타인에게 대행할 수 없고 여가 활동을 통해서 얻는 효용은 개인에게 직접적인 영향을 미친다.

여가 활동은 순기능과 역기능을 모두 가지고 있다. 이는 개인적 측면, 사회적 측면, 경제적 측면으로 구분한다.

첫째, 개인적 측면에서의 휴가는 휴식(relaxation), 기분 전환(entertainment), 자기 계발(self-development)이라는 효용을 안겨준다. 여가의 가장 기본적인 기능은 일상생활에서 지친 심신을 회복시키거나 권태와 스트레스를 해소하며, 육체적, 감정적, 이성적인 측면에서 새로운 창조적 태도를 형성시킨다.

둘째, 사회적 측면에서의 여가 활동은 사회적 결속력을 높이고, 사회성을 제고하여 공동 문화 형성에 기여한다. 즉, 여가는 여가 동반자와의 상호 작용으로 친밀감이 향상되고, 그 과정에서 교육적 경험을 가지며, 이는 사회성의 향상으로 이어진다. 또한 여가 활동을 수행하는 과정에서 여가 주체들의 공동 문화가 형성되는 순기능을 기대할 수 있다.

셋째, 경제적 측면에서 볼 때 여가 수요를 발생시키는 선행 요인이 된다. 이는 개별 여가 서비스의 발달뿐만 아니라 여가 관련 산업의 발달에도 기여한다. 하지만 지나친 고급화, 과소비, 상품화, 상업화 등은 건전한 여가 활동에 부정적인 영향을 미치는 요인으로 작용할 우려가 있다.

3 레크리에이션의 효과

레크리에이션은 적당한 신체적 움직임을 통하여 우리 몸의 신경계의 피로 회복 및 호르몬을 조화시키는 데 영향을 주면서 피로회복을 높여주는 역할을 한다. 또한 레저 스포츠 활동에 참여하게 될 경우 신체적인 건강에도 도움이 된다.

레크리에이션 효과는 크게 두 가지 측면으로 나눌 수 있다.

하나는 레크리에이션이 개인에게 어떻게 영향을 미치는가, 또 하나는 어떻게 조직적으로 레크리에이션에 참여하는 것이 사회적으로 어떤 의미가 있는 것인가 하는 것이다.

개인적 측면에서의 레크리에이션은

❶ 스포츠 활동 등을 통해 건강 증진과 체력 향상에 기여한다.

❷ 심적, 지적, 정서적인 면에 좋은 효과가 있다.

❸ 집단 레크리에이션 등을 통해 집단 의식 및 사교성을 고양시켜 원만한 인간관계를 형성하게 한다.

❹ 이러한 레크리에이션 활동을 통해 개인의 삶을 진작시킨다.

사회적 측면에서의 레크리에이션은

❶ 지역 레크리에이션 활동 등을 통해 지역 사회 구성원 간의 연대감 및 지역 공동체 의식을 고양시켜 지역 사회에서 생활의 질을 향상시킨다.

❷ 조직적으로 레크리에이션을 전개하여 도시 공원을 비롯하여 놀이터, 실외 체육 시설 등을 늘림으로써 살기 좋은 도시 환경 조성에 크게 기여한다.

❸ 경제 성장과 산업 구조 변화에 따라 크게 발전하고 있는 레저 산업 및 그 연관 산업은 국민 경제에서도 중요한 분야로 부각되고 있다.

❹ 스포츠나 신체 활동을 주로 한 레크리에이션 활동 또는 야외 레크리에이션 활동은 현대인의 운동부족을 채워주어 국민 전체의 건강과 체력을 향상시킨다. 더욱이 최근에 들어서는 건강을 해친 사람들의 사회 복귀 치료법 일환으로 크게 각광받고 있다.

❺ 사회복지의 질적 향상에 도움이 된다. 단순히 재정적인 문제만으로 해결되지 않는 사회 복지의 질을 높이기 위해서는 조직적인 활동이 필요하며, 이러한 면에서 레크리에이션도 복지 향상에 커다란 역할을 한다.

레크리에이션 활동이 이루어졌을 때 그 결과로 나타나는 만족이나 가치를 레크리

에이션의 효과라고 한다. 레크리에이션의 효과에는 피로 회복, 신체적, 정신적, 사회적, 지적, 예술적인 효과로 나누어볼 수 있다.

(1) 피로 회복을 통한 효과

과다한 업무와 스트레스 등으로 인한 만성 피로가 현대인들의 건강을 해치고 있다. 피로와 스트레스를 휴식과 음식으로 해결할 수도 있지만, 레크리에이션 활동을 통하여 극복할 수 있다. 적당한 운동과 활동은 사람들의 피로와 스트레스를 해소해 주고 생활에 활력을 주는 놀라운 효과가 있다.

(2) 신체적인 효과

수영, 등산, 요가 등의 레크리에이션 활동에 열중하게 되면 운동 부족으로 인한 피로 해소와 적당한 운동으로 체력 향상과 건강 증진에 영향을 주는 신체적인 건강에도 많은 영향을 미치게 하는 효과를 가지고 있다.

(3) 정신적인 효과

일상생활에서 받는 제약으로 인해 쌓인 스트레스는 레크리에이션 활동에 참여하여 집중하게 되면 스트레스 해소는 물론 정신적인 편안함을 느끼게 되면서 마음의 안정을 되찾게 된다. 마음의 안정은 곧 마음의 건강으로 확대되고 여러 가지 현대인의 질병으로부터 벗어나는 효과를 가지고 있다.

(4) 지적인 효과

풍요로운 인생을 살기 위해서는 지식의 획득도 필요하지만, 보다 중요한 것은 지성의 획득에 있다고 볼 수 있다. 즉, 레크리에이션 활동을 통하여 삶의 신선한 체험과 더불어 인간적인 아름다움을 재창조해 나가는 즐거움을 기대할 수 있다.

(5) 예술적인 효과

레크리에이션의 가치는 창조하는 데 더 큰 가치가 있다. 그 가치를 통하여 개인의 자아를 확장하고 실현하는 데 많은 역할을 하게 된다.

레크리에이션 활동을 통하여 새로운 지식을 배우고 경험하는 것은 그 어떤 예술 작품보다 아름다움을 소유할 수 있다.

5. 레크리에이션의 가치와 경향

1 레크리에이션의 가치

레크리에이션은 다양한 특성과 내용을 많이 가지고 있는 활동이다. 레크리에이션은 모든 사람이 그들의 여가를 지혜롭게 사용할 수 있도록 돕는다. 레크리에이션을 올바르게 적용하면 건강한 생활을 할 수 있다. 따라서 레크리에이션은 다음과 같은 다양한 가치로서 사회적으로나 개인적으로 많은 영향을 미치고 있다.

(1) 사회적 조직으로서의 가치

집단 레크리에이션은 실업이나 사회적 불평 등 많은 문제들로부터 관심을 돌리기 위해 조직되었으며, 일반적으로 사회에 많은 이익을 주는 역할을 한다.

크라우스(Kraus)는 레크리에이션이 자기 정당화에 많은 강조를 두는 것은 공공 레크리에이션이 재정, 지원, 공간, 경쟁 관계에 있다는 것을 주장한다. 고대 로마에서는 유용하게 의도되었으며 근세에는 1차, 2차 세계전쟁 이후에도 국민의 정서와 체력을 위해 사용되어 왔다. 현대에는 개개인에게 이익이 되도록 조직되고 레저, 스포츠와 함께 활동 영역으로 가치가 높아지고 있다.

(2) 생활에 보상적인 회복으로서의 가치

현대 사회에서의 다양한 직업군은 노동에서 오는 지루함이나 직업병이 갈수록 증가하고 있다. 이러한 현상은 전문직보다는 단순 노동을 하는 사람들의 고통이 더 많이 나타나고 있다. 특히 긴장으로부터 해방되고 어떤 잠정적 균형을 유지하기 위해 레크리에이션은 일을 위해 휴식을 취하는 것이 아니라 살기 위해 휴식을 취하기도 한다. 따라서 가족, 직장 그리고 더 나은 시민이 되기 위해 보상적인 회복의 가치를 가지고 있다.

(3) 스트레스 해소를 위한 정신 건강으로서의 가치

레크리에이션 활동은 참가자의 자발적인 선택으로 이루어지기 때문에 참가를 위한 내적 동기가 충분하여 모든 활동이 보다 적극적이고 협조적으로 진행된다. 또한 레크리에이션 활동에서 오는 피드백 역시 타인의 강요나 권유에 의한 것이 아니기 때문에 스스로의 마음에서 우러나와서 느끼고 판단하는 것이므로 그에 대한 만족도는 높아질 수밖에 없다. 결국 만족에서의 경험은 상대적으로 스트레스에 대처할 수 있는 면역력이 높아지고 활동 순간에는 저절로 스트레스가 감소되기 때문에 정신 건강으로서의 레크리에이션 가치는 더욱더 높다고 할 수 있다.

(4) 지속적 활동을 통한 전문 지식으로서의 가치

레크리에이션 활동이 자발적 참여로 시작되었다고는 하지만 프로그램을 조직과 목적을 가지고 좀 더 꾸준히 진행한다면 전문 지식인으로서 연구하고 기술 연마에 효과를 가져올 수도 있다. 이에 대한 사례로서 스포츠 동호인 조직과 클럽에서 국가 대표 선수가 선출되고 연극이나 무용은 어린 시절 감상하는 관람자 입장에서 피드백을 받아 전문 무용수나 음악 작곡가로 완성되는 경우가 많다.

레크리에이션은 내적 동기나 외적 동기가 형태별로 다르게 시작되었다 할지라도 경험과 연마를 지속적으로 정진한다면 전문가로서 충분한 자질을 갖추게 되면서 그 가치를 인정받게 된다.

(5) 사회적 성격 형성을 위한 인간관계 훈련으로서의 가치

레크리에이션 활동은 자기 마음을 먼저 열고 타인을 받아들여야 하는 경우가 많다. 다시 말하면 스스로 결정하여 참여하게 되는 활동들을 수행할 수 있으며 나아가서는 단체 활동(동호회 등)으로 이어지게 된다. 이러한 활동들을 통하여 타인들과의 관계가 두텁게 되면 상호 간의 협조와 봉사활동으로 사회에 기여하는 가치를 느끼게 된다. 레크리에이션으로 시작한 활동이 자기희생과 봉사 정신의 증대뿐만 아니라 보다 많은 대인 관계 형성에 영향을 미치게 된다.

(6) 창조적 표현과 미적 감각으로서의 가치

레크리에이션은 일상적이던 노동으로부터 해방되어 자율적이고 창의적인 활동으로 이루어지기 때문에 레크리에이션 활동은 잠재적인 능력 개발의 기회를 제공하는 데 많은 역할을 하게 된다. 또한 신체적인 건강미와 예술적인 활동 등 미적인 감각의 풍부한 경험을 하게 된다.

2 현대 레크리에이션의 과제

현대에 와서 레크리에이션 활동이 활성화됨에 따라 많은 부작용이 발생하고 있다. 레크리에이션이 참여자들에게 즐거움을 제공하여야 함에도 현실에 대한 도피나 개인주의에 빠져서 노동을 회피하는 현상 등에 관한 과제를 해결해야 한다. 이에 대한 내용은 다음과 같다.

(1) 도피주의

현대인들은 레크리에이션을 일상의 노동이나 생활의 괴로움으로부터 일시적으로나마 도피하기 위한 수단으로 활용하려는 경향이 많다. 실제적으로 실행하는 스포츠보다는 바라보는 스포츠 활동을 선호하고 즐기는 도취적인 활동을 하려는 경향이 있다.

(2) 상업주의

도피주의적 성향은 극도의 수동성을 수반하며 이러한 수동적인 레크리에이션의 만족감은 상업주의에 의해 조장되기도 한다. 정신적, 신체적 노력이나 강한 의지나 창조적 노력 없이 쉽게 탐닉할 수 있는 레크리에이션이 상업주의에 의해 쉽게 규격화, 획일화됨으로써 대중화되며 대중은 상업주의에 쉽게 빠져들게 된다.

상업적 레크리에이션의 중독 현상은 기계적이고 반복적인 레크리에이션임에도 고독한 군중이 양산되는 현상이다. 이러한 현상은 무언가를 부여받고 향유하고 있을지라도 사라지지 않는 허무감, 자신의 능동적 의지에 의해 수행하고 창의적인 기쁨을 창출해 내기보다는 규격화되고 비자주적으로 끌려가게 된다.

(3) 개인주의

익명화한 대중화로 인해서 자유나 해방감을 맛보는 개인주의적 경향으로 발전하게 된다. 따라서 사회적 연대성의 결여나 타인들 간의 협력을 통한 즐거움의 창출 부족으로 중간 집단의 결여는 대중 조작을 용이하게 만든다.

최근 가족 중심 레크리에이션 현상은 자동차 대중화 현상에 의한 것일 수도 있지만 상업주의와 매스컴에 의한 조작일 가능성도 배제할 수 없다.

(4) 노동과 여가의 분열 현상

현대인의 여가 해방감이 노동의 속박이나 억압에 반비례하고 있다면 노동은 개성의 발현이 아니라 생계의 굴레로 정신적 양극화와 이중적 태도를 유발하게 된다.

현대의 여가가 인간 통합의 주체로 사용되지 않는다면 진정한 여가의 의미를 상실하게 된다.

3 미래의 레크리에이션 경향

미래의 레크리에이션은 지금과는 조금 다른 개념으로 발전할 수 있다. 지금의 현대인들에게 레크리에이션은 단순히 스트레스 해소와 여가를 즐기기 위한 수단이었다면, 미래에는 이러한 기능에 더하여 삶의 질을 향상시키고 전문적인 지식 함양과 이를 토대로 하여 다양한 방법으로 활용할 수 있는 방안을 가지게 된다. 그 내용은 다음과 같이 설명할 수 있다.

첫째, 생산 능률의 향상이다.

레크리에이션은 직장생활이나 노동에서 피로해진 심신을 회복시키는 매개체의 역할을 한다. 레크리에이션으로 회복된 노동자는 일상과 업무 복귀에서 자신감과 생산성 향상, 조직 활성화 및 일체감 조성 등에 많은 영향을 미치는 역할을 하게 된다.

둘째, 행복의 추구이다.

인생이란 생존 경쟁에서 이기기 위해 사는 것이 아니며 항상 소유욕을 만족시키기 위해 사는 것도 아니다. 인간의 기본적 욕망인 '행복한 삶'을 위해 마음껏 일하고 즐기는 가운데 인생의 참다운 의미를 찾는 것이다. 레크리에이션은 우리에게 진정한 기쁨과 만족 그리고 평화와 행복을 가져다준다.

셋째, 교양 및 인격의 형성이다.

레크리에이션 종목은 크게 지적, 사회적, 예능적, 신체적, 취미, 오락적, 관광적 레크리에이션으로 나누어진다. 우리는 여가 활동을 통해서 각자가 즐길 수 있는 위와 같은 여러 가지 활동에 참여하여 폭넓은 교양을 쌓고, 또 여러 사람들과 어울리는 가운데 서로 이해하고 믿고 돕는 바람직한 인간관계를 이루게 된다.

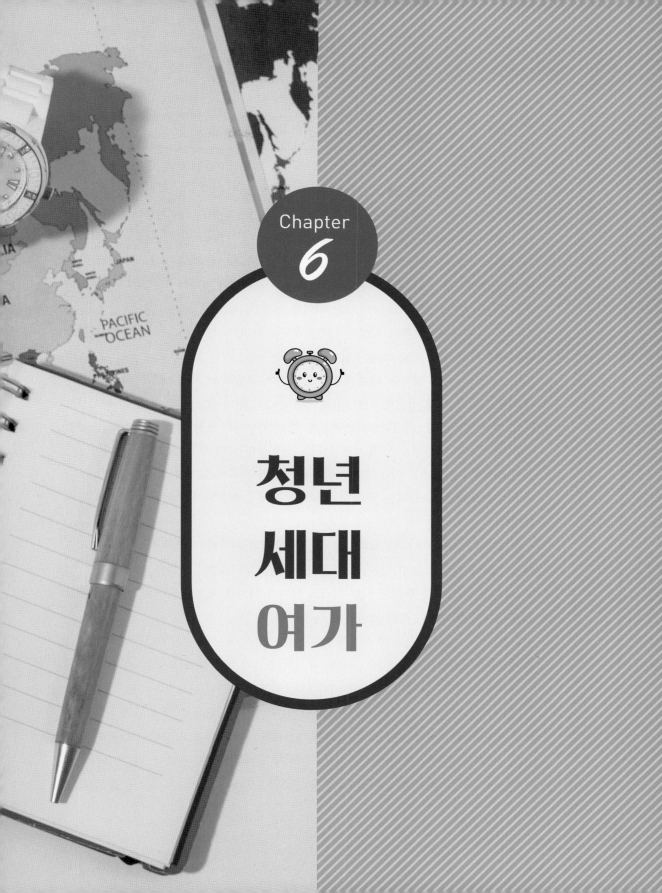

Chapter
6

청년
세대
여가

1. 청소년 여가의 개념

청소년기는 신체적 성장과 정신적으로 급격히 변화를 일으키는 시기로서 13세부터 20세 전까지이다. 이 시기에는 성장 속도가 빨라지고 지적으로 호기심이 왕성해지면서 가치관에 대해서도 기초를 쌓아가는 시기이다. 아동기에서 성인기에 이르는 과도기 상태로 신체적, 정서적, 도덕적, 사회적 발달 단계로 인한 감수성이 예민하여 사회적 환경의 영향을 그대로 받아들이기 쉬운 매우 불안정한 시기이다.

청소년들에게 여가 활동은 다양한 의미를 가진다. 청소년들에게는 여가 활동을 할 수 있는 시간, 장소, 비용이 적절하게 제공되어야 하며, 여가 활동을 원활하게 보낼 수 있는 적절한 학습과 지도 과정이 필요하다.

청소년기의 여가 형태는 대체적으로 모험심이 유발되는 체험적 활동을 선호하며 다양한 경험을 통해 성장해 간다. 특히 청소년기의 여가 활동은 인간 발달 단계상으로도 매우 중요하다. 건전한 여가 활동을 경험하게 됨으로써 학업의 성취도를 높일 뿐만 아니라 성장 과정을 통해 사회적 관계를 형성하는 데 매우 중요한 시기이다.

청소년기의 가치관은 아동기의 지위에서 성인의 지위로 옮겨가면서 개인적으로 더는 아동의 세계에 속하지도 않고 어른들의 세계에도 인정되지 못하는 불안정한 상태에 있다.

청소년들의 여가에 대한 전환기적 관점은 생활과 여가의 경향에서 나타나는 실질적인 변화에 관심을 두고 있는 반면, 부모들은 사회화 과정의 관점을 감독에 두고 있다. 더욱이 대학 진학을 위한 시험 대비의 압박과 여가에 필요한 시간의 제한 등이 청소년 여가에 미치는 영향이 크다.

청소년기는 정서와 사고의 감각이 싹트는 시기로서 부모의 관심, 지원, 교육이 필요하며, 지나친 간섭은 청소년의 잠재력, 창의력 개발과 발달을 저해할 수 있기 때문에 스스로 참여하고 협동하는 성격의 여가 활동 보급과 지원이 필요하다.

이 시기에 적합한 여가 활동으로는 관찰, 견학, 참여, 동화(同和), 경쟁 등을 내용으로 하는 것이 바람직하며, 스스로 관심과 흥미를 가질 수 있는 프로그램의 개발이 중요하다. 예를 들면, 여가의 다양한 기능을 일시에 달성할 수 있는 관광 활동이나 다양한 박물관 견학, 신록 열차, 해돋이 열차, 청소년 수련원, 문화유산 답사 등을 생각해 볼 수 있으며, 학교 제도 중 연 7일간 학부모 동반 체험 학습이나 1개월 이내의 도농 간 체험 학습(위탁교육형태)을 활용할 수도 있다. 아울러 인터넷을 이용한 정보 수집 등 자신의 여가를 스스로 계획하고 적절히 사용할 줄 아는 여가 교육이 필요하다.

1 청소년의 정의와 특성

청소년기는 사춘기를 지나서 2차 성징을 나타내는 시기로 신체적으로는 성인의 모습을 띠게 되지만 정신적으로는 아직 원숙하지 못한 불안정한 상태에 놓여 있다.

청소년기의 여가는 시간적, 활동적, 상태적, 제도적, 포괄적 정의의 다섯 가지로 내용은 다음과 같다.

(1) 시간적 정의

학업과 생활 필수 시간을 제외한 자유 시간을 말한다. 학업과 생활 필수 시간을 제외한 자유 시간으로 하루 24시간 가운데 생리적 기능 유지와 생활 유지를 위한 시간을 제외한 잉여 시간으로 정의할 수 있다.

(2) 활동적 정의

자유 시간에 수행되는 자발적 행동을 말한다. 자유 시간에 수행되는 자발적 행동으로 개인이 학교 생활 등 사회적 의무로부터 벗어나 휴식, 기분 전환, 자발적 사회 참여 그리고 자유로운 창조력의 발휘를 위하여 이용되는 임의적 활동의 총체로 정의된다.

(3) 상태적 정의

바쁜 일상생활사로부터 심리적으로 해방된 마음 상태를 말한다. 단순한 자유 시간

(free time)이 아니라 자유 정신(free spirit) 내지는 자유 의지(free will)이며, 바쁜 일상사로부터 심리적으로 해방된 마음의 상태로 정의할 수 있다.

(4) 제도적 정의

학업으로부터 생기는 피로, 권태, 압박감에서 해방되어, 에너지를 보충하고, 재생산하기 위한 수단이라고 정의할 수 있다. 학교라는 사회 제도적 상황과 관련해 볼 때, 학교 생활로부터 생기는 피로, 권태, 압박감으로부터 해방됨으로써 에너지를 보충하여 재생산하는 수단으로 정의할 수 있다. 즉, 여가의 제도적 정의는 여가와 학업이 제도적 차원에서 밀접하게 연관되어 있고 상호 보완적인 기능을 수행한다는 속성을 갖고 있다.

(5) 포괄적 정의

포괄적 정의는 시간적 + 활동적 + 상태적 + 제도적인 내용을 적절하게 혼합하는 것으로 정의한다. 사회적 의무로부터 자유로운 상태에서 휴식, 기분 전환, 자기 계발, 사회 참여를 위해 활동하는 시간으로 정의할 수 있다. 포괄적 정의는 현대 사회에서 점차 복잡하고 다양하게 변화하고 있는 여가의 개념과 속성을 폭넓게 이해하는 데 유용하게 활용할 수 있다.

청소년기의 특성을 보면 다음과 같다.
❶ 아동기에서 성년기로 전이하는 시기
❷ 사회적인 역할이 명확하게 정의되지 않은 시기
❸ 자아 정체성과 부모로부터의 독립을 추구하는 시기
❹ 자유와 자원에 대한 접근성이 증가하는 시기
❺ 이상적이고 자아 중심적인 경향이 강한 시기
❻ 가치에 대해 혼란스러운 시기
❼ 또래 집단과의 관계가 중요한 시기
❽ 신체적으로 급격한 성장이 이루어지는 시기

❾ 신체적 변화와 심리적 반응이 일치하지 않아 혼란스러운 시기

❿ 이성에 대한 관심이 증가하는 시기

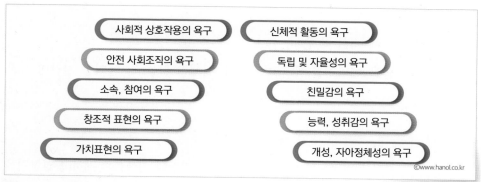

🏃 그림 6-1_ 청소년기의 기본적인 욕구

피트맨과 스켈스(Pittman & Scales)는 청소년기의 여가 욕구를 다음과 같이 제시하고 있다. 청소년기의 여가 활동 프로그램은 청소년들의 여가 욕구를 충족시킬 수 있도록 계획되고 실행되어야 한다. 이에 대한 욕구는 다음과 같이 설명할 수 있다.

① 긍정적인 사회적 상호 작용에 대한 욕구

또래 집단, 성인들과 긍정적인 사회적 상호 작용을 형성하기를 원한다.

② 안전, 사회 조직 및 명확한 한계에 대한 욕구

기대, 사회 조직 및 한계는 청소년들에게 중요한 역할을 한다.

③ 가족, 학교 및 지역 사회에 대한 소속 및 참여에 대한 욕구

청소년들은 가족, 학교 및 지역 사회와 관련된 활동에 참여하기를 적극적으로 원하고 있다.

④ 창조적 표현에 대한 욕구

청소년들은 타인에게 자신의 생각에 대해 표현할 기회를 추구하고 있다. 음악, 글쓰기, 스포츠 활동, 요리 및 그 밖의 활동들은 이러한 목표를 성취하는 데 도움이 된다.

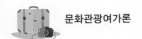
⑤ 자신의 가치를 알리려는 욕구

보다 넓은 목표를 달성하기 위해 노력하는 것은 청소년들에게 매우 중요한 부분이다.

⑥ 신체적 활동에 대한 욕구

청소년들은 많은 에너지를 가지고 있으며, 신체적 활동 및 놀이할 시간이 필요하다.

⑦ 독립, 자율성, 통제에 대한 욕구

청소년들은 보다 독립적으로 행동하기를 원하고 자신의 인생을 통제하고 영향력을 발휘하기를 원하고 있다.

⑧ 친밀감에 대한 욕구

청소년들은 또래 집단 및 어른들과 보다 친근한 관계를 형성하기를 원하고 있다.

⑨ 능력 및 성취감에 대한 욕구

청소년기에 성공하고 인정받을 수 있는 기회를 갖는 것이 중요하다.

⑩ 개성 및 자아 정체성에 대한 욕구

청소년들은 개성 및 자아 정체성을 찾고자 하며, 다른 사람들에게 긍정적인 이미지를 남기고자 한다.

2 청소년 여가 활동의 중요성

청소년들에게 건전한 여가의 효율적인 활용은 매우 중요하다. 청소년 시기는 인생에서 제2의 탄생기로서 인격을 형성하며 교양과 지성을 지닌 민주 시민으로서 자질을 갖추게 되기 때문이다.

현재 우리나라의 청소년들이 건전하게 여가를 가질 수 있는 장소나 시설 등이 심각하게 부족한 상황이다. 따라서 학교나 가정에서 올바른 지도와 자율적 성장을 위해 여가 생활 지도에 대한 많은 노력이 필요하다.

청소년에게 건전한 여가 활동을 제공하는 사회의 관심은 청소년들의 여가 선용을 지도하고 계몽하는 것이 중요하다. 청소년들에게 적정한 여가 활동을 지도함으로써 부적응 상태를 극복하고 비행을 억제하여 공부에서 오는 스트레스를 극복하고 잠재력을 배양시킬 수 있다.

청소년기의 여가 활동은 청소년의 신체적인 발달과 이성에 대한 호기심, 정서 생활, 인지 발달, 긍정적 자아 정체감, 세대 간의 갈등 완화 등에 도움을 주게 된다.

청소년기의 여가 활동과 관련한 특성을 살펴보면 다음과 같다.

첫째, 활발한 청소년기의 여가는 급격한 신체적 발달로 인해 정적인 행동보다는 동적인 행동 작용이 크게 일어나며, 이성에 대한 호기심도 증가하는 시기이다. 청소년기는 신체의 발달이 성인과 동일해지는 과정으로 많은 변화를 느끼게 되는 시기이다. 따라서 동적인 활동을 많이 하게 됨으로써 건강한 신체를 유지할 수 있도록 한다. 또한 건강한 신체의 성장으로 인하여 이성에 대한 호기심이 강하게 유발하는 시기로서 건전한 이성 교제를 할 수 있도록 유도하는 역할을 하게 된다.

둘째, 청소년 여가는 긴장과 스트레스 해소, 균형 있는 정서 생활에 도움을 준다. 청소년기에는 학교 생활에 대한 긴장감과 스트레스를 많이 느끼게 되면서 정서적, 신체적으로 불안정한 상태에 있게 된다. 다양한 여가 활동을 활용하여 긴장감과 스트레스 해소는 물론 정서적으로 안정감을 주고 건전한 청소년기를 보낼 수 있도록 도와준다.

셋째, 청소년 여가는 청소년의 인지 발달에 촉매제 역할을 한다. 청소년기의 여가 활동으로 인하여 보다 성숙된 정신력을 길러주고, 다양한 활동으로 새로운 생각과 창의적인 생각을 할 수 있는 기회를 제공하는 역할을 한다. 청소년들은 연극 활동, 음악 활동, 그림, 글짓기 등과 같은 활동에 자발적, 능동적으로 참여함으로써 자신의 잠재 능력을 최대한 발휘할 수 있다.

넷째, 청소년 여가는 청소년의 긍정적 자아 정체감을 갖게 해준다. 여가 활동으로 인하여 즐거움을 주고 자기를 표현할 수 있는 기회를 갖게 함으로써 삶에 대한 보람

을 느낄 수 있도록 해준다. 여가 활동을 통하여 바람직한 인격 형성을 하는 데 도움을 주게 되고 욕구 불만 등을 해소하는 데 많은 역할을 하게 된다.

다섯째, 협동심은 물론 지도력을 향상시키고 세대 간의 갈등을 완화해 준다. 청소년들이 좋은 인간관계를 형성하기 위해서는 타인의 의견을 이해하고 존중하면서 상부상조할 수 있는 경험이 필요하다. 여가 활동을 통하여 여러 사람들과 어울려 즐기는 활동으로 서로 간의 친선, 우정, 이해, 협조의 분위기가 형성되면서 세대 간의 갈등과 이해심을 갖도록 도와준다.

청소년 여가의 중요성은 크게 개인적 차원과 사회적 차원의 두 가지 차원으로 구분할 수 있다.

(1) 개인적 차원의 기능

개인적 차원에서의 여가는 학교 생활에서 오는 육체적 피로를 해소시켜 주고, 신체적 건강과 체력을 증진하는 기능을 가지고 있다. 청소년기에는 급격한 신체 발달이 이루어지는 시기이므로 신체적 건강을 위해 적당한 운동은 필수적으로 이루어져야 한다. 특히 입시 위주의 교육으로 체력 단련 시간이 절대적으로 부족한 상황에서 건강 증진과 체력 증진을 위한 여가는 필수 불가결한 존재이다.

여가는 일상생활에서 발생하는 스트레스 해소를 하는 데 중요한 역할을 하고 있으며 기분 전환의 기능을 수행하기 때문에 청소년에게도 꼭 필요한 요소이다. 특히 발달적 특성상 청소년기에 나타나는 스트레스와 일상화된 경쟁 관계에서 발생된 불안, 긴장, 좌절감 등을 해소하고, 성취감, 욕구 충족, 즐거움과 같은 긍정적인 정서를 느낄 수 있게 한다는 점에서 청소년기의 여가 활동은 매우 중요한 의미를 가지고 있다.

청소년기에 있어서의 여가는 건전한 인격 형성과 자아 정체성을 확립하게 할 뿐만 아니라 대입 위주의 교육으로 인해 나타난 부정적 측면들을 완화하거나 치료하는 보상적 기능을 한다는 점에서 중요한 역할을 하고 있다.

(2) 사회적 차원의 기능

사회적 차원에서의 여가는 청소년들에게 폭넓은 사회적 접촉을 통해 사회 구성원으로서 자신의 위치와 역할을 인식하게 하고, 사회적 역할을 배우게 한다. 인간관계 기술을 익히게 하는 학습의 기능뿐만 아니라 단체 활동을 통해 공동체 의식을 함양하게 하는 등 사회적 결속력을 강화시키는 기능을 하게 된다.

청소년에게 여가는 다양한 문화를 경험하게 하고 문화적 상대성 가치를 자연스럽게 체화할 수 있는 기회를 제공해 준다. 그뿐만 아니라 여가 활동은 교육 목표와 일치하는 교육적 경험으로 작용할 수 있다는 점에서 교육적 기능을 갖고 있다고 할 수 있다.

청소년기 여가의 또 다른 기능은 그릇된 방향으로 들어서지 않도록 하는 것이다. 결과적으로 청소년들의 일탈과 비행, 범죄 행위 등 여러 가지 사회 문제를 해결해 준다는 점에서 여가는 청소년기에 매우 중요한 역할을 한다고 할 수 있다.

청소년들이 여가 활동을 통해 얻을 수 있는 중요한 요소는 다음과 같다.

① 심리적 건강 촉진

청소년기는 정신적으로 많은 변화와 도전을 경험하는 시기이다. 여가 활동은 스트레스 해소와 긍정적인 정서를 유지하는 데 도움을 줄 수 있다. 예를 들어, 취미나 스포츠를 통해 자신의 열정과 재능을 발견하고 개발하는 과정에서 자부심과 자신감을 향상할 수 있다.

② 사회적 기술 향상

여가 활동은 청소년들이 사회적 기술을 배우고 향상시킬 수 있는 기회를 제공한다. 예를 들어, 팀 스포츠나 동호회 활동을 통해 협력, 리더십, 의사소통 등과 같은 기술을 발전시킬 수 있다. 이러한 기술은 인간관계 구축과 협업 능력을 개발하는데 도움이 된다.

③ 건강한 생활 습관 향상

청소년기에 건강한 생활 습관을 형성하는 것은 평생 건강을 유지하는 데 중요하다. 여가 활동은 체력을 향상시키고 운동 습관을 형성하는 데 도움을 줄 수 있다. 또한, 예술, 음악, 문화 등의 다양한 활동을 통해 창의적이고 풍요로운 삶을 즐길 수 있다.

④ 취향과 열정 발견

청소년기는 자아 탐색과 신원 형성의 시기이다. 여가 활동을 통해 다양한 분야를 탐구하고 자신에게 가장 잘 맞는 취미나 관심사를 발견할 수 있다. 이는 자기 계발과 자아 이해에 도움을 주며, 청소년들이 자신의 잠재력을 최대한 발휘할 수 있는 분야를 찾을 수 있도록 도와준다.

⑤ 유해한 행동 예방

여가 시간이 부적절하게 사용될 경우 청소년들은 유해한 행동에 빠질 가능성이 높아지게 된다. 여가 활동을 통해 청소년들은 건전한 활동에 참여하고 시간을 보낼 수 있기 때문에 유해한 행동을 예방할 수 있다. 예를 들어, 청소년들이 스포츠 팀에 가입하거나 예술적인 활동에 참여하면 무질서한 행동, 약물 남용, 건강에 해로운 행동 등을 피할 수 있다. 여가 활동은 긍정적인 사회적 연결을 형성하고 희망과 목표를 가질 수 있는 구조적인 환경을 제  공하여 청소년들의 유해한 행동을 예방하는 데 도움이 된다.

⑥ 학업 성취도 향상

적절한 여가 활동은 학업 성취도에 긍정적인 영향을 미칠 수 있다. 여가 활동은 청소년들에게 학교와는 다른 환경에서 새로운 기술과 지식을 습득할 수 있는 기회를 제공한다. 또한, 여가 활동을 통해 휴식과 재충전의 시간을 가질 수 있다. 이는 학업에 대한 동기와 집중력을 증진시킬 수 있다.

⑦ 창의성과 문제 해결 능력 강화

여가 활동은 청소년들의 창의성과 문제 해결 능력을 향상시키는 데 도움이 된다. 예술, 공예, 음악, 문화 등의 활동은 청소년들의 상상력과 창의력을 자극하고, 문제를 다양한 관점에서 접근하고 해결하는 능력을 발전시키게 된다.

이는 청소년들의 학업 성과뿐만 아니라 일상생활에서도 유용하게 활용될 수 있다.

3 청년 세대의 여가 문화

　지금 한국 사회에서 새로운 문화와 사회 현상을 만들어가는 중요한 세대는 누구인 가? 바로 밀레니얼 세대(Millenniels)와 Z세대(Gen Z)이다. 밀레니얼 세대는 1980년대 초반 부터 1990년대 초반에 걸쳐서 태어난 세대를 지칭하며, Z세대는 1990년대 중반부터 2000년대 초반에 출생한 세대를 지칭한다. 이 두 세대는 시기적으로는 약간 차이가 있지만 비슷한 문화적 특성을 지니고 있기 때문에 묶어서 MZ세대라고 불리기도 한다.

　MZ세대의 특징은 정보 통신 기술(IT)에 가장 친화적인 세대라는 것이다. MZ세대 는 이전의 세대와 달리 태어났을 때부터 인터넷과 다양한 IT 디바이스를 접한 세대 (디지털 네이티브)이다. 최신의 IT 디바이스와 소프트웨어에 거부감이 전혀 없고 오히려 적 극적으로 사용하려고 하고 능숙하게 다룬다. 그들에게 가장 중요한 IT 디바이스는 스마트폰으로 SNS에 글, 사진 등을 올리고 적극적으로 소통한다. MZ세대는 SNS 활 용뿐만 아니라 인터넷 쇼핑, 영화 감상, 배달 음식 주문, 게임 등 구매 활동에서 여가 활동까지 많은 활동을 스마트폰을 매개로 행하고 있다.

　MZ세대는 현재 전 세계에서 가장 중요한 계층으로 인식되고 있으며 다양한 분야 에 이들의 취향과 소비가 영향을 미치고 있다. 특히 이들이 중시하는 경험과 관련된 여가, 관광, 공연 예술과 같은 분야에서 업계의 새로운 트렌드를 형성할 정도로 영향 력을 미치고 있다. MZ세대의 나홀로 트렌드를 위해 많은 호텔들이 혼캉스(혼자+호텔+바 캉스) 패키지를 만들기도 하고 2인분 위주로 팔던 식당들이 1인분 중심으로 팔기 시작 했으며 혼자지만 식도락을 즐기고 싶어 하는 MZ세대를 위한 다양한 밀키트들이 등 장했다. 기존의 패키지 여행 중심으로 영업을 하던 여행사들도 MZ세대를 끌어들이 기 위해 셰프나 전문가와 함께하는 여행이나 현지인들처럼 살아보는 한 달 살아보기 여행, 혼자서도 쉽게 떠날 수 있는 소도시 자유 여행 상품 등 1인 가구의 취향에 맞춘 여행 상품들을 기획·판매하고 있다. 최근에 주목을 받는 부티크 호텔인 더 혹스턴 (the Hoxton)은 호텔을 사적이고 폐쇄적인 공간에서 다양한 사람이 교류할 수 있는 공공 장소로 변모시켜 경험과 타인과의 교류를 중시하는 MZ세대의 취향을 반영하여 큰 성공을 거두고 있다.

　밀레니얼 세대가 30대 초반, Z세대가 20대 중반에 진입한 지금 MZ세대들의 문화

적 영향력은 더욱 강해질 것이다. 여러 가치관이나 인식 조사 결과를 통해 이들이 새로운 사회 구성 집단인 것이 확인되기 때문이다. 이전 세대와 다른 세대적 경험을 공유하고 새로운 생활 양식과 문화를 가진 MZ세대를 이해해야만 향후 한국 사회의 다양한 문화적 현상과 소비 양상을 이해할 수 있을 것이다.

소유보다 경험을 중시하는 MZ세대는 관광하는 방식에서도 그 특징을 분명히 드러낸다. 도시의 랜드마크나 유명 관광지를 여행하기보다는 잘 알려지지 않은 거리나 현지인이 즐기는 경험과 음식 등을 체험하기를 선호한다. 기존 패키지 여행은 유명 관광 명소나 랜드마크를 빠르게 훑고 지나가는 형식으로 진행되고 음식 또한 현지인이 많이 찾는 맛집보다는 한식이나 구색 맞춘 현지식으로 구성되어 있어 MZ세대는 FIT여행을 선호하게 되었다. 관광 자원이 많지 않은 소도시 여행이 늘어난 이유에도 복잡한 도시보다는 현지인 위주의 공간에서 현지인의 삶을 체험하는 것이 더 의미 있다고 여기는 MZ세대의 특징이 한몫했다.

더욱이 현지 여행 서비스 업체는 여행지에서밖에 할 수 없는 독특한 체험 프로그램들을 제공하면서 MZ세대의 각광을 받고 있다. 현지 음식을 만들어보는 쿠킹 클래스나 해변에서의 요가, 오로라 관찰 등 독특한 현지 여행 상품에 MZ세대가 지출을 아끼지 않고 있다. 체험을 중시하는 MZ세대는 인상적인 경험을 다시 해보기 위해 갔던 곳을 반복해서 찾기도 한다. 유명 관광지보다는 음식과 현지 체험이 중요한 목적이기 때문에 다시 현지 음식을 맛보고 현지인과 같은 경험을 하기 위해 같은 곳을 여러 번 다시 방문하는 것이다. MZ세대에게는 상업화된 관광이 아닌 현지인의 삶을 체험하고 현지 음식을 적극적으로 체험하는 것이 여행이 되고 있다.

MZ세대에게 나홀로 여행은 더 이상 외롭거나 처량한 것이 아닌 다양한 경험과 재충전으로 새로운 시각과 감성을 채울 수 있는 자유로운 여행으로 여겨지고 있다.

청년 세대에서의 여가 활동은 자신을 표현하기 위한 수단이며, 여가를 통해 다양한 경험을 함으로써 자아 정체성을 확립하고 자아실현에 대한 단서를 찾을 수 있을 뿐만 아니라 여가에 대한 태도를 확립할 수 있는 중요한 시기에 해당된다.

청년 세대에 해당하는 대학생에게 여가 활동은 단지 휴식과 기분 전환에 국한되어 있는 것이 아니라 개인의 잠재적인 능력을 개발하고 생활의 질을 높이기 위한 인간 본연의 활동이며, 생활의 필수 영역임을 강조하고 있다.

이처럼 청년 세대에게 여가가 갖는 의미는 다른 세대와 구별되지만, 청년 세대는 여가를 향유하는 방식에서도 독특한 차별성을 갖는다.

　첫째, 청년 세대는 여러 사람과 함께 여가 활동을 하는 것을 선호하며, 개성이 강하고 모험적인 여가를 추구하는 경향이 있다. 특히 대학생들의 경우 남들과 구별되고 스릴감을 느낄 수 있는 여가 생활을 또래들과 함께하려는 특징을 가지고 있는데, 이는 가족 중심적 여가 생활보다는 관계 중심적 여가 생활을 선호하는 것을 볼 수 있다.

　둘째, 청년 세대에서 두드러지는 또 다른 특징은 통신 기기의 발달로 인해 다양하고 독특한 여가 생활을 빠르게 공유하는 데 있다. 청년 세대는 빠르게 변화하는 디지털 환경에서 디지털 언어를 자유자재로 사용하며 자신의 여가 생활을 스마트폰과 SNS 등을 통해 공유하고, 새로운 여가 정보 및 모임에 관한 정보 공유 역시 온라인상에서 주로 이루어진다.

　이는 다른 세대와는 구별되는 청년 세대의 독특한 여가 향유 방식이다.

　이처럼 청년 세대는 다른 세대와는 구별되는 여가 생활 방식을 갖고 있기 때문에 여가 생활을 위해 필요로 하는 여가 시설이나 프로그램과 같은 여가 인프라 역시 차별성이 요구된다. 그러나 지금까지의 여가 문화 정책 및 여가 문화 공간 계획에 있어서 청년 세대의 여가 문화에 대한 깊이 있는 고민은 부족했다.

2. 청소년의 여가 활동과 정신 건강

청소년에게 여가는 자신을 표현하기 위한 하나의 수단이며, 이를 통해 다양한 역할과 행동을 경험하고 인격 형성 및 성숙한 개인의 완성에도 많은 영향을 미친다. 따라서 청소년들의 학교 생활과 여가 생활을 대치되는 관계로만 여길 것이 아니라 올바른 청소년기의 생활을 위해서 공부와 여가는 병행되어야 한다.

청소년의 여가 활동은 청소년의 불안감과 긴장의 건전한 해소 그리고 잠재 능력의 개발과 자아실현, 자신감을 회복할 수 있는 요소이다. 성장기에 있는 청소년들에게 여가 활동은 학교에서 지적 활동을 통하여 경험할 수 있는 내용에 비해 훨씬 다양한 인지적·정의적·심동적 학습을 가능하게 한다.

건전한 여가 활동과 레크리에이션은 청소년들에게 신체적, 심리적, 지적 발달뿐만 아니라 능동적 창의적인 인간이 되게 하며, 규칙을 지키고 좋은 생활 습관을 기르게 한다. 여가 활동을 통한 다양하고 긍정적인 경험은 행복감의 결정 요인인 자아 존중감, 내적 통제성, 인간관계에 직접적인 영향을 미쳐 행복감과 삶의 질을 향상시킨다고 할 수 있다. 여가 활동을 통한 만족 또한 행복감에 미치는 영향이 큰 것으로 여겨지고 있다.

청소년들의 여가 활동은 일탈과 비행의 효과적인 방지책으로 인정받고 있는 청소년 문제의 예방 및 선도책이 되며, 건전한 여가 활동으로서의 신체 활동은 교육 기체로서 중요한 의미를 갖는다. 또한 생활 만족도를 높이고 관계 형성과 상호 작용을 통하여 신체적 변화와 자아 정체성 형성 및 발달 단계상의 위기를 이겨 나가면서 자신감을 갖게 하는 중요한 역할을 한다.

청소년기는 신체 활동이 가장 필요한 시기로서 신체와 정신의 발달 그리고 사회성의 발달 등 전인적 인간으로 성장하는 데 중요한 시기이다. 신체적, 정신적 성장기에 있는 청소년들에게 여가 활동은 학교에서 지적 활동을 통하여 경험할 수 있는 내용에 비해 더욱 다양한 인지적, 정의적 학습을 가능하게 한다.

청소년의 여가 활동은 청소년이 여가 시간에 노는 형태에 따라 휴식 분산형, 관람 집중형, 활동 몰입형의 세 가지로 나눌 수 있다.

첫째, 휴식 분산형 여가 활동으로서 여러 환경에서 오는 스트레스를 풀기 위해 활

동 자체에 몰두하기보다는 육체적 회복이나 정신적 평형을 유지하는 정도의 활동이다.

둘째, 관람 집중형 여가 활동으로서 관람을 통해 관람 대상 자체에 집중하는 경우의 활동을 말하며, 각종 스포츠나 영화 등의 공연 및 예술 전시의 관람 활동이 포함된다.

셋째, 활동 몰입형 여가 활동으로 전통적으로 놀이라고 여겨지는 각종 게임, 여가 활동으로 즐기는 스포츠와 예술 활동 등이 포함된다.

이를 보다 세부적으로 분석하여 신체적, 사회적, 지적, 예술적 여가 활동으로 나누어 살펴보면 다음과 같다.

(1) 신체적 여가 활동

신체적 여가 활동은 신체적 욕구를 충족시키고 건강을 증진하려는 활동이다.
배드민턴, 달리기, 농구, 축구, 탁구, 야구, 수영, 볼링 등의 신체적인 스포츠 활동 등이 있다.

(2) 사회적 여가 활동

사회 구성원 간의 친목을 도모하는 집단 활동이다. 타인과 친교를 맺고자 하는 사회적 욕구를 충족시키는 활동으로 대화, 야유회, 단체 게임, 축하 모임, 바둑, 장기, 사회 봉사 활동 등이 있다.

(3) 지적 여가 활동

지적 여가 활동은 즐거움을 얻고 교양과 견문을 넓힐 수 있는 활동으로 독서, 글짓기, 조사 연구, 수집 등의 활동이 있다.

(4) 예술적 여가 활동

예술적 여가 활동은 표현과 창작의 욕구를 충족하고자 하는 활동이다. 이는 취미

와 소질에 맞는 예술적 소양과 기능을 높이려는 활동으로서 음악, 미술, 무용, 연극, 영화, 공작 등의 활동이 있다.

1 청소년기의 여가 활동과 정신 건강

청소년기의 신체 변화는 종종 스트레스, 불안, 기분 변화로 나타나는 모든 종류의 불안으로 이어질 수 있다. 이러한 감정 상태를 피하기 위해 자신의 신체 변화에 대해 긍정적으로 느낄 수 있는 활동과 대화를 포함시키도록 해야 한다.

청소년기의 레크리에이션과 스포츠는 음식만큼이나 건강에 중요한 요소가 된다. 청소년들과 재미있는 활동을 공유하면 정서적 유대감을 공고히 할 수 있다. 또한 건강한 여가 활동들을 일상생활의 일부분으로 만드는 것은 청소년들이 미래에 긍정적인 기억을 가지게 된다.

(1) 청소년기 정신 건강의 부정적 요소

❶ 입시에 대한 심리적 부담
❷ 시간적인 여유 부족
❸ 기대 수준과 현실과의 격차로 인한 가치관의 혼란
❹ 자아 정체감에 대한 위기, 불안, 갈등, 좌절, 소외 등의 부적응 현상

(2) 청소년기 여가 활동의 필요성과 효과

전 생애 주기를 통하여 이루어지는 여가는 사회 교육을 위한 예비 학습 단계이자 자발적인 참여 학습의 장이다. 여가 활동은 일생을 경험하는 사회화 과정으로 현재의 삶의 만족도를 높이고 미래의 삶의 질을 향상시키기 위해 일생을 거쳐 자신의 경력을 형성하고 사회 공동체를 위한 전문성을 확보할 필요가 있다.

청소년을 위한 문화를 만들어가기 위해서는 청소년의 여가 시간과 활용이 매우 중요하다. 건전한 여가 문화를 조성하는 것은 바람직한 국가와 사회의 미래를 형성하는

데 매우 중요한 영향을 미친다.

여가를 통해 얻은 경험은 단순히 여가 영역에만 영향을 미치는 것이 아니라 개인의 다른 생활 영역으로 영향력을 확대한다. 여가 경험의 결과는 생활 전반에 대한 만족감이나 행복감의 지각에까지 영향을 미치게 된다.

청소년기의 여가 활동을 통해 일상생활에서 오는 심리적 긴장과 정서적 불안을 해소하고, 소속 집단의 의식과 가치를 부여받으며, 사회가 추구해 나가는 시기이다. 따라서 신체적, 정신적, 심리적으로 다양한 변화를 경험하는 청소년기의 발달 특성을 고려해 볼 때 이 시기의 여가 활동은 매우 중요한 의미를 가진다.

여가 인식에 대한 올바른 인식은 사회 구성원으로서 청소년들의 삶의 질을 향상시키며 사회를 구성하는 데 필수적인 요건이며, 청소년기 이후의 삶을 더욱더 가치 있고 의미 있게 보낼 수 있도록 도와주는 데 큰 역할을 한다.

청소년 여가가 필요한 이유는 다음과 같다.

❶ 심각한 사회 문제로 부각되고 있는 청소년 문제를 해결할 수 있다.
❷ 청소년들이 높은 이상, 희망을 갖고 올바른 성장을 할 수 있도록 도울 수 있다.
❸ 여가 활동은 사회 교육의 학습 기회이자 자발적으로 참여하는 학습 활동이다.
❹ 정신적으로 격동이 심한 청소년기에 있어서의 여가는 매우 중요하다.
❺ 여가를 활용하는 능력이 미약하면 무의미하게 혹은 불건전한 방향으로 여가를 보내면서 권태를 경험하게 된다. 따라서 이를 해소하지 않으면 일탈 행동으로 이어진다.
❻ 결론적으로 여가의 기능이 우수하면 자아 성장 및 자아실현을 이룰 수 있다.

2 대학생의 여가 활동과 정신 건강

(1) 대학생 여가 활동의 정신적 필요성

❶ 대학생 시기는 사회인이 되는 준비 과정에서 자신의 자아 정체감을 형성하기 위해 발달 과업을 수행하는 시기이다.

❷ 대학생은 건전하고 유익한 여가 활동과 그를 위한 교육적 가치가 매우 높은 집단이다.

❸ 대학생은 미래 사회 및 국가 발전에 중요한 역할을 담당하게 될 것이기 때문에 정신 건강이 중요한 시기이다.

❹ 대학생들은 현저히 저하된 취업률로 인한 학교 생활 부적응과 장기 휴학 등 많은 정신적 피로를 가지게 되는 시기이다.

(2) 대학생의 여가 만족과 정신 건강의 관계

① 생활 만족

대학생의 여가 만족 요인 중 '정서적 만족', '생리적 만족', '환경적 만족'은 생활 만족에 영향을 끼치게 된다. 자신의 생애를 의미 있게 수용하고 최소한 생활 전반에서 중요한 목표를 성취하였다고 느끼게 되면서, 주변 환경과 변화에 효율적으로 잘 적응해 나가게 된다. 이는 정서적, 사회적으로 별다른 어려움 없이 개인의 욕구를 만족시키는 역할을 하게 된다.

② 자아 존중감

대학생의 여가 만족 요인 중 '정서적 만족', '환경적 만족'은 자아 존중감을 향상시켜 건강에 보다 많은 관심을 갖게 된다. 이러한 관심은 바람직한 건강 생활을 실천하기 위해 더욱 긍정적인 태도로 표현하게 된다.

청년들을 위한 여가 및 문화 생활 지원

청년 시대에는 일과 교육뿐만 아니라 여가와 문화 생활도 중요하다.
정부는 청년들의 여가 및 문화 생활을 지원하기 위해 다양한 정책을 시행하고 있다.

정부의 여가 및 문화 생활 지원 정책은 청년들의 문화 활동과 창의성을 지원하고 문화 산업의 발전을 촉진하기 위해 다양한 프로그램과 정책의 주요 내용은 다음과 같다.

문화 예술 지원 프로그램

정부는 다양한 문화 예술 분야에서 활동하는 청년들을 지원하기 위해 예술 단체에 대한 지원을 제공하고 있다. 이를 통해 예술 활동에 종사하는 청년 예술가들이 창작 활동을 지속할 수 있도록 돕는다. 예를 들어, 창작 활동비 지원, 전문 예술가 멘토링 프로그램 등.

청년 문화 센터 운영

다양한 지역에는 청년들을 위한 문화 센터가 운영되고 있다. 이곳에서는 다양한 문화 활동, 예술 교육 프로그램, 문화 이벤트 등이 제공되어 청년들의 문화 생활을 지원한다. 이를 통해 지역 커뮤니티의 문화 생활을 활성화하고 청년들의 참여를 유도한다.

문화 예술 교육 프로그램

정부는 청년들을 위한 문화 예술 교육 프로그램을 운영하여 예술 분야에서의 역량을 키우고, 창의성을 발휘할 수 있도록 돕는다. 다양한 예술 분야에서의 교육 및 특강이 제공되며, 이를 통해 청년들의 예술적 역량을 발전시킨다.

지역 문화 활성화

지역의 문화 활동을 지원하여 지역의 문화적 특색을 살려내고 지역 사회의 문화 활동을 촉진한다. 이를 통해 지역의 문화 생태계를 활성화하고 지역 주민들의 문화적 공간을 확보한다.

문화 예술 인프라 구축

문화 예술을 즐기고 창작할 수 있는 인프라를 구축하여 청년들의 문화 활동을 지원한다. 이는 예술 공간, 창작 스튜디오, 문화 예술 센터 등의 시설을 확충하는 것을 포함한다. 지역 사회의 문화 활동을 위한 공간을 지원하여 청년들의 창작 활동을 지원한다.

3. 청소년 여가의 문제점과 활성화

 청소년 여가의 문제점

현재 우리 사회는 맞벌이 부부의 증가로 인해 핵가족 자녀들이 성장하는 과정에서 소외감을 갖거나 정서적 안정을 하지 못하는 경우가 있다.

이로 인하여 상급 학교 진학을 중심으로 이루어지는 현실은 청소년 교육이 매우 심각한 문제로 대두되고 있다. 또한 인터넷과 스마트폰의 대중화로 인해 무수한 정보들로부터 무방비 상태로 노출되어 있으며 자신들이 필요로 하는 정보나 지식을 언제, 어디서나 쉽게 찾을 수 있게 되면서 자신들만의 문화가 형성되고 부모나 교사 간의 대화가 단절되는 경우가 많다.

자생적인 여가 문화 형성이 어려운 청소년들의 여가는 다음과 같은 문제점을 일으키고 있다.

첫째, 청소년들이 여가에 참가하는 활동은 일반적으로 생산적인 활동보다는 스트레스 해소를 위한 감각적이고 획일적인 여가 활동인 경우가 많다.

둘째, 청소년의 여가는 실내형 위주의 정서적 놀이가 중심을 이루고 있다. 청소년 여가의 대부분이 인터넷, TV 등과 같은 대중 매체에 집중되고 있어 탈주체적 여가의 가능성이 있다. 여가는 개념상 자신의 삶의 질을 향상시키기 위한 주체적 노력이라는 특성을 가지고 있다. 실내형 위주의 정서적 놀이는 진정한 의미의 여가라고 보기 어렵다.

셋째, 여가 활동 시 개인 또는 소집단 중심의 놀이가 점점 늘어나고 있다. 인터넷과 휴대폰의 보급률이 확산되면서 게임, SNS 등 개인적인 시간을 많이 가지게 되면서 여가 시간을 혼자서 보내는 경우가 많아지게 되었다. 또한 모임을 가지게 되는 경우에도 새로운 사람과의 만남을 가지기보다는 친한 친구나 주위의 몇몇 사람들과의 만남을 가지는 경우가 많아지면서 점점 개인주의적인 성향이 깊어지고 있다.

넷째, 가족과 함께하는 여가 활동의 부족 또한 청소년 여가 문화의 특징이다. 우리나라의 청소년기에는 대학 입시 위주의 교육으로 인해 자신의 여가 시간 활용이나 가족과의 여가 시간으로 소비할 여유를 가지지 못한다. 가족과의 여가 시간 부족은 가족 간의 화목을 저해할 수 있는 요인이 될 수 있다.

다섯째, 청소년들의 여가 활동에서 과거 우리의 전통적인 놀이의 맥을 찾기가 어려워졌다.

여섯째, 청소년 여가가 물질적 조건에 종속되어 가고 있다. 청소년 여가 생활의 가장 큰 장애 요인으로 경제적 부담을 들 수 있다. 비노동 인구에 해당되는 청소년은 충분한 물적 조건을 확보하는 것이 어렵기 때문에 여가와 소비를 위한 불법 고용, 불건전 아르바이트에 참여하게 된다는 것이다. 맞벌이 부부의 증가로 부모와 함께할 여가 시간이 부족함에 따라 조상으로부터 전해오는 전통 놀이에 대한 대물림이 되지 못한다. 또한 다양한 기술의 발달로 편리함에 익숙한 청소년들은 전통 놀이에 대한 관심이 멀어지고 있다.

일곱째, 시간 부족을 들 수 있다. 대학 입시와 사교육, 과외 등 대입을 위한 시간에 많이 투자함으로써 청소년들의 여가를 위한 절대적 시간 부족 현상이 초래되고 있다.

지금까지 우리 사회에서 청소년을 둘러싼 환경은 청소년들이 여가를 즐기거나 여가를 통해 자신의 생산성을 높일 기회를 잃었으며, 여가 시간에 이루어지는 놀이마저도 정적이고 수동적이며 스트레스를 해소하는 것 위주로 이루어지고 있는 것이 현실로 나타나고 있다.

2 청소년 여가의 활성화 대책

청소년의 여가는 자칫하면 탈선으로 이어지게 되면서 비행 청소년이 될 수 있는 경우가 쉽게 발생한다. 따라서 청소년의 여가를 관리하는 자체 선도 기구도 설치되어야 한다.

우리나라는 청소년 활동을 위한 법적, 제도적 기반은 비교적 잘 구비되어 있으나 민간의 자율적인 활동은 활성화되어 있지 않다.

법적, 제도적인 기반으로는 청소년기본법, 청소년활동진흥법 등이 있으며, 국가적

차원의 청소년 시설 확충과 지도자 양성을 위한 제도적인 기반이 구성되어 있다.

하지만 청소년의 자율적 체험 활동 기회 확충과 청소년 활동 활성화의 저해 요인들을 감소하는 대책이 필요하다.

미래 지향적인 청소년 여가를 발전시키기 위한 대책을 살펴보면 다음과 같다.

첫째, 청소년 활동의 개념을 명확하게 추구해야 한다.

현재 청소년활동진흥법에는 청소년 활동의 개념이 명확하게 언급되어 있지 않다. 이는 청소년 수련 활동에서 청소년 활동으로 개념을 확장해야 한다. 또한 청소년 활동과 청소년 수련 활동 간의 개념이 혼돈되어 사용되기도 한다.

둘째, 청소년 중심 활동으로 전환해야 한다.

청소년의 자발적, 주체적 참여에 기초하여 진정한 주인의 역할을 할 수 있도록 유도해야 한다. 과거의 공급자 중심의 구조화된 청소년 활동에서 수요자 중심으로 이루어지고, 유연한 청소년 활동으로 진행될 수 있도록 해야 한다.

셋째, 교육의 한 축을 담당하는 청소년 여가 활동을 강화해야 한다.

현재의 청소년 활동 시설의 유형과 분류 체계를 개편할 필요성이 있다. 따라서 시설별 기능과 세부 공간 및 장비 등의 구체적인 실행이 필요하다. 청소년 활동은 교육의 중요한 축을 구성하는 요소로서 교육적 효과와 체계적인 접근 방법에 대한 문제를 고민할 필요가 있다.

넷째, 청소년 단체의 구조 및 기능 전환과 연계 체제를 구축해야 한다.

청소년 단체의 구조적, 기능적 취약성을 극복하기 위해 재정, 지도자, 프로그램 등을 보충하여야 하고 학생 회원 중심의 단체를 운영해야 한다. 또한 청소년 단체의 활동 역량 및 전문성을 제고하여야 하며, 운영의 내실화를 위한 실질적인 지원을 구축하여야 한다.

다섯째, 전문화된 청소년 지도자의 양성 및 처우를 개선해야 한다.

청소년 활동의 전문 지도 인력을 양성하여 전문화, 특성화, 다원화해야 하고, 전문 지도 인력을 배치하고 지원할 필요성이 있다. 다양한 제도적 지원을 강화하여 청소년 지도사의 전문성을 구축해야 한다.

청소년 여가 활동이 원활하게 이루어지도록 하기 위해서는 다음과 같이 적극적인 지원이 필요하다.

첫째, 청소년이 필요로 하는 여가 시설과 장소를 설치하고 쉽고 편리하게 이용할 수 있는 지원이 필요하다. 청소년들이 선호하고 건전한 여가 활동을 할 수 있도록 그들의 의견을 반영하여 적절한 프로그램을 개발하고 활성화해야 한다. 또한 청소년들이 접근하기에 편리한 장소를 섭외하여 연령대에 적합한 시설과 시간에 따라 누구나 편리하게 이용할 수 있도록 지방자치단체와 정부의 대책이 필요하다.

둘째, 청소년의 욕구와 필요를 지속적으로 조사하고 지원할 수 있는 기구를 설치하여 건전한 여가 활동을 할 수 있도록 해야 한다. 청소년 각자의 능력과 소질을 파악하는 데 주력하고 발견 시 적극적인 지원과 후원으로 건전한 사회생활과 직업을 가질 수 있도록 지원해 주어야 한다.

셋째, 청소년들 스스로 건전한 놀이와 행사를 창조하고 진행할 수 있도록 지원하고 육성하는 정책이 필요하다. 청소년 전용 여가 공간 및 시설 확충의 인프라 구축이 시급하다. 청소년들의 접근성이 고려되어야 하고, 공간 구성도 청소년들이 선호하는 방식으로 설계되어야 한다. 이를 위해 청소년들의 의견을 수렴하고 지역 사회의 모든 구성원들을 참여시킬 수 있는 방안이 필요하다.

넷째, 청소년의 여가 지도를 위해 학교와 종교 단체 및 기타 공공 시설 등의 지속적인 지원이 필요하다.

표 6-1_ 청소년 여가의 문제 제기와 과제

문제 제기	과제
청소년 교육과 생활 지도	• 중고등학생의 진로 지도 • 학교 문제아의 생활 지도 • 근로 청소년의 사회 교육과 여가 지도 등 폭넓은 건전한 지도 육성의 필요
생활 환경 등의 정화	• 선정적, 괴기적 영화나 출판물 등의 불량 문화, 환락 시설, 한부모 가정의 증대 등이 주목의 대상
연소 노동 또는 근로 청소년 문제	• 비정상적인 부당한 고용, 열악한 노동 조건, 농어촌 청소년 문제에 대한 관심
청소년의 비행과 비행 집단	• 환각제 사용, 아동·학생의 장기 결석, 중고등학생의 폭력, 근로 청소년의 비행, 가출 등이 문제
비행 대책과 갱생 보호	• 청소년들의 단체 활동, 비행 방지 지구의 감시 활동, 청소년 선도 센터 운영, 청소년 지도원의 제도화 및 활동
보호 아동 문제	• 심신 장애나 양호가 필요한 아동이 주요 대상

다섯째, 소외 청소년 여가 지원 제도 활성화가 필요하다. 장애 청소년, 빈곤 청소년, 근로 청소년 등 정책적 지원이 취약한 소외 계층의 청소년들을 대상으로 한 여가 지원이 필요하다.

우리나라 청소년의 여가 활동을 이해하기 위해서는 앞으로 많은 연구들이 수행되어야 한다. 우리나라 청소년들의 삶의 질을 높이기 위해 필요한 여가 활동은 무엇이며 이를 위해 효과적인 거버넌스를 어떻게 구축해야 할 것인가에 대해 고민할 필요가 있다. 특히, 미국에서 발전되어 UN과 같은 국제 기구에서도 수용하고 있는 발달적 관점의 적용이 한국에서 어떻게 가능할 것인지에 대해서 논의해 보는 것이 필요하다. 우리나라에서도 발달적 관점에서의 청소년 여가 정책의 발전이 필요하다는 논의가 있으나 입시 부담이 청소년의 일상생활을 완전히 구조화하고 있는 상황에서 어느 정도 적실성을 가질 수 있을지 경험적 검증이 필요하다.

또한, 비구조화된 여가 활동과 구조화된 여가 활동의 영향의 차이가 한국에도 적용될 수 있는 과잉 규제의 가능성이 좀 더 적합성이 있지 않을지, 만약 그렇다면 그러한 상황에서 어떠한 형태의 여가 교육 프로그램이 통일되어야 할지 고민해야 한다.

청소년의 여가 활성화를 위해 가정, 학교, 지역 사회, 정부 등은 새로운 가치관을 기반으로 한 탄력적인 인간을 양성함으로써 청소년들의 가치관 대립과 갈등을 극복할 수 있도록 도와주어야 하며, 여가를 건전하게 이용할 수 있도록 하는 다각도의 방안을 모색해야 한다. 이를 위해서는, 청소년들의 관점에서 개인적, 교육적, 사회적 차원에서 다음과 같이 살펴볼 필요가 있다.

① 개인적 차원

청소년의 여가에 대한 사회의 의식 변화가 선행되어야 한다. 청소년의 여가에 대한 의식과 태도는 성인의 여가에 대한 의식이나 태도보다 훨씬 부정적이다. 여가를 공부와 대치되는 활동으로 바라볼 것이 아니라 청소년에게 반드시 제공되어야 하는 필수적인 발달 과정의 하나임을 인식해야 한다. 이러한 인식이 선행되어야 청소년들에게 충분한 여가 시간을 확보해 줄 수 있고 건강한 청소년 여가 문화의 육성이 가능하다.

② 교육적 차원

교육의 차원에서 여가를 효과적으로 보낼 수 있는 태도와 방법이 체계적으로 학습되어야 한다. 청소년들이 여가를 효과적으로 활용하지 못하는 것은 여가에 대한 체계적인 교육이 없다는데 기인한다. 어릴 때부터 여가를 건전하게 보내는 방법에 대한 지도가 가정과 학교 교육 과정 속에서 이루어져야 한다.

③ 사회적 차원

사회적으로 청소년들이 손쉽게 여가 활동을 보낼 수 있는 공간과 프로그램이 제공되어야 한다. 청소년들 스스로가 자신들의 문화와 활동을 표현할 수 있는 공동체적 여가 공간이 우선적으로 확보되어야 한다. 또한, 청소년을 위한 여가 프로그램이 보급될 수 있도록 가정, 학교, 지역 사회를 연결하는 네트워크를 구축해야 한다. 청소년들이 이용하는 수련 시설, 체육 시설, 오락 시설, 청소년 기관 등을 쉽게 찾을 수 있고 저렴하게 이용할 수 있도록 정책적인 지원이 필요하다. 그리고, 청소년의 여가를 연구하고 지도하는 청소년 여가 전문가 양성 시스템에 대한 정책을 수립해야 한다.

 **Case Study**

🎢 문화 생활을 위한 청년 문화 정책 TOP 3

청년 문화 여가비 지원

정부는 청년층의 문화, 예술 기회를 넓혀주기 위한 다양한 문화 지원 사업을 준비하고 있다. 그중에 한 가지는 청년들이 문화 생활을 더욱 적극적으로 즐길 수 있도록 하는 청년 문화 여가비 지원 정책이다.

청년 문화 여가비 지원을 통해 청년들에게 문화 행사 참여, 공연 관람, 전시회 방문 등 다양한 문화 활동을 경험할 수 있는 기회를 제공하는 것을 목표로 하고 있다.

지원 사업으로는 청년 문화 예술 패스가 신설되고, 저소득층 통합 문화 이용권 지원 규모가 커진 내용에 대해 알아본다.

• 청년 문화 예술 패스 신설

정부가 만 19세(2005년) 청년들의 공연 및 전시 관람을 위해 1인당 최대 15만 원을 지원하는 사업이다. 약 16만 명에게 혜택이 돌아갈 예정이다.

지급되는 포인트로는 연극, 뮤지컬, 클래식, 발레, 전시 등을 관람할 수 있는 기회이며 문화 예술에 관심이 많은 청년들에게는 좋은 기회가 될 것이다.

- 문화누리 카드 지원금 확대

  저소득층 통합 문화 이용권(문화누리 카드) 지원금이 연 11만 원에서 13만 원으로 상향되었고, 총 258만 명이 지원금 혜택을 볼 것으로 기대된다.

  문화 여가비 지원 정책을 통해 청년들은 자신만의 취미와 흥미를 발견하고, 삶의 질을 향상시킬 수 있다.

근로자 휴가비 지원과 여가비 지원

근로자 휴가비 지원 정책은 근로자들이 국내 여행을 통해 충분한 휴식을 취하고 일과 삶의 균형을 찾을 수 있도록 돕기 위해 마련되었다.

정부와 기업이 함께 근로자의 여행 경비를 지원함으로써, 재충전의 시간을 가질 수 있고, 국내 관광 산업 활성화에도 도움이 되는 사업이다.

정부에서는 일반 국민들의 여가비 부담을 줄이기 위한 다양한 사업을 펼치고 있고 그중에 도움이 될 수 있는 사업으로는 근로자 휴가비 지원 사업과 여행가는 달 확대 시행, 숙박 배포 사업이 있다.

- 근로자 휴가 지원

  근로자가 20만 원을 적립하면 기업과 정부가 각각 10만 원씩을 추가 적립해서 총 40만 원을 국내 여행 경비로 사용할 수 있도록 도움을 주는 사업이다.

  중소기업과 소상공인, 중견기업 등에서 일하는 근로자라면 모두 신청이 가능하다.

- 여행 가는 달과 숙박 쿠폰

  정부는 2월과 6월은 여행 가는 달로 지정하면서 숙박, 교통 등 각종 지원 사업을 진행하고 있다. 국내 지역 관광 산업을 활성화시키기 위한 노력으로 숙박 할인 쿠폰 45만 장을 배포한다.

스포츠 활동 인센티브

운동을 하는 사람에게도 지원금을 지원하고 있다.

국민 체력 100에 가입하고 체력 측정과 스포츠 활동에 참여하면 최대 5만 원의 인센티브를 받을 수 있다. 이렇게 받은 포인트로 스포츠 시설 이용권, 스포츠용품 구매에 현금처럼 쓸 수 있는 상품권으로 교환할 수 있다.

앞으로는 체력 측정 간소화 서비스 이용 시설이 200개소로 늘어나고, 인센티브를 쓸 수 있는 스포츠 시설도 더욱 확대될 예정이다.

출처: 문화체육관광부

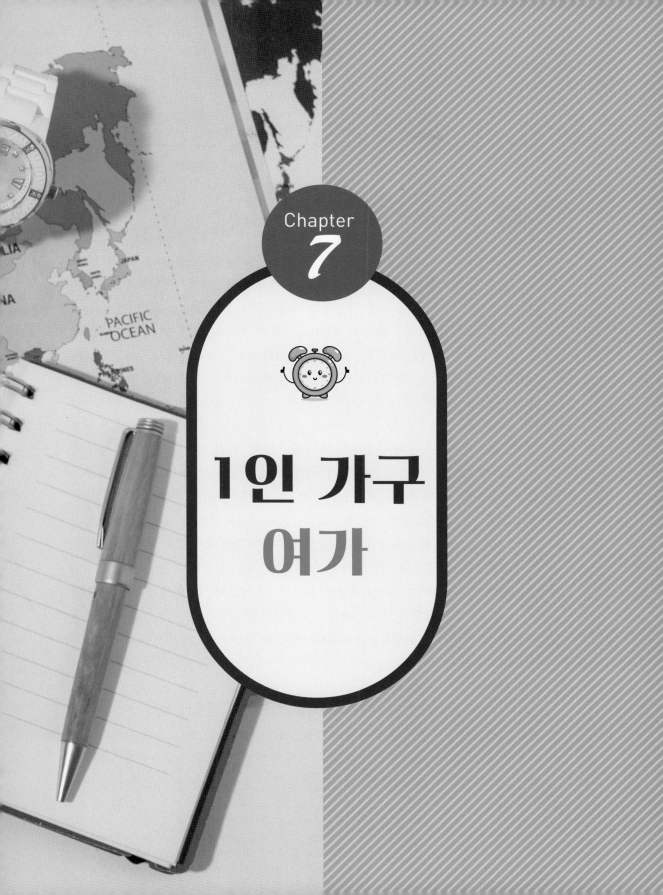

Chapter
7

1인 가구
여가

1. 1인 가구의 개념과 현황

 1인 가구의 개념

사회복지학 사전에 따르면 1인 가구는 혼자서 살림하는 가구, 즉 1인이 독립적으로 취사, 취침 등 생계를 유지하고 있는 가구를 말한다. 통계청의 인구 주택 총 조사에서 정의하고 있는 1인 가구는 독신 가구뿐만 아니라 배우자가 있어도 동거하지 않고 사는 기러기 가족이나 주말부부 등도 포함하고 있다.

1인 가구는 혼자 사는 사람들을 말하며, 독립된 공간에서 의식주의 일상생활을 혼자 영위하는 사람들을 통칭한다. 1인 가구의 형성 요인으로 자발적 1인 가구는 주로 30대 이상의 연령층에서 결혼 연령이 늦어지고 부모 세대로부터 독립하면서 형성된 1인 가구이다.

최근 1인 가구는 새롭게 등장하는 주요 가구 유형 중 하나로 빠른 증가 추세를 보이고 있다. 1인 가구의 증가 현상은 개인주의 확산, 취업률 감소에 따른 경제적 불안감 확대, 여성의 경제 활동 증가, 초혼 연령 상승, 이혼 증가, 고령화 심화 등 다양한 경제, 문화, 사회적 요인들이 복합적으로 적용되어 나타나고 있다.

1인 가구의 여가 활동은 TV 시청 등 소극적 여가 활동이 주를 이루고 있으며, 여가 생활에 대한 만족도와 행복 수준이 높지 않다. 특히 연령이 높을수록, 소득이 낮을수록 이러한 경향이 더욱 강하게 나타난다. TV 프로그램 '나 혼자 산다'는 유명 연예인들의 1인 가구 생활을 프로그램화하여 인기를 얻고 있다. 이 프로그램은 독신 유명 연예인들의 일상적인 생활상을 보여주면서 일반 국민의 1인 가구뿐만 아니라 많은 세대들의 공감을 얻어 1인 가구에 부정적인 인식을 가졌던 사람들에게 많은 영향을 미치고 있다.

1인 가구의 증가와 함께 다양한 사회 지표에도 변화가 나타나고 있다. 혼인율, 출산율이 낮아지면서 미래 인구 변동에도 직접적인 영향을 주고 있다. 그리고 주거 형태의 변화, 주택 공급, 연금 제도 등 다양한 거시 경제 정책, 복지 정책에 변화를 요구하고 있다. 그뿐만 아니라 개인의 라이프스타일과 생활 문화 전반에서도 혼자서 하는 활동들이 증가하면서 우리 삶과 밀접한 관련이 있는 현상으로 주목받고 있다. 실제 우리 사회에서 쉽게 접할 수 있는 '혼행족(혼자 여행하는 사람들)', '혼여족(혼자 여가하는 사람들)' 등 연관 유행어에서 알 수 있듯이 혼자 하는 여가 활동도 급증하고 있다.

2 1인 가구 현황

2021년 10월 우리나라 주민등록상 1인 가구가 사상처음으로 40%를 넘어섰다. 우리나라의 1인 가구는 1980년 전체 가구의 4.8%에 불과했으나 이후 빠르게 증가하여 2010년에는 전체 가구의 23.9%로 증가하였다. 앞으로 계속해서 비중이 높아질 것으로 전망된다. 최근 1인 가구의 증가 추세로는 초혼 연령 상승, 고용 불안, 개인주의 확대 등에 따른 청년층 1인 가구, 이혼 등에 의한 장년층 1인 가구, 고령화 등에 따른 노년층 1인 가구 등과 같이 복합적인 요인들에 의해서 급속하게 증가하고 있다. 이에 대한 원인을 상세하게 살펴보면

첫째, 우리나라 고령화 사회가 빠르게 진행되면서 만 65세 이상의 노인 인구는 100만 명을 넘어섰으며, 65세 이상 가구주도 증가하고 있다. 이들 중 부부만 살거나 홀로 살아가는 노인들이 증가하고 있기 때문이다.

둘째, 결혼에 대한 부정적인 시각과 자녀교육에 대한 걱정으로 저출산의 영향이 작용하고 있다. 또한 생활 양식의 변화에 따라 젊은층의 1인 가구도 증가하고 있다.

셋째, 세계적인 경기 침체로 청년 세대의 취업이 불투명해지면서 경제적 어려움이 있다. 그리고 개인주의가 확산되면서 혼자서 생활하려는 경향이 높아지고 있기 때문이다.

넷째, 사회적 분위기가 이혼에 대해 관대해지면서 이혼율이 증가하게 되었다.

1인 가구가 많아지면서 외로움과 고독감, 우울증이 증가되고 위급한 상황 시에 대응이 어려워지는 경우가 발생하게 된다. 그리고 주변 이웃들과 소통이 어려워지고 사회성이 떨어질 수 있는 문제점이 생기기도 한다.

향후 1인 가구는 지속적으로 증가하면서 전체 가구 구성에서 1인 가구가 차지하는

비중은 2035년에 3가구 중에서 1가구가 될 것으로 전망된다. 이러한 이유로 1인 가구 증가는 사회·경제적으로 그 영향력이 확대되고 있다.

조호정, 전선형(2010)은 국내 1인 가구의 현황과 증가 원인을 조사한 결과 7대 구조적 특징을 다음과 같이 도출하였다.

① 빈곤화 가속 ② 고령화 심화 ③ 단순 노무 및 무직군의 1인 가구 급증 ④ 여자 1인 가구가 남자에 비해 2배 수준 ⑤ 고소득 1인 가구 증가로 1인 가구 내 소득 양극화 조짐 ⑥ 주거비 지출 비중 높음 ⑦ 비소비 지출 비중이 상대적으로 높아 후생 수준 하락으로 나타났다.

3 1인 가구화 동향

청년층의 취업 악화와 결혼에 대한 생각이 부정적으로 바뀌었다. 황혼 이혼과 직장의 이동으로 주말부부가 늘어나면서 갈수록 증가하는 상황이다.

1인 가구 증가의 동향을 살펴보면 다음과 같다.

첫째, 남성 중년층과 여성 고령층의 1인 가구가 빠르게 증가하고 있다. 1인 가구의 비중은 30대 이하 청년층과 70대 이상 고령층에서 높게 나타나고 있다. 1인 가구의 증가 속도가 가장 빠른 계층은 50대 중년 남성으로 여성의 경제 활동 참여 증가와 결혼 관념 변화로 이혼이나 미혼자 증가 때문으로 여겨진다. 또한 여성의 기대 수명이 높은 이유로 여성 고령층의 1인 가구화가 빠르게 진행되기 때문이다.

둘째, 1인 가구의 소득이 2인 이상 가구보다 낮고 격차도 확대되고 있다. 전체 1인 가구 중에서 3분의 2가량을 차지하는 20~30대 청년층 1인 가구와 70세 이상 고령 1인 가구의 소득 부진으로 가구 간 소득 격차가 갈수록 벌어지고 있다.

셋째, 1인 가구의 소비는 2인 가구의 1인당 소비보다 8% 높다. 1인 가구화는 공유할 수 있는 품목도 개별적으로 소비해야 하므로 전체 소비를 늘리는 효과가 있다. 예외 사항으로 40대 이상의 1인 가구는 평균적으로 혼인 시기를 지나서 장기적으로 독신 상태가 유지될 가능성이 높기 때문에 2인 가구보다 소비를 줄이게 된다.

4 1인 가구의 소비패턴

1인 가구의 소비 형태는 다음과 같이 설명할 수 있다.

(1) 2인 가구와 가장 큰 차이는 주거비

1인 가구는 2인 가구에 비하여 필요한 주거 면적이 더 넓기 때문에 주거비가 31% 증가하게 된다.

(2) 술과 담배 소비에 많은 지출

1인 가구는 주류(30%), 담배(64%) 소비 지출이 2인 가구보다 50% 더 많은 것으로 나타났다. 외로움은 알코올 중독이나 흡연 중독으로 조기 사망을 높이는 행위를 증가시키는 반면, 결혼 후에는 배우자의 선호에 따라 음주와 흡연을 줄이는 경향이 있다.

(3) 외식을 하거나 가공식품 선호

여성보다는 남성 1인 가구의 외식비 지출이 크고, 식비는 여성 1인 가구가 높다.

(4) 개인 이용에 돈을 아끼지 않는 독신 여성

여성 1인 가구의 높은 소비로 인해 의류 구입과 미용 상품 및 서비스 소비는 1인 가구에서 더 높으며, 남성 1인 가구의 의류 소비는 여성 1인 가구 지출의 절반 수준으로 나타났다. 30대 이하 여성 1인 가구의 의류에 대한 한 달 평균 지출은 30대 이하 2인 가구의 부부 합산 의류비 지출과 비슷하다.

(5) 통신비와 외식비 지출

사회적 고립을 탈피하기 위해 사교 활동에 적극적, 사회적 연계의 중요성을 느끼게 되면서 1인 가구의 통신비 지출이 2인 가구의 1인당 지출보다 높으며 외식비 또한 높다.

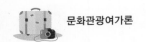

(6) 남자는 운동, 여자는 문화 서비스 및 애완동물 선호(고령층 제외)

(7) 혼자 여행하지 않는 남성

1인 가구의 여행비 지출은 2인 가구의 1인당 지출보다 25% 낮다. 남성 1인 가구의 월평균 여행 지출액은 여성 1인 가구의 월평균 지출액의 절반이며, 30대 이하 여성 1인 가구의 여행 지출이 가장 높다.

(8) PC, 가전, TV순으로 전자 제품 수요 증가

1인용 밥솥, 세탁기 등이 출시되고 PC나 스마트폰 등 IT 기기가 발달하면서 TV 제품의 구매는 줄어들고 있다.

(9) 젊은 독신 가구는 병원보다는 약국 이용

의료, 건강 부문은 1인 가구화에 따라 소비가 감소하고 있으며, 병원 서비스에 대한 고령 1인 가구의 지출이 높은 것은 가정에서 간병해 줄 사람이 없기 때문에 병원 치료를 받을 수밖에 없기 때문이다.

(10) 자가용 수요는 크게 감소

자동차와 가구류 소비는 1인 가구 소비가 더 낮으며, 월셋집에 거주하게 되면서 부피가 크고 활용도가 떨어지는 가구류에 필요성을 느끼지 못한다.

1인 가구 소비 형태에 대한 대책은 다음과 같다.

1인 가구의 증가로 인하여 대형 아파트 공급 과잉 현상이 해결되어야 하며, 소형 주택, 셰어 하우스 등 주택 시장의 공급 다변화 정책이 필요하다. 또한 고령층의 IT 교육 확대와 지역 커뮤니티 및 문화 시설을 확대할 필요가 있으며, 병원 서비스, 간병인 수요 증가가 예상되므로 이와 관련된 서비스를 확대할 필요성이 있다.

2030년에는 고령화가 소비에 미치는 부정적인 효과가 1인 가구의 증가세로 인한 소비 증가를 상쇄해 전체 소비도 낮아지게 되므로 장기적 소비 수요 둔화를 극복하게 될 방안도 필요하다.

 ## 2. 1인 가구의 여가 활동 형태

🔖 1인 가구의 주말 주된 여가 활동

2023년 1인 가구의 주말 여가 활동은 동영상 콘텐츠 시청이 77.9%로 가장 많고, 그 다음은 휴식(73.4%), 컴퓨터 게임, 인터넷 검색(23.7%), 취미·자기 계발(17.2%) 등으로 나타났다.

2022년 조사에서는 1인 가구 여가 활동의 주된 목적은 개인의 즐거움을 위해서 34.8%로 가장 많았으며, 마음의 안정과 휴식을 위해(18.9%), 시간을 보내기 위해(15.6%)서가 우선 순위로 조사되었다. 하루 평균 여가 시간은 평일 4.5시간, 주말 6.3시간이었다.

1인 가구 구성이 차지하는 비중이 점점 증가하고 있음을 고려할 때 1인 가구의 여가 활동 활성화는 크게 세 가지 측면에서 중요하다.

개인적 측면에서는 삶의 질 및 행복 수준 제고, 사회적 측면에서는 국민 여가 문화 향유 증진 및 사회 통합 기여, 산업적 측면에서는 여가 산업 진흥을 도모해야 한다.

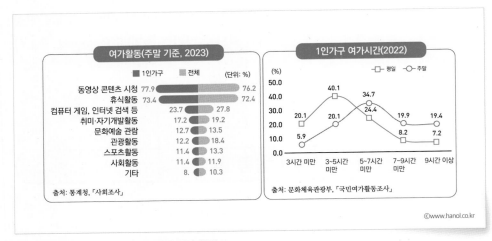

🏖 **그림 7-1_** 1인 가구의 여가 시간과 여가 활동

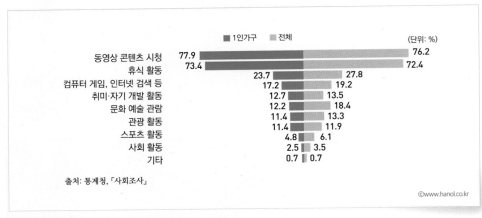

🏖 **그림 7-2_** 여가 활동 비중(주말 기준, 2023)

2023년 통계로 보는 1인 가구 현황을 보면,

2022년 1인 가구는 전체 가구의 34.5%인 750만 2천 가구로 가장 큰 비중을 차지하였다. 1인 가구 다음으로 2인 가구는 626만 1천 가구(28.8%), 3인 가구 418만 5천 가구(19.2%), 4인 가구 382만 6천 가구(17.6%)순으로 나타났다.

전년 대비 1인 가구 비중은 1.0%p, 2인 가구 비중은 0.4%p 증가한 반면, 3인 가구 0.2%p, 4인 가구 1.2%p 감소하였다.

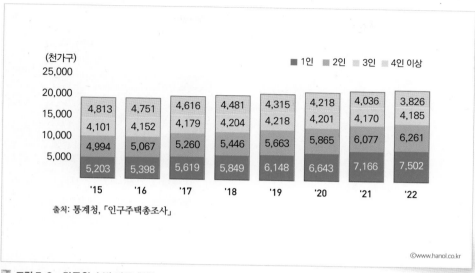

■ 그림 7-3_ 가구원 수별 가구 현황

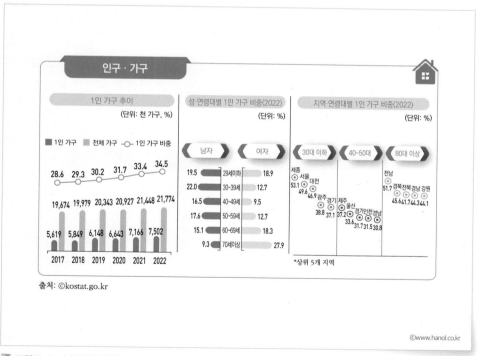

■ 그림 7-4_ 1인 가구 추이

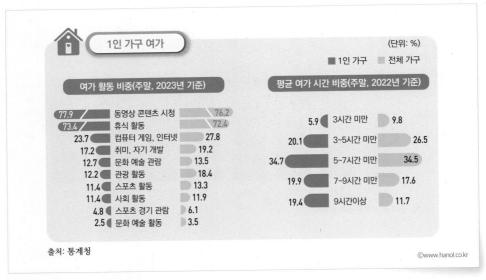

▧ 그림 7-5_ 1인 가구 여가

　　2023년 문화체육관광부에서 실시한 국민 문화·여가 활동 조사에 의하면,
　1인 가구는 주말 여가 활동의 대부분을 동영상 콘텐츠를 시청하면서 보내고 있는
것으로 나타났다. 동호회 활동을 포함한 다양한 야외 활동을 하는 사람들도 많겠지
만, 대부분의 1인 가구는 정적인 여가 생활을 하면서 주말 시간을 보내고 있다.

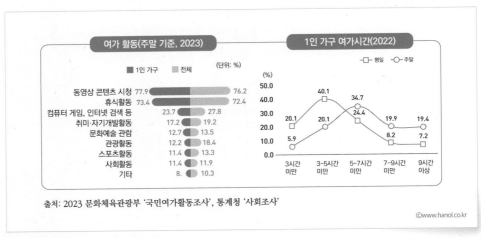

▧ 그림 7-6_ 1인 가구의 여가 활동과 여가 시간

2023년 1인 가구의 주말 여가 활동은 동영상 콘텐츠 시청이 77.9%로 압도적으로 많았으며, 다음으로 휴식 활동은 73.4%로 매누 높은 비율로 나타났다. 23.7%를 차지한 세 번째 순위 컴퓨터 게임, 인터넷 검색까지 포함한다면 대부분의 주말 시간을 쉬면서 영상을 보거나 게임을 하면서 보내고 있는 것을 알 수 있다.

   문화체육관광부의 국민 여가 활동 조사에서처럼 주말 여가 시간을 5시간 이상 소비하는 1인 가구가 50%를 넘는 것을 감안하면 수면과 식사를 제외하고 깨어 있는 시간의 절반 정도를 넷플릭스나 유튜브 등과 같은 동영상 콘텐츠 시청을 하고 있다고 해도 과언이 아니다.

산업 변화에 따른 일코노미(나홀로족) 시대

과거 농사 위주의 삶에서는 가족 수가 많아야 했고, 많은 가정이 대가족을 이루면서 식구들이 북적북적할 정도로 여러 세대가 함께 살면서 세대 간의 정을 느끼고 어려운 일이 있을 때 도움받을 수 있는 사람이 많아서 좋았던 점과 더불어 간섭이 너무 많고 개인의 의견보다 어른의 의견을 따라야 하는 불편함도 있었다.

첨단 산업의 발달로 개인주의적 사고방식의 확산과 1인 가구의 증가로 대학생, 취업 준비생, 직장인, 독거노인 등 다양한 계층이 나타나면서 1인 위주의 시대에 맞는 일코노미라는 신조어가 나타나고 있다.

일코노미는 일인(1人)과 경제(Economy)의 합성어로 혼자만의 생활을 즐기고 소비 활동을 하며 경제 생활을 꾸려나가는 일을 뜻하는데 혼밥(혼자 밥 먹기), 혼술(혼자 술 마시기), 혼족(혼자 즐기는 사람들), 혼영(혼자 영화 보기) 등 혼자서 즐기는 문화가 늘어나고 있다. 일코노미 세대는 혼자 누릴 수 있는 작고 실용적인 제품을 좋아하고, 취미나 자기 계발 등 자신을 위한 지출을 아끼지 않으며 자기 자신만을 위해 소비하는 성향이 강한 것이 특징이다.

인터넷과 모바일 기반의 디지털 산업이 빠르게 성장함에 따라 모바일을 활용하여 혼자 노는 모습을 촬영하거나 SNS를 통하여 공유하면 직접 대면하지 않고도 손쉽게 많은 사람들과 소통할 수 있고 원하는 문화를 즐기면서 뇌 활동 증가와 생활에 활력도 생기게 되면서 집에 혼자 있어도 즐거운 삶을 살 수 있다는 것이다.

미혼, 저출산 등 1인 가구의 증가로 일코노미 전성 시대는 계속될 것이며, 우리 경제 전반에서 새로운 현상들이 나타나고 있다. 먹거리, 가전, 가구, 취미, 레저, 생활 문화, 주택 가릴 것 없이 1인 1가족 위주의 크기와 양을 줄이는 소형화 현상이다. 즉, 1인 도시락, 1인 용품 판매 편의점, 1인 가구용 가정용품, 1인용 여행 상품, 1인 식당, 1인을 위한 호텔 상품의 증가 현상 등을 들 수 있다.

미래와 타인보다는 나 자신을 우선하며 이웃과 함께하기보다는 적당한 외로움을 즐기며 자신을 우선할 수밖에 없는 환경이 생기면서 1인 위주의 시대에 혼자서 무언가를 하는 행위가 어색하지 않은 시대에 살고 있다. 아무리 나 혼자의 만족과 힐링을 강조하는 시대라 할지라도 코로나19로 인한 여가 활동 및 정서·심리적 위축, 취업난, 내 집 마련 기회 부족, 경제적 어려움 등의 현실적 문제 때문에 어느 곳 하나 기댈 곳 없는 상황에서 스스로 살길을 찾아야 한다는 절실함을 느끼게 한다.

출처: 제민일보 2021. 1. 10

2 1인 가구의 소비 특성

1인 가구의 소비 형태는 의식주 측면에서 개인화, 간편화, 다양함의 성격이 강하며, 1인 가구의 의식주와 관련된 산업들은 이에 부응하는 새로운 재화와 서비스를 제공하고 있다. 1인 가구의 소비 시장 변화를 크게 네 가지 측면에서 볼 수 있다.

첫째, 싱글 하우스 등 다양한 도심형 소형 주택의 공급이 활성화될 것으로 전망된다.

둘째, 소형 가전 상품과 다양한 기능성 가구, 1인용 소형 포장 상품 출시가 늘어나고 있다.

셋째, 젊은 나홀로족을 위한 온라인 판매 상품이 더욱 다양화되고, 시니어 및 실버 세대에 대한 온라인 시장도 꾸준히 확대될 것으로 전망된다.

넷째, 1인 생활을 위한 요리 및 취미 강화, 나홀로족을 위한 레스토랑, 싱글족 가사 지원 사업, 싱글 맞춤형 상품들이 보다 다양화될 것이다.

표 7-1_ 1인 가구의 문화·여가 및 여행 특성 심층 분석 주요 결과

구 분		여가 시간	문화 예술 행사 관람률	여행 일수
1인 가구 변화 추세 분석 (2012~2019)		비슷한 수준 유지	증가	비슷한 수준 유지
다인 가구와 비교 (2016~2019)		유의미한 차이 없음	다인 가구보다 낮은 수준	유의미한 차이 없음
1인 가구 특성별 분석 (2016~2019)		월평균 가구 소득 영향이 큼	세대별 영향이 큼	세대별 영향이 큼
	· 성별	유의미한 차이 없음	여성이 남성보다 낮음 하지만 동일한 조건이면 여성이 더 참여함	남성이 여성보다 짧으나 차이가 크지 않음
	· 세대별	청년층이 가장 짧음	노년층이 가장 취약함	노년층이 가장 취약함
	· 도시 규모	유의미한 차이 없음	유의미한 차이 없음	대도시가 약간 더 길지만 큰 차이 없음
	· 월평균 가구 소득별	가구 소득이 높을수록 여가 시간이 짧음	가구 소득이 낮은 경우 취약함	유의미한 차이 없음
여가 유형별 분석 (2018~2019)		휴식 활동을 주로하는 경우 비교적 긺	휴식 활동을 주로하는 경우 비교적 낮음	유의미한 차이 없음

출처: 윤소영(2019), 여가행복지수 적용 및 활용 연구, 문화관광연구원

대한상공회의소는 1인 가구 증가가 소비 시장에 미치는 영향을 조사한 것을 토대로 하여 1인 가구들의 소비 키워드를 SOLO, 즉 자기 지향(Self), 온라인 지향(Online), 저가 지향(Low price), 편리성 지향(One stop)으로 정의하고 있다.

첫째, 1인 가구 증가는 나를 위한 자기 지향성(self orientation) 소비를 증가시킬 것으로 전망하고 있다. 조사 결과에 의하면 향후 적극적으로 지출을 늘리고자 하는 항목으로 여행(41.6%)을 가장 많이 꼽았으며, 자기 계발(36.0%), 레저·여가(32.8%), 건강(32.0%), 취미(26.0%) 순으로 나타났다.

둘째, 1인 가구 증가는 온라인(online)의 영향력을 한층 더 높여줄 것으로 전망하고 있다. 젊은층의 1인 가구가 증가되면서 최신 IT 기기의 발달과 활용으로 주요한 여가 시간으로 보내고 있다. 따라서 1인 가구는 온라인을 통하여 생활에 필요한 모든 필수품을 온라인으로 해결하는 경향이 갈수록 증가하고 있다. 또한 온라인은 오프라인보다 더욱 편리하고 저렴하게 구매할 수 있는 장점도 있다.

셋째, 1인 가구 증가는 저가 지향(low price) 소비 트렌드를 더욱 확산시킬 것이다. 1인 가구는 타인의 영향을 받지 않고 혼자만의 트렌드를 지향하기 때문에 비싼 것보다는 저렴하면서도 경제적인 것을 선호한다. 따라서 장기적인 소유보다는 단기적으로 사용하기 때문에 저가 지향적인 소비 트렌드를 선호한다.

넷째, 1인 가구는 간편하고 편리하게 한 번에 해결하려는 원스톱(one stop) 소비 경향이 강하다. 1인 가구는 다양한 장소를 옮겨다니면서 쇼핑을 하는 것보다 한 장소에서 모든 것을 해결할 수 있는 원스톱 서비스를 제공하는 곳을 선호한다.

3 1인 가구 여가 활동 목적

2022년 1인 가구의 여가 활동의 주된 목적은 개인의 즐거움을 위해서가 34.8%로 가장 많았으며, 마음의 안정과 휴식을 위해(18.9%), 시간을 보내기 위해(15.6%)서 이다. 1인 가구는 전체 인구에 비해 시간을 보내기 위해서 여가 활동을 하는 것이 9.5% 높았다.

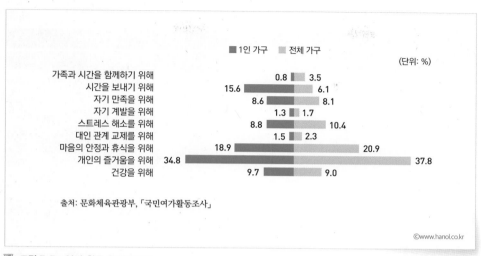

🔲 **그림 7-7_ 여가 활동 목적 비중**(2022)

🎈 **표 7-2_ 여가 활동 목적** (단위: %)

구 분		건강을 위해	개인의 즐거움을 위해	마음의 안정과 휴식을 위해	대인 관계·교제를 위해	스트레스 해소를 위해	자기 계발을 위해	자기 만족을 위해	시간을 보내기 위해	가족과 시간을 함께하기 위해	기 타
전체	2019	7.3	36.5	21.2	4.5	11.6	1.8	7.4	6.2	3.5	0.0
	2020	7.5	38.9	20.1	2.6	13.9	1.6	6.3	4.9	4.1	0.1
	2021	7.7	40.6	20.4	1.8	12.8	1.9	5.2	7.2	2.4	0.0
	2022	9.0	37.8	20.9	2.3	10.4	1.7	8.1	6.1	3.5	–
1인 가구	2019	7.0	36.7	18.4	4.9	9.8	1.9	7.0	13.7	0.5	0.1
	2020	7.0	39.3	21.2	2.8	11.0	0.7	7.2	10.4	0.4	0.0
	2021	8.4	39.0	20.3	1.7	12.7	1.7	5.2	10.7	0.3	0.1
	2022	9.7	34.8	18.9	1.5	8.8	1.3	8.6	15.6	0.8	–

출처: 문화체육관광부, 「국민여가 활동조사」

251

🎈 표 7-3_ 2023년 여가 활동[1] (2023)　　　　　　　　　　　　　　　　　　　(단위: %)

구 분	전 체		1인 가구	
	주 중	주 말	주 중	주 말
동영상 콘텐츠 시청[2]	85.9	76.2	86.4	77.9
휴식 활동	73.3	72.4	74.8	73.4
컴퓨터 게임. 인터넷 검색 등	34.4	27.8	28.0	23.7
취미-자기개발 활동	22.8	19.2	19.3	17.2
문화 예술 관람	8.0	13.5	6.5	12.7
관광 활동	4.8	18.4	3.5	12.2
스포츠 활동	13.3	13.3	10.8	11.4
사회 활동	7.4	11.9	7.3	11.4
스포츠 경기 관람	5.4	6.1	3.9	4.8
문화 예술 활동	3.6	3.5	2.9	2.5
기타	0.6	0.7	0.6	0.7

출처: 통계청, 「사회조사」

주: 1) 복수 응답 문항으로 1, 2, 3순위 합계임

　　2) 동영상 콘텐츠 시청(TV, 유선방송, IPTV, 유튜브, 넷플릭스 등)

4 1인 가구의 만족스러운 여가 활동

　　2022년 1인 가구의 만족스러운 여가 활동은 TV 시청이 32.7%로 가장 많았으며, 산책 및 걷기(29.9%), 친구 만남/ 이성 교제/ 미팅/ 소개팅(22.3%)의 순서로 조사되었다.

　　연령대별로는 29세 이하, 30대는 친구 만남/ 이성 교제/ 미팅/ 소개팅이 가장 높았고, 40대는 쇼핑/ 외식, 50~64세, 65세 이상은 TV 시청의 순이었다.

　　연령대가 높을수록 TV 시청, 산책 및 걷기의 비중이 높았다.

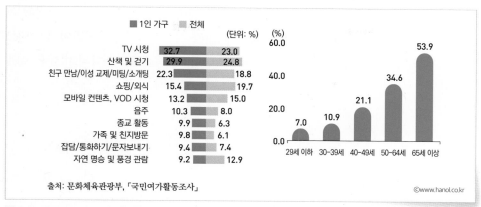

출처: 문화체육관광부, 「국민여가활동조사」

그림 7-8_ 만족스러운 여가 활동(2022년)

표 7-4_ 만족스러운 여가 활동 상위 10개(2022년)   (단위: %)

구 분		TV 시청	산책 및 걷기	친구 만남/이성 교제/미팅/소개팅	쇼핑/외식	모바일 컨텐츠[2], VOD[3] 시청	음주	종교 활동	가족 및 친지 방문	잡담/통화하기/문자 보내기	자연 명승 및 풍경 관람
1인 가구	소계	32.7	29.9	22.3	15.4	13.2	10.3	9.9	9.8	9.4	9.2
	29세이하	7.0	7.4	32.9	19.8	24.0	6.1	2.3	6.7	6.2	7.8
	30~39세	10.9	10.0	25.8	17.8	24.3	16.4	2.1	6.1	6.1	6.0
	40~49세	21.1	20.0	21.6	21.9	19.2	19.0	2.2	3.2	2.1	13.1
	50~64세	34.6	28.0	22.6	15.9	14.0	12.9	6.8	8.9	7.9	12.3
	65세 이상	53.9	50.2	16.9	10.9	2.5	6.2	19.4	14.6	14.4	8.8
전체		23.0	24.8	18.8	19.7	15.0	8.0	6.3	6.1	7.4	12.9

출처: 문화체육관광부, 「국민여가 활동조사」

주: 1) 복수응답 문항으로 1, 2, 3 순위 합계임

2) 모바일 기기(휴대전화, 노트북, PDA, MP3 등)를 이용한 서비스

3) 사용자가 원하는 프로그램을 원하는 시간에 볼 수 있는 서비스

2022년 1인 가구의 평일 하루 평균 여가 시간은 4.5시간으로 전년 대비 0.1시간 증가 하였으며, 전체 인구보다 0.8시간 더 길어졌다. 평일 여가 시간은 3~5시간 미만이 40.1%로 가장 많았으며, 전체 인구보다 5시간 미만 비중은 낮았으며 5시간 이상의 비중은 높게 나타났다.

주말 하루 평균 여가 시간은 6.3시간으로 전년 대비 0.1시간 감소하였으나 전체 인구보다 0.8시간 더 길어졌다. 1인 가구의 주말 여가 시간은 5~7시간 미만이 34.7%로 가장 많았으며, 전체 인구보다 5시간 미만의 비중은 낮고, 5시간 이상의 비중은 높게 나타났다.

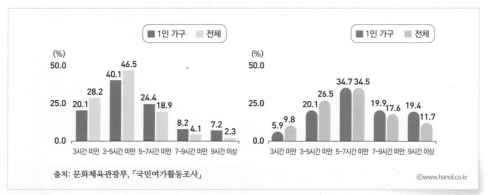

출처: 문화체육관광부, 「국민여가활동조사」

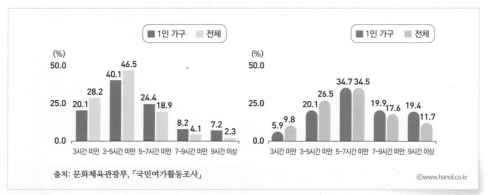 그림 7-9_ 1인 가구의 평일과 주말 하루 평균 여가 시간(2022년)

표 7-5_ 1인 가구 하루 평균 여가 시간

(단위 : %, %p, 시간)

구 분			계	3시간 미만	3~5시간 미만	5~7시간 미만	7~9시간 미만	9시간 이상	평 균
평일	전체(A)	2021	100.0	27.4	42.9	20.9	5.7	3.1	3.8
		2022	100.0	28.2	46.5	18.9	4.1	2.3	3.7
	1인 가구 (B)	2021	100.0	21.1	39.6	23.8	9.6	5.9	4.4
		2022	100.0	20.1	40.1	24.4	8.2	7.2	4.5
	차이 (B-A)	2021	–	-6.3	-3.3	2.9	3.9	2.8	0.6
		2022	–	-8.1	-6.4	5.5	4.1	4.9	0.8
주말	전체(A)	2021	100.0	6.7	27.7	32.5	19.1	13.9	5.8
		2022	100.0	9.8	26.5	34.5	17.6	11.7	5.5
	1인 가구 (B)	2021	100.0	3.8	22.9	32.0	21.9	19.4	6.4
		2022	100.0	5.9	20.1	34.7	19.9	19.4	6.3
	차이 (B-A)	2021	–	-2.9	-4.8	-0.5	2.8	5.5	0.6
		2022	–	-3.9	-6.4	0.2	2.3	7.7	0.8

출처: 문화체육관광부, 「국민여가 활동조사」

2022년 1인 가구의 월평균 여가 활동 비용은 15만 원 이상이 38.8%로 가장 많았으며, 5~7만 원 미만, 9~15만 원 미만은 17.9%의 순으로 나타났다.

이는 전년보다 5만 원 미만 비중은 감소하였으며, 15만 원 이상의 비중은 증가하였다. 전체 인구와 비교하면 1인 가구는 7만 원 미만에는 비중이 높고, 7만 원 이상에서 비중이 낮게 나타났다.

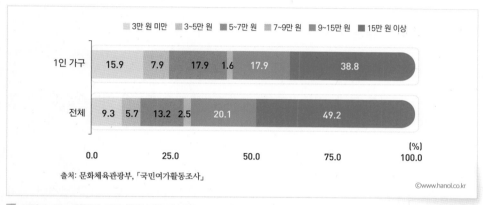

🏖 **그림 7-10_ 월평균 여가 활동 비용별 비중**(2022년)

🎈 **표 7-6_ 월평균 여가 활동 비용**   (단위: %, %p)

구 분		계	3만 원 미만	3~5만 원 미만	5~7만 원 미만	7~9만 원 미만	9~15만 원 미만	15만 원 이상
전체(A)	2020	100.0	9.7	9.4	16.6	3.0	20.9	40.4
	2021	100.0	14.0	9.5	16.5	2.8	19.9	37.3
	2022	100.0	9.3	5.7	13.2	2.5	20.1	49.2
1인 가구(B)	2020	100.0	21.0	11.9	15.7	2.7	17.2	31.4
	2021	100.0	20.1	10.2	16.6	2.2	17.0	34.0
	2022	100.0	15.9	7.9	17.9	1.6	17.9	38.8
	증감	−	−4.2	−2.3	1.3	−0.6	0.9	4.8
차이 (B−A)	2020	−	11.3	2.5	−0.9	−0.3	−3.7	−9.0
	2021	−	6.1	0.7	0.1	−0.6	−2.9	−3.3
	2022	−	6.6	2.2	4.7	−0.9	−2.2	−10.4

출처: 문화체육관광부, 「국민여가 활동조사」

5 창조적 여가 활동과 정서적 효과

창조적 여가 활동은 창의적이고 예술적인 표현을 통해 창조적인 즐거움을 얻는 활동을 의미한다. 이러한 활동들은 다양한 형태로 나타날 수 있고, 창조적인 여가 활동을 통해 얻는 정서적인 효과는 상당히 다양하고 긍정적이다.

(1) 창조적 여가 활동의 종류

① 미술 및 공예 활동

그림 그리기, 회화, 조각, DIY 공예 등의 창조적인 미술 활동은 예술적인 표현을 통해 창의적인 즐거움을 제공한다.

② 음악 활동

악기 연주, 노래 부르기, 작곡 등의 음악적 활동은 창의적인 표현과 감성적인 즐거움을 동시에 제공한다.

③ 글쓰기

시, 소설, 일기 쓰기, 수필 등 창작적인 글쓰기는 감정과 생각을 표현하며 자아를 찾아가는 과정을 포함한다.

④ 연극 및 무용 활동

연극이나 무용 등의 공연 예술은 몸과 감정을 통해 이야기를 전달하고 참여자와 관람자에게 감동을 전해준다.

(2) 정서적 효과

① 자아 표현과 실현

창조적인 여가 활동은 개인의 감정, 생각, 경험을 표현하고 실현하는 기회를 제공한다. 이를 통해 자아를 탐색하고 발전시키는 데 도움을 준다.

② 스트레스 해소

창조적인 활동은 창작 프로세스에 몰두하면서 일상생활에서의 스트레스를 해소하는 데 도움을 줄 수 있다. 플로우 경험을 통해 긴장이 완화되고 긍정적인 감정이 증진될 수 있다.

③ 자기 자신에 대한 이해 증진

창조적인 여가 활동을 통해 자신의 감정과 생각을 표현하고 해석함으로써 자기 자신에 대한 더 깊은 이해를 얻을 수 있다.

④ 사회적 연결 증진

창조적인 활동을 함께 하는 그룹활동은 사회적 연결성을 강화하고 협력을 통해 새로운 관계를 형성하는데 도움을 줄 수 있다.

창조적 여가 활동은 정서적인 효과를 통해 개인의 정신적 웰빙을 증진시킬 뿐만 아니라 창의성과 자아 표현을 향상시켜 삶에 더 많은 의미를 부여할 수 있다.

이러한 활동을 통해 개인은 자신의 창조적인 잠재력을 발휘하고, 긍정적인 정서적 경험을 즐길 수 있다.

6 1인 가구의 여가 활동 제약 요인

1인 가구들의 여가 활동을 제약하는 것은 공연, 나들이, 여행 등 외부에서 할 수 있는 다양한 여가 활동에 대한 참여 욕구가 있으나 금전적 이유, 건강 상태 등 경제적, 신체적 제약 때문에 적극적으로 여가 활동을 하기가 힘들다. 또한 공연 관람이나 여행 등을 하기 위해서는 스스로 직접 정보를 찾고 같이 갈 사람을 구하는 등 계획을 세워야 하는데, 관련 경험과 정보가 부족하여 주도적으로 계획을 짜고 여가 활동을 즐기기가 쉽지 않다.

따라서 1인 가구의 여가 활동은 TV 시청 등 소극적 여가 활동이 주를 이루고 있으며, 여가 생활에 대한 만족도와 행복 수준이 높지 않은 편이다. 특히 연령이 높을수록 그리고 소득이 낮을수록 이러한 경향은 더 강하게 나타나고 있다.

1인 가구의 여가 활동 제약 요인을 해소하기 위해서는 주위에서 쉽게 이용할 수 있는 여가 인프라의 확충 및 다양화에 대한 정책적 지원을 강화하여 문화 활동, 레저 스포츠 활동, 여행 등 적극적인 여가 활동에 대한 참여 기회를 확대할 수 있는 방안이 필요하다.

Case Study

📊 1코노미

　1코노미는 1인 경제로 숫자 1과 경제(economy)의 합성어로 혼자만의 생활을 즐기며 활동하는 것을 뜻한다. 대한민국의 1인 가구는 점점 더 빠르게 늘고 있는 추세이다. 통계청 자료에 의하면 서울 가구 세 곳 중 하나는 1인 가구라고 한다.

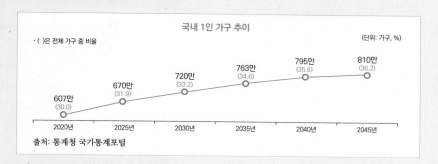

국내 1인 가구 추이
· ( )은 전체 가구 중 비율　　　　　　　　　　　　　　　(단위: 가구, %)

607만 (30.0) 2020년 / 670만 (31.9) 2025년 / 720만 (33.2) 2030년 / 763만 (34.6) 2035년 / 795만 (35.6) 2040년 / 810만 (36.2) 2045년

출처: 통계청 국가통계포털

　1인 가구 10명 중 6명은 앞으로도 혼자 사는 생활을 유지하고 싶다고 답했습니다.

　1인 가구가 늘어나면서 자연스럽게 혼밥, 혼술 등 혼자서 즐기는 문화가 점점 보편화되고 있습니다. 더 이상 '혼자'가 청승이 아닌 하나의 트렌드가 되었다. 이러한 변화들이 사회에 많은 변화들을 가져오고 있습니다. 따라서 많은 기업들도 1인 가구의 니즈를 충족시키기 위한 소비 트렌드를 내세우고 있다.

간편하고 작게

　혼자 생활하는 1인 가구가 떠오르면서 가정 간편식(HMR), 밀키트가 떠오르고 있습니다. 1인 가구가 한 번에 소비하기 힘든 생선 반 토막, 4등분한 수박 등 일반적으로 사용하는 150g을 규격해서 소용량, 소포장된 제품과 찌개류, 탕류 등 1인 가정에서 쉽게 할 수 없는 요리들을 1~2인분 용량으로 만든 밀키트 제품들이 큰 인기입니다.

가전 제품도 1인 가구에 맞게 소형 제품이 인기입니다.

1인용 전기그릴, 미니 밥솥 등 작은 사이즈로 공간 차지를 하지 않고 사용하기 간편하기 때문인데요. 그 외에도 1인용 냉장고, 세탁기부터 건조기까지 다양한 미니 가전들이 매출 신장세를 보이고 있다고 합니다.

가성비

1인 가구의 대표적인 소비 성향으로 볼 수 있는 합리적인 소비, 가성비입니다.

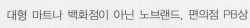

대형 마트나 백화점이 아닌 노브랜드, 편의점 PB상품과 같이 대용량의 저렴한 상품을 구매하는 경향이 보였다. 매일 마시기는 하지만 한 잔에 4천 원 내외의 커피 가격은 부담스러울 수밖에 없다. 가성비를 중시하는 1인 가구에서 1L 커피를 선택하는 경향이 있다고 한다.

앞서 말한 미니 가전도 가성비를 고려한 소비 중 하나이다.

솔로

1인 가구의 소비 키워드 S.O.L.O!

- S(self): 자신을 위한 소비
- O(online): 생필품부터 배달 음식까지 온라인 간편 결제
- L(low-price): 저가 지향성, 할인을 이용한 소비
- O(one-stop): 적은 양을 간편하게, 편리성 지향 소비

'솔로 이코노미' 4S 특징

솔로 이코노미, 1코노미의 의미를 함축적으로 표현한 키워드인다. 이런 솔로 이코노미의 특징을 4S로 표현한다고 한다. 작고(small), 똑똑한(smart), 나를 위한 (selfish), 서비스(service). 지금보다 더 작고, 똑똑한 제품을 찾는 소비자가 늘고 우리가 아닌 나를 위한 새로운 유형의 서비스를 추구하는 겁니다.

그중 서비스 부분에서는 조식 제공, 청소, 세탁 대행 등 주거 편의를 위한 생활 서비스와 보안 센서, 홈가드와 같은 보안 서비스가 그 예이다.

이렇게 보니 생각보다 더 많은 부분에서 1인 가구를 위한 제품과 서비스들이 나타나고 있다.

7 1인 가구 소비 트렌드

1인 가구 증가는 예전과는 달리 늦은 결혼, 이혼에 대한 인식 변화, 고령화에 따른 부부와의 사별 등 다양한 요인으로 지속적으로 증가하게 될 것이다.

혼자 사는 사람이 늘어나는 인구 통계학적 변화의 흐름 속에서 1인 가구만의 특징을 토대로 하여 소비 트렌드를 살펴보면 다음과 같다.

1인 가구가 증가하면서 소비 트렌드가 변하고 있다. 1인 가구에 맞는 많은 제품과 서비스가 등장하면서 소형, 효율, 안전, 자기 관리 네 가지의 트렌드가 확산되고 있다.

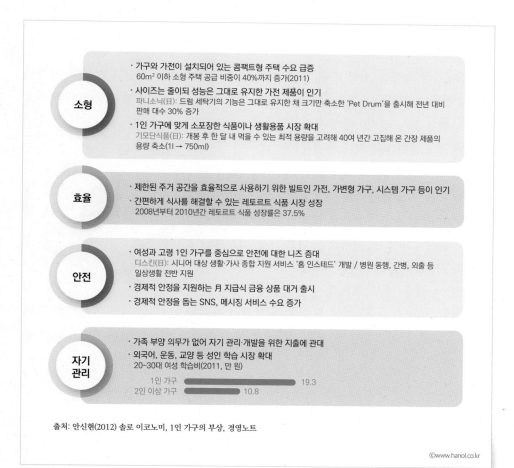

소형
· 가구와 가전이 설치되어 있는 콤팩트형 주택 수요 급증
60m² 이하 소형 주택 공급 비중이 40%까지 증가(2011)
· 사이즈는 줄이되 성능은 그대로 유지한 가전 제품이 인기
파나소닉(日): 드럼 세탁기의 기능은 그대로 유지한 채 크기만 축소한 'Pet Drum'을 출시해 전년 대비 판매 대수 30% 증가
· 1인 가구에 맞게 소포장한 식품이나 생활용품 시장 확대
기모단식품(日): 개봉 후 한 달 내 먹을 수 있는 최적 용량을 고려해 40여 년간 고집해 온 간장 제품의 용량 축소(1l → 750ml)

효율
· 제한된 주거 공간을 효율적으로 사용하기 위한 빌트인 가전, 가변형 가구, 시스템 가구 등이 인기
· 간편하게 식사를 해결할 수 있는 레토르트 식품 시장 성장
2008년부터 2010년간 레토르트 식품 성장률은 37.5%

안전
· 여성과 고령 1인 가구를 중심으로 안전에 대한 니즈 증대
디스킨(日): 시니어 대상 생활·가사 종합 지원 서비스 '홈 인스테드' 개발 / 병원 동행, 간병, 외출 등 일상생활 전반 지원
· 경제적 안정을 지원하는 月 지급식 금융 상품 대거 출시
· 경제적 안정을 돕는 SNS, 메시징 서비스 수요 증가

자기 관리
· 가족 부양 의무가 없어 자기 관리·개발을 위한 지출에 관대
· 외국어, 운동, 교양 등 성인 학습 시장 확대
20~30대 여성 학습비(2011, 만 원)
1인 가구 ▬▬▬▬▬ 19.3
2인 이상 가구 ▬▬▬ 10.8

출처: 안신현(2012) 솔로 이코노미, 1인 가구의 부상, 경영노트

©www.hanol.co.kr

⌛ **그림 7-11_** 1인 가구 4대 소비 트렌드

소형 가구와 가전으로 콤팩트형 주택의 수요가 급증하고 있으며, 1인 가구에 맞춰 소포장한 식품이나 생활용품 시장이 확대되고 있다.

효율적인 부분으로는 제한된 주거 공간을 효율적으로 사용하기 편리한 빌트인 가전, 가변형 가구, 시스템 가구가 인기를 끌고 있다.

1인 가구 중 여성들이 증가하면서 안전에 대한 니즈가 증가하여 안전용품과 안전에 대한 애플리케이션 등이 인기를 얻고 있다.

그리고 자기 관리에 대한 개발을 위한 지출에 관대하여 운동, 교양, 외국어, 성인학습 시장이 확대되고 있다.

(1) 소형화

1인 가구에 적합한 소형 주택, 소형 가전, 소형 생활용품이 확산되고 있다. 가구와 가전이 설치되어 있는 오피스텔이나 도시형 생활 주택 등 콤팩트형 주택에 대한 수요가 급증하고 있는 실정이다. 1인 가구에 맞게 소포장한 식품이나 생활용품 시장도 확대되고 있다. 적은 양을 구입해 낭비를 최소화하려는 나홀로족들을 위해 각양각색의 소용량 제품이 잇따라 출시되고 있다. 이마트는 신선식품과 가공식품을 작게 포장한 '990원' 상품을 출시했다. 축산업체

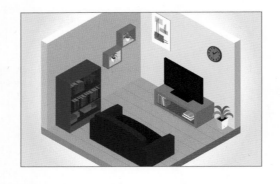

인 선진의 '반반팩'은 한 팩에 두 가지 돼지고기 부위를 200g씩 원하는 부위를 골라 구매할 수 있다. 아워홈은 찌개류 간편식을 혼자서 먹기 적합한 소용량(350g)으로 줄여 출시했다.

(2) 효율화(제한된 자원의 효과적 사용)

제한된 주거 공간을 효율적이고 심미적으로 사용할 수 있는 빌트인 가전, 접고 펼수 있는 가변형 가구, 공간 맞춤이 가능한 시스템 가구 등 효율성과 디자인을 모두

갖춘 내구재가 인기이다. 1인 가구를 위한 가옥 식품 시장과 간편하게 식사를 해결할 수 있는 레토르트, 냉동 식품 시장도 성장하고 있다. 영양을 생각한 프리미엄 가공식품과 쉽고 빠르게 요리할 수 있는 식자재도 등장했다. 또한 일과 생활의 경계가 불확실한 1인 가구에게는 틈을 내어 쇼핑할 수 있는 도심 공간의 유통 매장이 인기이다.

(3) 안전(신체적 안전과 정서적 안정 추구)

고립된 생활을 하기 쉬운 여성과 고령 1인 가구를 중심으로 안전에 대한 욕구가 늘고 있다. 보안과 안전을 결합한 여성 및 고령자 특화 가정용 방범 서비스가 인기를 끌고 있다. 가사 지원에서 병원 동행까지 생활 전반을 도와주는 생활 지원 서비스도 등장했다. 못 박기, 짐 옮기기, 쇼핑 대행, 병원 동행은 물론 벌레까지 대신 퇴치해 주는 서비스도 있다.

혼자 생활하는 부모를 보살펴 주는 고령자 안부, 보살핌 서비스가 자녀 세대에 의해 증가하고 있다. 또한 1인 가구가 경제적, 정서적 안정을 얻을 수 있는 금융 상품에 대한 수요가 확대되고 있다. 자산을 평생 월급으로 전환할 수 있는 금융 상품도 출시됐다. 메시지 서비스, 동호회 등이 1인 가구가 인간관계를 형성하고 소통할 수 있는 주요한 통로로서 기능하고 있다.

(4) 자기 관리(자기 가치 제고와 여가 향유)

가족 부양의 책임이 적은 1인 가구는 자신에 대한 투자와 소비를 아끼지 않는다. 1인 가구는 콘서트를 비롯한 공연과 영화 등 각종 문화 콘텐츠를 즐기고, 여행과 같은 여가 활동에도 지출을 늘리고 있다. 여행사들도 1인 여행 패키지, 자유 여행 등 1인 가구를 위한 맞춤형 상품을 출시하고 있다.

개성 추구 및 자기 브랜드 가치 제고를 위한 1인 가구의 투자가 증대하고 있다. 1인 가구는 가족 부양 의무가 있는 2인 이상 가족보다 패션, 미용, 취미를 위한 상품 및 서비스 지출에 관대하다. 카메라, 자전거, 악기 등과 같은 고가 기호품 지출도 자유로운 편이다. 1인 가구를 타깃으로 하는 여가 상품 및 학습 시장도 확대되고 있다.

여성 1인 가구의 수요에 힘입어 외국어, 운동, 교양 등의 성인 학습 시장이 확대되고 있다.

(5) 편의성

접근이 용이하고 간편한 서비스에 대한 수요가 늘고 있다. 스마트폰으로 배달 음식을 주문하게 도와주는 배달앱은 누적 다운로드 횟수가 꾸준하게 증가하고 있으며, 접근이 용이한 편의점 수요도 증가하고 있다.

(6) 렌탈

1인 가구가 증가하면서 생활가전 관리의 불편함과 초기 구입 비용이 많이 드는 전자 제품은 물론 자동차와 같은 다양한 품목에 이르기까지 빌려 쓰는 경향이 증가하고 있다.

정수기와 비데에 국한됐던 예전과는 달리 커피머신, 안마의자, 노트북, 자동차, 생활 가전, 가구, 후드, 명품 가방 등 품목에 제한이 없을 정도로 다양해지고 있다.

렌탈 제품은 업체가 정기적으로 유지, 보수를 대행해 주기 때문에 사용이 편리하다. 제품 교체 주기 축소, 얼리어답터의 증가, 소비 트렌드 변화 등을 고려할 때 국내 렌탈 산업은 더욱 성장하게 될 것이다.

3. 1인 가구 여가 활동 대응 정책 방향

1인 가구 여가 활동 대응 정책

(1) 1인 가구에 대한 인식 전환 필요

현대 사회의 인구 변동에서 1인 가구의 증가는 고령화와 더불어 가장 두드러진 새로운 현상 중 하나이다. 1인 가구가 지속적으로 증가하게 되면서 2021년 현재 3가구 중 1가구가 1인 가구이다. 따라서 1인 가구를 일시적인 현상이 아닌 새롭게 등장하는 주요 가구 유형 중 하나로 받아들이는 발전적인 인식의 전환이 필요하다.

(2) 1인 가구의 증가세와 다양성을 고려한 다차원적 정책 접근이 필요

우리나라의 1인 가구는 1980년 전체 가구의 4.8%에서 2010년에는 23.9%로 빠르게 증가하였으며, 2021년 10월 40%로 증가하였다. 1인 가구는 혼자 생활한다는 점에서 동질성을 가지고 있으나 증가 배경과 인구 사회적 특성 등을 조사한 결과 1인 가구는 내부적 구성이 다양한 이질적인 집단이라는 것을 알 수 있다. 따라서 1인 가구의 여가 활성화를 위한 정책은 1인 가구의 증가세와 다양성을 고려한 다차원적 접근이 이루어져야 한다.

2 1인 가구 여가 활동 정책 방향

① 1인 가구 여가 활동 활성화를 통한 국민의 보편적 여가 문화를 실현해야 한다

국내 가구 구조에서 1인 가구의 비중이 점점 늘어나는 추세를 보이고 있으므로, 1인 가구 여가 활동 활성화를 통해 국민의 보편적 여가 문화 향유를 실현하여야 한다. 또한 1인 가구의 여가 활동을 활성화하여 1인 가구의 행복 수준 향상과 삶의 질 증진을 향상할 수 있도록 해야 한다.

② 1인 가구 여가 활동 활성화를 통한 사회 통합을 추구해야 한다

1인 가구의 가장 큰 사회적, 정서적 문제로 제기되고 있는 부분은 사회적 고립과 정서적 외로움이다. 따라서 1인 가구의 여가 활동 활성화를 도모하여 정서적 외로움과 고립감을 경감시키고 사회 통합을 추구할 필요가 있다.

③ 1인 가구 여가 활동 촉진을 통한 여가 산업을 활성화해야 한다

1인 가구가 새로운 여가 주체로서 점점 더 많은 주목을 받고 있으며 1인 가구가 증가함에 따라 소비 시장에서의 영향력은 갈수록 확대될 것이다. 따라서 1인 가구 여가

활동 촉진을 도모하여 여가 산업을 활성화하고 문화, 스포츠, 관광 등 여가 분야의 소비를 진작시킬 필요가 있다.

3 1인 가구 여가 활동 활성화 기반 구축

전 국민의 여가 활동 활성화를 위한 인프라를 지속적으로 확충함으로써 1인 가구 여가 활동 활성화의 기반을 구축하는 데 많은 노력을 해야 한다. 1인 가구 여가 활동 활성화를 위해서는 하드웨어, 소프트웨어 그리고 휴먼웨어 측면에서 다각적으로 지원하고 개발해야 한다. 따라서 여가 시설 및 프로그램 확충과 전문 여가 인력을 양성해야 한다.

(1) 여가 시설 및 프로그램 확충

1인 가구의 소극적인 여가 활동을 적극적인 여가 활동으로 유도하기 위해 근린 생활권형 여가 시설과 프로그램을 확충하는 것이 바람직하다. 이는 문화체육관광부가 국정 과제 사업으로 추진하고 있는 복합 문화 커뮤니티 조성 사업으로 폐교, 창고 등과 같은 유휴 공간이나 문예 회관 등의 기존 문화 시설을 복합 문화 커뮤니티 센터로 리모델링하고, 다양한 프로그램 지원과 지역민의 문화 여가 및 생활 문화 예술 참여를 적극적으로 장려하는 것이다.

(2) 여가 활동 전문 인력 양성

1인 가구의 적극적인 여가 활동에 대한 참여를 활성화하기 위해서는 다양한 여가 활동 프로그램들을 기획 또는 운영하는 전문 인력을 체계적으로 양성해야 한다.

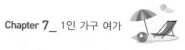

문화관광여가론

Chapter

8

시니어
(Senior)
여가

 ## 1. 노년기 여가의 개념

　노인이란 생리적, 신체적 기능의 퇴화와 더불어 심리적인 변화가 일어나서 자기 유지 기능과 사회적 역할 기능이 약화되고 있는 사람이라고 정의할 수 있다. 노인의 개념을 단지 나이를 기준으로 규정할 것이 아니라 생물학적, 심리학적, 사회학적인 측면과 연관해서 다각적이고 종합적인 관점에서 규정할 필요가 있다.

　생활 여건이 개선되고 의료 기술이 발달하면서 인간 평균 수명이 증가했다. 따라서 우리나라뿐만 아니라 세계의 모든 나라에서 노인 인구 증가가 사회 문제화되고 있다. 조기 정년 퇴직과 고령화가 일상화되는 노령화 사회에서는 노인들이 정규적이고, 안정적인 직업을 가질 기회가 젊은층보다 제한되어 있다. 젊은층 주도의 핵가족화 현상으로 웃어른으로서의 권위를 상실한 채 가정에서의 역할마저도 축소되었다. 노인의 일상생활에서 늘어난 시간에 대한 의미 있고 유익한 활용이 중요한 문제라고 볼 수 있다.

　노년기 여가는 생활 그 자체가 여가이므로 여가를 보내는 방법에 따라 자신의 건강과 생활의 충실감이 달라지게 된다. 즉, 남는 시간의 의미가 아니라 하고 싶은 일을 할 수 있는 자유로운 시간, 삶의 보람을 충족할 수 있는 시간으로 이해해야 한다. 따라서 노인들이 인생의 보람을 느끼고 사회적인 면에서도 보탬이 될 수 있는 여가 활동을 개발할 필요가 있다. 노인들이 다양한 여가 활동에 참여하게 됨으로써 지역사회의 구성원으로서 일정한 역할을 수행하고자 하는 욕구, 자신의 능력을 발휘하고자 하는 욕구, 문화생활을 즐기고자 하는 욕구 등 여러 가지 기본적인 욕구를 충족시킬 수 있다.

　한국임상사회사업학회에서는 노인 여가의 개념을 두 가지 측면에서 파악하였다.

　첫째, 고령기에도 일정한 사회적 또는 가정적 역할을 추구하는 도중에 갖게 되는 여유 있는 시간.

　둘째, 자신에게 부여된 일정한 역할이 없어서 막연하게 보내는 긴 시간, 따라서 노인의 여가는 일과 대립되는 개념으로 인간 생활 중에서 생리적 또는 사회적 의무 행위를 위해 구속되는 시간을 뺀 비구속 시간에서 심리적으로 자유로운 의사에 따라 휴식, 기분 전환, 자아실현 및 자기 계발 그리고 사회적 성취를 이루기 위해 행하는 활동을 의미한다. 대부분의 경우 일거리가 없어서 자유 시간의 여유를 가지는 노인들의 경우와는 다른 개념이라고 보았다.

노인 여가는 공식적인 사회적 의무를 동반한 사회적 역할보다는 비공식적인 사회 참여 활동을 통하여 기쁨과 즐거움을 얻을 수 있고, 자기 존중과 자아 정체성을 유지함으로써 생활 만족을 증진하는 활동이다. 즉, 노인 여가의 개념은 레크리에이션의 속성과 강조된 개념인 심신의 피로 회복과 재생산을 위한 재충전의 의미를 가지는 젊은이의 여가와는 달리 삶에서 기쁨, 즐거움, 보람을 느낌으로써 인생을 의미 있게 영위하고 마무리하는 속성을 가지고 있다고 볼 수 있다.

노년기 여가는 사회적 역할 상실에 따른 고독감 해소, 자아 존중과 정체성 유지, 생활 만족도 증진 등에 기여하는 속성이 있다고 볼 수 있다.

1 노년기 여가 생활의 의의

전 세계적으로 의학의 발달과 생활 수준의 향상으로 인해 인간의 평균 기대 수명이 늘어나면서 노인 인구의 비율이 지속적으로 증가하고 있다. 우리나라의 경우 2021년 65세 이상의 노인 인구 비율이 16.6%로 보고되었으며, 2050년대에는 전체 인구의 40%를 넘어 '초고령 사회'에 진입할 것으로 예측되고 있다.

노년기의 여가 참여는 육체적, 심리적, 정신적 건강을 향상시키며 가족 및 사회와 긍정적 관계를 유지하여 삶의 질 유지 및 증대에 도움을 주는 것으로 알려져 있다. 또한 여가 활동을 통하여 자기 존중감과 자아실현을 성취함으로써 노년기 삶의 질을 향상시키는 주요 수단이다.

하지만 단순한 여가 활동이 모두 여가에 만족한다고 할 수 없다. 여가 활동이 일어나는 공간이 어디냐에 따라 여가 활동의 종류와 만족도가 달라진다.

'경로당 운영 실태 및 정책 방향'에 제시된 다섯 가지 노인 여가 활동의 의의를 원용하면 다음과 같다.

첫째, 노인의 여가 활동은 인생 최후의 자아실현을 위한 기회가 될 수 있다. 노인은 여가 활동을 통하여 창작 활동이나 취미 활동을 적극화 또는 충실화하여 기쁨과 보람을 얻고 타인에게도 도움이 되는 가치 있는 삶을 누릴 수 있다.

둘째, 노인의 여가 활동을 통한 자아실현의 기회 확보는 노년기의 삶을 윤택하게 함과 동시에 일상적인 생활을 계획적으로 구성하게 하여 건강한 삶으로 발전시킬 수 있다. 그 과정에서 노인들은 노인 질병을 예방하거나 고독과 소외감 등을 떨쳐내는 등 자신의 정신적·육체적 건강을 유지·발전시킬 수 있으며 사회적 건강도 도모할 수 있다.

셋째, 노인은 적극적인 여가 활동으로 개인이 즐기는 것 이외에 친구 혹은 집단을 형성하게 되므로 친구와의 관계에서 서로를 격려하고 생활상의 위험을 대비할 수 있는 자원을 확보할 수 있다.

넷째, 노년기의 여가 활동은 가족과 이웃과의 친밀한 관계 형성은 물론 사회 참여의 계기가 된다. 특히 고령자의 다양한 사회 봉사 활동은 오랜 기간 경험을 토대로 전통 문화를 계승·발전시키고 지역 사회의 공동체 형성과 발전에 긍정적인 역할을 할 수 있다.

다섯째, 노인의 여가 활동으로 이루어지는 사회 참여는 노인 복지와 사회 발전을 위한 사회적 책임을 수행하고 세대 간의 이해와 공동체 문화의 창출에 기여할 수 있다.

노인의 여가 활동을 영위하기 위해서는 여가 공간을 유형화시킬 필요가 있다. 노인들에게 삶의 질 향상을 위한 노년기 여가 정책 마련을 위해서는 여가 활동의 시간, 공간에 대한 이해가 반드시 필요하다.

노인 여가는 남은 인생을 보람 있고 즐겁게 보내기 위한 수단으로서 국가적, 사회적으로 많은 관심과 지원을 필요로 한다.

노인이 여가로 인해 얻게 되는 것은 다음과 같이 요약할 수 있다.

① 최후의 자아실현 기회를 가질 수 있다. 그동안은 여러 가지 제약으로 실행에 옮기지 못했던 일들을 마음껏 할 수 있는 시기로 인식한다.

② 심신의 쇠퇴를 최대한 연장시킬 수 있다. 계획적이고 보람 있는 삶은 생명 활동을 활성화시킨다.

③ 노후의 고독감을 해소시킬 수 있다. 그룹을 만들어 서로 개발하고 격려하는 역할을 한다.

④ 적극적인 사회 참여로 활기찬 노후를 보낼 수 있다. 노인의 오래된 경험과 지혜를 근거로 하여 문화 창조, 사회 활동의 개선에 기여한다.

2 노년기 여가

일반적으로 노년기는 퇴직, 자녀들의 독립 등으로 이전의 사회적, 가정적 역할 및 책임으로부터 벗어나 더 많은 시간적 여유를 영위하는 시기이다. 그러나 노년기의 여가는 청장년기의 여가와는 그 의미가 다르다. 청장년기의 여가는 일과 일 사이에 남는 시간을 의미하지만 노년기 여가는 일정한 일을 하지 않는 상태가 대부분으로 여가 그 자체가 생활이 되어버린 경우를 일컫는다. 이와 같이 노인들은 자발적 선택 행위로서 여가 시간을 보내는 것이 아니라 만성화된 무료함에서 무위무용 상태로 불가피하게 시간을 보내는 경우가 많다.

우리 사회의 노인들은 노동 및 사회 참여 사회에서 비자발적으로 배제될 가능성이 높고 핵가족화 현상으로 과거 노인들이 향유했던 웃어른으로서의 권위가 상실되는 등 역할 축소 및 은퇴, 배우자 사별 등 상실감을 경험할 가능성이 크다. 따라서 늘어

난 여가 시간을 유용하게 채워가지 않는 한 노년기는 무위 및 고독 등의 고통에서 벗어나기 어려우므로 노년기에 적절한 여가 활동을 통해 노후의 고독감 및 고립감을 해소시키고 남은 삶에 대한 새로운 의미를 부여할 수 있도록 하는 것이 중요하다.

노인이 여가 활동을 통해서 획득하려는 욕구는 다음과 같다.

❶ 사회적으로 유용한 서비스를 제공하려는 욕구
❷ 자신이 지역 사회의 한 부분으로 느껴지고 싶은 욕구
❸ 여가 시간을 만족스러운 방법으로 사용하려는 욕구
❹ 정상적인 동반자 관계를 즐기려는 욕구
❺ 개인으로 인정받고 싶은 욕구
❻ 자기표현과 성취감의 기회를 가지려는 욕구
❼ 적절한 정신적 자극을 가지려는 욕구
❽ 건강을 유지하고 보호하려는 욕구
❾ 적절한 주거 조건과 가족 관계를 가지려는 욕구
❿ 영적인 만족감을 얻으려는 욕구

 ## 2. 노년기 여가의 특성과 중요성

 ### 1 노년기 여가의 특성

노년기 여가는 일정한 사회적, 가정적 역할이 있어서 그 역할을 추구하는 도중에 가지게 되는 여유 있는 시간과 자신에게 부과된 일정한 역할이 없어 막연하게 보내는 긴 시간을 말한다.

노인은 지나친 여가 시간으로 여가 자체가 즐거움이라기보다는 정신적, 정서적 고통을 안겨주게 된다.

노년기는 사람에 따라서 건강하고 활동적이기도 하지만 노년기 후반으로 갈수록 일부를 제외하고는 신체적 쇠퇴와 질병, 지적 능력의 상실 등을 필연적으로 경험하게 된다. 노화 과정에 따른 생체 기능상의 장애 및 심리적, 사회적 장애가 발생할 수 있으며, 이러한 장애 요인들은 노년기에 지속적으로 증대되거나 이어지게 된다. 오늘날 노년기 세대의 특성 여가를 통해 새로운 목표를 달성하고자 하는 적극성과 삶에 대한 애착이 매우 높음을 알 수 있다. 노인의 특성을 신체적, 사회적, 심리적, 교육적 특성에서 살펴볼 필요가 있다.

(1) 신체적 특성

노인을 규정하는 가장 외적인 특징인 신체적 특성은 신체적 노화로 인한 건강의 악화, 시각이나 청각의 감퇴, 영양 상태의 악화이다.

노년기의 신체 변화는 거의 감퇴적인 모습을 보이지만 그 정도나 심각성에는 큰 개인차를 보이게 된다. 노년기의 두드러진 특성은 자극에 대한 반응 속도의 감소로 행동 둔화 현상을 보이는 새로운 과제나 복잡한 일에 느리게 반응한다.

이러한 신체적 능력의 감퇴를 잘 조절하여 정상적인 상태로 노후를 보내기 위해서는 노후의 여가 활동을 얼마나 바람직하게 보내느냐가 관건이다.

(2) 사회적 특성

노인의 사회적 특성의 핵심은 직장에서의 은퇴로 사회적 역할을 상실하고 지위가 저하된다. 이러한 은퇴는 지적 발달에 어려움을 주고 경험과 지위의 저하로 경제력, 자존심, 권위를 상실하게 된다. 이처럼 노년기에는 사회적으로 얻는 것보다 잃는 것이 많은 시기로 현대 산업 사회에서의 일반적인 현상이다.

한 분야에서 다양한 사회적 경험과 체험을 쌓아왔는데, 노인이라는 이유로 지속적으로 경험하고 체험한 일을 하지 못하고 다른 일을 하게 된다면 두려움을 갖게 되고 주저하게 만드는 요인이 된다. 따라서 지금까지 종사해 왔던 일과 연관된 여가 생활을 찾는 것이 중요하다. 또한 노인들이 이제까지 수행해 온 사회적 위치에서 권리와 의무가 사라지므로 주관적으로 느끼는 해석과 사회적 요구에 적응하지 못하는 경우가 발생하게 된다.

(3) 심리적 특성

신체적 능력의 약화, 문제 해결 능력의 감퇴, 은퇴 등으로 노인들의 생산성과 활동성 감소로 여러 가지 성격적 변화를 느끼게 된다. 이러한 변화에 대한 적응능력 역시 저하되어 사회, 심리적으로 고립과 소외를 경험하게 된다.

노인의 일반적인 심리적 특성은 다음과 같다.

첫째, 내향성 및 수동성이 증가한다. 사회 활동의 감소에 따른 위축으로 적극적이던 자세가 소극적으로, 외부 지향적에서 내부 지향적으로 바뀌게 된다.

둘째, 새로운 변화를 받아들이지 못하고 적응하는 데 대한 심리적 부담을 덜기 위한 방어적 태도에서 기존의 사고방식과 태도를 고집하는 경직성이 증가한다.

셋째, 감각 기관의 퇴화와 함께 노인 스스로 신속성보다는 조심스러움이 증가한다.

넷째, 타인에 대한 의존성과 자기중심성이 증가하여 다른 사람의 도움을 받으려는 경향이 강하다.

사회적, 감정적 지위 상실로 오는 심리적인 소외감과 불안 심리를 통제하기 위한 해결책으로 여가 생활이 절실히 필요하다. 노인은 바람직한 여가 생활을 통해 자신의 역할 상실감에 대한 긍정적인 극복이 가능하며, 이를 계기로 해서 보다 안정된 노년을 보낼 수 있게 된다.

(4) 교육적 특성

자신의 실제 생활에서 느끼는 지혜와 삶의 방식, 사회 적응에 대하여 부족한 상태를 인식하고 교육을 통하여 충족하려고 한다. 길어진 여가 시간을 보다 보람 있게 보내고 자아실현을 위한 적극적인 자기 계발과 사회 참여 활동 그리고 재취업 활동 등을 통해서 보람 있고 즐거운 노년기를 보내는 것이 중요하다.

노인이 여가 활동을 하는 경우 다음과 같은 효과를 가질 수 있다.

❶ 노인의 여가 활동은 인생 최후의 자아실현을 위한 기회가 될 수 있다.
❷ 노인의 여가 활동을 통한 자아실현의 기회 확보는 노년기의 삶을 윤택하게 함과

동시에 일상적인 생활을 계획적으로 구성하게 하여 건강한 삶으로 발전시킬 수 있으며, 이를 통해 사회적 건강도 도모할 수 있다.

❸ 노인은 적극적인 여가 활동을 통하여 친구와 집단과의 관계 속에서 서로를 격려하고 생활상의 위험을 대비할 수 있는 자원을 확보할 수 있다.

❹ 노년기의 여가 활동은 가족과 이웃과의 친밀한 관계 형성은 물론 사회 참여의 계기가 된다.

❺ 노인의 여가 활동으로 이루어지는 사회 참여는 노인 복지와 사회 발전을 위한 사회적 책임을 수행하고 세대 간의 이해와 공동체 문화의 창출에 기여할 수 있다.

2 노년기 여가의 중요성과 필요성

노년기의 여가는 고독감과 소외감을 감소시켜 주고 삶의 보람을 찾게 됨으로써 무엇보다 중요한 일이다. 노인 인구의 급속한 증가에 따라 노인 문제가 사회 문제로 대두되고 있으며, 노인 복지에 대한 관심이 증대되고 있다.

노년기 여가 활동의 중요성은 다음과 같다.

첫째, 노인의 여가 활동은 인생에서 마지막으로 자아실현할 기회를 제공한다.

둘째, 노인의 여가 활동은 일상생활 속에서 계획 있게 신체적 및 정신적으로 건강하고 규칙적인 생활 기회를 제공하며, 여가 활동을 통해서 자신의 정신적, 신체적 건강을 유지하면서 사회적 건강까지 도모할 수 있게 된다.

셋째, 노인의 여가 활동은 적극적 활동으로 대인 관계를 통하여 인적 자원을 확대할 기회를 제공한다.

넷째, 노인의 여가 활동을 계기로 하여 세대 간의 이해와 노년 문화를 창조하고 공동체 형성 및 발전에 기여할 수 있는 기회를 제공한다. 따라서 여가 활동을 통하여 삶의 경험과 획득한 기술을 자원봉사 활동에 이용하고, 공동체에 긍정적 영향을 주면서 전통문화 계승 발전에 영향을 미칠 수 있다.

다섯째, 노년기의 부정적인 심리 기재 해소와 자아존중감과 만족감, 자아실현 등 삶의 질을 높이는 데 효과적인 역할을 할 수 있다.

이와 같은 노년기 여가 활동은 노인의 신체와 정신 건강에 많은 영향을 미친다. 고령화 사회에서 여가 문제를 어떻게 해결해 나가느냐에 따라서 고령화로 인한 사회 문제를 해결하는 중요한 변인이라 할 수 있다.

여가의 영역은 자기 주도적 생활 양식이면서 문화의 영역으로 가치가 더해지고 있으며, 현대인들은 노동보다는 여가를 활용하는 데 보다 많은 관심을 가지며, 삶의 의미, 자기 계발, 자아실현을 발견할 기회를 추구하고 있다.

현대인들의 자발적인 참여를 전제로 하는 여가 활동은 인간의 내적 동기화가 근본이 되는 활동으로 구성되기 때문에 활동의 자유 인지, 장악, 능력의 발현 등과 같은 삶의 질을 향상시키는 기회가 노동보다 풍부하기 때문이다. 무엇보다 노동에서 삶의 질 향상이 어려운 현대인의 사회적 환경에서 인간은 노동 외적인 삶의 영역, 즉 여가 영역에서의 삶의 의미를 찾고자 하는 욕구를 증가시키고 있다.

노년기에 여가 활동을 하면 다음과 같은 요소에 긍정적인 영향을 미친다.

(1) 건강 촉진

여가 활동은 건강을 유지하고 향상시키는 데 도움이 된다. 활동적인 여가 활동은 심장 건강을 개선하고 혈액 순환을 촉진하여 심혈관 질환, 고혈압 및 당뇨병과 같은 질병 위험을 감소시킨다. 또한, 운동이나 댄스와 같은 활동은 근육 강화와 유연성 향상을 도와 노인들이 좀 더 활동적이고 독립적인 생활을 할 수 있도록 돕는다.

(2) 정신 건강 개선

여가 활동은 노년기 우울증, 스트레스 및 사회적 고립과 같은 정신 건강 문제를 예방하고 개선하는 데 도움이 된다. 예를 들어, 음악, 문화, 문학, 미술 등과 같은 창작적인 활동은 인지 능력을 향상하고 자아 존중감과 창의성을 증진시키며, 긍정적인 감정을 유발할 수 있다. 또한, 사회적으로 연결된 여가 활동은 친구나 동료들과의 상호 작용을 촉진하여 사회적 고립을 줄이고 자아 계발에 도움을 준다.

(3) 새로운 기회 제공

노년기 여가 활동은 새로운 기회를 제공한다. 예를 들어, 노인들은 취미나 관심사에 맞는 동호회, 그룹 또는 조직에 가입하여 관련된 활동에 참여할 수 있다. 또한, 커뮤니티 기반의 프로그램이나 자원봉사 활동에 참여함으로써 다른 사람들과 연결되고 사회적 목적과 가치를 실현할 수 있다.

(4) 스트레스 감소

노년기 여가 활동은 스트레스를 감소시키는 데 도움이 된다. 여가 활동은 일상생활에서의 압박과 스트레스로부터 벗어나고 긍정적인 경험과 즐거움을 찾을 수 있는 시간과 공간을 제공한다. 이를 통해 노인들은 일상적인 걱정과 부담으로부터 잠시 벗어날 수 있으며, 심리적 안정과 평온을 찾을 수 있다.

(5) 새로운 사회적 연결

여가 활동은 노인들에게 새로운 사회적 연결의 기회를 제공한다. 그룹 활동이나 동호회에 참여하거나 지역 사회 활동에 참여함으로써 새로운 사람들과 친구를 사귈 수 있다. 이를 통해 노인들은 사회적 네트워크를 확장하고 더욱 다양한 사람들과 소통하며, 사회적인 지지와 상호 작용을 경험할 수 있다. 노년기 여가 활동은 건강과 행복을 촉진시키고, 사회적 참여와 연결을 유지하는 데 큰 영향을 미친다. 이러한 활동은 개인의 삶의 질을 향상하고 긍정적인 인식과 자아실현을 촉진하여 노년기를 보다 활기차고 충실하게 살아갈 수 있도록 돕는다.

(6) 인생의 만족도 향상

노년기 여가 활동은 인생의 만족도를 향상시키게 된다. 여가 활동을 통해 새로운

경험을 쌓고 자아실현을 추구할 수 있으며, 자신의 삶에 의미와 목적을 부여할 수 있다. 여가 활동은 일상적인 예술, 스포츠, 여행, 책 읽기, 가족과 함께 시간을 보내기 등 다양한 형태로 나타날 수 있다. 이러한 경험들은 장년층에게 긍정적인 감정과 성취감을 주면서 자신의 삶을 보다 즐겁고 의미 있게 해준다.

(7) 사회적 참여 유지

여가 활동은 노년기에 사회적 참여를 유지하는 데 도움을 준다. 사회적으로 연결된 활동은 친구나 동료들과의 상호 작용을 촉진하며, 사회적 네트워크를 형성하는데 도움이 된다. 이는 사회적 고립을 예방하고, 노인들이 사회적인 지지를 받을 수 있는 기회를 제공한다. 또한, 사회적 참여는 노년기에 사회에 기여하는 데 도움을 주며, 자신의 경험과 지식을 다른 사람들과 공유함으로써 사회적 역할을 유지할 수 있다.

(8) 인지 기능 향상

여가 활동은 노년기 인지 기능을 향상시키는 데 도움이 된다. 대화, 퍼즐, 보드게임, 학습 활동 등은 노인들의 사고력, 기억력, 집중력을 유지하고 개선하는 데 도움이 된다. 노년기에는 인지 기능이 저하되는 경향이 있으므로 이러한 활동을 통해 뇌를 활발하게 유지할 수 있다.

(9) 자아실현과 성취감

여가 활동은 자아실현과 성취감을 얻을 수 있는 기회를 제공한다. 노년기에는 이전의 경험과 지식을 바탕으로 새로운 기술을 익히거나 새로운 분야에 도전할 수 있다.

예를 들어, 새로운 취미나 기술을 배우거나 예술 작품을 창작하는 등의 활동은 노인들이 자신의 잠재력을 탐구하고 새로운 것을 배우며 성취감을 느낄 수 있게 해준다.

노년기 여가에 대한 필요성은 다음과 같이 설명할 수 있다.

① **신체 건강상의 이점**

- 이동성 유지: 여가를 통한 규칙적인 신체 활동은 노인들의 이동성과 독립성을 유지할 수 있다.
- 만성 질환 관리: 수영이나 걷기 등의 여가 활동은 관절염, 당뇨병, 심장 질환과 같은 만성 질환을 관리하는 데 도움이 된다.

② **정신적, 인지적 웰빙**

- 인지 저하 예방: 여가 활동을 통한 지적 자극은 인지 저하 및 알츠하이머병의 위험을 감소시킨다.
- 스트레스 및 불안 감소: 즐거운 여가 활동은 노인들의 스트레스와 불안 수준을 많이 감소시킨다.
- 창의력 향상: 그림 그리기나 악기 연주와 같은 활동은 창의력을 자극하고 성취감을 제공한다.

③ **정서적 건강**

- 외로움 및 우울증 퇴치: 사회적 상호 작용은 노인들에게 흔히 발생하는 문제인 외로움과 우울증을 퇴치한다.
- 감정 표현: 창의적인 여가 활동을 통해 노인들의 감정을 표현할 수 있어 정서적 건강이 향상된다.

④ **삶의 질과 성취감**

- 목적 의식: 여가 활동은 삶에 대한 긍정적인 전망을 유지하면서 목적 의식과 성취감을 제공한다.
- 관계 구축: 사교 활동은 노인들이 의미 있는 관계를 구축하고 삶의 질을 향상하는데 도움이 된다.

⑤ 건강한 노화

- 장수: 신체적·정신적 건강을 증진하는 여가 활동에 참여하면 더 길고 건강한 삶을 누릴 수 있다.
- 독립성: 여가는 노인들이 장기간 독립적이고 자급자족할 수 있도록 도와준다.

⑥ 의료 비용 절감

- 예방 건강: 규칙적인 신체 활동과 여가 활동에 참여하면 비용이 많이드는 의료 개입의 필요성을 줄일 수 있다.
- 정신 건강 지원: 여가를 통해 정신 건강에 집중하면 의료 시스템의 정신 건강 문제에 대한 부담을 줄일 수 있다.

⑦ 사회적 연결 및 커뮤니티

- 사회적 응집력: 여가 활동은 노인들이 동료들과 연결되고 지원하는 커뮤니티를 형성할 기회를 제공한다.
- 세대간 유대감: 세대 간 활동에 참여하면 노인 세대와 젊은 세대 간의 연결이 촉진되어 두 세대 모두에게 이익이 된다.

오늘날의 사회에서 노인을 위한 여가의 개념과 필요성은 매우 중요하다. 노인 인구가 계속 증가함에 따라 우리는 여가가 사치가 아니라 그들의 행복에 필수적인 요소라는 것을 인식해야 한다. 다양한 형태의 여가 활동은 신체적 건강, 정신적, 인지적 웰빙, 정서적 안정, 노인들의 전반적인 삶의 질 향상에 도움이 된다.

노인들이 여가의 혜택을 누릴 수 있도록 지원하기 위해 사회는 접근할 수 있고 포용적인 여가 기회를 창출해야 한다. 여기에는 노인의 고유한 요구에 맞는 물리적 인프라, 사회 프로그램 및 의료 지원을 제공하는 것이 포함된다.

그렇게 함으로써 우리는 노인들이 성취감 있고 건강한 삶을 영위하고 그들의 지혜와 경험을 가능한 한 오랫동안 우리 지역 사회에 기여할 수 있도록 할 수 있다.

3 노년기 여가 활동의 효과

첫째, 신체 건강의 유지 및 증진

여가 활동은 신체 건강을 유지하고 증진시키는 데 중요한 역할을 한다. 정기적인 여가 활동은 근력을 유지하고 체력을 향상시킬 뿐만 아니라 다양한 만성 질환을 예방하는데 도움이 된다. 예를 들어, 걷기, 수영, 라이트 요가와 같은 활동은 노인들에게 적합하면서도 건강에 매우 유익하다.

둘째, 정신 건강의 향상

여가 활동은 노인의 정신 건강에도 긍정적인 영향을 미친다. 일상의 스트레스를 감소시키고 우울증을 예방하는 데 효과적이며, 정신적 활력을 유지하고 뇌 건강을 증진시키는 데 필수적이다. 독서, 퍼즐, 기억력 향상 게임과 같은 활동은 정신적 자극을 제공하며 노년기의 두뇌 건강에 도움을 준다.

셋째, 사회적 관계의 강화

여가는 노인들의 사회적 관계를 강화하는 데 중요한 역할을 한다. 이는 가장 중요한 효과일 수도 있다. 노인의 고독감은 몸도 마음도 피폐하게 만들 수 있는데 여가 활동을 통해 이런 것들을 해소할 수 있다. 즉, 사회적 활동을 통한 여가는 고립감을 감소시키고, 사회적 네트워크를 확장하는 데 기여한다. 또한, 동년배와의 교류는 정서적 지지를 제공하고 사회 참여 의식을 강화한다. 노인 동아리 활동, 봉사활동, 여행 등은 이를 위한 좋은 예시이다.

넷째, 생활의 만족도와 행복감 증진

여가 활동은 삶의 만족도를 높이고 긍정적인 감정을 경험한다. 특히, 노년기는 새로운 취미를 개발하고 오랜 관심사를 더 깊게 탐구할 수 있는 절호의 기회이다. 예를 들어, 취미 활동, 정원 가꾸기, 예술 활동 등은 노년기의 행복감과 자기실현에 중요한 요소가 된다.

노년기의 여가는 단순한 시간 보내기를 넘어서 신체적, 정신적, 사회적 건강을 지키

게 한다. 결국, 장기적인 관점에서는 노인의 우울 및 고독에서 오는 사회적 비용을 줄이고 건강한 사회를 만드는 데 도움이 된다.

4 노년기의 여가 활동과 정신 건강

(1) 노년기 여가 활동의 정신적 필요성

노년기에는 배우자 또는 친구들과의 사별로 인한 정신적인 외로움, 상실감으로 인해 쉽게 우울해지는 경향이 있으며, 사회적 지위의 격하, 경제적 능력의 저하, 역할 상실 등의 경험으로 인한 소외감을 느끼는 경우가 대부분이다. 이러한 현상으로 인해 각종 인지 장애, 불안, 건강 염려증 등 일반적 우울증과 유사한 증상을 동반하기도 한다.

다양한 이유로 인한 우울감, 고립감, 상실감 등을 극복하기 위해서는 스스로 적성에 맞는 적절한 여가활동을 통해 노후의 고독감 및 고립감을 해소시키고 남은 삶에 대한 새로운 의미를 부여하는 것이 필요하다.

(2) 노년기 정신 건강에 대한 여가 활동의 효과

노년기의 만족스러운 여가 활동은 생활의 만족과 자아 존중감의 유발을 부른다. 우리나라는 급속한 고령화로 인해 노인의 정신 건강 문제가 사회적 문제로 제기되고 있음을 재인식하고 65세 이상 노인들의 인지 기능과 우울함을 해소시켜 주는 여가 활동의 증진을 위해 체계적인 인지, 여가 활동 프로그램의 개발이 필요하다.

노년기에 즐기는 여가 활동은 자아 존중감을 가질 수 있고 소속감을 가지게 됨으로써 행복한 노후를 즐길 수 있다. 이에 대한 효과를 살펴보면 다음과 같다.

첫째, 노년기의 여가 활동은 인생의 보람을 느끼고 사회적으로도 보탬이 될 수 있다는 자신감을 가지게 한다.
둘째, 노년기의 여가 활동은 타인과 더불어 사는 삶이라는 느낌을 줌으로써 고독감을 해소하고 건강한 노후를 보낼 수 있게 한다.

셋째, 노년기의 여가 활동으로 사회 참여의 기회를 줌으로써 소속감을 부여하면서, 해체되어 가는 가정과 지역 사회를 복지 공동체로 발전시킬 수 있는 역할을 한다.

넷째, 노년기 여가 활동 기회를 부여함으로 인해 OECD 국가 중 노인 자살률 1위인 한국의 불명예를 회복할 수 있으며, 운동과 같은 신체적 활동은 자살 위험을 낮추는 데 도움이 된다는 보고가 있다. 매주 1회 이상 운동을 하는 경우가 운동을 하지 않는 경우에 비해 절망감, 우울감, 자살 사고, 자살 시도 경험이 현저히 낮다는 연구결과도 많이 있다.

🔍5 노년기 문화 활동

(1) 노년기 문화 활동의 형성

노인 문화는 여가 및 사회 참여와 매우 깊은 상관 관계가 있다. 역사적으로 볼 때 세계의 4대 문명 발생지는 잘 알려진 바와 같이 잉여 생산이 가능하였으며 문명과 문화가 융성했던 지역이다. 따라서 시간적인 여유가 있는 노인들은 그들 나름대로 문화를 가질 수 있었다고 말할 수 있다. 특히, 전통적 농경 사회에서 노인 자신들이 문화의 전부라고까지 해도 과언이 아닐 정도였으나 산업 사회로 전환되는 과정에서 노인들은 주변 문화 혹은 하위 문화를 구성하게 되었다.

이와 같이 노인 문화는 광의의 의미에서 하나의 부분 문화 혹은 하위 문화를 형성하고 있다. 이것들은 사회를 주도하는 문화 규범과는 조금 거리가 있다. 즉, 사회적으로 일부 집단에서는 주도 문화의 영향 속에서도 자기만의 언어, 생활 양식, 가치관, 규범 등을 가지고 있는 것을 말한다.

❶ 노인의 절대 수가 증가하여 노인 간 교류할 기회가 증대되었다.
❷ 의료, 보건 등의 발달로 인해 건강하고 활동적인 노인이 증가하였다.
❸ 반대로, 만성 질병 등으로 고통받는 노인들의 증가로 공동의 관심사를 갖게 되었다.

❹ 노인 단체 같은 곳에서 노인들은 지리적으로 함께 모이는 경향이 있다.

❺ 조기 퇴직의 증가로 직업이나 생활상이 다른 노인들과의 교류가 감소하였다.

❻ 금전, 지식을 가지고 있는 노인들이 등장하여 여러 가지 활동을 통하여 독자적 행동 양식을 취하게 되었다.

❼ 노인을 위한 다양한 사회 복지 서비스로 인해 그들에게 모일 수 있는 기회나 공간을 제공하였다.

❽ 많은 수의 노인들이 그들의 자녀들과 동거를 회피하여 노인 단독 가구를 형성하고 있다.

(2) 노년기 문화 활동의 기반

통계청에 따르면 최근 10년 동안에 걸쳐 공연 시설과 공연장, 박물관 등의 지속적 증가에 힘입어 국민들이 문화와 여가 활동을 즐길 수 있는 기반이 조성된 것으로 나타났다. 특히, 공연장, 박물관, 미술관 등과 같은 문화 시설이 꾸준하게 증가한 것으로 나타났다.

 ## 3. 노인 여가 정책

한국의 노인 여가 정책 현황을 파악하는 것은 현 정책의 실태와 문제점에 대해 파악하고 개선 방향을 도출함으로써 미래 고령 사회를 위한 정책 방향과 개선점 등 활성화 방안을 도출하기 위한 근거를 마련하기 위해서이다.

노인 여가 정책은 노인 계층의 여가 문제를 해결하고 균등한 여가 기회를 제공함으로써 노년기 삶의 질을 향상시키기 위한 시책이라고 할 수 있다.

노인 여가 정책의 목표는 노인 여가 문제를 해결하고 노인의 삶의 질을 향상시키기 위해 자아실현, 여가 기회의 확대, 사회적 형평성의 구현, 여가 환경의 질적 개선, 여가 서비스 제공 등을 실행시키기 위한 방향으로 설정되어야 한다.

1 노인 여가 정책의 특성

최근 사회적으로 문제가 되고 있는 노인 고독사는 매우 심각한 상태이다. 정부는 이 문제를 해결하기 위해 다양한 정책들을 연구하고 시행하고 있지만 명확한 해결점을 찾지 못하고 있다. 향후 고령화 대책의 일환으로 노인의 여가 정책을 명확하게 설정하고 이를 실행하도록 하여 노인들이 즐거운 노년을 보낼 수 있는 다음과 같은 노인 여가 정책이 필요하다.

첫째, 노인 여가 정책은 노인들에 대한 배분적 정의(distributive justice)를 구현하기 위한 것으로, 인간의 자기 결정권, 인간의 균등한 기회, 삶의 질 향상을 기본 가치로 삼아야 한다.

둘째, 여가 헌장, 대한민국 헌법, 노인 복지법에 따르면 노인들의 여가권은 행복 추구권이자 기본적인 권리로 명시되어 있으므로 정부는 노인 여가의 권리를 인정하고 다양한 여가 기회를 제공하기 위해 적극적으로 노인 여가 정책을 시행해야 한다.

셋째, 노인 여가 활동은 노인의 신체적, 사회적, 문화적 욕구를 충족시켜 줌으로써 노후 생활을 즐겁고 보람 있게 해주는 것으로 성공적인 노화를 위한 기반이 된다. 따라서 노인 여가 정책 목표는 노인들의 다양한 욕구를 충족시켜 주고, 노인들의 성공적 노화를 촉진하며, 삶의 질을 향상시키기 위한 방향으로 전개되어야 한다.

넷째, 노인 여가 정책은 은퇴 이후 경제 활동 및 사회 활동의 축소로 인해 소외감과 고독감 등의 노인 문제를 해결하기 위해 노인 계층에게 사회 참여 기회 제공, 바람직한 여가 생활을 도모하고자 하는 것으로 주로 복지 정책의 일환으로 시행되어야 한다.

2 노인 여가 정책 목표 과제

노인 여가 정책 목표를 달성하고 정책 과제들이 효율적으로 운용되기 위해서 구축되어야 할 사회 제반 환경을 제시하면 다음과 같다.

첫째, 우리나라의 노인 여가와 관련된 법에는 노인 복지법과 저출산, 고령 사회 기본법이 있다. 이에 대한 주요한 내용으로는 노인 여가 시설 관련 내용 및 여가 활동 장려와 참여 촉진에 관한 사항들이 주로 명시되어 있다. 하지만 노인 여가 지원 대상, 예산 확보, 자금 조달, 지원 체계, 관련 기구의 설치, 전문 인력 등 구체적인 사항들에 대해서는 명시되어 있지 않다.

둘째, 노인 여가 정책의 원활한 실행을 위한 예산 확보가 필요하다. 지속적인 노인 인구의 증가로 정부 또는 지방자치단체의 예산 증액이 필요한 데 비해 노인 인구 대비 예산 지원 비율 및 액수를 정확히 법제화하여 예산을 확보하지 못하고 있다. 따라서 정부의 지속적인 예산 확보뿐만 아니라 개인, 기업이나 단체로부터의 자율적인 모금, 수익 사업을 통한 자금 확보 등 민간 자원을 동원하여 예산을 확보할 필요가 있다.

셋째, 노인 여가의 전담 부서 및 기관을 설립해야 한다. 노인 여가를 담당할 국가 기관, 지방 단위의 기관, 각 지역 차원의 기관 등 행정 체제 정비를 위한 체계적인 기관의 설립이 필요하다.

넷째, 노인들의 여가 문제를 해결하고 건전한 노인 여가 문화를 구축하기 위한 연구가 필요하다.

고령 사회에 대비하여 정부 차원의 국립 노인 여가연구소 또는 지역별 노인 여가 연구소를 설치하여 노인 여가와 관련된 각 분야의 전문가들을 중심으로 연구를 수행할 수 있다. 또한 노인 여가 관련 학술 대회 및 세미나 개최를 활성화하여 전문가 및 실무자, 노인들이 참여하는 가운데 노인 여가 관련 최근 사회적 이슈 및 문제점에 대해 다양한 의견과 시사점을 도출하여 이를 실행에 옮겨야 한다.

3 노인 여가 프로그램 개발 방향

노인 여가 프로그램의 기능은 다음과 같다.

첫째, 노인 여가 프로그램은 노인 복지 서비스를 발전시키는 핵심 자원의 기능을 가지고 있다.

둘째, 노인 여가 프로그램은 사회적 통합성 원리의 실천 기능을 가지고, 노인의 정년퇴직 및 근로 기능, 신체적 약화로 사회적 지위와 가족의 부양 기능이 저하되는 현실에서 도움을 요청하는 노인들에게 적극적인 지원을 해야 한다.

셋째, 노인 여가 프로그램은 건전한 노인 문화의 창달 기능을 갖는다. 우리나라는 1980년대 후반에 노인 복지 시설이 활성화되는 계기를 맞이하였고, 노인에 대한 인식이 사회적으로 부정적인 것을 개선하기 위하여 노인 권익 옹호와 바람직한 노인 문화 창달을 위한 활동에 관심을 가지게 되었다.

넷째, 노인에 대한 사회적 역할과 발전에 기여하는 기능을 갖는데, 노인 여가 프로그램은 개인에 대한 욕구 충족과 더불어 노인들이 사회적 역할을 가지고, 사회 봉사 활동 등을 통해 사회 발전에 기여하는 것이다.

미래 고령 사회 노인 여가 활성화를 위해서는 노인들의 다양한 욕구를 반영한 여가프로그램 개발과 보급이 무엇보다 중요하다. 핵가족화, 여성의 사회 활동 증가 등 사회 환경의 변화로 인해 미래 고령 사회의 새로운 노년층들의 라이프스타일, 가치관 및 여가관이 변하고 있다. 노인들의 개인별 특성들을 반영하고 노인들의 욕구를 충족시킬 수 있는 다양한 종류의 프로그램들을 개발해야 한다.

노인들의 자유 시간을 충분히 활용하기 위해서는 노인들이 자주 모일 수 있는 장소의 필요성, 집단적으로 여가를 즐길 수 있는 기회 마련, 소외감을 잊고 보람을 가질 수 있는 여가 활동의 종류 개발 그리고 사회 복지 차원의 보장 제도가 구체화되어야 한다.

위의 내용들을 토대로 하여 노인들의 여가 프로그램을 개발하고 지원할 수 있도록 다음과 같은 방향으로 추진되어야 한다.

(1) 노인 욕구 조사에 기초한 여가 프로그램 작성

노인들의 현실적인 욕구에 바탕을 두고 이용하는 노인들의 연령, 건강 상태, 흥미,

경로당의 여건, 지역적 특성 등을 고려하여 적절한 여가 활동 프로그램을 개발하여 시행할 수 있어야 한다. 지방자치단체의 지원뿐만 아니라 정부의 지원 역시 확대하여 노인들을 위한 프로그램과 효율적인 운영으로 이루어져야 한다.

(2) 노인 복지회관 및 노인종합복지관의 여가 프로그램의 활성화

노인 복지회관은 노인 복지에 관한 교육과 훈련을 받은 전문가에 의해 프로그램이 운영되는 곳인 만큼 사회의 중간층으로 퇴직한 노인들이 참여할 수 있도록 질 좋은 프로그램과 서비스를 제공해야 한다.

노인종합복지관의 경우는 노인의 생활 및 건강 상담, 노혼 상담 등과 연계하여 여가를 선용할 수 있는 종합 복지 센터로서의 기능을 수행할 수 있도록 여가 프로그램이 활성화되어야 한다.

(3) 다양한 여가 프로그램의 개발

노인을 대상으로 하는 여가 활동 프로그램은 노인들의 여가 활동에 영향을 주는 다양한 요인들(예 연령, 성별, 생활 수준, 교육 정도, 건강 상태, 가족 관계, 종교 등)에 따라 달라져야 한다는 점을 감안하여 해당 노년층의 흥미를 유발할 수 있도록 다양하게 개발되어야 한다. 예컨대 저소득층 노인들을 위해서는 생계 문제 해결을 포함하는 근로형 여가 프로그램을 수립해야 한다.

(4) 동아리 중심의 여가 활동 권장

동아리 활동은 구성원의 결속력, 친화력 및 지속성을 유지할 수 있으므로 여가 활용과 관련하여 취미 성향별로 동아리 결성을 추진해야 한다. 또한 그에 적절한 여가 프로그램 역시 개발하여야 한다.

표 8-1_ 지역별 노인 여가 프로그램 모형 예시

분 류	대도시형	중소 도시형	농·어촌형
사 례	서울, 인천, 대전, 대구, 부산, 광주	경기, 강원, 울산, 충북, 충남, 천안, 전북, 경남, 전남 여수, 제주도 제주시	충남 당진, 전남 목포, 경북, 제주도 남제주군
프로그램 특성	· 도시 지역 노인은 자기 발전에 대한 요구가 높고, 사회 변화에 관심이 많음 · '즐거운 노후 생활'에 대한 인식과 요구가 높음 → **교양 활동 및 정보 교육 강화** · 복지관에서 새로운 프로그램 개발에 대한 많은 현대화에 부응하는 다양한 프로그램들이 운영되고 있음 → **복지관의 다양한 서비스를 경로당으로 연계 투입함** · 지역 내 가용 자원, 전문 강사, 자원봉사자 등이 산재되어 있음 → **다양한 사회 활동 및 교류 증진**	· 도시와 농촌적 성향을 복합적으로 나타냄 → **낮시간 노인을 돌봐줄 보호 관리소 역할** · 지역색이 강하며 지역 문화에 대한 자부심이 강함 → **노인의 자체적 활동 강화 및 지역 내 역할 부여**	· 프로그램에 대한 적응 문제: 놀이에 대한 부정적 시각 · 프로그램 개념이 부족하고 경로당 기능화에 관심 및 이해가 없음(전체적으로 고령화·저학력, 경로당 이용률 저조함) → **만족도 및 이용도 높은 프로그램 중심으로 영역 축소** · 지역 내 가용 자원, 전문 강사, 자원봉사자 등이 부족
권장 활동	· 정보 교육 강화 · 교양 활동 강화	· 자원봉사 · 부업 활동 · 문화 수호 운동 · 경로당 행사 개최	· 건강 관리 중점화 · 후원회 조직 강화 · 비용 절감 서비스 지원 · 경로당 환경 관리

(5) 개별적 여가 프로그램의 개발

대체적으로 노인 여가 프로그램의 경우 집단적 여가 프로그램으로 이루어지고 있다. 하지만 실제적인 생활에서는 개인 생활이 중요하게 인식되고 있으며 대부분의 노인들이 TV나 라디오를 시청하거나 청취하는 시간으로 여가를 보내고 있다.

따라서 개인적인 사정과 형편이 각기 다른 많은 노인들이 개인적으로 자유롭게 여가를 즐길 수 있도록 개별적 여가 프로그램을 개발하도록 해야 한다.

(6) 여가 활동의 배분적 정의 실현

노인 여가 활동 프로그램은 빈곤, 건강, 노인 단독 세대, 학력 등의 조건에 따라 균

등하게 기회가 주어지도록 개발되어야 한다. 각각의 조건에 따라 여가 수단, 여가 기회, 여가 자원의 평준화를 위한 노력이 이루어질 수 있도록 정부 관계 기관, 지방자치단체, 복지 단체 등의 적극적인 협조가 필요하다.

노인들의 여가 욕구가 증가하고 다양화됨에 따라 노인 욕구에 맞는 다양하고 세분화된 여가 프로그램 개발에 대한 지원이 필요하다. 또한 개발된 프로그램을 실제로 실행하기 위해 프로그램 운영에 대한 지원도 필요하다.

여가 프로그램이 원활하게 실행되기 위해서는 여가 전문가들의 배치가 필요한데, 노인 복지회관, 노인 학교, 노인정 등에서 여가 전문 인력을 고용하지 못할 경우 정부 차원에서 여가 전문 인력을 배치하고 지원해야 한다. 또한 노인 여가 시설 운영을 지원하기 위해 세제 혜택을 제공하고 여가 시설 내 각종 편의 시설에 대한 설립 및 리모델링 지원을 할 수 있다.

4. 노년층의 여가 현황

노년기 여가 활동의 의의와 주요 기능

(1) 노인 여가 활동의 의의

노년기 여가 활동은 사회적으로는 노인에 대한 긍정적 이미지 확립, 친밀성을 형성할 수 있는 사회 지지망의 제공 및 노인의 지역 사회 내 통합 등 긍정적 결과를 기대할 수 있다. 즉, 노년기 여가 활동을 어떻게 보내느냐에 따라 노년기의 고독감 및 고립감을 해소시키고 노인의 사회 참여에도 도움을 줄 수 있다는 점에서 노년기 여가 활동은 사회 문제를 해결하고 노인 복지를 실현할 수 있는 주요한 실천 과제의 하나이다.

❶ 노인의 여가 활동은 인생 최후의 자아실현을 위한 기회가 될 수 있다.

❷ 노인의 여가 활동을 통한 자아실현의 기회 확보는 노년기의 삶을 윤택하게 함과 동시에 일상적인 생활을 계획적으로 구성하게 하여 건강한 삶으로 발전시킬 수 있으며, 이를 통해 사회적 건강도 도모할 수 있다.

❸ 노인은 적극적인 여가 활동을 통하여 친구와 집단과의 관계 속에서 서로를 격려하고 생활상의 위험을 대비할 수 있는 자원을 확보할 수 있다.

❹ 노년기의 여가 활동은 가족과 이웃과의 친밀한 관계 형성은 물론 사회 참여의 계기가 된다.

❺ 노인의 여가 활동으로 이루어지는 사회 참여는 노인 복지와 사회 발전을 위한 사회적 책임을 수행하고 세대 간의 이해와 공동체 문화의 창출에 기여할 수 있다.

(2) 노년기 여가 활동의 주요 기능

다음은 노인들이 지역 사회에서 일상생활 중 여가 활동을 활용해서 얻을 수 있는 긍정적인 측면을 제시한 것이다.

❶ 취미 생활과 오락 등을 통하여 무료감을 해소한다.

❷ 공동 작업을 통하여 경제적 소득을 제공한다.

❸ 친구·동호인들과의 집단 생활에서 서로 격려하며, 생활 위험에 대처할 자원을 확보할 수 있다.

❹ 평상시 노인들의 건강 관리에 큰 도움이 된다.

❺ 사회·심리적으로 소외감과 무력감을 갖는 노인들에게 소풍, 야유회, 회식, 노인교실, 상담 등을 통하여 생에 대한 애착과 삶에 대한 자신감을 갖게 한다.

❻ 가정적·사회적으로는 역할의 상실감과 박탈감에 빠진 노인들에게 자원봉사 활동 등으로 소속감, 성취감 및 사회적 존재감, 공헌 의식을 갖게 한다.

❼ 압박감과 긴장감을 해소하고 적절히 정신적 자극을 받게 함으로써 정신 건강 면에 많은 도움을 준다.

❽ 인생 주기에서 자아실현의 마지막 기회를 부여한다.

❾ 생애 기간 동안 축적된 삶의 지혜를 전수하고 전통 문화를 계승·발전하게 하며, 지역사회 내에서 건실한 공동체의 형성에 기여할 수 있다.

2 노년기 여가 활동 유형 및 분류

(1) 노인 여가의 활동 유형

우리나라 노인들의 집단 여가 활동은 대체로 오락·취미 활동에 치중되어 왔다. 과거 사랑방으로부터 유래된 경로당 중심의 여가 활동과 최근 확대·발전하는 노인종합복지관 중심의 여가 활동에는 큰 차이가 없는 것 같다. 그 이유는 복지관을 찾는 노인들이 학습이나 봉사 활동보다는 우선 오락 취미 활동에 더 관심을 두는 것 같고, 그곳에서 노인의 여가 프로그램을 개발하는 요원들의 노인 복지에 대한 인식이나 비전에도 개선할 점이 있기 때문이다.

집단 여가 활동에 참여하는 노인들은 즐겁게 놀고 적은 비용으로 시간을 보내는 오락 프로그램을 선호한다 하더라도 분명하게 다른 형태의 여가 활동도 소개하고 적극적인 참여를 권유해야 한다. 노인들이 학습이나 봉사를 통해서도 사회적 역할을 수행하고, 한 차원 높은 노인 복지를 실현할 수 있다는 것을 인식할 필요가 있다.

자녀들을 키우느라 노후 대비를 하지 못해 일을 하는 노인, 취미 생활을 즐기기 위해서 여가를 즐기는 노인, 젊었을 때 하지 못했던 것을 하기 위해서 여가를 즐기는 노인 등 다양한 노인들의 여가 활동 유형들을 살펴보면 다음과 같다.

① 근로형

자신이나 가족들의 생계에 보탬이 되도록 일을 하지 않으면 안 되는 경우로 대개 부업이나 시간제, 비정규직으로 여가를 활용하여 소일 겸 간단한 근로 활동을 하여 소득을 창출하는 여가 형태이다.

② 한가형

자서전, 스키, 독서, 그림, 음악 등 대체적으로 한가롭게 조용한 시간을 보내는 여가 형태이다.

③ 사교 오락형

대부분의 여가에 해당된다. 골프, 낚시, 등산, 여행, 사냥 등 많은 레저 스포츠, 취미 클럽 활동, 인간관계의 유지와 정보 교환 등으로 참여하는 노인 인구가 많은 여가 형태이다.

④ 자기 완성형

젊었을 때 하지 못했던 부족한 부분을 노후에 충분한 시간을 이용해 보완해 나가는 유형으로 종교 몰두, 예술, 음악, 문학 등 각종 교양 강좌, 세미나, 토론회에 참여하여 인격을 완성하는 여가 형태이다.

⑤ 참여 활동형

자발적 봉사활동이나 정치 활동, 학술 활동 등 각종 사회 봉사 활동으로 여가를 보내는 여가 형태이다.

⑥ 가정형

가정 내에서의 확고한 역할 수행, 자녀들과의 좋은 관계 또는 불가피한 사정(협소한 인간관계, 경제적 이유, 고령으로 인한 거동 불편) 때문에 집에 머물며 지내는 여가 형태이다.

⑦ 동아리형

일반 사회보다는 제한된 범위 내에서 동년배들과 시간을 보내는 형태(예 노인정이나 공원 등에서 대화, 장기, 바둑 등 오락 또는 노인 학교, 사회 교육 기관에 다니는 경우)로서 등산, 낚시, 테니스, 게이트볼 등 노년 동료들과 운동하는 여가 형태이다.

⑧ 폐쇄형

건강상 부자연스럽거나 귀찮아서, 늙음이 한탄스러워서 홀로 시간을 가지며 집안이나 공원에서 하루 종일 시간을 보내는 여가 형태이다.

⑨ 자원봉사형

은퇴 후 자신의 돈, 시간, 재능 등을 다른 사람들을 위해 나눠주면서 즐거운 노년을 보내는 여가 형태이다.

위에서 살펴본 바와 같이, 노년기의 일을 통해서 쓸모 있는 존재임을 확인할 수 있을 때 신체적, 정신적 건강에 영향을 미치게 된다. 노년기에도 일을 통해서 다른 사람을 만날 수도 있고 친교할 수 있는 시간도 생기게 된다. 아울러 다른 사람을 배려할 줄 아는 자원봉사는 멋지고 아름다운 노년 생활을 책임지는 유형이라고 볼 수 있다.

(2) 노인 여가 활동의 분류

① 노인의 여가 활동 참여 의도에 따른 분류

능동적 활동	수동적 활동
사교, 취미 활동, 여행/운동, 예술 활동, 종교 활동	텔레비전 시청, 라디오 청취, 영화 관람, 단순 휴식, 가족 대화

② 노인 여가 활동의 참여와 만족 정도에 따른 분류

분류	긴장 해소형	기분 전환형	발전 추구형	창조 활동형	쾌락 추구형
활동	홀로 있음, 조용한 휴식과 수면	사교, 손님 접대, 경기 관람, 게임과 놀이, 대화, 취미 활동, 독서, TV 시청 또는 라디오 청취	체조 및 개인 운동, 학습 활동 및 수준이 있는 독서, 미술이나 음악 등 심리적 활동 참여, 클럽이나 조직에 참여, 관광 및 여행	예술·문화·음악 등 창작 활동, 양육 활동, 수준 높은 토의, 미술 교습, 악기 배우기	성행위, 충동적 약물 사용, 무아지경의 종교 체험, 육체적인 공격적 행동, 경쟁적 게임 및 운동 경기, 격정적 춤
만족도	매우 낮음	조금 낮음	보통	조금 높음	매우 높음

③ 생태학적 관점에서 노인 여가 유형의 분류

가족 중심형	지역 사회/생활 환경 중심형
가족과의 대화, 텔레비전 시청, 라디오 청취, 정원수 손질, 근교 산책	노인정 활동(바둑, 장기), 공원 산책(건강관리), 노인 학교·사회 교육 기관(특강, 노래, 춤), 운동 활동(등산, 낚시, 테니스), 지역 사회 봉사 활동(교통 정리, 청소, 선도), 교회 봉사

④ 노인의 성격과 과거의 습관에 따른 분류

단독 충실형	가족 충실형	우인 교류형	독서형	사회 참여형
미술 감상, 음악 감상, 서예, 다도, 사진 촬영, 수집	정원 손질, 가옥 미화, 가족 소풍, 살림 용구 손질, 가족 외식	친구 교제, 관혼 상제 참여, 우인 회식, 우애 방문	독서, 문집 정리, 신문 스크랩, 잡지 스크랩	봉사 활동, 정치 참여, 동창회 참여, 향우회 참여, 친목회 참여

3 노년기 여가 생활 복지 서비스 기관

노인 여가 생활 복지 서비스를 제공하는 기관들은 다음과 같다.

(1) 지역 노인 복지관 및 경로당

각 지역에 위치한 노인 복지관이나 경로당에서는 다양한 노인 여가 생활 프로그램을 제공하고 있다. 이에 따라 노인들이 취미 활동, 건강 관련 프로그램 등에 참여할 수 있다.

(2) 도시 철도나 버스 정류장

교통편에서도 일부 시도나 지자체에서 무료로 제공되는 노인 복지 서비스를 제공하고 있다.

(3) 정부 지원 센터

국가와 지자체 단위에서 지원하는 노인 복지 서비스 센터로서, 노인들의 여가 생활에 관한 다양한 프로그램을 제공한다. 각 프로그램은 건강 증진, 관심사 발굴, 라이프스타일 향상을 목표로 운영하고 있다.

(4) 민간 복지 단체 및 복지 시설

이러한 기관은 사회 복지, 건강, 레크리에이션 등의 프로그램을 제공하여 노인들에게 보다 다양한 여가 활동을 제공할 수 있다.

(5) 대학 및 연구 기관

대학 또는 연구 기관에서는 라이프롱 교육 프로그램이나 실버 대학, 기초 학습 등

을 제공하여 노인들의 지적 욕구를
충족시키고, 여가 활동의 다양성을 높
인다. 이러한 기관들을 찾아보며 노인
여가 생활 복지 서비스에 참여하여
건강하고 활력 넘치는 노후생활을 즐
길 수 있다. 또한, 지역에 따라 제공되
는 다양한 프로그램에 참여할 수 있
으므로 주기적으로 확인이 필요하다.

🧳 그림 8-1_ 어르신 놀이터 설치 현황(2024년 2월 기준, 시니어박스오피스 시니어 놀이터)

통계청이 2023년 12월 발표한 장래인구는 2022~2025에 따르면 65세 이상 고령
인구는 2022년 17.4%(898만 명)에서 2025년 20%(1,051만 명)까지 늘어나며, 2050년에는
40%(1,891만 명)에 이를 것으로 예상된다.

65세 이상 인구가 전체 인구의 절반 가까이 차지하게 되는 셈이다. 이렇듯 초고령
사회로의 진입을 앞두고 노령 인구의 건강 및 생활 복지 등에 많은 관심이 쏠리고
있다.

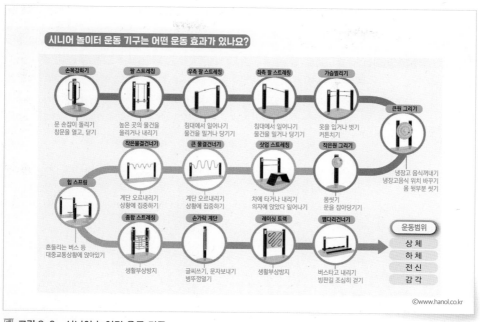

그림 8-2_ 시니어 놀이터 운동 기구

특히, 체력과 면역력이 감소하는 어르신들은 건강을 위해 꾸준한 운동으로 체력을 기를 필요가 있지만, 어르신의 신체적 특성을 고려한 야외 운동 기구나 활동 요소는 아직 부족한 실정이다.

🏆 표 8-2_ 대한민국 노인 복지 시설 연도별 현황(보건복지부 2023년 6월 공고)　　(단위: 개소, 명)

종류	시설	2022		2021		2020		2019		2018	
		시설 수	입소 정원	시설 수	입소정원	시설 수	입소정원	시설 수	입소정원	시설 수	입소정원
합 계		89,698	358,447	85,228	321,500	82,544	297,167	79,382	266,325	77,395	231,857
노인 주거 복지 시설	소계	308	19,355	337	19,383	352	20,497	382	21,674	390	19,897
	양로시설	180	9,752	192	9,962	209	11,619	232	13,036	238	12,510
	노인공동생활가정	89	763	107	930	107	953	115	954	117	998
	노인 복지주택	39	8,840	38	8,491	36	7,925	35	7,684	35	6,389
노인 의료 복지 시설	소계	6,069	232,235	5,821	214,683	5,725	203,075	5,529	190,820	5,287	177,318
	노인요양시설	4,346	216,784	4,057	199,134	3,844	186,289	3,595	174,015	3,390	160,594
	노인요양공동생활가정	1,723	15,451	1,764	15,549	1,881	16,786	1,934	16,805	1,897	16,724
노인 여가 복지 시설	소계	69,786	0	68,823	0	69,005	0	68,413	0	68,013	0
	노인 복지관	366	0	357	0	398	0	391	0	385	0
	경로당	68,180	0	67,211	0	67,316	0	66,737	0	66,286	0
	노인교실	1,240	0	1,255	0	1,291	0	1,285	0	1,342	0
재가 노인 복지 시설	소계	13,272	106,857	9,984	87,434	7,212	73,595	4,821	53,831	3,494	34,642
	단기보호 서비스	70	463	69	513	73	956	78	744	73	827
	방문간호 서비스	234	0	158	0	95	0	60	0	21	0
	방문목욕 서비스	3,394	0	2,415	0	1,596	0	942	0	650	0
	방문요양 서비스	5,808	0	4,156	0	2,656	0	1,513	0	1,051	0
	복지용구지원 서비스	368	0	208	0	86	0	0	0	0	0
	재가 노인지원 서비스	363	0	360	0	385	0	412	0	387	0
	주·야간 보호 서비스	3,035	106,394	2,618	86,921	2,321	72,639	1,816	53,087	1,312	33,815
노인 보호 전문 기관	노인보호 전문기관	37	0	37	0	35	0	34	0	33	0
노인 일자리 지원 기관	노인 일자리 지원기관	206	0	206	0	196	0	184	0	160	0
학대 피해 노인 전용 쉼터	학대 피해 노인 전용 쉼터	20	0	20	0	19	0	19	0	18	0

여가 프로그램들이 효과적으로 운영되기 위해서는 기존 노인 여가 시설을 확충하고 재정비해야 하며, 여가 시설 내 편의 시설을 확충해야 한다. 또한 정기적인 평가를 실시하여 여가 시설을 지속적으로 관리할 필요가 있다.

현재 노인 여가 시설 내 각종 노인 여가 프로그램을 원활하게 실행하기 위해서는 수용 인원에 적합한 크기의 강의실, 컴퓨터실, 체육관 등의 각종 교육 시설 및 프로그램 운영에 필요한 장비를 갖추어야 한다. 교육 시설 외에도 노인들의 휴식 공간, 프로그램 참여를 위한 준비 공간 혹은 대기실, 체력단련실, 정보센터 등 다양한 편의 시설도 확충되어야 한다.

우리나라에서 노인들이 여가를 즐기며 인생의 황혼기를 즐겁게 보낼 수 있는 시설로는 경로당, 노인교실, 노인휴양소, 노인 복지회관 등이 있다.

표 8-3_ 확대 기능 수행을 위한 경로당 프로그램 설정

프로그램 영역	활동 내용
여가 관리 기능	• 노인 여가 시간에 경로당에 나오면 학습, 정서, 사회 활동, 건강 등 관리법을 지도받고 실천
건강 증진 서비스	• 건강 체조, 보건 교육, 건강 상담 및 가정(방문) 간호, 치매 상담 등
사회 서비스 및 사회 활동 프로그램	• 노인 생활에 필요한 사회 서비스 및 프로그램 등을 제공 및 연계하여 지역 사회 노인의 일차 요구를 접근이 용이한 경로당에서 해결 • 경로당 환경 관리, 이·미용, 피부 관리, 신문·책 읽어주기, 세탁물 관리, 동사무소 및 은행 등 심부름, 한글 및 산수 교실, 공작 놀이, 그림 그리기, 서예, 카드 만들기, 편지쓰기, 나들이 등 지역 사회 노인의 독립 생활 지원을 위한 서비스 및 활동
교양, 상식, 상담 정보 프로그램	• 노인의 사회 재적응에 필요한 상담 및 정보, 기술, 교양 상식 등이 필요하면 경로당에서 안내 및 제공 받을 수 있도록 지원 • 급변하는 사회 환경 적응에 필요한 교양과 상식을 넓히고, 새로운 사회 기술 교육 및 안내 그리고 정보 제공과 상담 등 소식지 교류 및 게시판 활용
어르신 능력 개발, 지역 사회 교류프로그램	• 노후에도 지역 사회와 교류를 나누며, 노인 스스로의 능력 개발을 위한 노인 자체 활동과 주민활동 등 나눔 • 노인들끼리 운영할 수 있는 자체 활동 프로그램(노래, 서예, 낚시, 등산 등의 동우회 모집과 관리 등) • 경로당 회원들이 공동 참여하는 소일거리(노인 자원봉사활동, 지역 사회 지키기, 지역 어르신 역할 등) • 경로당 활동을 함께 나누는 지역 사회 후원회 활동 교류를 위한 자매 연결, 연계 등(초등학교, 유치원, 군부대 등)

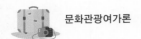

(6) 실버타운

우리나라에서는 1990년대 초반 노령 인구가 증가하면서 실버 산업이 시작되었고, 해외 사례를 토대로 국내에도 실버타운이 도입되었다. 실버타운은 입주자들의 입주금으로 운영되고 있어서 주로 중간 또는 고소득층 노인들이 이용한다.

실버타운은 노인들이 거주하는 데 필요한 주거 시설, 의료 시설, 여가 시설, 기타 편의시설 등을 갖추고 있을 뿐만 아니라 여가 문화, 생활 편의 시설 등의 다양한 서비스를 제공한다.

우리나라는 노인 인구가 증가하고 독거 노인이 많아지면서 경제력을 가지고 있는 고령층들의 실버타운 수요는 지속적으로 증가하게 될 것으로 예측된다.

미국의 실버타운은 노인 전용 아파트와 노인 촌락(retirement community)과 같은 시설이 비영리 단체나 민간 기업을 중심으로 발달하고 있다. 2014년 기준 미국 전역에 약 3,000여 개의 실버타운이 조성되고 있으며, 이 중 80%가 민간 기업에서 운영하고 있다.

Case Study

🎰 시니어박스 오피스의 시니어 운동 기구, 시니어 놀이터

시니어박스 오피스는 야외에서 날씨 좋은 때에 젊은 시니어, 조금 더 연륜 있는 시니어분들이 함께 운동할 수 있는 시니어 놀이터를 설계하고, 제작하고 있다.

실내에서 활동하는 것에서 이제는 함께 자연에서 운동하는 것도 좋은 방법이다.

단순 운동 기구라기보다는 "시니어 파크, 시니어 놀이터, 노인 놀이터, 어르신 놀이터"라는 이름은 다소 생소하지만 쉽게 말하면 '어르신을 위한 운동 놀이터'이다.

기구들은 신경외과 전문의, 재활 운동 전문가 등에게 자문을 받아 국내 어르신들의 체형과 습관을 반영해서 개발했다. 상체, 하체, 전신, 감각(인지) 영역으로 구성돼 기존의 공원내 조성된 근력 중심 체육 시설과 달리 일상에서 필수적인 움직임을 증진시키는 데 중점을 두고 있다. 운동에서 제일 기초적인 스트레칭을 기반으로 모세혈관을 자극하며 뭉쳐 있는 근육을 풀어주거나 체형에 맞는 기구를 활용해 유연성과 균형 감각을 기를 수 있다.

출처: 시니어 박스 오피스 홈페이지

 4 노년기 여가 활동에 영향을 미치는 요인

현대 사회에서 노인의 여가 활동은 삶의 질과 만족도에 영향을 주는 중요한 요인 중의 하나로 인식되고 있다. 1990년대 이후부터 노인의 여가에 대한 관심이 일어나기 시작하여 현재에는 노인 복지의 한 영역으로 자리매김하였으며, 단순한 휴식 또는 자유 활동이라는 전통적인 여가 활동의 개념과 범위에서 벗어나 노인의 사회, 경제, 심리, 문화적인 측면이 통합된 역동적인 사회적 메커니즘으로 발전하게 되었다. 다시 말하면, 노인의 여가 활동이 사회 경제적, 심리 문화적인 요인들에 많은 영향을 받게 된다는 것을 알 수 있다.

노년기 여가 활동에 영향을 미치는 요인들 중에서 가장 일반적인 사항으로는 〈표 8-4〉와 같은 요인들이 있다.

표 8-4_ 노인 여가 활동에 미치는 요인

요 인	내 용
성별과 연령	여성의 적응력이 높다. 남성은 늦게 복지관을 찾는다. 65~75세가 가장 활발하다.
교육 정도	교육 수준이 높을수록 여가 활동에 능동적이고 적극적이다.
건강 상태	양호해야 한다.
종교 유무	종교가 있어야 활발하다(66%가 종교인). 삶의 만족도가 높다.
은퇴 여부	퇴직이 필수이다.
주거 환경	주거지가 안정되어 있어야 하고, 주변 시설이 있어야 한다. 도시 지역에 거주하는 노인의 참여율이 높다.
용돈	경제적 여유가 있어야 등록도 하고 식사도 하게 된다.
동거 형태	부부가 함께 참여해야 좋다(톰과 제리 이야기).
노인 학교	가봐야 한다. 느낌이 필요하다.
사회적 여가 시설이나 여가 프로그램	적극적인 계기가 된다.

5 노년기 여가 활동과 복지 시설의 문제점과 대책

(1) 제도적 문제점

노인을 위한 여가 복지 시설의 설치 규정에는 노인 복지법 제37조에 따라 설명하고 있지만, 국가나 지방자치단체에서 노인 여가 복지 시설을 설치해야 한다. 국가나 지방자치단체 외의 자가 노인 복지 시설들을 설치하고자 하는 경우, 시장과 군수 그리고 구청장에게 신고하여야 하며, 노인 여가 복지 시설의 시설 기준 또는 신고 등에 대해 필요한 사항에 대해서는 보건복지부 부령으로 정하고 있다.

우리나라 대부분의 노인은 여가 참여 활동에 경험이 부족할 뿐만 아니라 정부와 지역 사회 또한 이 문제를 해결하기 위해 효율적 정책들을 제시하지 못하는 형편이다. 따라서 노인을 위한 여가 정책은 노인 복지 중에 가장 중요한 위치를 차지하고 있다는 관점에서 문제를 이해하려는 의지가 있어야 한다

(2) 인적 자원의 문제점

노인들에게 여가 시간이 많아지게 되었을 때 자신에게 주어진 시간들을 활용할 만한 지식이나 기술이 없다면 여가 활동을 즐기기가 현실적으로 어렵다.

노인의 여가 유형은 그들이 살아왔던 배경이라든지 연령이나 경제적 수준 등 다양한 특성에 따라 각기 다르다. 따라서 각각의 수준에 맞도록 설계된 여가 프로그램들이 개발되어야 한다. 노인에게 알맞은 전문적 교육 활동을 통해 여가 활동이 이루어져야 한다.

노인의 특성과 욕구에 따른 프로그램을 진행하기 위해서는 보다 전문적인 인적 자원의 활용이 중요하다. 지리적 특성이나 혹은 기관마다 특성적 프로그램을 운영하게 되는데, 전문적이고 특성화된 다양성이 갖추어지지 못하고 있다. 그리고 각 기관마다 전문적 프로그램이 미흡하고 대규모의 형식으로 이루어진 집단 프로그램이 중심이 되어 있어 노인들마다 개인적인 욕구를 충족하기에 매우 미흡했다.

일반적으로 대부분 시설에 대한 지원이 열악하여 기관의 프로그램은 자원봉사자들의 온정과 사랑을 많이 받아서 보다 전문화된 인적 자원의 수급이 공급되어야 한다.

(3) 노인 복지 시설의 미비

노인의 여가를 위한 복지 시설은 시간이 흐를수록 계속하여 증가하고 있지만, 프로그램이나 시설의 질적인 측면에서 본다면 아직은 많이 열악한 실정이다. 지역 특성에 따르는 노인 여가 복지 시설 설립에 대해 지역 격차는 완화되지 않는 것으로 나타났다. 노인들이 자주 이용하는 복지관의 경우 노인들이 필요로 하는 서비스의 욕구에 따라서 보다 더 전문화되고 세분화되어 노인 복지 서비스의 제공이 이루어져야 할 필요성이 있다.

일반적으로 노인에게 시간은 늘 여유롭게 있으나 시간을 활용하는 방법을 잘 모르거나 여가 활동 자체를 즐기지 못하는 경우가 많다. 또한 노인들의 여가 유형이 노인들의 인구 사회학적 특성에 따라 모두 다르므로 개인적 특성을 고려한 여가 참여 활동 프로그램이 개발·보급되어야 한다.

대다수의 노인이 다양한 여가 참여 활동을 즐길 수 있게 되면서 경로당의 경우, 노인이 여가를 보낼 만한 마땅한 장소로 꼽히고 있다. 노인들이 바둑이나 화투나 장기 등의 오락을 통하여 이야기 나누고 공유하는 그야말로 노인들의 욕구를 충족시키는 장소로 볼 수 있다. 따라서 노인 복지 시설에 대한 확충이 시급히 필요하고 프로그램 개발과 보급에 있어서 경제적으로나 또는 신체적으로 큰 무리감 없이 많은 노인들이 참여할 수 있는 프로그램들이 되어야 하고, 단순하지만 노인들 스스로가 자신의 자아를 실현할 수 있는 환경으로 개발되어야 한다.

(4) 형식적인 프로그램

실질적으로 노인종합복지관에서 운영되고 있는 교양 강좌 같은 노인 여가 프로그램들은 대부분 다양한 종류의 학습이나 기능적 습득 목적으로 운영되고 있지만, 형식적 진행에 끝나지 않고 현실적인 전문성이나 실효성이 결여되고 있어 프로그램이 활성화되지 못하는 실정이다. 또한 프로그램에 관한 노인의 욕구는 높은 수준으로 변화되고 있지만, 전문가가 아닌 자원봉사자에 의해 진행되는 강좌의 대부분은 형식적인 운영상의 문제점이 발생하고 있다.

최근에는 노년기의 정신적, 신체적인 특징과 변화를 고려해서 노인들과 함께하는 예술 과정을 포함한 프로그램들이 증가하고 있고, 일방적인 강의 형태가 아니라 더불어 함께 참여하며 체험하는 문화 예술 사업이 그림, 연극, 노래와 사진, 회화, 무용, 만화 등과 같이 다양한 분야에서 이루어지고 있다.

　다양한 문화 예술과 같은 여가 활동은 노인을 사회적으로나 정서적으로 성장하도록 돕고, 문화 예술 교육은 노년의 삶을 좌우하는 중요한 활동임에도 아직까지 교수법 및 프로그램의 다양화에서 한계를 보이고 있다.

　학습 활동이나 평생 교육, 여가 활동과 자원봉사 등을 포괄하고 있는 활동들은 노인들이 사회 구성원으로서 지역 사회에 당당하게 나아가는 통로가 된 것을 확인할 수 있는 제언들은 다음과 같다.

　첫째, 노인 동아리 활동이 여가 활동의 범주를 초월하여 사회 참여의 중요한 활동으로 인식되어 보다 확산되어야 한다.

　둘째, 노인 동아리 활동을 통하여 다양한 노인 문제들을 효과적으로 해결할 수 있는 지역 사회 및 복지 환경을 구축해야 한다.

　셋째, 노년기 새로운 역할 수행에 대한 노인 임파워먼트 교육이 강화되어야 하고, 노인 동아리 활동의 활성화를 통하여 세대 통합을 이루고 지역 사회 발전에 기여할 수 있어야 한다.

 **Case Study**

🐱 톰과 제리 이야기

앙숙이어도 부부가 함께 생존해 있다는 것이 가장 큰 노후의 행복이다.

만화 톰과 제리의 이야기이다. 제리(쥐)는 자신이 영리한 줄 알고 있으며 톰(고양이)을 골탕 먹이고 이를 즐기기를 좋아했다. 고양이가 늙어서 먼저 죽자 갑자기 제리가 심심해졌다. 톰 이 없는 세상에는 할 일이 없고 모두 의미가 없는 존재가 되었다. 왜 톰이 제리를 살려줬는 지도 모르면서 제리는 새로운 고양이가 등장해서 톰으로 착각하고 또 골탕 먹일 생각을 하 고 있었다. 그러나 새로운 고양이는 옛날의 톰이 아니었다. 제리보다 더 영리하고 교활하였 다. 골탕 먹일 쥐덫을 설치하고 숨어 있는 제리를 유혹하였다. 새로운 고양이는 제리를 골 탕 먹이지 않고 숨어서 지켜보고 있다가 제리가 방심한 틈을 타서 달려가 잡아먹었다. 제리 는 숨이 넘어갈 때에야 톰이 생각났다.

얼마나 자기를 사랑했는지 알게 되었다.

외로운 사람들은 서로가 필요한 것이다. 부부는 바보가 아니다. 서로를 이해하면서 져주 는 것뿐이다. 이것 또한 사랑이다.

위의 기본적인 사항들을 토대로 하여 상세하게 예를 들어 보면 다음과 같이 설명할 수 있다.

첫째, 건강 상태를 들 수 있다. 노인들의 건강 상태는 여가 활동에 많은 영향을 미치는 요 인으로서 여가 활동의 폭을 확대하고 참여 빈도를 높게 할 수 있다. 예컨대 병약한 상태에 서는 장거리 여행을 꺼리게 되고, 축제나 체험 관광에도 소극적인 태도를 보이게 된다.

둘째, 직장 및 소득의 정도이다. 평생직장에서 퇴직한 노인이라도 재취업을 한 경우라면 어느 정도 자신감을 가지고 여가 활동에 참여할 수 있다. 또한 소득 여부에 따라 여가 활동 의 범위도 영향을 받게 된다.

셋째, 가족들의 지지도를 생각할 수 있다. 노인들의 여가 활동은 가족들의 협조와 이해의 정도에 따라 많은 영향을 받을 수 있다.

넷째, 성별에 따라 여가 생활의 형태와 시간대가 다를 수 있다. 현재 노인들 대부분은 유 교 문화의 영향으로 남녀가 함께 여가 시간을 보내는 것에 부정적인 생각을 가지고 있는 경우가 많다. 남성은 주로 집에 머무는 시간이 늘어나는 반면, 여성은 밖으로 나가 다양한 여가 생활을 하면서 지내는 경우가 많다.

다섯째, 연령에 따라 여가 활동의 차이가 있다. 연령이 높아질수록 여가 활동의 범위가 좁아지고 정적인 활동이 증가하며 가정 지향적인 노인들이 늘어나게 된다. 특히 75세 이상 노인의 경우에는 여가 활동에 참여하는 경우가 급격히 감소한다. 반면에 마음이 젊은 노인의 경우에는 적극적으로 여가 활동에 참여하는 경우도 있어 앞으로는 노인 자각 연령을 고려해야 할 필요성도 있다.

여섯째, 동거 가족의 형태에 따라 여가 활동의 참여 및 참여 유형에 영향을 미친다. 일반적으로 기혼 자녀와 함께 생활하는 것보다 배우자와 동거하거나 기타의 경우, 여가 활동의 참여도가 높은 것으로 나타났다.

일곱째, 교육 수준은 여가 활동에 대한 필요성과 참여도에 중요한 영향을 미친다. 교육 수준이 높을수록 여가 시간을 활용하여 창조적 활동, 체력 관리, 클럽 활동, 봉사 활동, 독서 등을 많이 하는 반면, 그렇지 않은 노인들은 수면을 취하거나 TV 시청 등 무료하게 시간을 보내는 경향이 있다.

여덟째, 종교의 유무에 따라 노인의 여가 활동에 영향을 미친다. 종교적 감정은 연령의 증가에 따라 커지게 되며, 종교 기관은 종교적 신념과 준수에 상관없이 많은 사람들에게 여가 시설을 제공하게 된다. 종교의 유무는 노인의 여가 활동 참여에 많은 영향을 미치게 되는 것으로 나타났다.

6 은퇴 후 여가 활동 준비

노인들의 삶의 질을 향상시키기 위해서는 노인 여가의 기회를 활성화시킬 수 있는 대책이 필요하다. 여가 활동은 노인들의 정신적, 신체적 건강을 증진시키고, 성공적인 노화를 촉진하는 하나의 기폭제로서 작용하게 된다.

노인들의 바람직한 여가 생활은 삶의 질을 향상시키고, 생활 만족도를 높이기 위한 필수적인 요소가 된다. 노인들의 은퇴는 사회적인 문제로 직결되기도 하고 노인 자신에게도 고통이 따르기 때문에 은퇴 전부터 미리 준비하는 것이 필요하다.

은퇴 후 여가 활동의 준비는 다음과 같다.

첫째, 가족, 취미, 건강, 사회 활동 등으로 여가에 대한 '행복 포트폴리오'를 구성해야 한다. 노후 삶의 행복은 여러 방면으로 조화롭게 균형을 이루어야 한다. 지나치게 한 분야에만 매달리기보다는 시간과 노력을 골고루 배분할 필요가 있다.

둘째, 짧은 시간의 즐거움이 아닌 일정한 경력을 가질 수 있는 여가 활동을 추구해야 한다. 여가 이론에 따르면 이러한 여가를 '진지한 여가(serious leisure)'라고 한다. 진지한 여가는 많은 노력을 기울여 난관을 극복해 가면서 여가와 관련한 장기적인 경력을

쌓아가는 것이 특징이다. 이를 통해 성취감을 느낄 수 있고, 사회적으로 교류를 늘리고 자신을 재발견할 수 있다.

셋째, 취미나 여가 활동을 위한 재무적인 준비를 별도로 해야 한다. 대부분 사람들이 생활비에서 비용을 조달하게 되는데, 이는 취미 활동에 제약이 따르게 된다. 외국에서는 은퇴 이후 취미나 여가 활동을 위한 '은퇴 축하금'을 조성하게 된다. 은퇴 직후 활동기에 취미나 여가 활동으로 충분한 만족감을 느낄 수 있도록 금융 상품을 활용해 미리 은퇴 축하금을 확보하는 것이 좋다.

넷째, 현역 시절부터 여가 활동을 개발해야 한다. 지금부터 계획하고 준비하지 않으

면 은퇴 이후에는 여가 생활을 하기가 더욱 어려워진다. 현역시절부터 취미나 여가 활동을 계획하고 개발해야 노후 여가를 생산적이고 행복하게 활용할 수 있다.

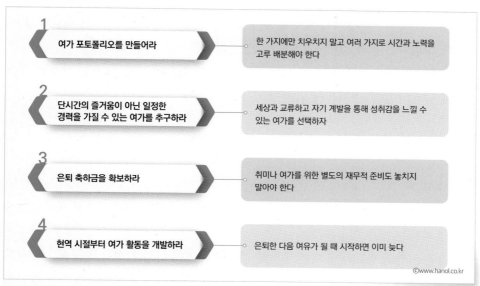

1 여가 포토폴리오를 만들어라 — 한 가지에만 치우치지 말고 여러 가지로 시간과 노력을 고루 배분해야 한다

2 단시간의 즐거움이 아닌 일정한 경력을 가질 수 있는 여가를 추구하라 — 세상과 교류하고 자기 계발을 통해 성취감을 느낄 수 있는 여가를 선택하자

3 은퇴 축하금을 확보하라 — 취미나 여가를 위한 별도의 재무적 준비도 놓치지 말아야 한다

4 현역 시절부터 여가 활동을 개발하라 — 은퇴한 다음 여유가 될 때 시작하면 이미 늦다

©www.hanol.co.kr

⧖ 그림 8-3_ 은퇴 여가 준비의 네 가지 포인트

7 시니어 여가 산업의 전망 및 활성화 방안

(1) 시니어 여가 산업의 전망

초고령화 사회에 진입하고 있는 우리나라 노인의 여가 산업은 다양한 형태의 서비스 분야로 성장할 가능성이 높다. 예를 들면, 노인들이 직접 경험하고 느끼면서 배울 수 있는 체험형 여가 산업, 평생학습으로 끊임없이 배울 수 있도록 하는 기회 제공 등 노년기 여가를 아름답게 보낼 수 있는 문화 관광 서비스 분야가 급속도로 성장할 가능성이 높다.

노년기 여가 산업을 빠르게 성장시키기 위해서는 다음과 같은 요소들을 고려하면서 활성화에 박차를 가해야 한다.

① 한국형 시니어 여가 정책 모형 개발

　선진국의 중·고령자 여가 트렌드를 조사·분석하여 한국의 문화와 정서에 맞도록 접목한 한국형 여가 정책 개발과 실천이 필요하다. 선진국의 성공과 실패 사례를 참고로 하여 우리나라 실정에 맞도록 수정·보완한 정책이 시급하다. 전 국민의 20% 이상의 고령화는 미리 준비하지 않으면 많은 문제를 일으킬 수 있다.

　현 시점부터라도 노인 여가에 대한 정책과 여가 산업에 대한 투자는 새로운 경제 발전에 많은 영향을 미치게 될 것이다.

② 시니어의 사회 참여와 새로운 노년 문화 형성

ㄱ Wellness

　행복한 기분과 삶의 질 유지·향상을 위한 예방적 차원에서의 건강한 라이프스타일을 유지하는 것을 의미한다.

　국가와 지역의 인프라에 대한 투자와 개발로 노인의 사회 참여를 적극적으로 유도하여 행복한 노후를 보낼 수 있는 여가 활동과 다양한 프로그램을 확대하는 방안이 필요하다.

ㄴ 국내외 여행 확대

　노년기가 될수록 여행을 하는 데 많은 장애가 따르게 된다. 그렇다고 해서 일정 지역에서만 이루어지는 여행은 식상하기 마련이다. 노인의 신체적, 재정적 여건에 맞는 여행 관련 지원은 국가와 지자체와 협력하여 적극적으로 지원할 필요가 있다. 또한 오락, 예술 프로그램을 거주지에서 쉽게 접근할 수 있도록 시설과 프로그램을 확대하고, 그들의 눈높이에 맞춘 다양한 이벤트를 개발해야 한다. 또한, 젊은 세대와 함께 어울리고 즐길 수 있는 공간 마련과 새로운 채널도 확대해야 한다.

ㄷ 자원봉사 활동

　노년층의 자원봉사 활동으로 사회 참여 장려와 정책적 사회 참여 보상 그리고 인증 제도를 도입해야 한다. 노인의 자원봉사 활동은 자신의 경험과 지식 등을 재능 기부하는 것은 물론 자기만족과 사회 참여 활동으로 만족스러운 인생을 살아갈 수 있는 보람을 가지게 된다. 이는 봉사활동에서 얻을 수 있는 뿌듯함과 많은 사람들에게 도움을 줄 수 있는 만족한 인생이 될 수 있다.

③ 시니어를 위한 문화 관광 여가 지원 정책

고령층 여가 불만족의 주요 원인이 재정적인 이유로 여가 시간을 의미 없이 보내는 경우가 많다. 따라서 언제 어디서라도 사용 가능한 여가 상품권 또는 바우처를 정기적 또는 일정 금액을 지급하여 고령층 소비자가 필요할 때 언제나 여가를 즐길 수 있도록 지원해야 한다.

④ 고령 친화 여가 상품 인증 제도 실시

고령층이 쉽고 안전하게 소비할 수 있는 여가 관련 상품이나 서비스를 제공하는 상표 인증, 업체 등을 지정해야 한다. 정부나 지자체에서 선정하여 등록 업체 인증 표시 제도를 실시하여 안심하고 저렴하게 이용할 수 있도록 해야 한다. 또한 국가나 지자체에서 운영하는 여가 시설들을 확대하여 고령층이 무료로 이용할 수 있는 시설과 프로그램이 필요하다.

(2) 시니어 여가의 활성화 방안

노인 여가 활동의 활성화 방안은 다음과 같다.

① 가구 소득과 여가 활동의 개선

가구 소득의 불균형으로 여가 활동에 부담을 느끼는 노인이 많다. 따라서 여가 참여 활동의 기회 균등화를 위해 사회 복지적 차원의 정부 지원이 이루어져야 하고, 노인의 여가 활동 프로그램은 재산 유무, 학력, 건강 상태 등에 따라 차별 없이 균등한 기회가 주어져야 한다. 여가 활용의 기회는 다양한 조건과 관계없이 공정하고 균등하게 제공되어야 한다. 경제력이 없는 노인이나 신체적으로 장애가 있는 노인도 여가 참여 활동, 즉 프로그램에 참여할 수 있도록 하는 것이 노인 복지가 담당해야 할 분야이다.

노인의 여가 활동 분야에 있어서도 기회를 균등하게 하기 위해 소득의 재분배 혹

은 소득 보장의 제도적 확립이 필요하며, 누구나 손쉽게 활용할 수 있는 시설과 기구에 관해 사회 자본의 투입이 뒤따라야 한다.

② 교육 수준 향상과 여가 활동 기회 확대

노후에 긴장을 가져오는 요인에는 여러 가지가 있겠으나 금전적인 능력, 건강 상태, 사회 보장 제도, 교육 등이 중요하다.

노인들은 나이가 들어서도 자신이 가지고 있는 특성이나 기능을 발휘하지 못하는 것에 대해 자신 또는 사회에 크나큰 손실을 초래하게 됨을 알고 있다. 따라서 노인들이 가지고 있는 자신만의 고유한 재능과 능력을 재능 기부의 형태로 왕성하게 활동하는 것으로, 삶의 질을 향상시킬 수 있는 좋은 기회가 될 수 있다.

고령층의 재능 기부나 여가 활동에 쉽게 접근할 수 있는 플랫폼 개발은 정부의 체계적인 지원이 필요하다.

③ 사회적 관계와 여가 활동

노인들도 사회의 구성원으로써 보호받아야 할 권리가 있다. 주체자가 되어 다양한 행사나 활동에 참여하는 일에 동참할 수 있도록 적극적인 지원이 필요하다. 노인 계층의 자아의식이나 생활 의식을 고양시키고 사회의 참여를 전적으로 확대시키는 데 초점을 둔 지원 체계가 필요하다.

프로그램의 개발 및 보급에서 간과해서는 안 될 사항은 경제적, 신체적으로 큰 무리감이 없어야 한다는 점과 참여할 수 있는 것에 중점을 두어야 하는 점이다. 다양한 여가 활동을 통하여 노인 스스로가 자신을 개발시켜 나가고 새로운 것들을 습득하기 위한 정보의 제공이 원활하게 이루어질 수 있도록 배려해야 한다.

④ 환경적 여건과 여가 활동 지원

환경적 차원에서 살펴보면 노인들의 욕구에 부합할 수 있는 시설이나 프로그램 등의 다양화를 위한 지속적인 지원과 노력이 필요하다. 특히 노인 복지관의 증설과 지역사회 내의 재가 노인을 위한 여가 프로그램 확대가 절실하다.

또한 노인 복지 또는 여가 시설이 지역 사회의 행정 기관이나 사회 단체의 회원이나 학교 법인과 종교 단체, 주민들과 유대 관계를 갖는 것이 필요하다. 지역 사회 주민들의 적극적인 참여를 촉진하고, 지역 사회의 공식적 또는 비공식적 자원 체계를 효과적으로 활용하도록 해야 한다.

⑤ 사회 단체 활동과 여가 활동 지원

시군구별로 노인들의 특성에 맞는 여가 참여 활동이 매우 중요하다. 예를 들면, 각 지자체의 다양한 프로그램 참여 기회를 확대해서 개인에게 적절한 취미 활동을 할 수 있도록 지원하는 것이 필요하다.

⑥ 평생 교육 참여와 자원봉사 활동 활성화

고령화 사회에서는 평생 교육 차원에서 노인 복지에 대한 교육이나 훈련 등을 받은 전문가를 통해 프로그램 운영과 퇴직한 노인이 불편함 없이 참여하도록 양질의 프로그램이나 서비스를 제공해야 한다.

자원봉사 프로그램은 신체적, 심리적, 경제적 특성에 적합하며 그들이 흥미를 갖고 수행할 수 있도록 노인의 경험, 지식이나 기술, 능력 등을 발휘할 수 있어야 한다. 노인들은 인생을 통하여 삶에 대한 경험이나 지식을 그들의 자원봉사 활동에 적절히 활용함으로써 삶에 대한 만족감과 보람을 얻는 것이 중요하다.

사회적인 보상 제도를 바탕으로 하여 사회에서 올바르게 인식하고 마음으로 감사하며 진정으로 존중하는 마음 자세를 형성하는 것이 매우 중요하다. 따라서 「자원봉사활동 지원법」을 바탕으로 국가 단위의 행정적이거나 재정적, 법적 지원이 충분하다. 이러한 법적 근거하에 관리를 위한 재원 확보나 자원봉사자의 상해 보험과 건강 검진, 봉사 은행 제도 등의 사회적인 지원이 확립되어야 할 필요성이 있다.

⑦ 정보화 현황과 여가 복지 시설 이용

노인의 여가 참여 활동에 가장 기본적인 프로그램 중 하나가 교육 활동이다.

노인들의 노후 생활을 영위해 나가는 데 필요한 정보나 필요한 분야에 대한 지식을 배우는 것은 사회에서 반드시 알아야 할 최소한의 지식이나 정보 등 다양한 방법을 학습하는 것은 교육 활동이 갖고 있는 커다란 장점이라고 볼 수 있다.

경로당의 운영 자체를 내실을 기해서 알맞게 구성하고, 이와 관련하여 적당한 지도자를 발굴하여, 자발적인 참여와 더불어 적극적인 활동으로 지역 활성화에 대한 자원봉사 활동도 계획할 수 있다.

⑧ 적극적인 종교 활동 장려

노년기에 일어날 수 있는 심리적인 변화 과정을 위한 대안으로 종교 활동에 대한 지원의 활성화가 필요하다. 노인이 되면 아무리 영양 섭취와 건강에 힘쓴다고 하더라도 젊음을 되찾을 수 없기에 노화의 과정을 긍정적인 시각으로 바라보고 자연스럽게 바라보는 태도가 중요하다. 이러한 성숙된 태도를 위해 종교 활동의 힘을 빌릴 수 있다. 그러므로 다양한 활동과 더불어서 마음의 안정감과 위안을 독려할 수 있는 신앙을 갖도록 지원하는 일이 중요하다.

⑨ 여성 노인의 학습, 일, 여가 특성

여성의 경우, 재미없는 교양 강좌보다 흥미와 재미가 있고 오락적 요소를 포함한 프로그램들을 선호하는 경향이 있다. 노인의 참여를 적극적인 태도로 유도할 수 있는 교육 방법이 시도되어 교육의 오락과 취미가 균형이 잡혀 있는 교육 과정을 추구해야 한다. 무엇보다도 노인 교실을 운영할 때 교육의 목표 설정과 그에 합당한 교육적 프로그램을 개발해야 한다.

국가 차원에서는 노인 교실을 재정적이나 행정적, 교육적 측면의 지원이 필요하다. 노인 복지법을 비롯하여 각종 노인과 연관성이 있는 사회교육법 등과 관련시켜 교육과학기술부의 평생 교육국 내에 노인의 교육과 관련성이 있는 새로운 담당 부서 개설이 반드시 필요하다.

5. 100세 시대의 여가 문화

 1 100세 시대 여가의 개념

의학 기술의 발전과 생활 환경의 개선 등으로 기대 수명이 연장됨에 따라 우리 사회는 100세 시대로 진입하고 있다. 한국인의 기대 수명은 2024년 기준 남자 약 80세, 여자 약 86세이다. 이 수치는 세계 평균과 비교했을 때, 매우 높은 편이며, 세계적으로 장수 국가로 인정받고 있다. 이는 100세 시대가 도래하고 있는 것을 알 수 있는 대목이다.

고령화가 급속도로 진행됨에 따라 노년기는 연장되었으나 핵가족화의 확산으로 인해 노년층은 고독, 경제적 빈곤, 질병, 역할 상실 등에서 오는 존재감 상실로 이어지게 되면서 여러 가지 질병과 자살 등의 극단적인 선택으로까지 이어지는 현실에 이르고 있다. 하지만 100세 시대의 진입 예고에도 불구하고 우리 사회의 모든 제도, 시스템, 국민 인식은 여전히 80세 시대에 머물고 있어 연장된 노년기를 즐겁고 건강하게 보내기 위한 새로운 인생 설계 및 여가 문화 정책의 중요성이 대두되고 있다.

활기차고 행복한 노년기의 삶을 위해서는 여가의 역할이 매우 중요하며 노년기의 적극적인 여가 참여를 유도하기 위해서는 젊은 시절부터 여가에 대한 설계, 계획, 준비가 필요하다. 따라서 노년기에 적극적인 여가 의식을 형성하고 능동적으로 여가 활동을 즐길 수 있도록 전 생애에 걸친 설계가 중요하다.

100세 시대에는 교육이나 노동, 여가가 전 생애에 걸쳐 균형 있게 시행되고 개인의 욕구에 따라 자유롭게 됨으로써 자율적인 삶이 가능해지는 연령 통합적 사회로 변화되어야 한다.

윤소영(2012)은 100세 시대를 대비한 문화 및 여가 분야의 새로운 패러다임을 다음과 같이 언급하고 있다.

❶ 일과 삶의 균형(work-life balance)으로 근로자가 일과 일 이외의 영역에 투자하는 시간을 적절히 조정함으로써 양측 모두 만족스러울 수 있도록 제반 지원제도의 구축이 필요하다.

❷ 연령 차별 사회에서 연령 통합 사회로의 전환: 인간 발전 단계에서 연령에 따라 주요 과업이 존재하여 청소년기에는 교육, 중년기에는 노동, 노년기에는 여가가 중심이 되는 생활을 당연히 지향하는 '연령 차별 사회'에서 전 생애에 걸쳐 일, 여가, 교육이 균형을 이루는 '연령 통합 사회'로 전환할 필요가 있다. 이를 위해서는 구체적으로 '생애 주기별 여가 및 문화 활동 경험의 확대와 여가 교육의 확대, 직장 내 여가 및 문화 활동 지원, 지역 사회 공공 시설을 중심으로 한 문화 활동 프로그램의 세분화, 여가 및 문화 활동의 전문성을 강화하기 위한 전문가 양성 및 발굴 등의 정책적 과제가 추진될 필요가 있다.

개인은 나이가 들어감에 따라 신체적, 정신적, 사회적인 환경의 변화에 따라 여가의 이용에 변화가 일어나지만, 현재의 생활 환경 변화에도 불구하고 여가 행동의 지속성은 존재하며, 어렸을 때의 여가 경험들은 성인이 되었을 때도 계속해서 영향을 미친다. 결국 여가는 생애 주기에 걸쳐 일생 경험되는 사회화 과정이며, 전 생애에 걸친 여가 경력(leisure career)이 중요하다.

여가 경력 개발 단계의 특징은 크게 네 가지로 설명된다.

어떤 활동에 흥미를 가지게 되며 흥미를 가진 활동에 몰입하게 되고, 정기적으로 참여함으로써 적극성을 가지게 된다. 그리고 몰입에서 여가 활동이 끝나는 것이 아니라 자신의 여가 활동 분야에서 조직적 역할을 맡음으로써 전문성을 띠게 되고 이를 통해 사회 공동체를 위한 활동으로 확대된다. 따라서 성공적인 여가 경력의 개발을 위해 가장 중요하게 고려되어야 할 부분은 정기적인 참여를 통한 여가 활동의 진지화 및 전문성 획득이라고 볼 수 있다. 여가 경력 개발 단계는 3단계로 나누게 되며 입문기, 몰입기, 전성기로 구분된다.

100세 시대에 여가 활동의 중요성이 강조되면서 기본적으로는 다양한 여가에 대한 경험을 통해 자신이 하고 싶고 하기를 원하는 여가 활동을 찾는 것이 중요하다.

100세 시대 노년기의 사람들은 건강, 여행, 사회 참여와 자원봉사, 교육이 연계된 여가 모델이 필요하다. 건강과 여행 등에 대한 여가 문화에서 자원봉사 활동 및 일, 여가를 동시에 경험할 수 있는 사회적 기업 및 NPO 활동 등 다양한 형태의 사회참여 및 취미, 여가 활동을 지속적으로 추진할 수 있는 평생 학습 등의 정책 추진이 필요하다.

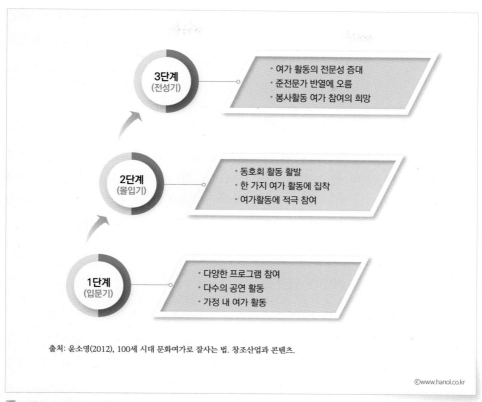

출처: 윤소영(2012), 100세 시대 문화여가로 잘사는 법. 창조산업과 콘텐츠.

©www.hanol.co.kr

⌛ 그림 8-4_ 여가 경력 개발의 단계

2 100세 시대의 새로운 패러다임

(1) 일과 삶의 균형

일과 삶의 균형(work & life balance)은 근로자가 일과 일 이외의 영역에 투자하는 시간을 적절히 조절함으로써 양측 모두 만족스러워하는 상태를 말한다.

일과 삶은 서로 유기적인 관계를 맺고 있는 만큼 근로자의 일과 삶의 균형을 유지하기 위한 제반 지원 제도의 구축은 근로자의 삶의 질 향상으로 이루어져 일에 대한 역량과 조직의 생산력을 높일 수 있다.

국가적 차원에서 일과 삶의 균형에 대한 정책 도입은 고령화, 저출산 시대의 대안으로 강구된다. 개인에게는 삶의 질을, 기업에게는 경쟁력을 제고하는 효과를 가져오게 된다.

(2) 일과 여가의 조화를 추구하는 국민 의식 증대

일 중심적인 사고가 만연한 사람들이 삶의 질 향상을 위해 여가 시간이 중요하다는 인식을 확대시킬 수 있는 계기가 된다. 따라서 각 세대별 특성을 파악하여 보다 세분화된 여가 문화를 위한 교육의 필요성이 대두된다. 또한 정부나 지역 사회에서 일과 여가의 조화를 추구할 수 있는 환경 조성과 다양한 정책이 필요하다.

(3) 연령 통합 사회로 변화의 필요성

기대 수명의 연장으로 인해 80세 수명과는 다른 100세 시대의 발달 과업이 요구된다. 즉 교육, 노동, 은퇴 등의 중요한 인생 사건이 예측 가능하거나 반복되는 경향을 나타내기도 한다. 예를 들어, 전 연령에 걸쳐 교육과 재교육을 통한 평생 교육의 개념이 보편화되고 있으며, 조기 은퇴나 이직 등으로 평생 직장보다는 세컨드 잡(second job)을 원하는 경우가 많고, 젊은 시절 경험한 다양한 활동에 근거하여 새로운 직업을 창출하게 되는 경우가 많다.

출처: 윤소영(2012), 100세 시대 대비 지역 여가향유 확대를 위한 전달체계모델 구축, 서울: 한국문화관광연구원.

©www.hanol.co.kr

⌛ 그림 8-5_ 100세 시대 대비 여가 환경 요인 및 여가 생활 변화상

Chapter
9

가족
여가

 ## 1. 가족 여가의 개념과 특징

가족은 사회생활의 기본 단위인 동시에 가족 구성원의 정서적 결속의 중심 고리이다. 가족 여가는 가족 구성원 전체 또는 2인 이상이 함께하는 여가를 말하며, 가족은 여가 생활의 단위로, 가정은 여가 활동의 장으로서 핵심적인 역할을 한다.

가족 여가는 가족 구성원들이 같이 참여하는 여가 시간이나 활동이다. 대부분 일상생활에서 자녀와 부모가 같이하는 자유 시간이나 레크리에이션 활동을 의미한다. 또한 여가의 활동 주체는 개개인이 아닌 가족이 기본 단위로서, 여가 활동에 중요하고 공동적인 사회적 단위로서 기능을 한다. 이처럼 가족과 여가 활동은 밀접한 관련을 맺고 있다.

가족 간의 여가 활동은 단란하고 서로 사랑하는 분위기를 조성함으로써 건전한 가정을 이룩하는 데 그 목적이 있다. 온 가족이 함께 여가 활동을 함으로 인해서 가족 간의 화합을 확인하고 기분 전환이나 스트레스 해소는 물론 가족의 대화를 할 수 있는 기회를 늘리게 됨으로써 가족의 일체감을 느낄 수 있도록 한다.

이태진 외(2002)는 가족 여가 활동을 통합적 기능, 능력 개발 및 창조적 기능, 교육적 기능, 심리적 안정의 기능 등 긍정적인 면으로 설명하였는데 구체적인 내용은 다음과 같다.

첫째, 통합적 기능이란 자연스러운 가족과의 관계 속에서 가족원 간의 결합력을 증진시켜 주는 기능을 말한다.

둘째, 능력 개발 및 창조적 기능이란 자기실현의 조건을 제공하는 역할의 기능을 말한다.

셋째, 교육적 기능은 개인의 지적 수준을 향상시키며 자신이 지니고 있는 흥미나 재능을 개발시킬 수 있는 기회를 제공하는 기능을 말한다.

넷째, 심리적 안정성 기능은 집단 혹은 대인 관계 속에서 억압되고 누적된 욕구 불만 등을 해소하고 심리적으로 진정시켜 주는 기능을 말한다.

가족 공동이 함께할수록 여가 만족도는 높게 나타나며, 대부분이 소비적 활동 중심으로 이루어진다.

가족 여가의 제약은 여가 경험을 제한하는 요인으로서 가족 구성원에 의해 주관적으로 상이하게 지각된다. 가족 여가 활동을 방해하는 주요 제약 요인은 가족 공동의 시간을 내기 어렵다는 것과 지출 비용이 많이 발생한다는 것이다.

현대 가족 구성원들의 중요한 기능 중 하나는 각자 다른 가족 구성원의 여가 생활 파트너가 되어주면서 다양한 활동과 대상에게 균형적으로 여가 시간을 배분해야 한다. 가족의 결속력과 단합을 유지하는 것은 여가 시간의 활용을 통해서 상당 부분 가능하며, 현대 가족의 기능으로서 바람직한 여가 생활의 정착은 가족 구성원뿐만 아니라 가정과 사회의 여러 가지 갈등을 해소하는 데 많은 역할을 한다. 또한 가족 여가는 부모 자녀 관계 유지에도 도움을 주고, 생활 만족도, 가족 삶의 질에 중요한 영향을 주게 된다.

가족 여가를 활성화하기 위해서는 개별 가족의 노력과 함께 정부의 적극적인 가족 여가 정책이 필요하다. 특히 가족 여가 프로그램 개발, 생활권 여가 공간 운영 시스템 개선, 맞춤형 정보 제공, 통합 시스템 구축, 가족 여가 활동 증진을 위한 여가 전문가 지원, 사회적 인식 제고 및 제도 개선, 다양한 형태의 가정에 대한 여가 지원 등이 필요하다.

1 가족 여가의 의의와 기능

(1) 가족 여가의 의의

가족 여가는 여가의 주체가 개인이 아닌 가족이 기본 단위가 되는 것을 의미한다.

가족이 여가 활동의 공통적이고 중요한 사회적 단위가 되는 것이다. 가족 구성원 모두가 참여하기도하고, 1인 이상 참여하기도 하고, 부모와 자녀를 포함한 가족 구성원이 모두 참여하는 형태를 말한다.

"함께 노는 가족은 함께 존재한다"라는 말과 같이 상호 작용 정도가 높은 가족 여가 활동에 대한 참여는 가족의 응집력, 적응력, 생활 만족도를 높여 주고, 특히, 부모와 자녀가 함께하는 여가 활동은 교육적 기능이 강하다.

가족이 소비적, 과시적 여가 생활을 지향할 경우 상실감과 여가 불만족이 높아질 가능성이 높다.

(2) 가족 여가의 기능

최근에는 1인 가구가 많아지면서, 개인의 여가 활동을 위해서는 공동의 관심을 갖고 있는 동호인들의 모임이 여가 생활 향유를 위한 공동체로 인식되는 경우도 많다. 그러나 가족 여가는 또 다른 가치와 만족을 갖게 하는 장점도 있다.

가족 여가의 긍정적인 기능

❶ 가족: 가족 연대 증대, 결혼 만족도 증대, 소속감 양성, 자녀 교육의 효과 등
❷ 부부: 부부 관계 강화와 결혼 만족도, 상호 작용, 응집성, 적응성, 결혼 안정성 등이 증가하는 효과
❸ 자녀: 교육적 효과와 함께 심리 사회적 발달을 돕고 소속감과 일체감을 높이며 일탈을 방지하고 가족 응집성과 가족 적응성을 높이는 기능
❹ 레크리에이션 기능: 오락적 또는 쾌락적 기능, 휴양적 또는 생기 회복적 기능, 사회 내에서 개인과 개인 사이, 집단과 집단 사이의 안정성과 결합력을 발달시키는 통합적 기능, 갈등, 공격성, 적개심 등을 제거하는 치료적 또는 순환적 기능, 혁신, 자기실현을 위한 창조적 기능, 어린이와 성인 사이의 학습과 관습 형성을 돕는 매개적 기능, 문화적 가치와 종교 표현 기능

2 가족 여가의 특징

가족 여가는 가족끼리 여가를 공유하는 정도가 높을수록 여가에 대한 만족도가 높아진다. 오늘날 가족이 경험하는 여가는 대부분 소비적인 활동에 초점을 맞추고 있으며 경제적, 시간적 부담을 가지고 있는 경우가 많다. 또한 가족 여가는 여가에 참여하는 구성원에 따라 여가와 반여가가 동시에 나타나고 있다.

이러한 현상은 가족 구성원의 성 역할에 따라서 차이가 나타난다. 어머니 혹은 아내의 역할을 담당하는 여성의 경우, 가족 여가의 과정에서 여가를 향유하는 주체이기보다는 다른 가족 구성원들의 여가를 위한 보조적 역할을 수행하게 된다. 따라서 그

들에게 가족 여가는 여가로 인식되기보다는 새로운 노동으로 여겨지는 경향이 높다.

현대 사회를 지배하는 가족 여가는 대부분 소비적인 활동으로 구성되기 때문에 가족 여가에서 구성원 각자가 주체적인 경험과 적극적인 여가의 주인이 되지 못한다. 오히려 여가 활동 자체를 대상화하게 되고 여가 활동의 적극적인 향유자가 되기보다는 상품화된 여가 형태에 의존하는 경향이 나타나게 된다.

가족 여가의 특징을 살펴보면 다음과 같다.

첫째, 가족 여가의 공유 정도가 높을수록 여가에 대한 만족도가 높다. 현대 사회를 지배하는 가족관계관은 개인 중심주의의 영향이 강하게 나타나고 있다. 가족 여가의 만족도는 가족 여가를 공유하는 가족일수록 여가에 대한 만족도가 높다는 결과가 있다.

둘째, 오늘날 가족이 경험하는 가족 여가는 대부분 소비적인 활동에 초점을 맞추고 있다. 여가를 즐기는 것이 마치 상품화된 문화를 소비하는 것으로 인식되고 있기 때문이다. 가족 여가 활동의 유형을 살펴보면 가족과의 외식, 가족과의 야외 나들이, 가족과의 대화, 가족과 함께 지내기, 시장이나 백화점 나들이 등이 있다.

셋째, 오늘날 가족은 가족 여가를 위한 경제적, 시간적 부담을 느끼고 있다. 현실적으로 가족 여가를 공유하기 위해서는 가족 구성원들의 의도적이고 적극적인 노력이 필요하다. 가족 여가의 공유를 시도하고자 할 때는 구성원들의 가족 여가를 통한 가족의 통합력 제고에 대한 가치 부여와 노력이 전제되어야 한다.

표 9-1_ 가족 여가 활동

구 분	내 용
교육 체험 지향 활동	문화재, 유적지 여행, 박물관, 미술관 방문, 해외여행 및 체험 활동, 놀이터나 놀이 동산 (동물원, 식물원) 등
취미 지향 활동	댄스, 낚시, 장기, 바둑, 노래방, 가족 신문 만들기, 가족 주말농장
사회 친목 지향 활동	사회 봉사, 자원봉사, 스포츠 관광, 종교 활동 등
가정 지향 활동	드라이브, 대화, 외식, TV 시청, 비디오 시청, 꽃 가꾸기, 반려동물 키우기, 인테리어 등

2. 가족 여가의 문제점과 대책

가족 여가를 가장 많이 하는 시기는 자녀들이 어린 시절, 유치원이나 초등학교에 다니는 시기에는 가족 여가를 함께할 가능성이 높다. 그러나 자녀가 성장하면서 가족 여가의 기회와 횟수가 줄어들게 되면서 나중에는 부부만의 여가로 남게 된다.

행복한 삶을 살아가는 데 가족의 사회적 역할은 매우 중요한 가치를 갖는데도 현대 사회에서 가족 해체라는 위기의 국면에 놓여 있다. 이러한 국면을 극복할 수 있는 방안으로 가족 여가가 제시되고 있다. 가족이 함께 즐길 수 있는 다양한 여가 활동을 개발하는 것이 중요하다. 이를 위해서는 다음과 같은 문제점들이 해결되어야 한다.

1 현대 가족 여가의 문제점

(1) 현대 사회의 가족 여가는 소비 지향적 상품화 경향이 강하고, 창조적인 가족 여가 가능성의 모색을 근원적으로 차단하고 있다.

오늘날 대부분의 가족을 지배하는 가치관은 개인 중심주의이다. 이런 가치관 속에서 가족이 추구하는 것은 가족 구성원들의 만족과 자기 욕구의 실현이 중심이 된다. 따라서 가족이 추구하는 가족 여가는 가족 구성원들의 만족을 위한 오락적이고 자기 만족적인 것이 목표가 된다. 이런 가족 여가는 자본주의 구조와 결합하여 쉽게 상품화되는 경향을 보이고 있다.

(2) 현상적인 여가 소비에 초점을 맞추게 되면서 시대적인 요구에 부합하는 바람직한 가족 여가의 모델을 제시하지 못하고 있다.

여가에 대한 현대 사회의 관심과 여가가 현대인의 삶에서 차지하는 비중은 나날이 증대하고 있다. 그러나 삶에서 여가가 과연 무엇을 의미하는 것이 바람직한 것인지에 대한 고민은 충분히 이루어지지 못하고 있다. 사회 구조 변화로 인하여 가족 여가는 새로운 국면을 맞이하고 있다. 왜냐하면 노동 시간이 삶의 중심을 이루던 과거와 달리 여가 시간이 점진적으로 증가하는 삶의 구조에서 여가를 어떻게 보내는가는 어떤 삶을 살아갈 것인가와 직결되는 문제이기 때문이다. 따라서 삶의 수준을 높일 수 있는 여가 보내기의 모델이 시대적인 사명을 충족시킬 수 있는 모델을 제시하지 못하고 있다.

(3) 현대 사회의 가족 여가는 잘 산다는 것의 의미를 물질적이고 외적인 것에 기준을 두게 됨으로써 건강한 가치관과 목표를 가지고 있지 못하다.

우리가 흔히 잘 산다는 가족의 기준은 부모의 경제적 수입이 높거나 자녀가 일류대학에 진학하거나 좋은 직장을 얻는 것이다. 이런 가치관 속에서 잘 산다는 것의 의미는 물질적이고 외적인 것이 기준이다. 궁극적으로 말하자면, 가족이 추구해야 할 가치와 목표는 가족 구성원 각자가 가지고 있는 아름다운 본성을 실현할 수 있는 장이 되는 것이어야 한다. 그러나 오늘날 가족 여가는 정서적인 공동체의 역할은 수행하지만, 가족 구성원들이 인격적으로 성숙하고 본연의 인간다운 본성을 실현하고 확장시키는 데 긍정적인 기여를 하지 못하고 있다.

(4) 의식, 사회적 환경, 시간, 비용, 역할 등의 문제

❶ 부부간의 역할이 동등하지 않음으로 인해 가족 여가의 균형 문제를 초래하게 된다.

❷ 가족 단위의 여가가 종종 부모와 함께함으로써 특히 엄마들에게는 여가라기보다는 일로써 경험되고 있다.

❸ 노인 부모와 성인 자녀가 함께하는 가족 여가가 성인 자녀에게는 즐거움이 아닌 의무로 여겨지고 있다.

❹ 젊은이 중심의 가족 여가 생활이 증가할 때 노부모가 느끼는 상대적 소외감을 가지고 있다.

❺ 장시간 노동으로 인한 가족 간의 다양한 문제를 발생시키게 된다.

2 가족 여가의 대책

가족 단위의 여가는 가족이 함께 여가를 계획하고 즐기는 가운데 상호 작용과 의사소통을 도와주며, 부모와 자녀가 함께하기 때문에 가정 교육을 위한 장이 되기도 한다. 또한 가정 생활의 활력소로 작용하여 가족 간의 친밀감을 키워준다. 여가 활동 중에서도 가족의 여가 활동은 단순히 참여의 의미를 넘어 가정이라는 생활 자체에 역동적인 시너지 효과를 가져다준다. 여가를 함께 계획하고 즐기는 가운데 상호 작용과 의사소통이 가능해지며 다양한 가족 여가 활동을 통하여 인간에 대한 이해 증진과 생활 체험을 가능하게 한다.

가족의 여가 활동을 활성화하기 위해서는 가족 여가의 탈소비적, 탈현대적, 미래 지향적 모델 수행으로서의 가족 여가를 이끌고 나가야 한다. 개별 가족에서의 노력과 정부의 적극적인 가족 여가의 정책적인 뒷받침이 있어야 한다. 따라서 다음과 같은 지역 사회와 정부의 지원이 동반되어야 한다.

❶ 가족 여가 프로그램 개발
❷ 생활권 여가 공간 운영 시스템 개선
❸ 맞춤형 정보 제공 통합시스템 구축
❹ 가족 여가 활동 증진을 위한 여가 전문가 지원
❺ 사회적 인식 제고 및 제도 개선
❻ 다양한 형태의 가정에 대한 여가 지원

가족 여가를 활성화하고 행복한 여가를 완성하기 위해서는 온 가족이 함께 즐길 수 있는 다양한 여가 활동과 프로그램이 개발되어야 하며, 이를 위해 다음과 같은 문제점들을 점검하고 해결하는 데 많은 노력을 기울여야 한다.

첫째, 부모와 자식들이 여가를 함께 즐길 수 있는 활동들을 개발하고 상호 커뮤니케이션이 잘될 수 있는 분위기를 조성해야 한다. 가족은 동질적인 집단이기도 하지만 성별이나 연령에 따라 관심사나 욕구가 다르기 때문에 서로의 의견을 존중하여 결정해야 한다. 가족이 여가를 함께 보낸다고 해서 가족 여가가 되는 것은 아니다. 여가는 자발적으로 내가 좋아서 즐기며 하는 것이 되어야 한다. 자발적인 참여나 적극적인 상호 작용으로 가족 화목에 기여하지 못한다면 그 의미는 반감된다. 자녀들의 의견은 무시한 채 부모의 주장만 내세우거나 아내의 입장은 고려하지 않고 남편의 욕구만 고집한다면 진정한 가족 여가라 할 수 없다.

둘째, 주말, 휴가 등의 시간을 가족들이 함께할 수 있는 취미나 활동들을 개발하여 함께할 수 있는 기회를 마련해야 한다. 가족이 함께하는 여가 시간만 가지게 된다고 해서 가족 관계가 좋아지고 만족도가 높아지는 것은 아니다. 평소에 가족 간의 화목을 다지기 위해 최선을 다해야 한다. TV 시청이나 음악 감상, 영화 보기 등 소극적인 병행 활동이 아닌 배드민턴, 스포츠 댄스, 캠핑, 서로 안마해 주기 등 보다 적극적이고 긍정적인 상호 작용이 가능한 공유 활동을 자주 한다면 가족 간의 결속력을 더욱 높일 수 있다.

셋째, 가족 구성원 개개인마다 적성과 능력 개발을 할 수 있는 취미 활동의 개발과 교양 교육 등에 적극적으로 지원해야 한다.

넷째, 친구, 친지, 이웃 등과의 다양한 친목 활동을 통하여 다양한 사람들과의 관계를 가질 수 있어야 한다.

다섯째, 가족 여가를 위해서 우선순위를 조정해야 한다. 개인적인 일이나 내 입장만을 내세우고 양보하지 않는다면 가족이 함께할 수 있는 시간을 가지기 어렵다. 나의 상황과 상대방의 입장을 고려하여 서로 양보하고 조정하는 자세, 개인의 욕구와 가족의 요구 사이에서 조화로운 균형을 유지하는 지혜가 필요하다.

여섯째, 여가에 대한 고정 관념을 버릴 필요가 있다. 어디론가 떠나서 돈을 들여서 외식하고 쇼핑을 해야만 여가를 즐기는 것은 아니다. 집에서 아무것도 하지 않고 뒹굴뒹굴 휴식하고 잠자며 보내는 것도 상황에 따라서는 좋은 여가이다. 또는 우리 가족만의 여가, 삶에 활력을 불어넣는 진정한 여가를 즐기는 것이다. 무조건 좋은 것, 편한 것만이 좋은 여가라고 할 수 없다. 주변의 체육 시설이나 공원, 복지관, 공연장, 박물관 등 공공 시설이나 공적인 자원을 적극적으로 활용하면 된다.

일곱째, 함께하기의 원칙을 지켜야 한다. 힘든 일을 할 때도 함께하고 쉴 때도 함께 쉬는 태도가 중요하다. 가족 여가를 실행함에 있어서 서로가 각각의 다른 일을 하거나 특정한 사람만이 하게 된다면 진정한 가족 여가가 될 수 없다.

여덟째, 따로 또 같이의 정신을 발휘해야 한다. 가족 여가라고 해서 모든 활동을 가

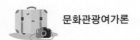

족 전체가 항상 다 함께 해야 하는 것은 아니다. 급한 일이나 중요한 일 그리고 개인의 취향이나 사정 때문에 함께하지 못하는 경우에는 예외를 두거나 개인 활동을 허용해 주는 융통성을 발휘해 주면 가족 간의 갈등이나 불만을 줄일 수 있다. 특히 청소년들은 부모와 함께하는 여가보다 친구나 또래들과 어울리는 시간을 더 좋아하기 때문에 억지로 함께하는 가족 여가가 더 큰 불화를 불러올 수도 있다.

현대 사회에서 가족 여가의 의미는 단순히 가족이 공유하는 여가 시간을 소비하는 것 이상의 의미를 가지고 있다. 왜냐하면 가족이 어떤 가족 여가를 추구하는가에 따라서 구성원들의 삶의 방식이 달라지며, 시대를 지배하는 개인의 삶의 가치와 가족관을 변화시키기 때문이다. 이와 같은 가족 여가의 시대적 책무를 달성하기 위해서 가족 구성원들 내면으로 향한 관심과 성숙을 위한 기회를 가질 수 있어야 한다. 그 기회는 수행을 추구하는 가족 여가를 통해서 가능하게 된다.

3 바람직한 가족 여가 실천 방안

현대 가족 구성원들의 기능 중 하나가 각자 다른 가족 구성원의 좋은 여가 생활 파트너가 되어주는 것이다.

세대별, 성별로 다를 수밖에 없는 여가에 대한 인식이나 취향을 서로 존중하고 양보하는 자세, 사소하고 재미있는 일에도 재미를 느끼고, 그 재미를 가족과 공유하는 자세가 중요하다. 또한 사회 여건, 가계의 전반적 소득 수준이나 교육 수준, 여가 의식 등 다양한 요인들이 가족 여가의 질에 영향을 미친다는 점에서 개인, 가족, 사회의 공동노력도 필요하다.

가족 여가에서 수행을 추구하게 되면 탈소비적인 가족 여가를 경험할 수 있다. 그리고 가족 여가가 심화될 수 있도록 가족 구성원들은 근본적인 행복감에 도달할 수 있을 것이다(수행공동체).

가족 여가 활성화를 위해서는 개별 가족의 노력과 함께 정부의 적극적인 가족 여가 정책이 필요하다. 가족 여가 활성화를 위해서는 가족 여가 프로그램 개발, 생활권 여가 공간 운영 시스템 개선, 맞춤형 정보 제공 통합 시스템 구축, 가족 여가 활동 증진을 위한 여가 전문가 지원, 사회적 인식 제고 및 제도 개선, 다양한 형태의 가정에 대한 여가지원 등이 특히 중요하다.

이에 대한 가족 여가 실천 방안은 다음과 같다.

첫째, 가족 여가 이전에 먼저 가족을 이해해야 한다.

가족의 특성, 가족의 관심과 취미 활동 등 개개인에 대한 이해부터 시작한다.

둘째, 서로 배려하고 협동해야 한다.

시간이 부족하거나 가사의 부담이 크거나 할 때 서로 나누어 하는 관심과 협조가 우선되어야 한다. 그래야 가족 여가 시간의 제약에서 벗어날 수 있다.

셋째, 가족 여가를 방해하는 여러 가지 여가 제약을 극복하기 위해 가족 모두가 협조하고 서로를 배려할 수 있어야 한다.

넷째, 가족의 고유한 여가 문화를 만들고 공동의 문화를 찾는다.

함께 여행하기, 함께 관람과 공연 참여하기, 함께 게임하기, 함께 야외 활동과 등산하기, 함께 외식과 쇼핑하

기, 함께 스포츠 즐기기(관람, 참여 모두), 평생 교육 기관에서 배움의 기회 갖기 등 다양한 방안이 필요하다.

다섯째, 지역 사회 복지에 이바지하는 가족 여가 문화를 실천한다.

가족과 함께하는 지역 사회 봉사 활동도 의미 있는 가족 여가 활동이 될 수 있으며, 그 가족만의 여가 문화가 형성될 수 있게 만든다.

여섯째, 지역 사회의 문화 센터, 도서관, 종합 복지관, 체육 시설, 주민 자치 센터, 건강 가정 지원 센터 등의 프로그램에 관심을 갖고 참여한다.

① 가족 여가

가족원들의 여가관, 가족 관계와 같은 주체적 조건과 주거 공간, 가족원의 여가 시간 및 건강에 따라 달라진다. 가족 여가는 가족 구성원 전체 또는 가족 구성원 중 2

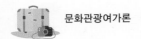

인 이상이 함께 하는 여가를 말한다.

② 가족 여가 활동 유형

가족 여가 활동은 정도에 따라 공유 활동, 병행 활동, 개별 활동 등으로 분류되고, 핵심 가족 여가 활동과 균형 가족 여가 활동 등으로 구분된다. 우리나라의 가족 여가는 공유 활동보다 병행 활동에 집중되고 있다.

4 가족 여가 활성화를 위한 정책

가족 여가는 가족 구성원이 함께하는 활동을 통해서 가족 구성원 간의 유대감을 강화하여 가족관계 증진에 이바지할 수 있다. 따라서 가족 여가의 중요성을 인식하고 이를 활성화하는 것이 필요하다. 특히 다양한 가족의 증가는 기존의 가족 여가에 대해 가지고 있던 고정적인 관점에서 벗어날 필요가 있으며, 여가 시설 역시 핵가족 중심의 시설에서 다양한 가족 형태를 지원할 수 있는 여가 시설로의 전환이 필요하다.

(1) 다양한 가족을 위한 가족 여가 활동 지원

개인의 여가 활동을 확장하여 결혼한 이후 가족 여가로 자리 잡을 수 있도록 가족 생활 주기에 맞는 다양한 가족 여가 활동 프로그램을 운영하는 것이 필요하다.

여가 생활은 어릴 때부터 일상생활에서 꾸준히 유지되어야 성인이 된 이후, 혹은 결혼한 이후 가족 여가 생활을 잘 유지할 수 있게 된다. 개인이 가지고 있는 기존의 여가 활동이 없는 경우 결혼한 이후 가족 내에서 여가 활동을 유지하기가 어렵게 될 수 있다.

(2) 일상적 여가 생활에 대한 홍보 및 정보 제공

가족의 여가 활동은 경비나 일정 등의 여러 가지 요소 등에 의해 진행되어야 하는 경향으로 많은 어려움이 있다. 하지만 일상생활에서 함께 공유할 수 있는 다양한 여가 활동이 있다는 것을 알고 가족 구성원 모두가 함께할 수 있는 활동을 찾는 것이 중요하다. 일상적 여가에 대한 인식 확산을 위해 일상적 여가에 대한 교육 및 프로그램에 여가 활동 부분을 강화시키기 위해 노력해야 한다.

(3) 지역사회와 연계를 통한 가족 여가 활동 지원

각 지역별로 활용할 수 있는 단체 및 시설 등의 접근성 및 이용을 증진할 수 있도록 지역 사회와 연계하여 가족 전체가 함께할 수 있는 여가 활동 프로그램의 개발 및 운영이 필요하다.

(4) 가족 여가 프로그램 활성화

가족 봉사단 프로젝트 등 장기적인 프로젝트형 가족 여가 프로그램 기획 및 가족 동호회 활동을 개발해야 한다. 예를 들면 가족 동아리, 클럽, 봉사단 등을 결성하여 정기적 사회 봉사 활동을 수행하고 가족 밴드, 합창단, 댄스 등 정기적인 공연을 지원해 아버지들의 가족 여가 활동 참여를 유도하여 화목한 가족 분위기를 조성한다.

> ### 쉬어가는 코너
>
> **가족 여가 함께 보내기 10계명**
>
> 1. 가족 공동의 관심거리를 마련한다.
> 2. 가족을 하나의 동호회로 만들어 구체적으로 활동한다.
> 3. "나는"으로 시작해 자신의 솔직한 감정과 의견을 전한다.
> 4. 부모가 자녀들이 좋아하는 활동을 같이해 본다.
> 5. 가족을 위해 한 일을 알아달라고 요구하지 않는다.
> 6. 때로는 가족 구성원 각자의 시간을 즐기도록 한다.
> 7. 어디에서 무엇을 해야 한다는 강박 관념에서 벗어난다.
> 8. 여가 비용을 기록하고 정리해 가족이 공유한다.
> 9. 가족들이 집안일과 노동에 대한 책임을 나눈다.
> 10. 봉사활동 등 다른 이들을 돌보는 노력을 한다.
>
>
>
> 자료 : 여가 문화와 가족, 신정출판사

(5) 가족 여가 활동 바우처 제도 도입 및 활성화

가족 여가 활동 바우처(Voucher)제도를 도입해 1년에 몇 회 정도로 최소의 여가 기회를 보장하여 여가 소외 계층을 찾아가는 문화 체험 프로그램을 실시하는 것이다.

우리나라는 문화체육관광부와 국민체육진흥공단에서 청소년의 건전한 여가 활동을 지원하기 위해 스포츠 바우처 사업을 실시하고 있으나 사업의 지원 영역이 스포츠 시설에 국한되고 있으며, 현재에는 문화 바우처 등 이를 확대하기 위해 시도하고 있다. 또한 다양한 활동에 청소년들이 참여할 수 있도록 바우처 지원 대상 여가 활동 영역을 확대해야 할 필요성이 있다.

(6) 체험 및 체류형 가족 여가 산업 육성

관광, 휴양 활동을 중심으로 복합적 다기능 리조트 및 단지를 조성하고 체험 및 체류형 가족 여가로 새로운 신성장 산업으로 육성해야 한다.

도시 근교, 농촌 빈집이나 폐교 교사, 공터를 활용한 전원 관광지, 생태 관광지, 휴가, 여행촌 등으로 개발하고 주말 농장, 임대 농장, 목장 등의 용도로 산업화하여 가족형 레저 산업을 육성하는 것이 바람직하다. 이에 따라 레저 위락 시설의 안전을 포함한 소비자의 안전 강화, 관광 사업체의 규제 완화 및 세제, 금융상의 지원 확대 등 제도 개선을 추진해야 한다.

Case Study

🐾 반려동물, 새로운 여행과 여가의 동반자이자 함께하는 가족

반려동물, 새로운 가족의 탄생

최근 반려동물을 단순히 함께 사는 애완동물이 아닌 새로운 가족으로 인지하고 함께 살아가는 경우가 적지 않다. 반려동물 관련 통계는 국내 공식적이지는 않지만, 한국농촌경제연구원(2017)의 〈반려동물 연관 산업 발전 방안 연구〉에 따르면 2017년 기준 반려동물 사육 가구 비중은 전체의 약 29.4%로 추정되어 반려동물을 키우는 인구 수는 약 1,481만 명으로 추정하고 있다. 또한 반려동물 연관 산업의 규모는 1조 5,684억 원으로 연평균 14.5%씩 성장하고 있는 것으로 나타났다.

특히 최근 반려동물 동반 인구가 증가하면서 반려동물을 가족과 같이 인식하는 경향이 늘고 있다. 이를 소위 펫팸족이라 일컫는데, 펫팸(petfam)족이란 반려동물을 뜻하는 펫(pet)과 가족을 의미하는 패밀리(family)의 합쳐진 조어로 반려동물을 가족으로 생각하는 사람들을 말한다. 펫팸족은 반려동물을 위해 기꺼이 좋은 제품과 음식을 사는 것을 아까워하지 않기에 이들의 소비 성향이 높은 것을 알 수 있는데, 이를 또 다른 신조어로 펫코노미(pet + economy)로 부르고 있다.

반려동물 장례식장 및 실제 필자가 보낸 모습

최근에는 반려동물을 위한 다양한 서비스나 보험 등이 개발되는 것을 볼 수 있는데 이역시 펫팸족들을 겨냥한 산업적 변화라 할 수 있다. 예를 들어, 반려동물 장례식장이나 납골당 등의 고급화가 눈에 띄게 증가하고 있는데 경기도 광주시의 한 반려동물 장례식장은 반려동물을 직접 전용 차량으로 이동시켜 장례, 화장 및 유골 안치, 납골당 운영 등을 원스톱으로 진행하고 있는 것이 특징이다. 반려동물을 가족처럼 생각하는 펫팸족들에게 이러한 장소는 낯선 곳이 아니다.

반려동물과 여행과 여가를 떠나다

함께 여가 생활을 즐기거나 여행을 떠나려는 사람들 역시 증가하고 있다. 일을 하는 시간 이외 시간에 가족과 함께하려는 사람들의 욕구가 반려동물 동반 가족들에게는 바로 반려동물과 함께하려는 것으로 귀결된다. 특히, 반려동물과 함께하는 이른바 펫트립의 증가도 눈여겨볼 점이다. 2018년 기준 대한항공의 반려동물 동반 여행 승객 수는 약 5만 명으로 나타나, 연간 약 15.0%가 증가하기도 하였다.

특히 반려동물 동반 여행사라는 독특한 형태의 여행사 운영도 등장하였다. 페츠고트래블 대표는 반려동물의 안전을 최우선으로 하며 반려동물을 돌보는 펫가이더를 함께 동행하며, 비반려인을 위한 배려로 펫티켓을 강조하는 형태로 여행 상품을 운영 중에 있다. 이러한 반려동물 동반 여행이 많아지다 보니 최근 관광지에서는 반려동물 동반 숙소나 식당 등이 등장한다. 반려동물 동반 여행자들에게 최근 각광받는 국내 여행지는 단연 제주도를 들 수 있으며, 제주도는 반려동물 동반 펜션이나 반려동물 탑승 가능 렌터카, 실내 입장이 허용된 식당들도 하나둘 늘어나기 시작하면서 OTA 사이트인 부킹닷컴이나 위시빈 등에서는 반려동물과 함께 여행 가능한 제주도 관광지 및 숙박 시설 등을 별도로 추천하고 있기도 하다.

펫츠고 트래블 및 부킹닷컴 (출처: 각 홈페이지)

관광지의 숙소나 식당뿐 아니라 최근에는 고속도로 휴게소에서 반려동물 관련 체험 프로그램 등이 늘고 있다. 여행을 가다가 고속도로 휴게소 등에서 반려동물 산책을 하는 경우도 많은데, 영동고속도로 덕평 휴게소에는 반려견과 함께 놀 수 있는 달려라 코코가 운영 중에 있다. 애견 파크인 달려라 코코는 애견 체험관, 애견 놀이터, 애견 스포츠 클럽, 애견 호텔 등을 갖추고 여행객들이 잠시 쉬어가는 명소로 자리 잡고 있다. "오수의 개"로 유명한 순천완주 고속도로의 오수 휴게소는 전국 고속도로 휴게소 최초로 반려동물과 함께 식사와 휴식을 즐길 수 있는 펫팸 레스토랑이 운영되어 2017년 한국도로공사 선정 서비스 경진 대회 우수상을 수상한 바 있다.

달려라 코코 및 오수 펫팸레스토랑 (출처: 달려라 코코 홈페이지 및 한겨레(2017))

펫팸족의 등장으로 반려동물 사료를 만드는 공장을 직접 방문하여 자신이 키우는 반려동물의 사료가 만들어지는 원리와 원료를 직접 눈으로 관찰하고, 반려동물 비스킷 만들기 체험 등을 즐기는 산업 관광도 있다. 충북 공주에 위치한 하림 펫푸드 해피댄스 스튜디오는 반려동물 동반 사료 공장의 무료 투어가 가능하여 반려동물 동반 가족들에게는 큰 인기를 누리고 있다. 이러한 관광 시설이나 프로그램들은 반려동물과 함께 여행을 가고자 하는 가족들이 많아지면서 앞으로도 지속적으로 확대될 것으로 보인다.

해피댄스 스튜디오의 입구 및 비스킷 체험 모습

꼭 여행이 아니더라도 반려동물과 여가를 즐기는 사람들은 얼마든지 쉽게 찾아볼 수 있다. 거리에서 반려견을 산책하는 모습은 이제 기본이고, 지자체에서는 곳곳에 반려동물 전용 공원 등을 조성하여, 반려동물과의 여가 시간을 즐기는 장소를 별도로 마련해 주고 있기도 하다. 경기도 성남시 율동 공원 반려견 놀이터나 용인시 기흥 호수 반려견 놀이터 등이 대표적이라 하겠다. 이러한 곳들은 배변 봉투 등을 비치해 놓고 펫티켓을 스스로 실천하고, 등록된 반려동물만을 출입시키는 등 반려동물 문화의 선진화를 함께 이바지하기도 한다. 공공 기관뿐 아니라 최근에는 반려동물과 함께 입장이 가능한 쇼핑몰 등의 등장도 생겨나고 있다. 스타필드나 롯데아울렛 등에서는 반려동물의 출입을 허용하여 반려동물 동반 가족들이 쇼핑을 함께 즐기는 모습을 곳곳에서 볼 수 있다.

하남 스타필드

그럼에도 반려동물과 함께 여행이나 여가를 즐기는 것에 대한 제약이 아직도 많이 존재한다. 한국농촌경제연구원(2017)에 따르면, 반려동물 동반자는 반려동물을 키울 때 가장 큰 애로 사항으로 '혼자 두고 여행이나 외출을 하기 어렵다는 점'(63.1%, 1위), '외출 시 데려갈 수 있는 장소가 한정적임'(21.1%, 4위) 등을 응답하고 있어 현실적인 여가 및 여행에 대한 한계가 존재함을 알 수 있다. 많이 나아지고 있지만 여전히 반려동물과 함께하면서 집 밖 공간에서의 여가와 여행을 쉽고 편하게 즐기기에는 높은 장벽이 존재하는 것이다.

해외에서는 어떠할까?

우리나라보다 반려동물과 함께하는 산책이나 여행이 활성화된 해외에서는 어떠할까? 미국이나 유럽의 경우 대다수의 호텔이나 식당에서 반려동물과 함께 출입하는 것이 허용된다. 국내에서는 비교적 혐오나 공포의 대상인 대형견을 데리고 식당에서 함께 식사를 하거나 호텔에 숙박하는 것을 어렵지 않게 볼 수 있다. 쇼핑몰 역시 나라마다 차이는 있으나 비교적 쉽게 반려동물과 함께 출입하는 것이 허용이 된다.

오스트리아의 작은 식당에서 반려견이 함께하는 모습과 이탈리아 로마 에우로마 쇼핑몰에서 반려견이 함께 산책하는 모습

일본은 반려동물과 함께 여가 생활을 하거나 여행을 즐기는 것이 매우 보편화된 나라이다. 일본은 반려동물과 여행을 할 수 있는 테마파크나 호텔, 관광지가 많이 개발되어 있는 편이다. 가장 대표적인 곳이 일본 최초의 애견 테마 파크인 츠쿠바 왕왕랜드이다. 츠쿠바 왕왕랜드는 연평균 약 6만 명에서 25만 명이 방문하는 테마파크로 명품견 전시장, 산책 체험장, 도그 레이스장, 도그런, 훈련장 등의 시설을 갖추고 있으며 국제 펫 전문 학교를 운영하고 있는 것이 특징이다. 후지산에 위치한 도그리조트 우프(Woof)는 아르계획 주식회사가 2010년 애견 동반 리조트로 리모델링하여 설립하였으며, 애견 동반 호텔, 도그런, 수영장 등으로 구성되어 있으며, 도그런, 훈련장 이용 후 시원한 애견 수영장을 이용하고 드라이 미용 시설까지 이용하는 것이 큰 특징이다. 애견 호텔 내 레스토랑은 강아지 전용 코스 요리를 약 4천 엔의 금액으로 판매를 하고 있다(의성군, 2017).

도그리조트 우프 (출처: 부킹닷컴)

특히 인상적인 시설 중 하나로 소개하고 싶은 곳은 바로 독일의 티어하임이다. 독일의 티어하임은 반려동물 관련 여행지나 여가 장소로 보기는 어려우나 유기 동물을 보호하고 입양을 하는 보호소의 역할을 하고 있다. 티어하임은 '동물의 집'이라는 뜻으로 반려동물로서 개와 고양이뿐 아니라 새, 토끼, 조류 등이나 더 생소한 오리, 닭, 도마뱀, 양, 돼지 등을 함께 보호하고 있다. 티어하임은 체계적으로 잘 조성이 된 하드웨어 시설과 열의를 가진 자원

봉사자, 그리고 철학을 갖고 운영이 되는 동물 보호, 입양, 교육 프로그램 등이 모여 성공적인 운영을 이끌고 있다. 티어하임에서 유기 동물을 입양하게 되더라도 그들이 적응을 잘하지 못하면 다시 교육 훈련소에 와서 교육을 받거나 산책이나 여가를 즐길 수 있는 장소가 많아 티어하임 자체는 반려동물을 위한 여가 장소로 활용이 되고 있기도 하다.

독일 베를린 티어하임 사진

반려동물과 함께하는 여행 및 여가를 위해서 준비해야 하는 것들

이렇듯 국내외적으로 반려동물은 이미 새로운 여행과 여가를 즐기는 동반자이자, 이제는 하나의 또 다른 가족이 되고 있다. 하지만 아직 우리 사회가 이를 완전하게 받아들이려면 준비해야 할 것들이 적지 않다. 반려동물과 함께하는 여행이나 여가가 증진되기 위해서는 반려동물 산업을 여가와 여행 산업과 접목

시키는 사업체, 반려동물을 키우는 반려동물 동반 인구와 비반려인들의 배려, 그리고 마지막으로 정책자라 할 수 있는 정부 및 지자체의 정책과 제도들이 함께 준비되고 갖추어져야 한다.

첫째, 반려동물 산업을 여가와 여행 산업에 접목하려 하는 사업체들은 반려동물을 키우는 사람들은 단순히 애완용이 아닌 가족과 같은 개념으로 반려동물을 키우고 있다는 것을 인식하여 보다 세심한 배려를 필요로 한다. 단순히 반려동물 동반 인구가 증가하고 있기 때문에 돈벌이가 될 수 있으니 반려동물 동반 여행 상품이나 시설을 만든다는 인식은 위험하다. 하나의 가족과 같이 받아들이고 그들을 위한 수용 태세를 개선하고, 반려동물이 필요한 부분을 반려동물 입장에서 고려할 수 있어야 한다. 예컨대 강아지와 고양이가 특성이 다르고 대형견과 소형견의 움직임이 다르며 수컷과 암컷의 배변 형태도 다를 수밖에 없다. 결국

반려동물에 대한 행동과 특성, 그리고 그들과 함께하는 반려동물 동반 가족들에 대해서도 연구와 배려가 요구된다.

둘째, 반려동물 동반 가족들은 여행과 여가 활동에서 비반려인들이 반려동물을 꺼리고 싫어할 수 있다는 점을 인식하는 비반려인에 대한 배려가 선행되어야 한다. 이와 함께, 비반려인 역시 반려동물에 대한 예의와 이해를 필요로 한다. 결국 반려동물과의 여가와 여행은 집에서 반려동물을 기르는 것보다 더 많은 비반려인과의 접촉을 전제로 하는 것이기에 펫티켓에 대한 강조가 필요하다. 이와 함께 비반려인들도 가족들이 허락하지 않는데도 반려동물을 만지려 하는 등의 행동을 고쳐야 한다. 이는 서로 간의 문화적 이해와 교육을 필요로 하는 문제이다.

셋째, 정부와 지자체는 반려동물과 함께 여행이나 여가를 즐길 수 있는 토대를 마련해야 한다. 또 하나의 가족으로 인식하는 반려동물과의 여행과 여가 활동이 가능하도록 보다 공공 시설의 반려동물 동반 장소를 조성하고 개방하는 일이 필요하다. 경기도 여주시 및 경상북도 의성군 등 몇몇 지자체들은 최근 앞다투어 반려동물 테마 파크나 문화 센터를 건립하는 정책들을 추진하고 있다. 반려동물 동반 가족들에게는 반가운 일이지만, 한편으로는 반려동물을 단순히 수익적인 측면으로만 접근할 것이 아니라 더 근본적인 반려동물 관련 여행 및 여가 문화를 개선하는 역할을 수행하기를 기대해 본다.

마지막으로는 보다 궁극적으로, 또 하나의 가족인 반려동물의 지위가 더 보편화되기 위해서는 동물권의 개념에 대해서 생각해 볼 필요가 있다. 동물권이란 모든 동물에게 생명체(삶의 주체)로서 그 자체로 존중받을 권리가 있다고 보는 것이다. 다시 말해 동물들도 고유한 가치를 갖고 살아가는 권리의 주체이

며, 그들에게 이러한 권리 주체성이 있는 한 그들의 권리 또한 당연히 존중받아야 한다는 사상이다(동물권연구변호사단체 PNR, 2020). 동물권 연구 변호사 단체 PNR의 대표 변호사는 인권과 동물권은 선후 관계일 수 없으며 노동 환경, 인권이 보장되지 않을 때 더 많은 동물 학대가 이루어진다고 하였다(뉴스1, 2019). 반려동물 동반 가족이 증대되는 것은 사회적 흐름으로, 내가 키우는 반려동물, 우리 일상 속에서 접촉하는 반려동물만이 아닌, 모든 동물권에 대한 인식의 개선 등이 선행될 때 반려동물은 가족이 될 수 있고, 우리 사회 여행 및 여가 활동의 동반자가 될 수 있을 것이다.

출처: 웹진문화관광 2020. 5월호

 Case Study

 가족과 함께하는 가족 여가, 봉사 활동

가족 자원봉사(family volunteering)는 가족을 하나의 자원봉사 단위로 하여, 공공 복지를 향한 가치 이념과 동시에 민주적 방법에 의한 자주적·협동적 실천 노력이며 개인, 집단, 지역사회에서 발생되는 제반 사회문제를 예방·해결하고 사회적 환경을 개선하기 위하여 공사의 조직체를 통하여 무보수로 서비스를 제공하는 활동이다.

가족 자원봉사는 최소한 두 명 이상의 가족원이 함께 지역 자원봉사 활동에 참여하는 것을 말하며, 혈연 관계 가족 구성뿐만 아니라 함께 거주하는 사람도 해당된다.

'건강가정기본법'에는 가족의 자원봉사에 대해 명시되어 있다.

제28조(가정 생활문화의 발전) ① 국가 및 지방자치단체는 건강 가정의 생활 문화를 고취하고, 그에 대한 지원 정책을 수립하여야 한다. ② 국가 및 지방자치단체가 지원하여야 하는 건강가정의 생활 문화는 다음 각 호의 사항을 포함한다.

1. 가족 여가 문화

2. 양성 평등한 가족 문화

3. 가족 단위 자원봉사 활동

4. 건강한 의식주 생활 문화

5. 합리적인 소비 문화

6. 지역 사회 공동체 문화

7. 그 밖에 건강 가정의 생활 문화와 관련된 사항

가족 자원봉사의 근거법은 위의 '건강가정기본법' 외에도 '자원봉사 활동 기본법', '가족 친화 환경의 조성 촉진에 관한 법'을 따르고 있다.

가족 자원봉사는 가족 건강성의 요소인 '가족의 결속력', '가족의 의사소통', '가족 문제해결 및 대처 능력', '가족원 간의 건강한 가치 체계 유지'를 증진시키는 데 의의를 갖는다.

가족 자원봉사의 효과

1. 가족 자원봉사는 가족이 함께 공유하는 시간과 경험을 통해서 가족의 일체감을 높인다.

2. 가족들의 잠재력을 신장시키는 데 필요한 수단과 방법을 고려하게 함으로써 문제 해결 능력을 증진시킨다.

3. 건전하고 보람 있는 가족 여가 문화를 창출하는 기회가 될 수 있다.

4. 개인적, 가족적, 지역 사회적 측면에서 함께 공유할 수 있는 가족 공동체 문화를 형성하게 한다.

5. 타인에 대한 배려, 섬김과 나눔, 사회 문제의 예방 등 지역 사회 연대 의식 강화에 영향을 준다.

출처: https://blog.naver.com/jyoungae62

 3. 생애 주기별 여가 관리

1 생애 주기의 개념

생애 주기는 개인이 태어나서 성장, 발달하고 죽음에 이르기까지의 일련의 변화 과정을 의미하며, 나이가 들어가는 일정한 순서의 진행에 의해 아동, 청년에서 성인기를 거쳐 노년으로 향하는 단계적 변화 과정을 말한다. 생애 주기는 입학, 진학, 취직, 결혼, 직업 전환, 은퇴 등의 일정한 지표에 의해 표시될 수 있으며 이러한 지표는 개인이 생활하고 있는 문화에 따라 다르겠지만 순서는 연령과 관련되는 것이 공통이다.

개인의 출생에서 사망까지 경험되는 모든 변화는 나이를 먹는 과정의 일정한 순서로 진행되고 모든 사람의 일생 가운데 반복되면서 다음 세대로 전승된다. 이 전체를 생애 주기(lief-cycle)라 하는데, 이를 도식적으로 표현하면 생애 기간(life-span)의 중요한 생애 사건(life-events)이 연령 단계별로 수직선으로 연결된다. 생애 주기를 이루고 있는 생애 기간 안의 생애 사건의 내용들은 생애 과정이 될 수 있다.

여가가 개인의 전 생애 동안 지속되고 변화된다는 것은 한 번 경험하거나 친숙한 일련의 여가 활동은 전 생애 동안 지속적으로 유지되고 한편으로는 이전 생애 단계의 여가 활동을 다음 생애 단계에서는 그만두거나 새로운 여가 활동으로 대체하는 등의 끊임없는 변화의 과정이 동시에 일어난다는 것으로 이해할 수 있다.

2 생애 주기에 따른 여가 경력 개발

여가 경력 개발을 통해 노년기 여가로 지속시킬 필요가 있다. 과거에 경험한 취미나 오락 등의 여가 경험이 노년기에도 계속되는 경향이 있으며, 노인이 되고 나서 처음으로 여가 활동을 시작하는 사람은 수동적이고 소득 다소비형 여가 활동을 하는 경향이 많다. 여가와 삶의 질의 관련성을 지속적이고 긍정적으로 유지시키기 위해서는 일련의 단계를 통한 여가 경력의 개발이 요구된다.

🎈 표 9-2_ 생애 주기 및 관련 용어의 개념

구 분	노년기
life-span(생애 기간)	출생에서 죽음까지의 시간적 간격
life-events(생애 사건)	시간의 흐름에 따라 개인의 인생에서 일어나는 특별한 사건들(진학, 취직, 결혼, 은퇴 등)
life-course(생애 과정)	생애 기간을 채우고 있는 개인 삶의 다양한 내용(삶의 특별한 사건, 인간관계, 성취, 실패 등)
life-cycle(생애 주기)	출생에서 죽음까지이며 아동기를 거쳐 성인기의 일정한 계열을 따라 점진적으로 이루어지는 삶의 여정 또는 여로

출처: 김애순(2006), 성인발달과 생애설계

린다 하이저(Linda Heuser, 2007)와 그레이 크로퍼드(Gray Crawford, 1987)의 연구에서 개발된 여가 경력 개발 단계의 특징은 크게 네 가지로 설명된다.

첫째, 어떤 활동에 흥미를 가지게 된다.
둘째, 흥미를 가진 활동에 몰입하게 된다.
셋째, 정기적으로 활동에 참여함으로써 적극성을 가지게 된다.
넷째, 몰입에서 여가 활동이 끝나는 것이 아니라 자신의 여가 활동 분야에서 조직적 역할을 맡음으로써 전문성을 띠게 되고 이를 통해 사회 공동체를 위한 활동으로 확대된다. 따라서 성공적인 여가 경력의 개발을 위해 가장 중요하게 고려되어야 할 부분은 정기적인 참여를 통한 여가 활동의 진지화 및 전문성의 획득이다.

인간의 욕구, 기호 등은 사람에 따라 다르며 생애 주기에 따라 여가에 대한 욕구와 선호, 여가 활동 등이 다양하게 나타난다.

🐌 3 생애 주기별 여가 환경 관리

생애 주기별 여가 경험은 발달 단계별 대상이 지닌 환경과 상호 영향을 주기 때문에 대상이 지닌 특별성이 고려되어야 한다. 생애 주기별 발달 과업에 따른 일반적 특

징과 함께 여가 환경이 주는 변화 요인으로 여가의 실태를 파악하고 향후 여가 계획의 정보와 방향을 설정하는 데 기초적인 역할을 한다.

(1) 아동기의 특징과 여가 환경

인지 능력이 발달하는 시기로 지식 및 습득 양이 증대되고 학교에서의 생활 공간이 넓어지면서 집단 내 구성원으로서의 역할과 자아의 존재감이 형성된다. 자신이 속해 있는 문화가 지닌 도덕적 가치를 받아들여 판단하고 규칙이나 약속 등을 준수하는지 여부에 따라 가치 판단 기준이 된다.

아동기의 여가 생활 대부분이 디지털 기기 발달로 인한 전자 매체 놀이 문화로 진화하고 있다. 또한 과도한 학습 위주의 교육 환경으로 인해 놀이 시간이 부족하고, 올바른 여가 인식 부재로 전인적 발달에 큰 악영향을 미치고 있다.

(2) 청소년기의 특징과 여가 환경

급속한 성장 속도와 정서, 자아, 대인 관계, 이성에 대한 태도와 행동에 변화가 생기는 시기이다. 주변의 도움이 많이 필요한 시기이며, 학업으로 미래를 준비하고 문화와 여가 활동을 통해 자신의 미래를 실험하는 기회를 부여받게 된다.

청소년기에 접어들면서 생활 시간 내 자유 시간이 증가됨에 따라 증가된 자유 시간을 자신의 환경과 가치관에 따라 정의하고 시간 내 역할을 스스로 결정하게 된다.

여가 경험을 통해 사회화를 학습할 수 있는 기회를 얻을 수 있으며, 자신의 잠재성을 파악하는 계기로 삼아 성인기로 넘어가는 데 있어 여가 경험이 중요한 역할을 하게 된다. 입시 중심 교육 환경으로 인한 스트레스나 우울감이 정신 건강에 영향을 주거나 비행이나 공격성 같은 행동을 유발하게 되는 원인이 되기도 한다. 따라서 가족 구조 변화 및 기능의 약화로 인한 가족 문제에 대한 예방적 차원의 여가 프로그램이 필요하다.

다양한 여가 생활에 대한 경험의 부족으로 인하여 소극적, 미디어 중심의 여가 활동이 이루어지고 있다. 청소년기에 적합한 여가 활동 프로그램을 실시하여 다양한 여가 활동에 대한 참여 및 여가를 지속시킬 교육적 장치가 절실히 필요하다.

표 9-3_ 생애 주기와 여가

생애 주기		발달		여가	여가 정책 방향
청소년기		정체성 및 관심사 불분명		여가의 범주화 불가능	다양한 여가 경험 제공 및 교육의 기회 제공, 여가 정책
성인기		사회적 소속에 따른 정체성 확립	남성: 사회적 정체성 중요	일에 따른 여가 활동	사회 기관별 여가 정체화(leisure identification)에 도움이 되는 여가 정책 필요
			여성: 연애와 결혼 중요	과거의 활동 지속	
중년기	초	일과 삶의 안정기 도입	남성: 일, 생산성	자유롭지 못한 여가 시간	일이나 가정에 매몰되어 다른 관심사가 사장되지 않도록 하는 여가 정책 필요
			여성: 자녀 양육		
	중	일, 가정, 육아 등 삶의 모든 분야에서 점차 안정됨		가족 중심 여가	가족 중심성(home-centered)에 따른 여가 정책, 생애 투자형(life-investment) 여가 정책
	장	자녀의 성장과 독립		부부 중심 여가	
노년기		일과 여가의 균형 유지		이전과 다른 여가 활동	노인이 사회에 통합(social integration)될 수 있는 여가 정책

출처: 최석호(2014), 일과 삶의 조화, 이론적 연구

(3) 성인기의 특징과 여가 환경

사회적 관계망의 확대와 함께 상대적으로 다른 시기와 달리 이성에 대한 사회적 중요도가 높게 나타나는 시기이다. 자기 자신에 대한 분명한 개념을 형성하고 발달하게 되며 이를 위해 다양한 여가 활동을 해야 한다.

여가환경 여건이나 여가에 대한 투자에 있어 다른 생애 대상에 비해 가장 좋은 조건을 갖추고 있음에도 불구하고 여가에 대한 인식 및 가치 부족으로 인한 부정적이고 소극적인 여가 생활을 하게 된다. 이로 인하여 외로움과 고독감 등의 정서적 소외감을 경험하게 되는 경우가 많다. 따라서 다양한 정보를 획득하고 새로운 관심과 흥미를 유발할 수 있는 도구로의 인식의 전환이 필요하다.

(4) 중장년기의 특징과 여가환경

노화 증상 및 건강의 적신호로 인해 건강에 대한 관심도가 높아지고 건강한 생활을 위한 다양한 활동을 시도하며 급격한 신체적, 심리적, 사회적 변화로 인해 심리적인 위축과 우울감으로 부정적인 감정 경험이 증가하는 시기이다.

다른 생애 대상에 비해 여가에 대한 중요성을 인식하고 있으며, 다양한 여가에 대한 욕구를 소유하고 있다.

희망 여가 활동에서도 단순 영화 관람에서 문화 예술 관람 및 참여 활동으로 확장되었으며, 사회봉사 활동과 같은 새로운 여가 욕구가 나타나 이전 세대와 다른 특징을 보인다.

은퇴를 준비하고 본격적인 은퇴가 이루어지는 시기로 삶의 전체에서 여가가 차지하는 시간이 증가하기 시작하는 시기이다. 건강한 삶을 살기 위한 신체 건강에 대한 여가 활동 욕구가 증가하면서 여행과 스포츠 활동으로 여가 시간을 활용하려는 욕구가 강하게 나타나고 있다.

(5) 노년기의 특징과 여가 환경

생리적 및 신체적 기능의 감퇴와 심리적인 변화로 개인의 자기 유지 기능과 사회적 기능이 약화됨에 따라 가족 또는 친구와 같은 관계성이 매우 요구되는 시기이다.

고령화 시대에 자신의 삶을 되돌아보고 평가 및 반성이 이루어지며 동시에 남은 삶에 대한 긍정적인 태도와 자기애 형성을 통한 인생에 대한 재정립이 중요한 시기이다.

노년기 여가는 시간적 개념의 여가와 활동적 개념의 여가가 함께 이루어져야 하는 시기이나 여가 시간을 활용하기 위한 활동과 여가 활동에 대해 자발적인 선택을 위한 능력이 부족하다. 따라서 인지적, 심리적 건강에서도 취약점이 나타나는 시기이기 때문에 정신 건강을 위한 활동이 필요한 시기이기도 하다.

연령 차별 사회에서 연령 통합 사회로의 변화는 여가 및 여가 교육을 전 생애 관점으로 설계하고 준비해야 한다. 생애 주기별 여가 교육은 연속성, 보편성을 가지고 평생 교육 차원에서 이루어져야 하며, 교육 기관과 지역 사회의 연계가 매우 중요하다.

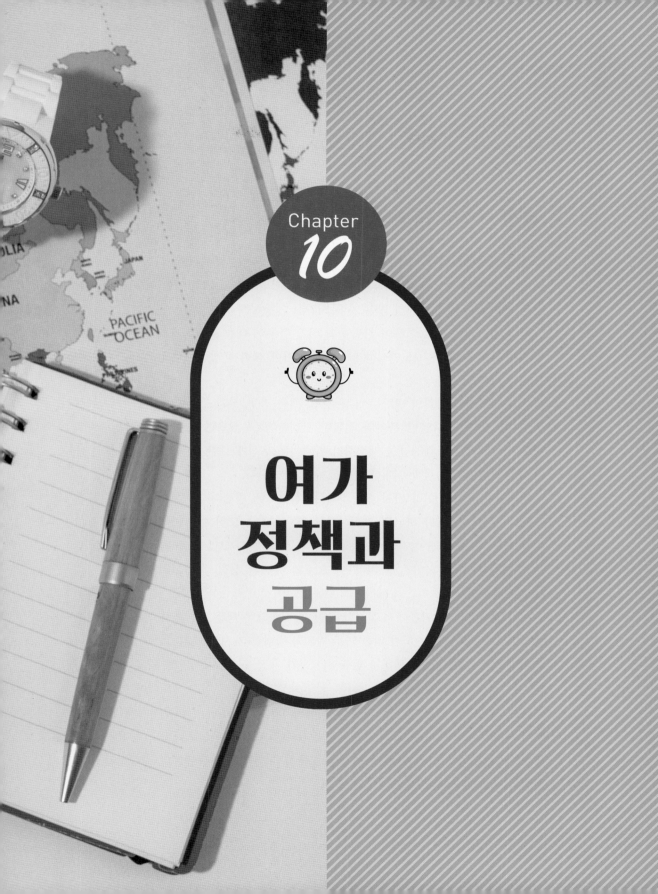

여가 정책과 공급

1. 여가 정책

1 여가 정책의 의의

경제가 성장하면서 개개인의 경제적 여건은 더욱 여유로워졌고, 사회적으로는 근로 조건의 향상 등으로 유급 휴가제나 근무 체제의 변화 등으로 인한 노동 시간의 감소로 개인 누구에게나 보다 많은 자유 시간을 제공하게 되었다.

자유 시간의 증가로 인하여 사람들의 여가 활용에 대한 중요성과 가치관의 변화로 여가를 통한 삶의 가치를 인식하게 되면서 여가에 대한 긍정적인 사고는 여가 지향적으로 변화되고 있다.

여가 지향적인 사회의 변화는 노동 정책, 체육 정책, 복지 정책, 가족 정책, 관광 정책, 문화 정책 등 다양한 분야와 긴밀한 관계를 맺고 있으면서, 이에 대한 정책들의 변화도 시작되었다. 정책들을 제정하기 위해서는 우선 필요한 부분과 부족한 부분 등 다양한 관점에서의 정책에 대한 자료를 수집해야 한다.

정책이란 국가가 여러 가지 행동 지침을 선정하는 방법이라고 할 수 있으며, 특정 목표를 달성하기 위한 하나의 계획이라고 할 수 있다. 또한 여가 참가자인 국민들의 여가 활동 참여 실태, 여가 관련 정부 기관과 행정 체계 그리고 공공 부문과 민간 부문의 여가 시설 및 서비스 등 세 가지 요소와 관련된 정책 과정 그리고 여가 환경을 모두 포함한다.

여가 정책은 정부 기관에서 결정한 국민 여가에 대한 행동 지침으로 여가 행정을 종합적으로 조정하고 추진하기 위한 업무 범위와 방향을 제시하는 시책이라 할 수 있다.

여가 정책을 제대로 시행하기 위해서는 국가 재정, 근로 시간 단축, 근로자 복지 정책, 사회적 약자(예 아동, 장애인, 노인, 소수자 등), 국민의 생활 수준 등이 전제되어야 한다. 또한 여가는 개인이나 집단, 그리고 필요에 의해서 다양한 차원에서 이루어지게 된다. 따라서 성, 연령, 소득 수준, 교육 정도, 직업, 지역에 의해서 다르게 나타나며, 특히 개인의 욕구나 특성에 따라 다르게 여가를 요구하게 되므로 누구에게나 균형적인 여가 정책을 제정해야 한다.

여가 정책은 하나의 계획으로서 정부 기관이 결정한 국민 여가에 대한 미래의 행동 지침이며 여가 활동을 통해 국민 생활의 질 향상과 인간다운 생활 보장, 이를 통한 건전한 사회를 달성하기 위해 복잡한 절차에 의해 공식적으로 결정한 조직의 목표를 말한다.

여가 정책은 국가의 여가 현상 중에서 관심 있는 미래 과제와 현안 문제를 취급하는 목표 지향적 행정 과정이므로 그 수단은 목적 충족적이어야 한다.

여가 정책의 수립은 개인에게는 여가에 대한 인식을 긍정적으로 수립하는 데 기초가 되고, 사회나 국가 차원에서는 여가의 사회적 기능과 경제적 가치를 증대시킬 수 있다. 나아가 미래 사회의 발전에 초석 역할을 할 수 있는 가치를 가진다.

2 여가 정책의 목적과 필요성

여가 정책은 여가에 대한 공적인 차원에서의 계획과 조직 그리고 집행에 대한 일련의 과정을 의미한다. 여가 정책은 정부 기관에서 결정한 국민 여가에 대한 행동지침으로 여가 활동을 통해서 국민 생활의 질을 향상시키기 위한 여가 행정을 종합적으로 조정하고 추진하기 위해 업무 범위와 방향을 제시하는 것이라 할 수 있다.

건전하고 올바른 방향에서 사회가 요구하는 여가 정책을 실시하는 구체적인 목적은 다음과 같다.

첫째, 국민 누구나 즐길 수 있는 건전하고 즐거운 여가 생활을 영위하기 위한 여건을 마련하는 것이다.

둘째, 국민 모두가 즐길 수 있도록 여가 활동의 보편화 및 대중화를 유도하도록 해야 한다.

셋째, 여가 활동의 질적 향상을 통해 국민의 삶의 질을 향상시키는 데 있다.

여가 정책은 국가별, 지역별로 다양하게 설정되고 있으나 궁극적으로는 국민 생활의 질적 향상에 있다. 국민의 여가 활동이 정책 대상에 포함되는 이유는 여가 자체가 권리이자 욕구이기 때문이다. 즉, 국민들은 자신의 여가 권리를 보호받아야 할 권리

가 있으며 여가 욕구를 충족시킬 수 있는 여가 환경을 제공받아야 마땅하다.

여가 정책의 목적은 정치적, 경제적, 사회 문화적, 환경적 차원으로 구분된다.

❶ 정치적 목적은 국민들의 여가에 대한 수요를 증대하여 국민 모두가 계층에 적합한 여가를 선택하여 즐길 수 있도록 하는 것이다. 여가를 통한 각 계층 간의 화합을 이루게 하고 지역과 국가 간의 친선 도모는 세계 평화에 기여하는 목적을 이루게 된다.

❷ 경제적 목적은 다양한 여가 산업이 활성화됨으로써 지역과 국가의 경제에 많은 도움을 주게 되면서 여가 산업의 발전과 시설 그리고 장비들을 보급하게 된다. 이로 인하여 다양한 계층의 일자리 창출과 소득 증대로 이어져 개인과 지역 그리고 국가 경제에 이바지하게 되는 역할을 하게 된다.

❸ 사회 문화적 목적은 여가를 특정한 계층의 사치스러운 활동이 아니라 모든 국민들이 누릴 수 있는 활동으로 여겨지게 하는 것이다. 여가의 대중화는 현대적인 문화뿐만 아니라 전통적인 문화에 대한 이해를 하게 되면서 전통과 현대의 문화유산에 대한 소중함을 깨닫게 되는 것이다.

❹ 환경적 목적은 자연 자원을 활용하여 친환경적인 여가 활동을 할 수 있도록 개발하는 것이다. 최대한 자연을 훼손하지 않으면서 여가를 즐기려는 사람들에게 자연의 소중함을 일깨워 주고, 자연이 제공하는 여가 활동들을 체험할 수 있게 한다. 또한 자연 보호 및 보존적 차원에서 이루어지면서 환경적인 목적에서 자연과 사람 모두에게 유익한 정책으로 개발하는 것이 중요하다.

여가 정책의 최종적인 목표는 여가 생활을 통한 국민의 삶의 질을 향상시키고 건강한 삶을 유지하는 것이라 할 수 있다.

OECD에서 발표한 한국 노동자들의 연간 노동 시간의 변화는 지속적으로 감소하는 만큼 여가 시간이 점차 증가하고 있다. 따라서 다양한 여가 생활을 통해 삶의 질을 향상시키기 위한 방향으로 인식의 변화를 가져오고 있으며 이에 발맞추어 여가를 통해 행복감을 갖고 자아를 실현할 수 있는 방향으로 정책이 이루어질 필요가 있다.

장기적으로 여가 정책은 기존의 시설 확보와 제공 같은 여가 환경의 문제에서 주체적인 여가 생활 계획, 실행, 평가의 능력 배양으로 나아갈 것으로 예상된다. 또한 개인의 욕구가 강해지고 여가 생활 양식(leisure lifestyle)의 개선 및 유지가 필요하다.

여가 정책은 여가 교육 및 여가 능력 배양을 통해 사행성 오락 등으로 인한 사회적 역기능을 해소하고 긍정적인 여가관이 형성될 수 있다.

여가 정책의 필요성은 여가 환경의 변화와 여가 인식의 변화, 여가와 사회적 정체성과의 연관성 그리고 급속한 여가의 상업화가 되는 변화에서부터 발생한다. 이러한 변화 속에서 건전한 여가 향유 문화를 형성하고 상업화에 따른 폐해를 최소화하고 소득과 여가 참여 사이의 불균형을 해소할 수 있는 여가 정책의 시행이 필요하다.

3 여가 정책의 유형

여가 정책의 유형은 분류 기준에 따라 다양하게 분류할 수 있다.

(1) 국경 기준

- 국내 여가 정책: 자국민의 여가 의식과 국내 여가 자원 개발 및 촉진에 관한 여가 정책
- 국제 여가 정책: 국가적 여가 권익의 향상을 위해 추진되는 정책으로 외래 관광객의 유치, 국민 해외 여행 자유화 시책 등

(2) 여가 정책 목표 달성 기간 기준

- 단기 여가 정책, 중기 여가 정책, 장기 여가 정책

(3) 지역 범위 기준

- 전국적 정책, 지방적 정책, 국지적 정책

(4) 여가 구조 기준

· 여가 정보 제공, 복지 차원에서의 저소득층에 대한 지원, 여가 활동 제도, 노동 시간 단축, 유급 휴가 확대 등

(5) 여가 내용 기준

· 여행, 관광, 체육, 스포츠, 도박, 음식, 숙박, 교양, 문화

여가 정책의 주체는 공공 부문, 공공 단체, 민간 부문으로 구분된다.

공공 부문에서는 중앙 정부나 지방 기관 등이 주체가 되며, 여가 정책의 수립 및 시행에 필요한 재정은 국가 예산이나 기금, 특별 세원으로 충당된다.

주요 업무는 국가의 전반적인 여가 정책을 수립하고 연구, 지도를 한다. 또한 여가 문화 활성화를 도모하는 개인 또는 민간 단체에 대하여 경비 지원, 조세 감면 등 필요한 지원을 하거나 감독하며 공동 협력 사업을 수행하기도 한다. 건전한 여가 생활을 위해 전 국민이 참여할 수 있는 프로그램을 개발하고, 레크리에이션 기회를 확대하기 위해 여가 시설을 확충하는 등의 정책 방향을 설정한다.

OECD 주요국 여가 정책 사례를 보면 여가 부문에서의 공공 단체는 정부에 기금을 요청하기 위해서 지역이나 프로젝트를 기획하여 다음과 같은 목적을 실행할 수 있는 것을 증명할 수 있어야 한다.

첫째, 많은 사람들이 자연 환경으로부터 다양한 이득을 취할 수 있어야 한다.

둘째, 많은 사람들이 자연 환경에 대한 배움과 기술을 습득할 수 있어야 한다.

셋째, 사람들이 자연 환경과 친숙해지는, 자연과 인간이 조화롭게 배치된 공간에서의 생활을 위한 향상의 결과가 도출되어야 한다.

넷째, 풍부한 야생 서식지에 대한 지역 단체의 지속적인 관리와 필요가 요청된다.

다섯째, 공공 단체, 지방자치단체, 자원봉사 단체, 협력 단체와 지역 구간 노력으로 만들어진 지역의 자연 장소에 대한 소유권 인정이 강화되어야 한다.

민간 부문에서는 실질적인 여가를 즐길 수 있는 사람들을 대상으로 하여 프로그램을 개발하고 활성화시키는 역할을 한다. 다양한 프로그램과 체험 등을 여가 소비

표 10-1_ 여가 정책의 유형

구 분	내 용
지 역	국내, 국제 여가 정책
기 간	단기, 중기, 장기 여가 정책
여가 구조	여가 이용자, 여가 시설 및 공간 정책, 여가 산업 정책
여가 정책 대상	노인, 청소년, 장애인, 여성, 근로자, 외국 이주민, 가족 여가 정책
여가 활동 영역	문화 예술 활동, 체육(스포츠) 활동, 관광, 취미, 오락 활동, 휴식 활동 및 기타 사회 활동
여가 현상	여가 이용자 정책, 여가 자원 정책, 여가 산업 정책
정책형태	레크리에이션 정책, 체육 정책, 관광 공원 정책, 사회 복지 관련 여가 정책, 문화 활동 관련 여가 정책, 여가 산업 정책

자들에게 적합하게 적용하여 여가 참가자들에게 즐거움과 행복을 제공하고 그에 합당한 대가를 받게 된다. 또한 정부와 공공 단체 등과 합동으로 다양한 프로젝트를 수행하여, 국민들의 여가 활성화에 기여하는 역할을 한다.

4 여가관련 정책

우리나라에는 여가 정책을 전체적으로 조정하고 관리하는 별도의 기구가 없으며 아직 독립된 정책이 아닌 문화 정책, 체육 정책, 교육 정책, 노동 정책, 산업 정책 등의 일부분으로 이루어져 있다.

우리나라 문화 산업 분야의 기본법인 '문화 산업진흥 기본법'은 1999년에 제정되었다. 문화 산업진흥 기본법에는 문화 산업을 "문화 상품의 기획, 개발, 제작, 생산, 유통, 소비 등과 이와 관련된 서비스를 하는 산업"으로 정의하고 있다.

문화 상품은 '예술성, 창의성, 오락성, 여가성, 대중성 등의 문화적 요소가 체화되어 경제적 부가가치를 창출하는 유무형의 재화(문화 콘텐츠, 디지털 문화 콘텐츠 및 멀티미디어 문화 콘텐츠를 포함)와 서비스 및 이들의 복합체'로 정의하고 있다.

이 법은 문화 산업의 경제적 측면을 강조하며 문화 예술 분야의 상품화와 관련된 모든 산업을 문화 산업이라고 정의함으로써 광의의 문화 산업 개념에 가까운 입장을

취하고 있다. 또한 최근 정보 통신 기술의 급속한 발전에 따른 환경 변화를 반영하여 디지털 문화 콘텐츠와 관련된 산업 전반을 포함시키고 있다.

지금까지 우리나라에서는 문화 산업, 관광 산업, 콘텐츠 산업, 레저 산업, 스포츠 산업, 도박 산업 등 세부 분야별 산업 규모 추정 자료는 다양하게 발표하고 있으나 여가 산업 전반에 걸친 산업 규모 추정 자료는 문화관광부와 한국문화관광연구원의 여가 백서가 대표적이다.

5 여가 활성화를 위한 정책과 중요도

우리의 삶은 하루에 24시간만 주어지고 시간은 세 영역으로 기초 생활 영역, 사회 생활 영역, 여가 생활 영역으로 이루어져 있다.

세 개의 영역 중 어느 한쪽의 영역 비중이 커지게 되면 생활의 균형이 깨지고 삶의 질이 낮아져 행복감이 감소한다. 장애인의 경우에는 기초 생활 영역의 비중이 비장애 인에 비해 지나치게 커져 사회생활과 여가 생활 영역이 축소되고 밸런스가 무너진다. 따라서 장애인들의 삶의 질을 높이기 위해서는 기초 생활 영역에 사용되는 시간 영역 을 줄여주는 서비스를 제공해야 한다.

직장인들의 경우에는 사회생활 영역인 일에 너무 많은 시간을 사용하게 되어 밸런 스가 무너진다. 따라서 직장인들에게는 노동 시간을 줄이고 여가 시간을 늘려주는 정책이 중요하다.

은퇴자들이나 노인들은 사회생활이 감소되어 지나치게 여가 생활 영역이 커져 균 형이 맞지 않게 된다. 따라서 노인들에게는 사회 활동 참여에 대한 기회를 높이거나 여가를 활용하는 기술을 가르치는 것이 중요하다.

선진국들은 일찍이 법적 제도적 장치를 만들어 여가 시간을 확대하고 노동 시간을 합리적으로 제한하여 삶의 균형을 맞추도록 하는 데 많은 노력을 기울였다.

우리나라도 2000년대 초반에 노사정 협의회를 통해 주 5일 근무제와 주 5일 수업 제를 전격적으로 도입하였다. 이후 2015년 5월에 '국민여가 활성화기본법'을 제정하 여 여가에 대한 국가의 책임과 의무를 규정하는 법률적 근거를 마련했다. 이 법에 따 라 국가와 자치단체는 여가 활성화 계획을 반드시 마련하고 이를 시행해야만 한다.

그동안 노동에 가려져 있던 여가의 중요성을 법적으로 보장한 것이다. 하지만 법 시행 초기라 그런지 국가 차원의 여가 활성화 계획은 물론이고 자치 단체의 여가 기본 계획도 만들지 못하고 있는 실정이다. 고령화 사회가 도래하여 평균 수명이 연장되고 인공 지능과 빅 데이터, 로봇 등이 사람의 일자리를 대체하게 된다면 일은 하지 못하면서 더 오랫동안 사는 강제된 여가 사회가 도래할 것이다. 이렇게 되면 너무나 많이 주어진 자유 시간이 오히려

큰 해가 된다. 이 많은 시간을 어떻게 사용할지에 대한 여가 시간의 소비 문제가 가장 중요한 사회적 문제가 될 것이다. 대책 없이 늘어난 여가 시간 관리가 사람들의 삶의 질과 행복 증진에 가장 중요한 요소가 되는 것이다.

2016년부터 '다양한 여가 시설' 관련 정책을 중요하다고 평가한 비율은 꾸준히 증가하는 추세를 보이고 있다.

'질 좋은 여가 프로그램 개발 및 보급'과 관련된 정책을 중요하다고 평가한 비율은 19.7%로, 전년 대비 3.5% 감소했으나 여전히 '다양한 여가 시설(44.5%)'에 이어 두 번째로 높게 나타났다.

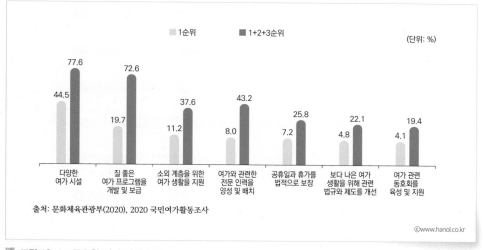

출처: 문화체육관광부(2020), 2020 국민여가활동조사

그림 10-1_ 중요한 여가 관련 정책

🏆 표 10-2_ 중요한 여가 관련 정책(1순위)　　　　　　　　　　　　　　(단위: %)

유 형	2008년	2014년	2016년	2018년	2020년	2020년
다양한 여가 시설	48.9	29.7	29.1	32.0	42.7	44.5
질 좋은 여가 프로그램 개발 및 보급	21.0	24.1	19.2	20.9	23.2	19.7
여가 전문 인력 양성 및 배치	3.9	12.4	11.2	11.0	8.9	8.0
소외 계층 여가 생활 지원	13.4	13.9	14.2	12.0	8.6	11.2
공휴일과 휴가를 법적으로 보장	–	5.8	9.9	9.1	7.9	7.2
여가 관련 동호회 육성 및 지원	2.6	8.8	9.2	8.6	4.3	4.1
여가 관련 법규와 제도 개선	2.5	5.1	6.9	6.3	4.3	4.8
여가 관련 교육 기회 제공	4.0	–	–	–	–	–
여가 지원을 전담하는 행정 기관의 설치	3.0	–	–	–	–	–
표본수	3,000	10,034	10,602	10,498	10,060	10,088

출처: 문화체육관광부(2020), 2020 국민여가 활동조사

여가 정책 평가별 중요도를 살펴보면 다음과 같다.

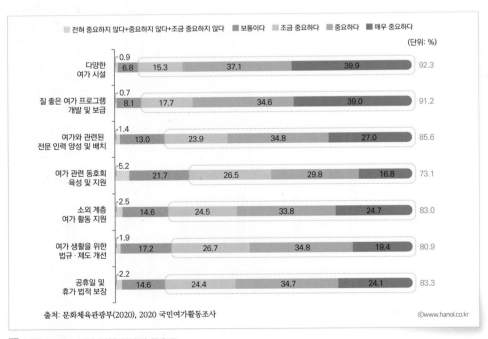

출처: 문화체육관광부(2020), 2020 국민여가활동조사　　　　　　　©www.hanol.co.kr

🏳 그림 10-2_ 여가 정책 평가별 중요도

2016년부터 '다양한 여가 시설' 관련 정책을 중요하다고 평가한 비율은 꾸준히 증가하는 추세를 보이고 있다. 국민의 여가 생활을 활성화시키기 위한 정책으로 '다양한 여가 시설(92.3%)', '질 좋은 여가 프로그램을 개발 및 보급(91.2%)', '여가와 관련된 전문인력 양성 및 배치(85.6%)' 등의 순으로 중요도가 높은 것으로 나타나고 있다.

항목별 중요도 평점은 7점 만점 중 전반적으로 5점대 이상의 높은 점수를 차지하고 있다.

여가 관련 정부 정책 중 중요한 정책 세 가지를 조사한 결과, '다양한 여가 시설(77.6%)'을 꼽은 비율이 2019년에 이어 2020년에도 가장 높게 나타났으며, 이어 '질 좋은 여가 프로그램 개발 및 보급(72.6%)', '여가와 관련한 전문 인력 양성 및 배치(43.2%)' 등의 순으로 나타났다.

표 10-3_ 여가 정책 평가별 중요도 및 평점　　　　　　　　　　　　　　　　　　(단위: %, 점/7점)

구 분	전혀 중요하지 않다	중요하지 않다	조금 중요하지 않다	보통이다	조금 중요하다	중요하다	매우 중요하다	평균 (점)
다양한 여가 시설	0.0	0.1	0.7	6.8	15.3	37.1	39.9	6.1
						92.3		
질 좋은 여가 프로그램을 개발 및 보급	0.0	0.2	0.5	8.1	17.7	34.6	39.0	6.0
						91.2		
여가와 관련한 전문 인력을 양성 및 배치	0.0	0.2	1.1	13.0	23.9	34.8	27.0	5.7
						85.6		
여가 관련 동호회를 육성 및 지원	0.5	1.1	3.6	21.7	26.5	29.8	16.8	5.3
						73.1		
소외 계층을 위한 여가 생활을 지원	0.2	0.4	1.9	14.6	24.5	33.8	24.7	5.6
						83.0		
보다 나은 여가 생활을 위해 관련 법규와 제도를 개선	0.2	0.2	1.5	17.2	26.7	34.8	19.4	5.5
						80.9		
공휴일과 휴가를 법적으로 보장	0.2	0.3	1.7	14.6	24.4	34.7	24.1	5.6
						83.3		

출처: 문화체육관광부(2020), 2020 국민여가 활동조사

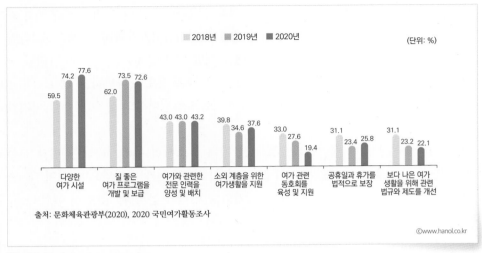

■ 2018년 ■ 2019년 ■ 2020년 　　　　　　　　　　　　(단위: %)

	2018년	2019년	2020년
다양한 여가 시설	59.5	74.2	77.6
질 좋은 여가 프로그램을 개발 및 보급	62.0	73.5	72.6
여가와 관련한 전문 인력을 양성 및 배치	43.0	43.0	43.2
소외 계층을 위한 여가생활을 지원	39.8	34.6	37.6
여가 관련 동호회를 육성 및 지원	33.0	27.6	19.4
공휴일과 휴가를 법적으로 보장	31.1	23.4	25.8
보다 나은 여가 생활을 위해 관련 법규와 제도를 개선	31.1	23.2	22.1

출처: 문화체육관광부(2020), 2020 국민여가활동조사

©www.hanol.co.kr

⧖ 그림 10-3_ 가장 중요한 정책

여가를 통한 일과 삶의 혁신적 균형 〈제1차 국민 여가 활성화 기본 계획〉 확정

문화체육관광부는 여가를 통한 '일과 삶의 혁신적 균형'을 실현하기 위해 다양한 분야의 전문가, 관계 부처, 지방자치단체 등의 의견 수렴을 거쳐 '제1차 국민여가 활성화 기본 계획'을 확정하였다.

이번 계획(2018~2022)은 〈국민여가 활성화 기본법〉(2015.11.19.)*에 따라 수립되었다. ▲ 범정부, 중앙-지자체, 민관 등의 협치를 통한 여가 기반 구축 ▲ 수요자 중심 정책으로 국민 참여 확대 ▲ 사회적 약자의 여가 기회 보장으로 '공평한 행복' 추구를 기본 방향으로 8개의 추진 전략과 32개의 중점 과제로 구성되었다.

* 제2조(기본이념): 여가의 중요성에 대한 인식을 고취해 일과 여가의 조화를 추구함으로써 국민들의 인간다운 생활을 보장
* 제7조(기본계획 및 시행계획): 기본계획(문체부) 매 5년, 시행계획(관계부처·지자체)매년 수립

국민 여가 활성화 기본 계획의 주요 내용은 다음과 같다.

구 분	추진 전략	중점 과제
여가 참여 기반 구축	'여가권'의 사회적 확산	여가 친화 기업 인증제 확대, '일과 여가 균형' 캠페인 홍보, 여가 인식 교육, 국민 여가 지수 관리
	잃어버린 '삶의 시간' 회복	노동 시간 총량 관리, 근로자 휴가권 강화, 공휴일 확대를 통한 국민 휴식 보장
	일상의 '여가 공간' 확대	생활 밀착형 여가 공간 확대, 여가 접근성 확대, 여가 친화 도시 구축, 여가 공간 관리 체계 구축
여가 접근성 개선	수요자 맞춤형 여가 확대	순수 장르 대중화, 예술 체험 확대, 수요 창출형 여가 프로그램 개발 지원
	무장애 여가 서비스 구현	무장애 여가 서비스 기반 조성, 계층별 여가 확대
	수요자 친화적 공급 체계 구축	여가 서비스 관계망 구축, 복합 여가 서비스 모델 개발, 스마트 여가 정보 체계 구축, 여가 활성화 추진 체계 구축 등
여가 생태계 확대	전문 인력 관리 체계 구축	여가 산업 분류 체계 구축, 전문 인력 통합 관리, 일자리 창출 등
	미래 여가 산업 생태계 구축	여가 산업 종 다양성 확대, 지속 가능한 여가 산업 육성, 체험형 여가 산업 플랫폼 구축 지원

추진 전략 1. 여가 참여 기반 구축

먼저 여가 친화적인 사회 환경을 조성해 삶의 활력과 국가의 생동감을 회복하고자 합니다. 여가 시간이나 여가 공간, 여가 인식을 개선해 여가 활성화의 기반을 마련할 방침이죠.

국민들이 여가를 통한 '휴식 있는 삶'을 기본권으로 인식할 수 있도록 여가 인식 교육을 강화하는 한편, '일과 여가의 균형' 캠페인을 실시합니다. 여가 친화 기업 인증제를 법정인증제로 전환해 기업 인증을 확대하는 등 여가 친화적 환경을 조성할 계획입니다.

여가의 핵심적 요건인 여가 시간을 확보하기 위해 관계 기관의 협의를 통해 초과 근무 저축 연기제와 휴식 성과제 도입, 대체 공휴일 확대, 장기 휴가 활성화 등 여가 참여의 토대를 마련합니다. 또 주민 여가 참여를 확대하기 위해 문화 예술, 체육 등 지역의 생활 밀착형 여가 공간 확대, 공유지 활용 방안 마련 등 지역 여가 공간 조성을 지원합니다. 이외에 '인간다운 삶'을 보장하기 위한 여가 공간 최소 기준도 마련하고 시범 사업을 실시할 계획입니다.

추진 전략 2. 여가 접근성 개선

공급자 중심의 체계에서 대국민 서비스 중심의 수요자 친화적 환경을 구축합니다. 또 여가 취약 계층에 대해 서비스를 강화, 무장애 여가 환경을 조성할 예정입니다. 이를 위해 수요 창출형 여가 프로그램 개발 지원, 순수 예술 대중화의 예술 체험 확대 등을 통해 수요자의 다양한 욕구를 충족하고

공공여가 서비스 참여율을 높입니다. 또한 장애인, 임산부, 고령층, 육아 계층 등 여가 취약 계층과 소외 계층의 여가 참여 확대를 위해 맞춤형 서비스를 제공하고, 어린이·청소년·여성·직장인 등 모두가 여가를 향유할 수 있도록 여가 환경을 조성합니다.

이 외에 여가 자원 데이터베이스를 토대로 위치 기반 및 맞춤형 여가 정보를 제공하고, 여가 서비스의 통합 제휴, 지방자치단체 간 교차 서비스, 여가 패스 카드 도입 등을 지원해 수요자 친화적 공급 체계를 구축할 예정입니다.

추진 전략 3. 여가 생태계 다양성

여가 서비스 전문 인력을 체계적으로 관리해 서비스 품질을 높이고, 일자리를 창출합니다. 또 다양하고 건강한 여가 산업 생태계를 구축해 여가 산업을 활성화할 기반을 마련할 방침입니다.

이를 위해 여가 산업 분류 체계 구축, 여가 백서 발간 등 여가 산업을 체계적으로 관리해 여가 산업을 활성화하는 기반을 마련합니다. 여가 인적 자원을 체계적으로 관리하기 위한 여가 전문 인력 통합 관리 기관을 지정하고 여가 서비스 일자리 창출도 지원할 계획입니다. 또 여가 산업 중 다양성을 확대하기 위해 아날로그 여가*, 마니아 여가, 자연 친화형 여가 등을 지원하고, 사업화 영역 발굴, 여가 체험과 정보 교류, 미래 여가 수요 발굴을 위한 체험형 여가 산업 플랫폼을 구축할 예정입니다.

* 아날로그 여가: 아날로그적 감성을 자극하는 레코드판, 필름, 보드 게임, 퀼트, 전통 놀이 등과 같은 소규모 여가 관련 산업

관계 부처와 지방자치단체는 이번 기본 계획에 따라 매년 여가 활성화 시행 계획을 수립해 구체적 사업을 시행합니다. 아울러 문화체육관광부는 법을 개정해 민관, 부처 간, 중앙·지자체 간 협력 및 심의 기구인 '국민여가 활성화위원회' 설치 근거를 마련하고, 여가 친화 기업 인증의 법제화 등을 추진할 계획입니다.

출처: 문화체육관광부 2018. 6. 5.

6 한국 여가 정책의 과제

우리나라의 여가 정책은 우리 사회에 적합한 전반적 여가 문화 환경을 조성할 수 있는 여가 정책이 필요하다.

우리나라 여가 정책의 문제들을 살펴보면 다음과 같다.

(1) 정책의 빈곤

지난 30년간 우리나라 사람들이 주로 한 여가 활동을 살펴보면 뚜렷한 경향성이 나타난다. 가장 많이 하는 여가 활동은 TV 시청과 휴식 및 수면이다. 모두 소극적이고 정적인 여가 활동이라 할 수 있다.

주 5일 근무제 시행에도 불구하고 OECD 회원국 중 최장의 노동 시간을 기록하고 있는 것이 소극적이고 정적인 여가의 주요 원인으로 주목할 수 있다.

일본의 경우 드라이브, 국내 여행, 영화 관람, 음악 감상, 동물원, 식물원, 수족관, 박물관 관람, 비디오 감상 등으로 여가 시간을 보내고 있다.

우리나라 사람들과는 달리 일본 사람들은 적극적이고 활동적인 여가 활동에 몰입하고 있다. 일본은 지난 1977년부터 매년 레저 백서를 발간하고 있다. 하지만 우리나라의 경우 국민 여가 활동을 위한 지원뿐만 아니라 여가 활동을 할 수 있는 구체적인 프로그램도 제대로 제공하지 못하고 있는 실정이다.

(2) 여가 정책의 부차성: 다른 정책의 일부로 시행

주 5일 근무제가 실시되면서 사람들의 여가에 대한 인식은 점차로 확대되고는 있지만 여가 문화의 발전을 위한 정치적 대안은 명확하지 않았다.

2006년부터 여가 진흥법을 제정하기 위한 토론회와 검토를 통하여 법 제정을 본격적으로 진행하였다. 아직까지 우리나라에서는 여가기본법이나 여가법이 제정되지 않아 정부의 여가 정책 실효성이 매우 낮을 뿐만 아니라 여가의 공공성까지도 논쟁의 대상이 되고 있다. 무엇보다 여가기본법의 신속한 제정을 통해 국민의 여가 주권이 확립되어야 하며, 합리적이고 체계적인 여가 추진 체계를 바탕으로 여가 정책이 실천되어야 한다.

(3) 일률적인 행정 체계의 한계

여가의 공공성 문제와 여가 정책의 실효성 제고를 위한 주무 부처의 역할과 기능에 대한 논란이 많다. 특히 우리나라 여가 정책은 행정부 내 10여 개 부처에서 진행하고 있기 때문에 부처별로 진행하고 있는 여가 관련 정책의 중복성이 강하게 나타나고 있다. 따라서 효율적인 여가 정책을 위해서는 부처 간 독립적으로 진행하고 있는 여가 정책들을 통합해야 하며, 여가 정책의 실효성 제고를 위해서는 여가 정책의 주무 부처와 부처 내 책임 조직의 신설이 절실히 필요하다.

또한 정부 중앙 부처 내 여가 관련 전담 부서 설치를 통해 국민 여가 문화 활성화와 여가 문화 자원 개발 등 정책 수립과 수행이 이루어져야 한다.

(4) 추진 체계의 복잡성

국민의 생활 속에서 여가의 기능은 일과 삶의 균형, 사회의 건강과 행복 회복, 사회 생산성 확대, 새로운 직업이나 산업과의 연계 가능한 영향이 많다. 따라서 국가적, 사회적 차원에서 여가 정책은 보다 적극적이고 광범위한 여가 기능의 인식과 함께 모든 국민이 여가 생활을 적극적으로 향유할 수 있는 제도의 마련이 중요하다.

여가 정책은 여가기본법으로 행복을 추구할 권리와 일과 여가의 조화 등을 포함하고, 여가 정책의 실효성 제고를 위해서는 현재 100여 개 부처에서 산발적이고 중복적으로 진행되어 온 업무들을 독립적 여가 전담 행정 기관이 맡아야 하고 전문 여가 연구 기관의 설립과 여가 관련 위원회 설치가 필요하다.

우리나라의 여가 정책은 추진 체계의 복잡성에 문제가 많이 나타나고 있다. 현재 우리나라 여가 정책 추진 체계는 문화체육관광부, 기획재정부, 교육부, 행정자치부, 보건복지부, 환경부, 노동부, 여성가족부, 농림축산식품부, 국토교통부 등 10개 정부 부처에서 여가 관련 정책을 추진하고 있어 업무의 효율성이나 일관성, 전문성이 떨어지고 있다.

정부 부처 간의 여가 관련 정책 및 개별 업무들은 횡단적 성격이 매우 강하고, 개별정책 범위 내 관리의 어려움이 있어 여가 관련 정책이나 업무가 중복적으로 이루어져 정책을 체계적으로 수행하기 위한 업무 분장이나 실천적 문제에 봉착하게 된다.

부처 간 분산된 여가 정책 추진의 한계성을 극복하기 위해서는 반드시 통합적이고

집약적으로 여가 관련 정책과 업무를 관리할 수 있는 총괄 기관이나 주무 부처의 지정이 필요하다.

7 여가 정책의 추진 방향과 과제

(1) 행복 추구권 보장

"인간으로서의 존엄과 가치를 가진 모든 국민이 행복을 추구할 권리를 지니고 있다는 것과 국가는 이를 보장할 의무를 진다." 국민의 행복 추구권을 규정한 대한민국 헌법이다. 행복 추구권의 실질적인 보장이 필요하다. 국민이 행복을 추구할 수 있는 일반적인 조건을 만들고, 웰빙의 삶을 영위할 수 있는 환경을 조성해야 한다.

OECD의 더 나은 삶 지수에 따르면 2013년에 가장 행복한 나라는 호주이다. 더 나은 삶 지수는 모두 11개의 주제별 점수를 합산해서 국가별 순위를 정한다.

우리나라는 36개 회원국 중 26위를 차지함으로써 여전히 불행한 나라에 속한다. 헌법이 국민의 행복 추구권을 선언적으로 인정하는 것만으로는 더 이상 우리나라를 국민이 행복한 나라로 만들 수 없으며, 구체적으로 노력해야 한다. 일과 삶의 균형 정책과 삶의 질을 높일 수 있는 여가 정책의 즉각적인 시행이 절실히 요구된다.

(2) 여가기본법의 제정

우리나라의 여가법에는 총칙과 정책의 기본 방향, 여가 활성화 계획 수립과 추진 체계, 보칙과 부칙을 담고 있다. 국가와 지방자치단체는 여가 활성화를 촉진하고, 여가 교육 조항에는 생애 주기별, 사회적 약자, 여가 전문 인력 등에 대한 교육을 강조하고 있다.

여가기본법의 입법 취지는 헌법이 선언하고 있는 인간의 존엄과 가치를 보장하고 국민의 행복 추구권을 실질적으로 보장할 수 있는 법률을 제정하는 것이다.

국민의 여가 활성화에 관한 정책수립 및 시행에 관한 기본 사항을 규정함으로써, 일과 여가가 균형을 이루어 삶의 질을 개선하고 국가 전체의 행복 수준을 높이기 위한 것이다. 여가기본법 입법의 필요성은 대한민국 헌법이 선언하고 있는 국민 행복권의 실질적 보장이다. 여가 기본권이 구체적, 개별적으로 국민 여가 활동을 활성화하기 위해서는 결국 헌법의 수권에 근거해 제정된 개별 법률로 보장할 필요가 있다.

국민 여가 생활의 질을 향상시키고 여가 욕구를 충족시킬 수 있도록 지원할 수 있는 법률이 필요하다. 일과 삶을 조화롭게 할 수 있는 적극적인 정책 수단이 필요하고, 삶의 질을 제고함으로써 행복 사회 구현에 기여할 필요가 있고, 각종 여가 관련 사회 문제를 해결하고 성장 위주 개발 정책의 한계를 극복하는 데 도움을 줄 수 있는 법률이 여가기본법이다.

여가기본법은 일과 여가를 조화롭게 하고, 국민이 다양한 여가 활동에 자유롭게 참여함으로써 인간다운 생활을 보장하는 것이 주요 이념이다. 따라서 여가기본법은

첫째, 여가 활성화를 위한 기본 계획 및 사항에 관한 법률

둘째, 여가 활성화를 위한 중장기 계획과 시행 계획 및 중요 사항을 심의하기 위한 여가위원회 설치 및 운영에 관한 법률

셋째, 여가 프로그램의 개발 및 보급 법률과 여가 활성화를 위한 여가 정보의 수집 및 제공에 관한 법률, 여가 교육 및 여가 시설과 공간 확충에 관한 법률, 사회적 약자의 여가 활동 지원에 관한 법률, 여가 산업 육성에 관한 법률 등으로 되어야 한다.

여가기본법 제정의 효과는 여가 관련 법률 및 정책의 일관성을 가지게 되면서 다양하고 개별적인 여가 관련 법률을 통합하는 법적 체계를 구축함으로써 정부나 지방자치단체의 여가 정책과 여가 업무의 효율성을 얻을 수 있다. 따라서 여가 정책은 사회 구성원이 누려야 하는 사회적 권리인 여가권의 보편적 향유에 관한 법률 제정 위에서 이루어져야 한다. 여가기본법은 국민 여가 복지, 여가 참여를 증진시켜 헌법이 보장하는 행복 추구권, 여가 행복권, 인간다운 삶을 향유할 권리를 보장해주는 것으로 여가기본법 제정은 여가 정책 실효성에 있어서 가장 기초가 된다.

(3) 여가 행정 기구의 강화

우리나라의 경우 민간이 관리와 경영을 주도하기보다는 국가와 지방자치단체가 행

정 기구 내에 '여가진흥과'와 같은 여가 행정 기구를 신설하여 여가 정책과 여가 시설 관리 및 경영을 주도하는 것이 바람직하다. 또한 민간의 참여를 장려하고 시민 사회 단체 및 여가 산업 종사자의 의사를 적극적으로 반영하기 위해서 '여가진흥위원회'를 신설하는 등 여가 행정 기구 강화의 필요성을 가져야 한다.

여가 행정 기구는 여가 정책 수립 및 실행, 여가 시설 관리 기준 보고서 발간, 여가 활동 참여자의 여가 경험의 질 향상 방안 강구, 여가 전문가 교육 프로그램 운영, 여가 정보관 운영, 여가 전문가 자격증 제도 도입 및 운영 등의 업무를 관장할 수 있도록 법제화해야 한다.

(4) 여가 관련 연구 기관의 설치와 전문가 양성 교육 체계 구축

삶의 질 향상에 대한 사회적 요구가 증대되면서 여가의 중요성이 부각되었으며, 여가와 관련된 인적, 재정적 자원과 여가 시설 등을 보다 효율적이고 생산적인 방식으로 관리하고 경영해야 할 필요성이 제기되고 있다.

우리나라의 경우 민간이 관리와 경영을 주도하기보다는 국가와 지방자치단체가 행정 기구 내에 '여가진흥과'를 신설하여 여가 정책과 여가 시설 관리 및 경영을 주도하는 것이 바람직하다. 또한 국외 여가 선진국의 예에서도 알 수 있듯이, 기존의 우수한 인적 자원과 시설이 갖추어진 기관을 통하여 활용하게 되면 빠른 시간에 국민들의 여가 교육과 기관 그리고 여가 지도사 양성을 위한 교육 장소로 수행하도록 권장한다면 별도의 교육 기관을 설립하지 않고도 단기간에 여가 교육 체계를 구축할 수 있다.

대학의 기존 여가 관련학과에서 여가 교육을 강화하여 여가 교육 기관으로서의 역할을 수행하도록 관장하고, 대학과 대학원 등 고등 교육 기관에서 여가학과 신설을 유도하여 여가 교육 기관으로서의 역할을 수행하도록 권장함으로써 여가 연구를 활성화하여 자격증의 질을 높일 수 있도록 해야 한다. 또한 기존의 여가 관련 학과 및

대학 부설 여가 연구소의 신설을 권장하고 여가 연구소가 적극적으로 여가 프로그램을 개발하고 여가 정책 제안서를 작성하여 제출하게 함으로써 민(民)과 관(官)의 여가 진흥을 위한 접점 역할을 할 수 있도록 해야 한다.

(5) 여가 전문 인력의 자격 인정

공공 부문 여가 시설의 지속 가능한 관리 및 경영 그리고 안정성 확보를 위해서 여가 시설에서 일하는 사람들에게 전문성이 요구된다. 특히 안전성에 관한 문제는 초미의 사회적 관심사로 떠오르고 있는 만큼 보다 적극적인 법적 대응이 요청된다. 따라서 여가 시설을 안전하면서도 효율적으로 관리하고 경영할 수 있는 여가 전문 인력이 필요하며 이를 위해서 자격증 제도를 적극적으로 도입할 필요가 있다.

(6) 여가 활동 향상을 위한 교육과 정보의 제공

국민의 여가를 활성화하기 위한 것으로 여가 교육의 확대와 정보 제공을 통하여 여가 기회를 증가시키고 균등하게 누릴 수 있도록 해야 한다.

국민들의 교육 수준 향상과 경제 수준이 높아지면서 재산을 축적만 하던 시대에서 즐겁고 행복한 생활을 유지하고 가족의 화목을 돈독히 하기 위해 여가 활동을 확대하고 있다. 따라서 국민들의 여가 활동을 활성화하기 위해서 다음과 같은 과제가 필요하다.

첫째, 여가 교육 기관을 확대하고 이에 따른 재정 및 행정적인 지원의 강화가 요구된다. 각 지역의 대학이나 지방자치단체 등에서 여가 전문 교육 기관 시설을 지정하여 교육과 정보를 제공해야 한다. 따라서 전문 강사의 양성, 교육 과정 개발, 재정 지원의 확대 등 재정 및 행정 지원이 요구된다.

둘째, 여가 교육의 목표를 정립하고 이에 따른 체계적인 교육 과정 개발, 프로그램과 교재 등의 개발이 이루어져야 한다.

셋째, 국민들의 여가 교육 전문 인력을 양성하여 교육 전문 기관의 채용을 의무화해야 한다.

여가 시설에 대한 중복 과잉 투자와 과소 투자를 방지함으로써 모든 국민들이 골고루 여가 권리를 향유하기 위해서는 각종 공공 부문 여가 시설들을 통합하여 일원화해야 할 필요성이 있다. 그러나 현실적으로 여러 가지 어려움이 있기 때문에 강제로 여가 시설을 통합하기보다는 여가 정보를 제공해 주는 체계를 구축함으로써 중복 과잉 투자와 과소 투자에 따라 문제점을 보완하는 입법을 추진하는 것이 바람직하다.

8 여가 정책의 역할

여가 정책의 시행은 다양한 여가 문제를 해결하고 종합적으로 접근할 수 있는 가장 좋은 방법이다. 국민들의 여가 정책 시행에 필요한 법적인 근거를 마련하기 위한 것으로 여가 시설 확충, 여가 전문가 양성, 여가 교육, 여가 복지 등의 법률을 만들어 국민 여가 활성화에 힘써야 한다.

여가는 국민의 권리이자 욕구로 인식되고 있다. UN 세계인권선언 제24조에는 "모든 사람은 합리적인 노동 시간과 유급 생리 휴가를 포함하는 휴식과 여가의 권리를 가진다"라고 명시되어 있다.

우리나라는 과거 노동 중심의 사회에서 근로 시간 단축과 고령화와 저출산 등으로 인해 모든 국민들이 자신의 인생을 즐기기 위한 여가 활동에 투자하고 있다. 미래의 우리나라는 여가 중심 사회로 발전하게 되면서 여가형 인간, 일의 질 중시, 가족 중심의 생활로 변화되는 사회로 가고 있다. 따라서 국민들의 여가 활동을 장려하고 육성하기 위한 정부의 정책적인 뒷받침이 되어야 한다. 여가에 영향을 미치게 되는 정부 정책의 기반으로는 자원 배분 정책, 교육 정책, 수입, 분배 정책 등이 있다.

우리나라 여가 정책을 올바르게 하기 위한 제언을 하면 다음과 같다.

첫째, 정부는 모든 국민이 적정한 여가 생활을 향유하도록 노력해야 한다.

둘째, 정부의 활발한 여가 정책 수립과 함께 여가 정책이 올바른 방향으로 나아가도록 요구할 수 있는 성숙된 여가 의식이 필요하다.

셋째, 국민의 자발적인 참여로 다양한 여가 문화를 양성하고 실현 가능하게 해야 한다.

넷째, 여가 정책 시행의 최우선 과제는 삶의 질 향상이어야 한다. 삶의 질 향상을 최우선 과제로 하는 여가 정책의 목표는 여가 산업의 활성화 또는 여가 소비의 증대가 아니라 여가 활동 참여율 제고와 실질적 여가 시간과 증대를 통한 여가 생활 만족도의 향상이어야 한다.

다섯째, 기존의 공공 부문 여가 시설을 통합하여 일원화함으로써 시설 관리와 사용의 효율성 그리고 생산성을 제고하여야 한다. 아울러 공공 부문과 상업 부문 여가 시설의 연계를 강화하여 사용자의 편의를 제고할 필요가 있다.

여섯째, 민족 정체성을 재현할 수 있는 여가 활동을 개발, 보급해야 한다. 세계화로 말미암은 정체성 위기를 정체성 정치로 극복했다는 점을 감안하면 민족 정체성이 재현된 여가 활동을 개발, 보급함으로써 여가 활동 참여율을 획기적으로 높일 수 있을 것이다.

일곱째, 노동 시간을 단축하여 여가 시간을 확대해야 한다.

여덟째, 정부가 주택, 의료, 노후 보장 등 사회 보장 재정 확충을 통해 일반 국민의 여가 소비를 확대해야 한다.

아홉째, 공교육을 통한 여가 교육 확대, 노동에 대한 사회적 보상 증진, 양적 노동보다 질적 노동에 초점을 두어야 한다.

2. 여가 수요

1 여가 수요의 개념

수요(demand)는 재화나 서비스를 구매하려는 욕망이나 욕구를 말한다. 소비자들의 욕망이나 욕구는 재화나 서비스의 다양한 요소에 의해서 수요가 많이 발생할 수도 있고 그렇지 않을 수도 있다.

여가 수요(leisure demand)는 여가 활동자의 욕망 또는 욕구를 말하며, 여가 수요량(leisure quantity demanded)은 그에 대한 구체화된 개념이다.

미국 내무성 야외 레크리에이션국(BOR)의 정의에 의하면 여가 수요는 "여가 자원의 가용성과 함께 개인에 관한 특수한 상황 및 가정하에서 발생될 수 있는 참여의 조건적 설명"이다. 특히 이 정의에서는 여가 수요에 개인적 차원뿐만 아니라 자원의 이용 가능성도 포함시키고 있음에 주목할 필요가 있다.

여가 수요는 여가 활동을 하거나 시설을 이용하고자 하는 개인의 선호 또는 욕망으로서 실제 관찰 가능한 행동뿐만 아니라 참여 이전의 욕망까지도 포함하는 것으로 규정할 수 있다.

여가는 과거의 휴식, 소일거리 등 소극적 여가 안에서 탈피하여 건전한 문화적, 심리적 욕구를 충족시켜 주는 자아실현의 총체적 개념으로 새로운 것을 창조하고 생산하는 것이며 자신을 돌아보는 중요한 시간이다. 따라서 수요 중심형 여가 시설 도입과 프로그램의 여가를 즐기는 수요자나 여가 서비스를 제공하는 공급자 모두에게 가장 중요한 요인으로 항상 새롭고, 다양한 여가를 추구하는 사람들에게 공급하기 위해 시설의 공급과 프로그램 개발을 통해 수요자들의 흥미를 유발할 수 있도록 해야 한다.

정부는 여가 수요를 확장하기 위해서 여가 산업의 고용 창출 및 경제적 효과를 고려하여 여가 산업의 개발 및 활성화 정책을 마련해야 한다.

2 여가 수요의 특징

여가 수요는 다음과 같은 특징을 가지고 있다.

첫째, 여가 수요는 여가 공급의 기회(opportunity)에 의해 창출된다. 개인이 여가 시설을 이용하거나 여가 공간을 찾아가거나 기회가 있을 경우 인간의 욕망은 수요로 이어진다.

둘째, 여가 수요는 인간의 욕구(needs)에 의해 창출된다. 여가 행동의 발생을 자극하거나 촉진시키는 인간의 욕구는 여가 수요와 밀접한 상호 관련성을 보이고 있고, 필요에 따라 여가 수요로 진전되며, 이러한 욕구는 본질적으로 심리적 요인에 의해 결정되며 충족된다.

셋째, 여가 수요는 개인적 능력(personal ability)에 의해 창출된다. 개인마다 능력, 기술, 취향에 차이가 있으므로 여가 활동에 필요한 지식이나 기술 등 정도의 차이에 따라 여가 수요 또한 상이하다.

넷째, 여가 수요는 여가 참여(leisure participation)에 의해 창출된다. 크네취(Knetsch)는 여가 수요와 참여 간에 혼돈이 일어날 것에 유의하여 '행하기를 원하는 것'(want to do)은 수요이고, '행하는 것'(doing)은 참여로 구분 짓고 있다.

여가의 참여율은 수요의 지표가 될 수 있고 어떠한 행사 프로그램이나 시설에 대한 추가 수요는 새로운 수요를 창출하고 만족을 주며, 여가 활동에의 실질적 참여와도 연계되어 있음을 알 수 있다.

 ## 3. 여가 공급의 개념 및 유형

1 여가 공급의 개념

여가 공급은 여가 활동자들이 이용할 수 있는 물리적 시설물과 공간 등의 제공이다. 여가 공급은 여가 현상의 체계 내에서 여가 수요에 대응하는 여가 자원, 여가 산업 등의 총체적 개념으로 여가 활동을 위한 교육이나 프로그램의 개발과 제공까지도 포함한다. 여가 공급은 여가를 이용하는 주체의 욕구에 의해서 변하게 된다. 즉, 여가 수요에 대응하는 여가 공간, 시설 및 여가 산업 등의 총체적인 것이다. 따라서 여가 공급은 여가 활동이 이루어지는 물리적, 유형적 속성을 지니고 있으며, 그것을 이용함으로써 만족감을 가져다주는 기반이 되는 것이다.

여가 공급의 주체는 기업, 지역 사회, 공공 기관 그리고 국가이며 이들이 주로 공급하는 것은 서비스, 제품, 장소, 그리고 제도 등으로 나누어진다.

여가 수요에 대한 여가 공급 요소의 특징은 다음과 같다.

첫째, 여가 공급 요소는 자연적인 상태에서 인공적 개발을 첨가하게 되었을 때 다시 본래의 모습으로 되돌리게 될 경우 불가능하게 될 수 있다. 이는 자연 상태에서의 여가 공급을 시행할 경우 이러한 요인들을 고려해야 한다. 따라서 자연 자원의 개발은 한 번 실시한 시설들에 대해 변화를 주는 것이 어려운 실정이다.

둘째, 여가 공급 요소는 여가 활동에 대한 잠재 가치를 부여하는 특성을 가지고 있다. 특히 자원의 활용도가 큰 활동에서 그 가치가 더 크게 나타난다. 이러한 특성은 자원별 수요 패턴과 만족의 주요 원인이 어디에 근거하는가를 사전에 검토해야 한다.

셋째, 여가 공급 요소로는 주 공급 요소(1차적 공급 요소)와 부차적 공급 요소(2차적 공급 요소)로 나누어진다. 주 공급 요소는 여가 수요를 직접적으로 충족시켜 주면서 여가 공급원으로서의 주된 기능을 하는 데 반하여, 부차적 공급 요소는 여가 수요를 간접적으로 충족시켜 주는 것으로 주 여가 공급원을 보완시켜 주는 주변적 기능을 담당하고 있다.

넷째, 여가 공급의 가치에는 서열(hierachy)이 있다. 이는 여가 시설이나 수준이 높으면 높을수록 그에 대한 수요는 더 많아지게 된다는 것이다.

2 여가 공급의 유형

여가 공급의 유형에는 공급 주체, 공급 지역 규모, 공급 지역 수준으로 분류하게 된다.

(1) 공급 주체에 따른 분류

① 공공 부문

여가 공급은 여가 문화 정착을 위해 국민들에게 건전한 여가 활동을 보장, 지원, 촉진하는 행정적인 역할을 수행한다.

② 민간 부문

여가 수요 시장의 요구에 부응하기 위해 여가 상품을 개발 및 공급하고, 여가 활동에 대한 욕구 충족과 시장 개척 및 새로운 수요를 창조하기 위해 여가 분야의 전문적 기술 보급과 정보제공 등의 역할을 수행한다.

(2) 공급 지역 규모에 따른 분류

① 지역 수준

공급되는 여가 시설이 가정, 주변 그리고 가까운 거리 내에 있는 시설

② 지역적 차원의 시설

다양한 연령층이 이용할 수 있는 스포츠, 예술, 사회적 목적을 위한 실내·외 시설
(예 공원, 운동장, 수영장, 스포츠 홀, 여가 센터, 예술 공간 등)

③ 가정

가족들이 즐길 수 있는 여가 활동 공간 마련과 가족 구성원들의 오락이나 취미, 기분 전환을 위한 공간이나 정원을 조성한다. 또한 어린이 놀이 시설 등을 마련하는 것이 필요하다.

(3) 공급 지역 수준에 따른 분류

① 지방 수준

지역민들이 주말을 보내기에 적절한 시설과 장소를 제공한다.

② 전국적 수준

전 국민이 휴가시간을 보낼 수 있는 여가 관련 시설로서 정부와 공공기관이 관리하는 도로와 공원 등이 포함된다. 민간에 의해 상업적으로 제공되는 휴가시설도 있다.

4. 여가 공간 및 프로그램 개발

 여가 공간

여가 공간은 여가 활동이 이루어지는 장소 및 물리적 자원의 총체로서 여가의 속성, 즉 생활의 구속에서 벗어나 편안하고 즐겁게 여가 선용 및 휴식을 취할 수 있는 모든 공간을 의미한다. 여가 공간의 최근 변화 흐름은 크게 여가 공간의 복합화, 학습형 여가 공간, 옥외 여가 공간의 다변화, 일상 속 제3의 공간 등이 있다.

첫째, 여가 공간의 복합화이다.

과학 기술의 발달과 국민들의 여가에 대한 의식이 급격하게 성장함으로 인해서 이들의 욕망을 충족시켜 줄 수 있는 복합된 여가 공간을 요구하는 사람들이 증가하고 있다. 이들의 욕구를 충족시키기 위해서 정부나 기업이 나서서 복합적인 여가 공간을 제공하기 위해 노력하고 있다. 정부는 국민들의 여가 공간을 확장하고 다양화하기 위해 국립미술관, 박물관 등 다양한 분야에 대한 지원과 정책을 마련하는 데 노력하고 있다. 또한 정부에 앞서 복합적인 여가 공간을 제공하기 위해서 앞장서는 역할을 하는 여러 기업들이 이들의 욕구를 충족시키기 위해 많은 투자를 활성화하고 있다. 예를 들면, 삼성동 코엑스몰, 용산의 아이파크몰 등은 쇼핑과 엔터테인먼트가 결합된 테마별 공간을 만들어 소비자들의 복합적인 문화 공간을 제공하고 있다. 최근에는 아파트나 비즈니스 빌딩의 경우에도 숙박, 비즈니스, 오락, 엔터테인먼트 등의 모든 여가와 관련된 생활을 한곳에서 해결할 수 있는 원스톱 서비스를 제공하는 공간으로 변화하고 있다.

둘째, 학습형 여가 공간의 확대이다.

예전에는 공공 도서관에 의존하던 시대가 있었다. 하지만 현재에는 우리의 생활 주변뿐만 아니라 문화와 교육 그리고 여가를 함께 경험할 수 있는 공간이 확대되고 있다. 현대의 학습형 여가 공간에는 지방자치단체에서 운영하는 시청이나 구청의 공공 도서관, 박물관 그리고 백화점에서 운영하는 여러 가지 문화 센터에서의 전문적인 문화 교육 프로그램 등으로 지역 주민들이 쉽고 저렴하게 자신이 배우고자 하는 내용을 선택하여 지속적으로 배우고 활용할 수 있는 여가 공간을 쉽게 이용할 수 있다.

셋째, 옥외 여가 공간의 다변화이다.

우리 생활 주변에 있는 다양한 종류의 공원, 휴양림, 관광지, 생활 체육 공간과 문화와 관련된 전시와 공연 등 다양한 여가 공간을 활용하여 야외에서 여가 활동을 즐길 수 있는 시설들이 많이 보급되고 있다.

이러한 옥외 여가 공간의 활용으로 인하여 개인의 건강과 휴양뿐만 아니라 가족과 이웃들과의 만남과 소통을 원활하게 하는 기능을 하게 되면 많은 사람들이 여가 공간으로 활용하는 사례가 많아지고 있다.

넷째, 일상 속 제3의 공간이다.

최근에는 직장 외에 다양한 사람들과의 만남이 생겨나면서 이들의 욕구를 충족시키기 위한 장소의 출현이 많아지고 있다. 몇 년 전부터 기하급수적으로 증가하게 된 커피 전문점, 디저트 카페, 바, 세미나 룸 등 우리 주변에서 다양한 제3의 공간들을 활용하여 자신들의 다양한 여가 활동을 소비하고 있다.

여가 공간에 따른 분류는 자원과 입지에 따라 분류하게 된다. 그 내용은 다음과 같다.

① 자원에 따른 분류

자연, 문화, 사회, 산업 등

② 입지에 따른 분류

도시 내 여가 공간(일상생활 주변의 여가 활동)과 도시 외 광역 여가 공간(주말, 휴가 등 장기적 여가 시간활용)

❶ 자연 공원: 국립 공원, 도립 공원, 군립 공원
❷ 도시 공원: 도시 자연 공원, 근린 공원, 어린이 공원 등
❸ 문화재 및 문화 유적: 지정문화재, 유적지, 고궁 등
❹ 지정 관광지 및 관광 휴양지: 지정 관광지, 유원지, 야영지, 온천지 등

🎈 표 10-4_ 여가 공간의 유형

구 분	기 준	세부 분류	내 용
공간 범위	활동 권역	생활권	인접한 지역 주민들이 주로 이용하는 공간(소규모, 편의성, 일상성)
		권역권	도시 내에 있는 모든 사람들이 이용하거나 수용할 수 있는 공간(중규모, 문화생태성, 접근성)
		광역권	전국 혹은 도시를 초월한 단위의 수용자를 대상으로 한 공간(규모, 특수 목적성, 상징성)
	계획 공간	가정 지향적	공간 주택 및 주택 인근의 공간
		하위 근린 생활 공간	거주지 주변의 생활 공간
		근린 생활 공간	도보로 이동 가능한 근린 생활 공간
		지역 사회 공간	거주하는 지역 사회 중 이용도가 높은 공간
		도시 규모 공간	거주하는 도시 전체 공간
		지역 공간	광역적 공간
	입지 공간	이용자 지향형	이용자와 근접한 거리에 있고, 이용이 용이한 당일 여가형 공간
		중간형	자원의 질이 우수하지만 이용자와 원거리에 위치하며, 주 로 휴가시에 이용되는 규모 공간
		자원 중심형	이용자로부터 한정된 거리 안에 뛰어난 자원이 존재 하여 당일, 주말에 이용할 수 있는 공간
단위 시설	시설 기능	공연 시설	공연 관련 시설(공연장, 회관, 야외 공연장)
		전시 시설	전시 관련 시설(미술관, 박물관, 기념관, 화랑)
		정보 시설	정보 관련 시설(도서관, 정보 센터)
		교육 시설	전수 및 교육 시설(지방 문화원, 구민 회관)
		작업 시설	연구 및 보전 시설(창작 시설, 향토 사료관)
	시설 형태	복합시설	두 가지 이상의 목적을 가지고 설치한 시설 (종합 예술 센터, 창작 시설 + 교육 시설)
		전용 시설	특정 기능을 전문적으로 수행하기 위한 시설 (전용 공연장, 테마 박물관, 회관, 문학관)
	시설 규모	규모 시설	거점 시설로 주요 장르의 발표·전시 시설, 세계화 교류 시설, 국가적인 문화력을 상징하는 시설
		중소규모 시설	예술 시설로 예술품의 발표·전시 시설, 소비자와의 교류 시설, 예술의 시장적 가치 창출 시설
		생활권 시설	생활 문화 시설로 문화 교육 및 체험, 시민 교류 시설

구 분	기 준	세부 분류	내 용
이용자 활동	활동 내용	문화 예술 관람	문화 예술 관람 시설(공연장, 박물관, 전시장)
		문화 예술 참여	문화 예술 참여 시설(사회 교육 시설, 예술 학원)
		스포츠 참여	경기장 및 운동 시설(경기장, 골프장 및 스키장)
		관광	관광 관련 시설(숙박 시설, 유원지, 테마 파크, 사적지, 자연공원, 유사 시설)
		휴식	목욕 관련 시설(목욕탕, 찜질방)
		사회 활동	사회 활동 관련 시설(사회 복지원, 종교 시설)
		취미·오락	취미·오락 관련 시설(볼링장, 당구장, 노래방, 오락장, 오락 시설)
	생활권 주민의 활용 내용	문화 시설	지역 주민이 생활권 안에서 이용하는 복합 문화 공간 (문화의 집, 지방문화원, 도서관)
		체육 시설	생활 체육 서비스를 공급하기 위한 체육 공간 (국민체육센터, 농어민문화센터)
		청소년 시설	청소년을 위한 근린 생활권 내 다양한 문화 활동을 위한 시설(청소년수련관, 청소년문화의 집)
		교육 시설	지역 주민을 대상으로 한 교육 시설(평생학습관)
		주민 자치 시설	주민을 위한 문화, 복지, 편익 시설 및 프로그램을 운영하는 문화 여가 시설(주민자치센터)
		복지 시설	지역 주민의 사회 복지를 위한 시설(사회 복지관, 노인 복지회관, 여성회관)
자원 특성	자원 특성	자연 생태 자원	동식물 자원의 관람과 체험 프로그램을 포함하는 시설 (식물원, 산림자원, 공원, 동물원)
		역사 전통 자원	전통 생활용품, 전통 건축 등 문화 예술시설과 전통 문화 체험 시설(전통마을, 전통건축물, 역사인물관)
		문화 예술자원	문화 예술 관련 공연 및 전시 시설 (공연장, 회관, 전시관, 도서관)
		생활 문화 자원	일상 문화(먹거리, 살거리, 놀거리, 즐길거리, 쉴거리, 잘거리)를 경험할 수 있는 시설
		산업 경제 자원	특정 상업 기능이 집중된 상업 시설 (놀이 시설, 상업 시설, 전시 시설, 공연 시설)

출처: 김효정 외(2007), 여가 공간의 정책적 유형화

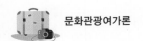

 Case Study

놀이터가 된 주거 공간

현실이 된 "이불 밖은 위험해"

중세 시대 흑사병으로 인한 농노제 몰락 사건 그리고 총·균·쇠에서 다루어졌던 세균으로 인한 세계 역사의 변화 사례를 떠올리게 하는 2020년이다. 팬데믹으로 발전한 코로나19는 앞으로 우리의 삶과 의식 그리고 문화를 크게 바꿀 것으로 보인다.

사업 실무 현장에서는 무엇보다 사회 경제적으로 재택근무 또는 비대면 디지털화의 가속화를 가장 가까이에서 체감한다. 또 다른 차원에서는 탈세계화 등과 같이 산업 근간을 변화시키는 것에 대한 움직임도 감지된다. 이러한 변화들은 가깝게는 우리의 삶에 대한 인식과 정서 그리고 의식주 문화에 이르기까지 다양한 측면에서 확실히 변화를 일으키고 있는 것으로 파악된다.

우리에게 익숙했던 약속들에 잠깐이나마 '괜찮을까?' 생각해 보게 되지 않았는가? 코로나는 이불 밖, 집 밖, 나아가서는 우리에게 너무나 익숙했던 사회 활동들을 점검하게 하는 현실을 마주하게 했다.

슬기로운 집콕 생활–주거 공간 산업의 급성장

의식주 변화 중에서 주거 공간의 중요성은 단기간 내 빠른 속도로 높아진 상황이다. 바이러스에 대한 위험 인식이나 사회 전반의 재택 문화 활성화로 가속화된 결과이기도 하다. 이로 인해 주거 공간, 즉 리빙 산업 전반의 성장은 최근 확연히 눈에 띄는 부분이라 할 수 있다.

소상공인 매출 정보를 제공하는 한국신용데이터 최근 자료에 따르면 정부의 재난지원금 지급 이후, 매출이 가장 많이 상승한 품목이 가구로 나타났다. 부동산 시장의 거래 둔화로 매출 하락을 겪었던 가구 및 리모델링 업체인 한샘의 경우, 코로나 정점이었던 2020년 2분기에 영업이익이 172% 증가하며 어닝 서프라이즈를 기록했다. 백화점 및 유통업계에서도 다른 부분들은 모두 역성장했으나 리빙 관련 품목과 명품의 매출만 늘어난 것으로 보고되었다. 불과 3년 전인 2017년, 1인당 GDP 3만 불 시대의 대표 수혜 분야로 언급되었던 리빙 산업이 코로나19로 인해 예상보다 더 급격한 속도로 본격 성장 중인 것이다.

언택트 온라인 구매 문화 증대로 오프라인 매장보다 온라인 리빙 앱들은 더욱 성장세가 높다. 대표적인 집꾸밈 커머스 어플리케이션인 오늘의 집은 2020년 6월달 월 거래액 1,000억을 달성하며, 1년 반 만에 5배 성장을 기록했다. 엠브레인 트렌드 모니터가 최근 성인 남녀 1,000명을 대상으로 홈 인테리어 등에 대한 인식 조사를 진행한 결과에 따르면 코로나19 이후에 집에 있는 시간이 증가하고 홈 인테리어에 관심이 많아졌다는 소비자가 34%를 기록했다.

순식간에 도입된 재택근무나 원격 학습 문화와 함께 아직 개발되지 않은 코로나 백신과 계속되는 재확산 우려로, 한번 집콕 생활에 적응한 사람들의 인식과 행태는 쉽게 이전처럼 돌아가지 못할 것 같다는 전망이 많다. 이번 일을 계기로 사람들은 당분간은 집에서 보내는 시간이 더 늘어날 것이다. 더 나아가서는 그동안 소홀했던 집이라는 공간에 대한 애정, 집이라는 공간을 통해 형성해온 관계들 그리고 추억들에 대해 사유할 수 있는 계기도 될 것이다.

혼자 있고 싶지만, 외롭고 싶지는 않은 '홈하비, 홈루덴스족'의 출현

사람들이 사회적 거리두기나 재택근무, 자발적 격리 등에 들어가게 되면서 확실히 집에서 예전보다 더 많은 것들을 하기 시작했다. 영화관 대신 OTT(인터넷으로 영화, 드라마 등 각종 영상을 제공하는 서비스)를 더 이용하면서 넷플릭스 유료 사용자는 2분기 1,000만 명 증가하였으며, 온라인 쇼핑은 역대 최고의 성장률을 기록했다. 재택근무가 활성화되며 업무가 메신저로 많이 처리되기 시작하면서 Zoom과 같은 클라우드 업체들 또한 상한가를 기록했다. 매일 가던 헬스장 대신 집에서 홈트(home+training, 홈트레이닝) 영상을 보며 운동하는 사람들도 늘어 미국 운동복 업체인 룰루레몬은 디스플레이형 거울을 이용해 홈 트레이닝 콘텐츠를 제공하는 서비스 기업 미러를 5억 달러에 인수했다.

집은 잘 먹고 잘 쉬고 잘 자는 기본적인 거주 기능 외에 이제 잘 놀고 재충전을 잘할 수 있는 여가 및 문화 공간으로서의 역할 기대도 더해지고 있는 것이다. 실제 SSG 닷컴에 따르면 최근 40% 이상 매출이 증가한 부문은 홈 인테리어 분야 외에도, 홈 엔터테인먼트와 홈 피트니스, 홈 가드닝 상품 등이다. 이들 모두 괄목할 만한 성장세를 기록하며 매출이 100% 성장한 것으로 나타났다. 코로나로 인해 대중교통이나 사람들이 많은 외부공간을 피하고 역으로 집에서 보내는 시간이 많아지다 보니 집에서라도 보다 건강하고 활기 있는 삶과 시간을 보내기 위한 상품이 대거 소

비되고 있는 것이다.

이러한 가운데 특히 눈에 띄는 뉴스가 있었다. 반일 불매 운동 중에서도 일본 게임 회사인 닌텐도의 '동물의 숲'이 코로나 초반부, 연일 매진 사례를 기록한 것이다. 5월 어린이날과 가족의 달 특수성도 있었겠으나 사람들이 '집콕' 함으로써 생긴 코로나 블루(코로나19로 인한 외부 활동 불가로 인한 단절, 사회적 거리두기 등으로 발생한 고립감에서 연유하는 우울감)를 달래는 역할로 선택된 결과일 가능성이 높다.

'동물의 숲'에는 경쟁이 없다. 동물의 숲의 특징 중 하나는 일상 공간을 아름답게 가꾸는 조경의 원리와 너무나도 흡사하다는 것이다. 특히 최근 발매된 버전은 무인도로 이주한 플레이어가 무인도를 원하는 대로 가꾸는 것이 스토리의 전부다. 게임 속의 시간은 현실과 똑같이 흐르며 내 마음대로 집을 짓거나 낚시를 하고 정원을 가꾼다. 무언가 반드시 수행해야 하는 목표나 미션, 경쟁은 전혀 없다. 즉 가상 공간에서 조경 활동을 하며 느끼는 즐거움 그 자체만으로도 현실을 대체한 평화로움을 충족시켜 주는 느낌을 준다.

동물의 숲의 또 다른 특징은 '혼자가 아닌 같이'를 지향한다는 점이다. 최대 8명까지 멀티 플레이가 가능해 친구를 섬에 초대하거나 친구의 섬에 놀러갈 수 있다. 함께 산책하고 함께 얘기하고 가끔은 내가 꾸민 섬을 자랑하거나 하는 것들이 전부이지만, 플레이어들은 이를 두고 '최고의 휴양지 같은 게임'이라며 빠져든다. 단순하면서도 심심한 게임이 이토록 뜨거운 인기를 끌고 있다는 것은 그만큼 사람들이 자신만의 공간을 만들고 또 가꾸고 싶어 한다는 욕구의 반증이 아닐까. 비록 게임 속의 공간일 뿐이지만, 누구나 자신만의 조경 활동을 원하고 있고, 가끔은 또 다른 사람들과 활동과 즐거움을 나누고 싶어 한다는 뜻으로 볼 수 있을 것 같다. 코로나로 인해 오프라인 관광이 예전보다 어려워지고 있다. 그럼에도 가상의 공간 이동과 나눔을 통해 치유와 교류의 부족분을 동물의 숲이라는 게임에서 일정 부분 충족 받을 수 있는 가능성도 큰 덕이 아닌가 한다.

집에서 더 풍성해진 놀이와 볼거리−디지털 여가 문화의 확대 가능성

코로나19로 인해 문화 관광 산업은 직격타를 맞았다. 일시적으로 출입국이 어려웠던 국가들도 다시 교류의 문을 열기도 했지만, 사람들은 더 이상 예전처럼 쉽게 해외로 여행을 가려고 하지는 않는다. 가까운 나들이로 다중 집합 시설인 영화관이나 박물관, 미술관에도 선뜻 가기 전에 한 번쯤 다시 생각하게
된다. 내가 잠정적인 보균자가 될 수 있다는 두려움 혹은 누군가에게 피해를 주게 되는 상황이 현실화될 수 있다는 걱정 때문이다.

그럼에도 집 안에 고립된 외로운 개인들이 게임 동물의 숲을 즐기고, 방방콘(방구석 방탄소년단 콘서트)에 열광케 되기도 했다. 빅히트엔터테인먼트에 따르면, 6월 14일 온라인으로 진행한 방방콘은 한국과 미국, 영국, 일본, 중국 등 총 107개 지역에서 75만 6천600여 명이 관람한 것으로 나타났다. 최고 동시 접속자 수 75만 6천600여 명은 약 5만 명 이상을 수용할 수 있는 오프라인 스타디움 공연의 약 15회에 달하는 기록으로, 전 세계에서 진행된 유료 온라인 콘서트 중에서는 역대 가장 큰 규모였다. 티켓 판매 예상 매출은 250억 원에 달할 것으로 보고되었다. 게임 산업이나 대중문화 산업에서는 온라인 특수를 누리고 있는 듯한데, 이러한 흐름은 예술의 전당 SAC on Screen이나 영국 국립극장 NT Live, 앤드루 로이드 웨버의 The Show must go on 등으로 이어져 다양한 국가와 분야에서 시도되고 있다.

인간은 본질적으로 사회적 동물이기에 홀로 살 수 없다. 또한 치유와 교류의 도구로서 놀이 그리고 문화는 여전히 우리에게 너무나 유의미하다. 이러한 점에서 집콕 생활로 인해 필연적으로 진화 중인 놀이와 문화의 디지털화는 우리나라의 산업 측면에서는 큰 기회가 될 수 있다. 이미 K-Pop이 국내를 넘어 전 세계에 큰 영향을 끼치고 있으며 VR, AR 등으로 대변되는 실감 콘텐츠 역시 높은 5G 네트워크와 고성능 디바이스 보급률 측면에서 주도적으로 개척할 가능성이 있는 분야다.

라이프스타일 플랫폼과 우리들의 '집'

개인의 주거 공간은 물리적 측면에서 뿐만 아니라 의미 패러다임 측면에서도 더 많이 변화할 것이다. 미래 학자인 토머스 프레이 다빈치연구소장은 "미래의 집은 단순히 집 이상의 역할을 하며, 사람들이 원하는 거의 모든 것을 갖추게 될 것"이라고 주장한 바 있다. 코로나19 사태를 겪으면서 이제 집은 그의 말처럼 단순한 거주 공간을 넘어 쉼터이자 일터로, 각종 취미 생활과 여가를 즐기는 공간으로 빠르게 진화하고 있다. 어쩌면 인류에게 집은 본래 많은 역할을 수행해 온 공간이었는지 모른다. 어느새 치열해진 우리 삶의 결에 따라 다른 많은 것들에 비해 집이라는 공간은 우리에게 매우 기능적이고 목적적으로 많은 의미를 잃어온 것이 아닐까. 특히 한국의 집은 밤이나 주말 시간을 중심으로 집중적인 휴식을 취하는 물리적인 공간으로 전락해 왔다. 아파트를 선호하는 문화가 빠르게 정착하면서 정원을 가꾸거나 자연 바람과 익숙하게 맞부딪히는 멀어진 주거 풍경이 한국적인 것으로 이미지화된 측면이 있다.

무엇보다 공간이 큰 변화의 축은 장기화할 것으로 예상되는 재택근무로 도심 내 업무 공간이나 상업 시설을 복합 주거 공간으로 변모시킬 가능성이 있다. 직주 일치 또는 직주 근접의 공간에서 커뮤니티 기능을 강화한 놀이 기구, 운동 기구 또는 색다른 볼거리 등의 제공 기능이 편의성을

높인 공간 내로 들어올 확률이 높아 보인다. 전시관이나 미술관에 집적되어 온 문화 예술 작품들도 직주 공간 단위별로 분산 파편화되면서 사람들에게 보다 쉽고 편하게 또한 심리적으로 안전하게 자신의 효용 가치, 즉 교류와 치유 역할을 강화하게끔 할 수 있을 것이다. 얼마 전 외신에서 주목받았던 공공 미디어 아트 작품인 코엑스의 WAVE 콘텐츠는 형태와 크기를 바꾸어 다양한 직주 공간에서도 충분히 전시될 수 있는 대표적인 사례이다.

다음으로 재택근무 확대와 휴식 기능 공간의 확대 필요성 등으로, 거주 공간 자체가 교외화되고 분산될 가능성도 있다. 이는 이미 북미권에서 시작되어 수도권의 확장과 함께 일부는 일과 휴식, 휴양을 결합한 리조트 시설 등으로 현실화될 가능성이 있다. 이러한 경우, 지역별로 발굴된 특색 있는 로컬 문화, 지역 기반의 커뮤니티 강화 등을 통해 주거 공간의 변화와 결합하여 공간 산업 자체의 발전과 새 패러다임을 보여줄 수 있을 것으로 예상된다.

포스트 코로나, 영감과 치유체로서의 놀이

역사적으로 펜데믹은 인류의 삶을 바꿔왔다. 지금까지는 주로 두려움과 위험을 회피하기 위한 물적 토대와 제도의 변화가 중심이었다고 할 수 있다. 수메르, 이집트 문명 등과 같은 인류 최초의 문명은 세균 확산이 어려운 건조 기후에서 시작되어 도시 상하수도 시설과 같은 발전적 산업은 수인성 감염병을 예방하기 위해 만들어진 결과물이었다.

21세기 팬데믹 중의 하나로 기록될 코로나 시대에 집은 일과 놀이의 복합 공간이 되었다. 더 나아가서는 새로운 클러스터의 탄생에 핵심 기제가 될 것으로 예상되고 있다. 주거 공간의 변화와 더불어 디지털화 그리고 지역 분권적인 문화 정책을 슬기롭게 고안해 나간다면 우리에게 꽤나 오랫동안 그 중요성에 비해 관심권에서 벗어나 있던 주거 공간과 함께, 라이프스타일의 표현체로서의 놀이는 그 자체만으로도 영감과 치유를 제공해 주는 방향으로 그 위상이 더욱 높아질 것이다.

출처: 웹진 문화관광 2020.08호

2 여가 프로그램 개발

여가 프로그램의 궁극적인 목적은 개인이 여가를 성취하는 데 도움을 주는 것이다. 프로그램의 구성과 프로그램의 구성자가 해야 할 일은 개인이 여가를 성취하도록

표 10-5_ 여가 프로그램 계획

프로그램
사정 단계
	목표 설정
	· 유의 사항
	  ① 실시 기관이나 단체의 의도와 목적 고려
	  ② 실시 지역 사회의 인적, 물적, 사회적 환경 고려 → 철저한 요구 분석
	  ③ 기존 프로그램의 분석으로 장단점 반영
	  ④ 실시 기관의 재정 여건, 실시 시간, 장소와 시설 고려
	  ⑤ 능력 있는 지도자 확보, 자원봉사자 활용, 외부 전문가 초빙

프로그램 계획 단계	**프로그램의 전략 수집** · 유의 사항: ① 참가자 심리적 환경 고려 ② 참가자를 전 과정에 포함 · 요구 분석: 기대되는 목표 간 차이 확인, 수집, 정당화, 선정하는 과정 · 선정 기준: ① 합목적성 ② 능력 수준과 흥미 ③ 실시 가능성 ④ 창의성 ⑤ 자발성 · 기여 영역: ① 인지적인 영역 ② 심동적, 신체적 영역 ③ 감정적 영역

프로그램
시행 단계
	지도자
	· 구체적인 활동: ① 선택 재량권 ② 프로그램 운영의 융통성 ③ 자율성
	· 노인 병원 or 노인 관련 시설 사용 가능한 프로그램
	  ① 치료 레크리에이션: 치매 노인
	  ② 체조 그룹, 운동 그룹: 정기적, 게임, 노래, 체조
	  ③ 활동적 레크리에이션 그룹: 주 3회, 댄스, 참여 자발성
	  ④ 노인 대학 그룹: 자발성, 활동성, 지적인 활동 → 연주단
	· 지도상 유의점
	  ① 건강 체크 ② 위험 배제 ③ 효과적인 대형 만들기
	  ④ 지도의 템포 ⑤ 이완 ⑥ 레크리에이션 내용의 변화
	  ⑦ 즐거움의 프로그램 ⑧ 노인은 인생의 선배
	  ⑨ 참여 대상과 거리를 두는 방법 ⑩ 일상생활을 통한 접근
	  ⑪ 참여 대상 변화에 민감 ⑫ 레크리에이션 프로그램의 실시자의 역할

프로그램
평가 단계
	계속적인 평가 요구
	· 평가 내용
	  ① 참가자의 만족도 평가 ② 참가자 자기 성장 평가 ③ 레크리에이션 전문가 평가
	  ④ 레크리에이션 활동 내용 획득에 대한 객관적인 평가
	· 평가 기준
	  ① 평가 가능성 ② 정확성 ③ 효과성 ④ 적합성, 매력성을 판단하는 단계
	· 평가 종류
	  ① 진단 평가: 예비적 자료 수집
	  ② 형성 평가: 진행 과정의 문제 등 수정하기 위해 평가
	  ③ 의도 목표의 달성도 점검

도와주는 것이다. 여가 서비스의 제공은 개인이 이익이 된다고 여기는 여가 경험을 획득할 수 있도록 돕는 과정이다.

여가 경험을 창조하는 것은 사람이 사회적, 물질적 혹은 자연 환경에 위치할 수 있도록 돕는 과정이다. 이것은 자료와 도구를 계획하고, 조직하고, 모으며, 시설물 사용을 배열하고 지도력 혹은 여가에 대한 기회를 창조하는 길로 이끄는 활동을 포함한다.

여가 프로그램 개발은 여가 공간이나 시설의 이용을 활성화하고 이용자들의 선택의 폭을 넓히기 위해서 필요하다. 따라서 이에 대한 기본 원칙으로는 공급 요소의 특성을 최대한 반영하면서 이용자들의 욕구를 최대한 충족시켜야 한다. 이용자들의 특성을 고려하여야 하고 최적의 활동성을 보장할 수 있도록 쾌적성을 확보할 수 있어야 한다.

프로그램을 개발할 경우 고려되어야 할 요소에는 프로그램 영역, 형식, 내용이 있다. 여기에는 많은 노력을 기울여야 하는데 그 내용은 다음과 같다.

❶ 프로그램 영역: 여가 프로그램 활동의 분류 및 세분화 방식
❷ 프로그램 형식: 어떤 활동이 조직되고 구조화되는 방식(고객 유도)
❸ 프로그램 내용: 목표 및 목적을 포함하여 하나 혹은 여러 섹션에 나타나는 구체적인 활동

여가 산업 사례

에버랜드: 전 단지를 테마로 구분

- 페스티벌 월드: 놀이, 쇼핑, 다양한 축제를 즐길 수 있는 테마파크
- 캐리비안 베이: 차세대 레저 공간인 워터파크
- 에버랜드 스피드웨이: on-road 자동차 경주 시설을 갖춘 모터파크

한국민속촌

- 민속 경관 구역: 민족 문화유산 수집, 재현, 전시, 공연, 보전, 전수
- 박물관 구역: 민족 문화유산을 전시, 교육, 교류
- 가족 공원: 다양한 놀이 시설
- 장터와 편의 시설 구역, 주차장

강원랜드

- 탄광 지역 개발 촉진 지구 개발 계획의 일환으로 조성
- 유일한 내국인 출입 가능 카지노, 리조트 및 위락 시설 조성

여가 프로그램 개발의 철학은 효과적인 프로그램 개발 과정에 학습자의 참여가 필수적이라는 신념에 근거하여야 한다. 이런 접근을 통해서 참가자들의 요구와 흥미에 부응하여 활동 과정을 설계하고 적용할 수 있도록 해야 한다.
프로그램 개발에서 중요하게 생각되는 개념은 다음과 같다.

첫째, 프로그램 개발에 대한 참여자의 특성을 확립해야 한다. 여가 프로그램 개발의 과정과 활동은 참여자들의 신념으로부터 크게 영향을 받는다. 따라서 여가 참여자들의 연령, 참여도, 특성 등을 파악하여야 한다.

둘째, 프로그램의 목표를 결정할 때 조사·분석해야 한다. 여가 참여자들에 대한 다양한 원천을 적절히 연구·분석해야 한다. 일반적으로 사용되는 정보의 원천은 참여자의 사회, 경제적 환경이나 현재의 사회, 당면한 문제의 영역 등이다.

셋째, 프로그램 지원에 필요한 자원이 확보되어야 한다. 좋은 프로그램이 되기 위해서는 필요한 자원을 알고 재정 자원을 확보해야 한다. 조언과 지원을 해주는 의사 결정자가 확보되면 쉽게 진행될 수 있다.

 5. 여가 생활 정착화를 위한 지원 정책

 여가 정착화를 위한 정책

(1) 여가 교육과 국민 관광 의식의 개선

현대를 살아가기 위한 필수적인 요소로서 여가를 인식하고 있다면 이에 대한 본질과 활동으로서의 올바른 이해를 인지시키는 것이 중요하다. 우리 국민들이 여가 활동을 지속시키기 위해서는 국민 각 계층에 상응하는 여가 교육의 내용과 방법을 연구하고 실시해야 한다.

많은 사람들은 아직도 부지런히 일하고 놀면 안 된다는 인식을 가지고 있다. 생활의 여유를 가지고 즐기는 것을 색안경을 끼고 보는 합당하지 않다. 따라서, 사회적인 차원에서 여가 교육의 필요성을 가지고 실천해야 한다. 그뿐만 아니라 욕구가 다양해지는 현대 사회의 특수한 상황에서 여가 활동의 개발과 훈련은 국가적인 교육과 지원이 필요한 분야이다.

모든 국민이 자신이 바로 관광의 주체자이며 주관자라는 주인 의식을 가지고 스스로 참여하는 깊고 폭넓은 공감대를 형성할 수 있도록 유도하고 지원해야 한다.

(2) 관광 기회 증대와 홍보 계몽 강화

국민 관광 정책의 목적은 경제적, 사회적으로 여행의 기회를 갖지 못하는 계층을 지원하는 것으로부터 시작되었다. 즉, 모든 국민들에게 여가 기회의 증대를 골고루 제공하기 위해 제도적, 행정적, 사회적으로 적극 지원해야 한다. 여가 기회 증대의 지원은 물론 국민 개개인이 자유 의사로 휴가 행동을 결정할 수 있도록 다양한 정보와 홍보 자료를 접하기 쉽게 대응해야 한다.

(3) 관광 자원의 보호와 지역 간의 균형 개발

관광 자원의 개발은 자원 자체의 보전과 보호, 이용자에게 편익을 줄 수 있는 충분한 검토가 필요하다. 관광 개발은 지역 간의 균형 개발을 위해 전 국민을 대상으로 공평하게 개발하여 기회의 균등화를 제공하는 데 큰 의의를 가질 수 있다.

관광지와 레크리에이션의 연계 개발과 산악, 해안 등의 지역별 특성을 감안하여 다양한 국내 여행 상품으로 전문화해야 한다. 새로운 관광지 개발을 양적, 질적인 관광상품을 개발하는 데 지속적인 관심이 필요하다.

2 여가 정책의 추진 방향

우리나라는 아직 여가 정책을 담당하고 있는 조직이나 기구가 없는 관계로 국민의 여가 활동에 관한 중요성을 인지하지 못하고 있다. 따라서 여가 정책을 통합적으로 담당할 개별적이고 독립적인 정부 조직이나 기구의 설치가 필요하다.

현재 우리나라의 여가 시설들은 상업화된 여가 시설이 높은 비율을 차지하고 있다. 공공 여가 시설은 지역 주민의 욕구나 필요에 비해 부족한 것이 현실이다. 공공 여가 시설이란 국민의 복지 증진을 위해 공공 서비스를 제공하는 시설로 국가나 지방자치 단체 등의 공공 단체가 직접 설치 및 관리하는 문화·체육 시설을 말한다.

공공 여가 시설의 여가 프로그램은 참여자들의 연령, 욕구, 필요 등을 고려하여 개인적인 특성들을 반영해야 한다. 공공 여가 공간 및 시설 확충과 함께 여가 프로그램 참가자들의 특성과 욕구에 부합하는 여가 프로그램 개발의 필요성이 인지된다.

우리나라의 젊은층 대부분은 일보다는 여가의 중요성을 강조하고 있으며, 이에 대한 비용과 시간 투자 역시 갈수록 증가되고 있는 추세이다.

여가 정책의 목표는 여가 활동 참여율을 높이고 여가 시간을 확대해서 많은 사람

들이 참여할 수 있도록 하는 것이다. 이를 정책적으로 시행하기 위해서는 여가를 기본적인 권리로 인식하고 모든 사람이 여가 복지 혜택을 누릴 수 있도록 여가 교육을 실시하고 각자가 자신에게 맞는 여가 활동을 할 수 있도록 다양한 여가 정보를 제공해야 한다. 또한 민족 정체성이 재현된 여가 활동을 개발, 보급하는 것이 중요하다.

3 여가기본법의 대책

현재 우리나라에는 국민의 여가 생활 활성화를 위한 정책의 기본 방향이나 추진 체계에 관한 사항을 규정한 독립적인 여가법이 존재하지 않는다.

여가기본법에 국민의 여가권을 구체적으로 명시하고, 여가 행정에 관한 기본적인 방향과 여가 시간 확보를 위해 노동 시간의 단축 및 장기 유급 휴가의 실현에 필요한 법적 정비, 여가 정책 실행에 관한 중앙 정부와 지방 정부의 역할, 여가 산업 진흥, 여가 프로그램 개발 및 보급, 여가 정보 및 교육 제공, 사회적 취약 계층에 대한 여가 지원 등 국민의 여가 활성화를 위한 여가 행정 전반에 대한 법적 근거를 마련해야 한다.

Case Study

🏛 국민여가 활성화기본법(약칭: 여가 활성화법)

[시행 2017. 3. 21.] [법률 제14425호, 2016. 12. 20., 일부 개정]
문화체육관광부(지역문화정책과), 044-203-2609

제1조(목적) 이 법은 여가 활성화에 관한 정책의 수립 및 시행 등에 관한 기본적인 사항을 규정함으로써 자유로운 여가 활동 기반을 조성하고 국민들이 다양한 여가 활동을 통하여 삶의 질을 향상시킬 수 있도록 하는 것을 목적으로 한다.

제2조(기본이념) 이 법은 여가의 중요성에 대한 인식을 고취시켜 일과 여가의 조화를 추구함으로써 국민들이 인간다운 생활을 보장받는 것을 기본이념으로 한다.

제3조(정의) 이 법에서 사용하는 용어의 정의는 다음과 같다.

1. "여가"란 자유 시간 동안 행하는 강제되지 아니한 활동을 말하며 다음 각 호의 활동을 포함한다.

가. 「문화 예술진흥법」 제2조제1항제1호에 따른 문화 예술

나. 「문화 산업진흥 기본법」 제2조에 따른 콘텐츠, 문화콘텐츠, 디지털콘텐츠, 디지털문화콘텐츠, 멀티미디어콘텐츠, 공공문화콘텐츠, 에듀테인먼트

다. 「관광기본법」 제13조에 따른 국민관광

라. 「국민체육진흥법」 제2조제1호 및 제3호에 따른 체육, 생활체육

2. "여가 시설"이란 실내와 야외 그리고 사이버공간 등에서 문화 예술, 관광, 체육, 자기계발, 사교, 놀이, 휴양, 오락 등을 목적으로 국민들이 여가 활동을 할 때 지속적으로 사용하는 시설과 공간을 말한다.

3. "여가 교육"이란 여가 활동, 여가 시설 운용 및 관리, 여가프로그램 개발 및 보급, 여가 사업 경영, 여가치유 등을 가능하게 하는 모든 형태의 교육을 말한다.

4. "여가 산업"이란 여가 활동 상품 및 서비스의 개발, 제작, 전시, 제공 및 판매 등을 업으로 영위하는 것을 말한다.

5. "여가전문인력"이란 여가 교육, 여가 조사 및 연구, 여가 시설 운용 및 관리, 여가프로그램 개발 및 보급, 여가 산업 등에 종사하는 사람을 말한다.

제4조(국가 및 지방자치단체의 책무) 국가와 지방자치단체는 국민의 삶의 질을 향상시킬 수 있는 여가 활성화 관련 정책을 수립·시행하여야 한다.

제5조(일과 여가의 조화)

① 국민은 일과 여가의 조화를 이룰 수 있도록 적절한 수준의 여가를 보장받아야 한다. 〈개정 2016. 12. 20.〉

② 국가와 지방자치단체는 제1항에 따른 여가 보장을 위하여 직장에서 휴가 사용이 촉진될 수 있도록 필요한 대책을 수립·시행하여야 한다. 〈신설 2016. 12. 20.〉

제6조(다른 법률과의 관계) 여가 활성화에 관련되는 다른 법률을 제정 또는 개정하는 경우에 이 법의 목적과 기본이념에 부합되도록 하여야 한다.

제7조(여가 활성화 기본계획 및 시행계획)

① 문화체육관광부장관은 여가 활성화에 관한 중장기 정책목표 및 방향을 설정하고, 이에 따라 기간별 주요 추진과제와 그 추진방법을 포함한 여가 활성화 기본계획(이하 "기본계획"이라 한다)을 5년마다 수립·추진하여야 한다.

② 기본계획에는 다음 각 호의 사항이 포함되어야 한다.

1. 여가 활성화 정책의 목표와 방향
2. 여가 활성화를 위한 법령·제도의 마련 등 기반조성에 관한 사항
3. 국내외 여가 환경 조사·분석
4. 여가프로그램의 개발과 보급
5. 여가정보의 제공에 관한 사항
6. 여가 교육의 실시에 관한 사항
7. 여가 시설의 확충에 관한 사항
8. 사회적 약자의 여가 활동 지원에 관한 사항
9. 여가 산업의 육성에 관한 사항
10. 그 밖에 여가 활성화를 위하여 필요한 사항

③ 관계 중앙행정기관의 장 및 지방자치단체의 장은 기본계획에 따라 매년 여가 활성화 시행계획(이하 "시행계획"이라 한다)을 수립·시행하고, 문화체육관광부장관에게 시행계획과 추진실적을 제출하여야 한다.

④ 문화체육관광부장관은 기본계획을 수립할 때에는 미리 관계 중앙행정기관의 장과 협의하여야 하며, 필요한 경우 관련 전문가들에게 자문할 수 있다.

⑤ 그 밖에 기본계획 및 시행계획의 수립 등에 필요한 사항은 대통령령으로 정한다.

제8조(조사 및 연구) 국가와 지방자치단체는 국민여가 활동실태조사(직장인의 여가를 위한 휴가사용실태조사를 포함한다)를 비롯한 여가 활성화에 필요한 조사 및 연구를 실시하여야 하며, 이를 위하여 필요한 경우 전담 조사연구기관을 지정하거나 민간에 조사 및 연구를 위

탁할 수 있다. 〈개정 2016. 12. 20.〉

제9조(여가프로그램의 개발 및 보급) 국가와 지방자치단체는 국민들의 여가 수요를 고려한 다양한 여가프로그램을 지속적으로 개발·보급하여야 한다.

제10조(여가정보의 수집 및 제공) 국가와 지방자치단체는 여가 활동, 여가 시설, 여가 교육 및 여가프로그램 등 각종 여가정보를 수집·제공함으로써 국민들이 여가 활동에 적극적으로 참여할 수 있도록 하여야 한다.

제11조(여가 교육의 실시)

① 국가와 지방자치단체는 여가 활성화를 위하여 여가 교육을 학교 및 관련 시설 등에서 실시하거나 지원하여야 한다.

② 제1항에 따른 여가 교육의 내용 및 방법, 관련 시설 등에 필요한 사항은 대통령령으로 정한다.

제12조(여가 시설과 공간의 확충) 국가와 지방자치단체는 국민들이 편리하고 자유롭게 이용할 수 있는 여가 시설과 공간의 개선 및 확충을 위하여 필요한 시책을 강구하여야 한다.

제13조(여가전문인력의 양성) 국가와 지방자치단체는 여가 활성화를 위하여 여가전문인력 양성 및 활용 등에 필요한 시책을 강구하여야 한다.

제14조(사회적 약자의 여가 활동 지원) 국가와 지방자치단체는 여가 정책을 수립·시행함에 있어 장애인, 노인, 저소득층 및 다문화가정 등 사회적 약자의 여가 활동을 증진하기 위하여 필요한 시책을 강구하여야 한다.

제15조(민간단체 등의 지원)

① 국가와 지방자치단체는 국민들의 여가 활성화를 위하여 노력하는 단체 또는 개인에 대하여 경비지원 등 필요한 지원을 할 수 있다.

② 제1항에 따른 지원의 내용 및 방법 등에 필요한 사항은 문화체육관광부령으로 정한다.

제16조(우수사례 발굴 및 시상)

① 국가와 지방자치단체는 국민 여가 활성화를 위하여 모범적으로 운영하고 있는 기업이나 공공기관에 대하여 우수사례로 발굴하거나 시상할 수 있다.

② 제1항에 따른 시상의 내용 및 방법 등에 필요한 사항은 문화체육관광부령으로 정한다.

제17조(여가 산업의 육성) 국가와 지방자치단체는 여가상품과 서비스를 포함한 여가 산업을 육성하기 위한 기반을 조성하여야 한다.

6. 여가 복지 정책

1 여가 복지 정책의 개념

복지(welfare)라는 의미는 일반적으로 인간의 욕구와 열망을 충족시키는 사회적 노력이다. 옥스퍼드(Oxford) 소사전에서 복지는 행운, 행복, 번영과 동일한 의미로서 행복의 상태라기보다는 오히려 행복을 고려한 행동의 뜻이라고 밝히고 있다. 동서양을 막론하고 현대 국가들의 특징이라면 국민의 복지 증진을 위한 사회적, 정책적 노력을 들 수 있으며, 국가가 복지 정책을 수행하는 궁극적인 목표는 보다 나은 삶(better life), 인간다운 삶 그리고 행복의 추구에 있다.

실제로 현대의 사회 복지는 종래의 소극적 범위를 넘어서 예술 및 오락 등 여가 서비스까지 포함하고 있다.

국가가 복지 수행을 하는 궁극적 목적은 보다 나은 삶, 인간다운 삶, 행복의 추구에 두고 있다. 따라서 여가 복지는 사회 복지의 일환으로서 전체 국민(또는 일부계층)의 여가 생활의 질이 만족스러운 기준에 도달할 때까지 행하는 사회적 서비스와 조직적인 시설의 제공이다.

여가 복지는 다음과 같은 이유로 반드시 필요하다는 것을 강조할 수 있다.

첫째, 여가 복지는 구성원들 간의 연대감을 형성함으로써 생산적 가치를 형성할 수 있고 여가 프로그램 창출 과정에서 다양한 문화를 창출해 낼 수 있다.

둘째, 여가 복지는 불건전한 욕구를 여가를 통해 해소함으로써, 사회의 안전성에 기여하고 다각층의 사람들을 만족시킴으로써 사회 통합에도 유리하게 작용하여 문화를 발전시킬 수 있는 역량을 갖출 수 있다.

셋째, 여가 복지를 확대하여 사회적 약자 계층 또한 여가 문화를 향유할 수 있게 하고 더 나아가서는 문명 발전의 생산적인 참여자로 발전할 수 있다. 이러한 여가 복지를 통해서 사회의 양극화를 좁히게 되고 부유층에 대한 상대적 박탈감을 줄이고 사회를 통합하는 데 유리하게 작용할 수 있다.

여가 복지는 현대 사회에서 연대감을 형성해 줌으로써 개인의 정서적인 안정을 갖게 하고, 더 큰 가치를 생산할 수 있는 역할을 하게 된다. 여가 문화의 발전은 문화의 다양성에 기여할 수 있게 되면서 사회 안정과 통합에 기여하는 데 많은 영향을 미치게 된다. 또한 사회적 취약 계층 또한 고급 문화의 한 일원으로 참여할 수 있도록 한다.

2 여가 복지 정책의 특징

여가 복지 정책에는 제도적 개념의 복지 정책, 비경제적 복지 지향, 정신적 복지 정책 그리고 여타 사회 복지와 밀접한 특징을 가지고 있다. 이에 대한 내용은 다음과 같다.

(1) 제도적 개념의 복지 정책

여가 복지 정책은 개인과 집단이 만족할 만한 생활 수준을 유지하려는 것으로 사회 통합을 위한 개념적 복지 정책이다.

여가 복지 정책은 개인과 집단이 만족할 만한 생활 수준을 유지하려는 것으로 사회 통합을 달성하는 제도적 개념의 복지 정책을 말한다.

(2) 비경제적 복지 지향

사회 복지는 경제적 복지와 비경제적 복지로 구분하고 있다.

여가 복지는 자유 시간뿐만 아니라 국민 생활의 복지를 향상시키고 국민 소득의 증대를 위해 실시하는 비경제적 복지이다. 여가 복지는 국가와 지방자치단체가 협력하여 국민과 지역 주민들의 여가의 질 향상과 여유로운 여가 시간을 보내도록 제공하는 서비스이다.

(3) 정신적 복지 정책

오늘날 물적 복지가 점차 충족되어 여가 시간이 증대됨에 따라 국민들은 건전한 스포츠나 오락을 향유하려는 경향을 보이고 있다. 여가 복지는 국민의 정신적 건강 및 행복을 충족시켜 주기 위해 노력해야 한다.

현대인들은 여가 시간의 증가와 여가 향유의 욕구가 강해져서 이를 만족시켜 줄 수 있는 정책이 필요하다. 여가 복지 정책은 국민의 정신적 행복을 충족시켜 주게 되면 삶의 질이 높아지면서 육체적, 정신적인 행복감을 가질 수 있도록 한다.

(4) 여타 사회 복지와 밀접한 관련

여가 복지는 우리의 자유 시간을 바탕으로 하여 이루어지는 것으로 아동 복지, 노인 복지, 근로자 복지 등의 정책과 상호 작용 관계에 있으며, 나아가 이들 복지의 근간이 된다.

3 여가 복지 정책의 필요성

현대의 여가 시간 증가는 여가 복지를 실현하는 하나의 기회가 되기도 하지만 문제를 일으키기도 한다. 여가 문제는 여가 시간 증가 자체의 문제뿐만 아니라 그에 따른 인간 본연의 문제, 활동의 문제, 생활 양식의 문제들을 배출한다. 하지만 여가에 관한 문제점(leisure problem)은 그 사회의 정당한 가치 체계가 그 사회 조직 체계에 제대로 침투하지 못할 때 나타나는 것으로, 현대 여가 정책이 대두한 배경과 정책의 필요성은 이들 여가 문제점을 효율적으로 해결하고 예방하는 데 있다.

여가 정책의 필요성은 다음과 같은 문제점들을 치유할 수 있다.

(1) 여가 소외 현상(leisure deviation)

여가는 본래 자기만의 개성적인 시간인데 여가 시간 증가로 대중성과 몰개성이 지배적으로 작용하여 자기 소외를 촉진시키고 있다. 따라서 여가 복지 정책은 여가 생활에서 인간성의 회복을 촉진시키는 유효 적절한 방안이 되고 있다.

(2) 여가의 상업화(commercialized leisure)

현대인의 여가 혁명은 소비성과 직결되어 있으며 소비 혁명, 나아가 상업주의적 색채를 띠고 있다. 이는 여가 산업이 독자적 형태의 독립 산업으로 성장하고 레크리에이션이 기업화되고 국가적, 국제적으로 연결(chain)되어 가는 경향에서 나타나는 역현상이다.

또한 대중 여가는 사회 심리를 동질화시키고 상류 사회와의 심리적 동일관이나 자기 지위 향상의 환각을 갖게 함으로써 소비자라는 이름 아래 대중을 동질화시킨다. 따라서 여가 이용자의 자율적, 개성적 여가 생활을 유도하기 위해서는 여가의 사회 정책적 배려가 있어야 한다.

(3) 사회 심리 동질화

사회 심리 동질화는 상류 사회와의 심리적 동질관과 자신의 지위 향상의 환상을 느끼게 하는 것이다. 이를 극복할 방안은 여가 소비자를 여가 이용자의 자율적, 개성적 여가 생활을 유도하기 위해 사회 정책적 배려가 조성될 필요하다.

(4) 여가 수용력의 문제

여가 과잉 현상으로 여가를 효율적으로 적절하게 처리하지 못하고 있어 오히려 비적응 상태를 초래하고 있다. 예를 들어 휴가 기간 중 성범죄, 청소년 탈선, 자살, 우울증 등의 비율이 증가하게 된다. 따라서 사회 복지의 관점에서 여가 교육, 여가 지도 등의 대책이 필요하다.

(5) 여가 습관의 획일화

현대인들은 여가 시간이 너무나 급속하게 증가하고 있어 그 자유 시간을 효율적으로 처리할 만한 준비를 다하지 못하고 있다. 어떤 의미에서는 여가를 두려워하고 그로 인하여 여러 측면에서 사회 병리를 야기시키고 있다. 예를 들어, 최근 우리나라에서 휴가 기간 중 정신병, 우울증, 자살, 성범죄, 청소년 탈선의 비율이 증가하고 있는데, 이는 주어진 여가를 적절하게 사용하지 못하는 비적응의 형태이다.

이처럼 소득 수준이 높고 노동 시간이 단축됨에 따라 여가 과잉의 문제에 봉착한 현대인들에게 정부는 사회 복지의 관점에서 여가 교육, 여가 지도 등의 대책을 수행할 필요가 있다.

여가 활동의 다양화, 대중화로 인한 유행 심리, 모방성의 작용은 우리 사회 악영향을 미칠 수 있기 때문에 올바른 여가 교육의 확대가 이루어져야 한다.

(6) 여가 인식의 문제

오늘날 여가의 증가는 국민 생활 구조 전반에 영향을 미치고 있다. 일하는 것만이 가치 있는 것에서 탈피하면서 생활 윤리의 변화는 목표까지도 바꿔놓고 있다. 어떤 사람은 물질 숭배에만 또는 어떤 사람은 쾌락만을 즐겼던 결과, 생활의 조화를 상실하게 되면서 이러한 영향은 대중에게까지 전파되고 있다. 따라서 국민의 여가가 건전한 방향으로 변화될 수 있도록 정부의 정책, 가령 사회 교육과 학교 교육을 통하여 여가 의식을 계도할 필요가 있다.

(7) 노동을 부정하는 문제

여가 인식상의 문제 가운데 특히 심각한 것은 노동에 대한 부정적 태도의 증가 현상이다. 그중에서도 맹목적인 여가 중시형은 노동의 우상(idol of labor)에서 여가의 우상(idol of leisure)으로 변질되고 있다.

노동에 본질적 관련이 적은 사람일수록 여가를 더 추구한다. 그러므로 일과 여가는 개별적인 것이 아닌 상호 조화 속에서 인간의 전인적 통합을 모색하여야 하는데 이것 역시 여가 정책의 중요한 동기가 된다.

4 여가 복지 정책의 방향

여가 활동이 증가하고 있는 상황에서 국민들에게 여가 복지는 매우 중요하다. 정부는 국민들에게 행복을 줄 수 있는 여가 정책을 계획적이고 실현 가능한 정책으로 구상해야 한다. 여가 정책을 계획하기에 앞서 국민들이 원하는 여가 정책을 정확하게 파악하는 것이 우선적이어야 한다. 국민을 위한 여가 정책이 나아가야 할 방향은 다음과 같다.

첫째, 여가 복지의 주체는 국가이다.

전통적 사회에서는 사회적 노력이 개인의 자발성과 가족 및 친족 단위 등에 의존하였지만, 근대 사회에서는 종교에 의존하는 과정을 거쳐오면서 지역 사회, 직장, 정부 등에 의존하는 경향이 깊어지고 있다. 현대 사회에서 여가 정책의 담당 기관은 정부, 지방자치단체, 학교, 기업체, 병원, 군대 등이다.

둘째, 여가 복지 정책의 대상은 전 국민을 대상으로 해야 한다.

과거에는 그 대상을 일반적으로 고아, 마약인, 장애자, 빈민, 노인 등에 국한되었다. 하지만 현대 사회에서는 앞에서 언급한 사람들뿐만 아니라 여가 문제의 해결을 위한 집합적 개념으로 전 국민을 대상으로 확대해야 한다.

셋째, 여가 복지 정책의 목적은 생활의 질(quality of life) 향상에 있다.

표 10-6_ 여가 정책 방향

내 용	정책 방향
주 체	국가나 지방자치단체, 민간 부문
대 상	전 국민을 대상으로 보편주의적 서비스로 제공되어야 한다.
목 적	전 국민의 참가에 의한 평등과 기회 균등을 이룩하고 나아가 자주성, 자발성에 기초하여 생활상의 사기 진작과 더불어 국민생활의 질적 향상이라는 사회적 목표를 추구하는 데 있다.
내 용	여가의 단순성, 획일성의 해결을 위한 노력으로 다양한 여가 유형의 개발
방 법	여가 복지가 구체적인 여가 시간의 활동에 관련된 것이기에 전 국민 대상의 여가 교육, 여가 상담, 여가지도, 여가 훈련 등으로 여가적성 및 여가창조를 꾀하여야 한다.

사회 복지의 궁극적인 목적은 보다 나은 생활과 인간다운 행복의 추구에 있듯이 자아실현의 목표와 인간 욕구의 고도화에 부응하여 전 국민의 참가에 의한 평등과 기회 균등을 이룩하고, 나아가 자주성, 자발성에 기초하여 생활상의 사기 진작과 더불어 국민 생활의 질적 향상이라는 사회적 목표를 추구하고 있다.

넷째, 여가 복지 정책의 내용은 여가 문제의 획일성, 단순성 등을 해결하기 위한 노력과 관련이 있다.

우리 사회가 마음의 여유를 가지자면 사회 제도적 욕구를 줄 수 있는 요소를 보존하고 지속적으로 개발해야 한다. 또한 생산적, 소비적, 사치성 여가 시설의 개발에도 정책의 역점을 어느 정도 두어야 하며, 비인기 여가 활동이지만 그 가치가 큰 여가 유형에 대하여 재정적, 법적 지원이 필요하다.

문화관광여가론

문화관광여가론
Cultural Tourism Leisure Management

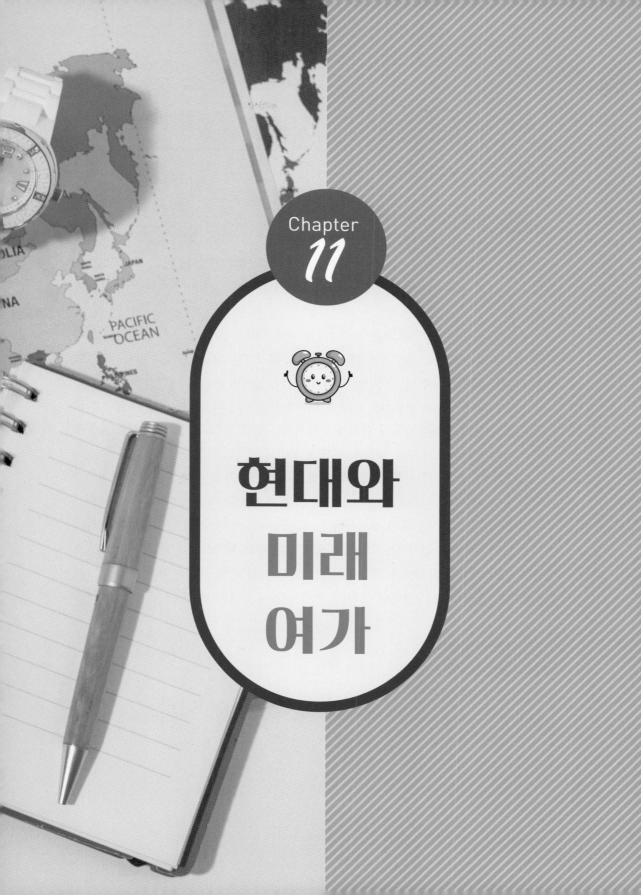

Chapter
11

현대와
미래
여가

 1. 현대 여가의 개념과 특징

1 현대 여가 사회의 개념

현대 사회는 과학기술이 급속도로 변화, 발전하고 있어 기술 문명의 시대가 되었으며 사회 조직의 메커니즘을 포함한 사회생활의 모든 영역에 걸쳐서 지대한 영향을 미치고 있다.

매스 커뮤니케이션의 발달은 지금까지의 지역 사회를 중심으로 한 이질적이고 개성적인 문화의 형태를 획일적인 대중문화로 진화시켰다. 대중문화는 우리들의 생활에 활력을 일으켜 주면서 현대인에게 여가가 점점 중요한 요소로 자리잡게 되었다.

현대 여가의 성격은 산업화의 산물로 여겨지고 있으나 과거에는 소수 특권층의 고급 문화 활동으로 인식되었다. 현재에 이르러서는 일반 국민의 일상적인 문화 활동으로 정착하게 되면서 누구나 향유할 수 있는 권리로 인식되고 있다.

현대의 여가는 인류 사회의 새로운 현상으로 개인적 차원 이상의 사회적 관심사가 되고 있다. 마이클 처브(Michael Chubb)는 1차 여가 혁명으로 그리스 로마시대의 여가, 2차 여가 혁명으로는 18세기 산업혁명의 결과로 나타난 여가 현상으로 현대 여가의 특징을 산업화와 관련시키는 의도를 보였다. 3차 여가 혁명으로는 자유 시간 혁명으로 여가가 시간적 차원에서 증가하는 현상으로 과학 기술 문명의 혜택으로 소득과 소비수준 향상, 노동 시간 감소, 그리고 여가 기회의 확대로 보았다.

미국의 여가 혁명은
❶ 18세기 정치적 혁명-미국 독립에 관한 정치적 혁명
❷ 20세기 전후 대량 생산 혁명
❸ 1950년대 이후의 여가 혁명-인간의 가치 체계 및 생활 양식에 근본적인 변화를 일으키게 되었다.

다우어의 네 가지 여가 혁명 요소는

❶ 제1의 물결: 18세기 산업 혁명

❷ 제2의 물결: 철도 혁명

❸ 제3의 물결: 자동차 혁명

❹ 제4의 물결: 여가 혁명

2 현대 여가 사회의 특징

현대 사회는 과학의 발달과 생활의 전반적인 요소들이 변화되어 왔다.

현대 사회의 다양한 특징 중 대표적인 특징으로는 고령화, 정보화, 국제화 등을 들수 있다. 이러한 현대 사회의 특징들은 현대인의 여가 생활에 직접적인 영향을 미치고 있다.

(1) 고령화 사회

'여가 그 자체가 인권'이 아니라 고령자는 '생활 그 자체가 여가'이므로 여가를 보내는 방법에 따라 자신의 건강과 생활의 충실감이 달라진다. 따라서 노인의 여가는 '남은 시간'의 의미가 아니라 하고 싶은 일을 할 수 있는 자유로운 시간, 삶의 보람을 충족할 수 있는 시간으로 받아들여야 한다.

고령화 사회는 전체 인구에 대비한 고령 인구의 비율이 증가하는 상태를 말한다. 의료 기술의 발달과 안정적인 생활과 영양 공급으로 인간의 평균 수명이 급속하게 길어지고 있다. 대부분의 선진국에서는 인구 성장의 마지막 단계에 해당되는 인구의 고령화 현상이 나타나고 있기 때문에 노인 복지 문제가 중요한 사회 문제로 대두되고 있다.

우리나라의 고령화 속도는 다른 나라에 비해 급속도로 증가하고 있다. 이로 인해 사회적, 국가적으로 여러 가지 문제를 발생시키고 있다. 고령화 사회가 되면 노인 복지 문제가 발생하게 되고, 경제 활동 인구의 경제적 비중이 점차 높아지게 된다. 경제 활동 인구 감소는 여성들의 사회 진출과 사교육비 증가 등으로 인한 출산율 감소 원인이 되고 있다.

현재의 노인들은 여가의 유행과 관계없이 어쩔 수 없이 받아들여야 하는 하나의 고역으로 여기고 있다. 따라서 현재 노인은 과다한 여가 시간 의미 없이 소일하면서 소비하고 있는 실정이다.

신세대 노년층은 과거에 절약과 저축을 미덕으로 여기던 노인들과는 달리 경제적으로 여유가 있어 자기 주도적인 소비가 가능한 계층이다. 이들은 노후를 대비해 계획되어 있는 세대로 풍요롭고 새로운 삶을 위한 준비가 되어 있다. 따라서 정신적, 육체적으로 건강한 노후 생활을 위해 다양한 여가 활동을 즐기게 될 것이다.

(2) 소득의 증가

여가가 대중화되고 다양화되고 있는 것은 소득의 증가가 많은 영향을 미치고 있다. 하지만 미래의 여가 소비는 금전 소비형 여가에서 시간 소비형 여가로 변하게 될 것으로 예상된다. 고소득 시대를 맞아 우리 국민의 여행 욕구 증가, 스포츠 산업 유망, 문화 예술, 교양에 대한 욕구 증가, 가족 화합 사기 진작형 여가 상품의 개발이 시급하다.

(3) 노동 시간 단축

노동자들의 교육 수준 향상과 경제적 수준이 높아짐으로 인해 여가에 대한 인식이 높아지게 되었다. 대부분의 기업들이 주 5일 근무제 도입과 근로자들의 여가의 중요성을 인식하게 되면서 생활 필수 시간과 노동 시간은 갈수록 감소하는 반면에 자유 시간은 증가하게 되었다. 자유 시간의 증가는 삶의 질을 향상시키는 데 많은 영향을 미치게 되었다. 노동 시간의 감소는 자연적으로 여가 활동에 많은 시간을 할애하게 된다.

현대인들에게 새로운 노동관과 이

로 인해 변화된 여가관의 확립이 필요하다. 따라서 사회 변화에 신속하게 적응하면서 효율적이고 적극적인 여가 시간 활용을 위한 방법에 대한 인식이 필요하다.

(4) 독신 가구 증가

사회 전반에 걸쳐 개인주의가 확산되면서 만혼, 이혼, 핵가족화로 인한 노인 세대가 급증하고 있으며, 경제적 부의 축적과 개인주의가 확산되면서 독신 가구가 증가하고 있다. 또한 여성의 사회 진출로 늦은 혼인과 출산 기피 현상이 증가하고 있다. 미혼 또는 독신의 경우 배우자가 있는 경우보다 여가 활동에 대해 여러 가지 자유로운 생활을 할 수 있다. 독신자와 핵가족화 등은 지속적으로 증가할 것으로 예상되면서 여가소비를 하는 데 많은 영향을 미치게 될 것이다.

(5) 정보화

정보화는 정보가 물질이나 에너지 이상으로 중요한 자원이 되어 정보의 가치 생산을 중심으로 사회나 경제가 발전해 가는 것이다. 컴퓨터와 IT 기술의 발달은 직장과 가정의 분리라는 이분화된 현대인의 생활패턴에 변화를 주기 시작했다. 이러한 기기들의 발달과 인터넷 속도의 발전은 언제 어디에서든 업무를 수행할 수 있게 되면서 여가 시간을 더욱 확대하는 중요한 역할을 하게 되었다. 인터넷은 현대 사회의 과학기술 발달이 창조한 새로운 여가 패턴이 되었다. 인터넷의 쌍방향 커뮤니케이션적 행동은 적극적인 교류와 새로운 체험의 장이 되고 있어 인터넷 이용수요와 계층인구는 갈수록 확산되고 있다. 또한 자동차와 다양한 이동수단의 발달로 인해 국민들의 이동속도가 빨라지고 이동량을 증가시키게 되면서 여가 패턴에 많은 영향을 미치고 있다. 편리한 도로와 정보의 발달로 더 많은 목적지에 더 빠르고 정확하게 도달하고 있으며 새로운 여가 공간 및 시설의 개발을 촉진시키고 있다.

갈수록 첨단화되고 있는 미디어를 잘 다루게 되면 정보를 받는 사람의 주체성을 높일 수 있다. 매스미디어의 발달은 새로운 놀이 문화를 만들어내고, 정보화의 신속한 변화에 맞추어 자신의 욕구와 목표에 맞는 여가 활동을 선택하고, 자신의 여가를 계획적으로 사용하기 위한 정보가 필수적이다.

여가에 필요한 정보의 종류

① 여가 프로그램에 관한 것: 여가를 보내는 방법, 각각의 구체적인 내용(예 특색, 대상, 재미, 난이도 등)
② 여가장소, 시설에 관한 것: 여가 공간시설, 여가 최적지 선택
③ 여가 활동의 기술에 관한 것: 기술이 필요한 특정한 여가 활동에 대한 내용, 방법, 개발 등의 정보
④ 여가 지도자, 지도원에 관한 것: 여가 기술을 가르치는 전문가, 단체 등에 대한 정보
⑤ 여가 비용에 관한 것: 필요한 주요 경비, 할인제도 등

정보화 시대의 문제점은 정보화의 급속한 진전으로 넘쳐나는 정보에 남용되어 정보가 제공자에 의해 조작되는 정보매몰형 인간을 만들게 된다는 것이다. 커뮤니케이션의 발달은 인간의 자유와 주체성을 펼치는 방향으로 활용해야 한다.

(6) 도시화

도시화의 영향으로 핵가족화, 가족 중심적인 여가 시설에 대한 요구가 높아지고 가구주의 연령을 낮추어 이동을 촉진시키고 있다. 인구의 도시 집중으로 여가 공간요구의 증대와 여가형태의 변화 등에 영향을 주게 되었다. 도시인구의 증가로 인구밀도가 높아지게 되면서 경제, 문화, 교육 등의 중심지 역할을 하면서 도시인구가 증가하게 되었다. 도시화로 인해 지방의 공동화와 경제활동 인구의 부재로 노인 중심으로 한 노동과 생활이 진행되고 있어 도시와 농촌의 불균형 성장으로 사회문제가 되고 있다.

(7) 국제화

국제화는 물건, 돈, 사람, 정보 등이 일정 이상의 규모에서 국가 간에 시공의 장벽이 없어지고 인적, 물적 자원의 이동이 자유롭게 됨과 동시에 인류사회에 대한 인간의 공동체의식이 강화되는 것이다. 이는 사회, 정치, 경제, 문화 등의 모든 측면에 있어서의 변화를 의미하게 된다.

이를 위해 해결해야 할 문제는 노동 시간 단축과 장·단기 휴가의 증가, 국제화 시대에 맞는 국민의 노동관과 여가관 개발, 국제적인 여가시대에 맞는 행동양식을 익힐 수 있도록 지원해 주어야 하며, 국내의 여가 시설과 여가 활동의 기회, 여가정보 등을 국제적인 수준으로 향상시킬 수 있도록 노력해야 한다.

 ## 2. 현대 여가의 성격

현대 여가는 산업 사회의 산물로서 일반 국민의 일상적인 하나의 문화 활동으로 인식되고 있다. 현대인의 의식구조는 노동 중심적 가치관에서 여가 중심적 가치관으로 변화되고 있다. 이는 인간의 삶을 보다 질적으로 향상시키고자 하는 가치관으로 의식전환이 이루어지고 있다. 특히 새로운 가치관과 의식을 지닌 젊은층을 중심으로 한 신세대들은 이를 더욱더 촉진시키고 있다. 현대 사회에서의 여가는 일을 위한 수단적 의미 그 이상이 되고, 나아가 여가 활동 자체가 생활의 목적이 되었다.

평일의 단조로운 노동 생활 뒤 기대에 부푼 즐거운 주말이 이어지는 반복적 리듬의 되풀이가 곧 현대인의 통상적 생활패턴이 되기 시작하였다.

1 여가 혁명의 도래

현대의 여가는 개인적 차원 이상으로 사회적인 주요 관심사로 여겨지고 있다. 현대에 와서는 과학기술 발달의 영향으로 인해 교육수준과 소득수준이 높아지게 되면서 여가에 대한 인식이 높아지고 여가를 즐기려는 사람들이 많아지면서 노동 시간의 감축은 필수가 되었다. 이러한 이유로 여가 시간이 증대되면서 여가에 대한 기회확대와 인식의 변화로 여가의 중요성을 알게 되었다.

　　여가는 정치, 경제, 사회, 문화 등에 독자적인 기능을 담당하는 강력한 영향력을 가지고 있다. 미국의 세 가지 대혁명 중에서 세 번째인 여가 혁명은 인간의 가치체계 및 생활양식에 근본적인 변화를 초래하는 계기를 마련하였다.

　　다우어의 네 가지 물결 중에서 제4의 물결인 여가 혁명을 볼 때 이전의 것보다 우리 사회에 강력한 영향을 미치고 있음을 알 수 있다.

　　오늘날의 여가 혁명은 단순한 여가 시간의 증가뿐만 아니라 여가 의식의 혁명 및 그에 따른 생활의 질적 혁명과 관련되어 있음을 알 수 있다.

 2　사회변동과 여가특성

　　산업 사회의 발달은 여가에 대한 지위를 향상시키는 역할을 하게 되었다. 사회가 근대화되고 산업화가 진전되어 감으로 인해서 그것을 움직이는 관련 메커니즘의 연결성이 강화되고 조직의 효율성도 증대되었다. 산업 사회에서 후기 산업 사회로 변화되면서 여가의 특성도 성취, 자아실현, 자기통제, 자기표현, 독립성, 상호 의존성 등 유희의 추구로 변화하고 있다. 현대의 여가 현상은 고립, 단체생활, 정주생활, 이동생활, 휴식위주, 활동중심, 수동적 소비, 그리고 발전적 여가의 형태로 다양하게 변화되고 있다.

3. 현대 사회의 여가 문화

　　현대 사회는 교육과 평등사상의 확산 등으로 유한계급의 문화독점이 사라지게 되면서 '대중 여가시대'에서 '대중 문화시대'로 변화하고 있다. 따라서 기업은 대중의 문화욕구에 대응하여 값싸고 대중적인 물건을 대량으로 공급하여 여가의 대중화에 기여하는 역할을 선도해야 한다. 대중문화의 시작은 새로운 환경에서 문화의 가치와 태도 그리고 다양한 사람들의 공통적인 관심사를 하나로 만드는 과정이라고 할 수 있다.

문화의 대중화는 도시인들의 여가 시간 확보와 수입 증가로 문화에 대한 접촉기회가 증대되고 문화의 대량생산 등으로 인해 가격이 하락하게 되면서 물질적 수준이 향상되는 기대를 가질 수 있다.

현대 사회에서 여가는 고급문화와 대중문화 그리고 셀 수 없이 많은 하위문화들이 정의되고 표출되어지는 영역으로 확대된다.

1 대중문화시대

20세기에 접어들게 되면서 자본주의의 영향으로 인해 문화의 중심이 대중문화로 인식되고 있다. 문화로부터 소외되어 있던 노동자 계급의 유입으로 인하여 새로운 소비자로 인정되고 있다. 과학기술의 발달은 새로운 매체를 등장시켰으며 대중문화를 급속도로 성장시키는 매개체가 되었다. 미국은 제2차 세계대전 이후 대중문화를 상업적으로 크게 성공시키는 역할을 하였다. 20세기 후반에는 대중매체의 영향력이 커지게 되면서 문화도 자본주의의 새로운 상품으로 대체되고 있다. 하지만 대중문화가 확산되면서 대부분의 문화현상이 이미지화되고 기호화되면서 소비자들의 욕망을 왜곡시키고 끊임없이 유행을 창출해 내고 있다. 욕망은 그 한계를 가늠할 수 없을 정도의 무한함으로 인해 그에 대한 부작용이 계속 증가하고 있다.

갓비(Godbey)는 복합문화사회와 일원적인 문화를 담고 있는 단순문화사회 간의 여가 특성을 〈표 11-1〉과 같이 설명하였다.

🏆 **표 11-1_ 복합문화사회와 단순문화사회의 여가특성 비교**

구 분	복합문화사회	단순문화사회
개 념	여가는 각 개인들이 쾌락을 위해 선택할 수 있는 모든 것이며, 여가 자체가 목적이다.	여가는 놀이를 근원으로 하여 발달하는 활동이고, 경험을 할 수 있는 기회를 제공한다.
행동의 다양성	행동의 범위가 넓다.	행동의 범위가 좁다.
행동 판단의 기준	법률적 제약이 있다. 여가 행동을 판단함에 있어 사회관습은 보편적으로 적용되지 않는다.	사회적 관습이나 도덕 등의 기준하에 행동이 제한된다. 여가를 위한 보편적 기준은 문화적 필연성을 기본으로 한다.
역 할	개인과 특정문화의 일치는 여가 행동과 연결된다.	종족, 지방, 국가 차원의 문화일치는 여가 행동과 연결된다.
역할의 문제점	윤리적으로 여가를 규제하기 어렵다(여가의 가치에 대한 논쟁, 의미의 결여).	경험, 체험미흡, 외지인(외국인)에 대한 규제, 사회 통제의 의미로 여가를 이용하기 쉽다.
정부의 역할	레크리에이션과의 동일화가 이루어지기 어렵다. 어떤 특정문화나 집단에게 여가 공급 기회 등을 불균형적으로 제공한다.	레크리에이션과의 동일화가 이루어지기 쉽다. 레크리에이션과 여가의 공공적 편익부분만을 제공한다.
민간부문의 역할	민간분야는 좀 더 다양한 기회를 가진다. 또한 개인이나 특정계층의 문화취향에 오락을 제공할 수 있다. 요구하는 것을 개발, 공급하기가 좀 더 쉽다.	민간분야는 기회가 더욱 한정되어 있다. 개인이나 특정계층의 취향이나 필요에 따라 개발, 공급이 어렵다.

출처: Godbey G.(1981), Leisure in your life: An exploration, State College, PA: Venture Publishing Inc.

2 여가 문화

현대는 여가 문화에 있어 소비를 위한 움직임이 활발하게 이루어지는 여가 사회이다. 여가 문화에 대한 관점이 노동이 아닌 여가와 이를 위한 소비로 이동하기 시작했다. 경제수준의 향상과 웰빙 그리고 주 5일 근무제 등의 계기로 더욱 풍요롭고 새로운 여가 문화를 향유하기 위한 고민이 증가하면서 건강한 신체 그리고 정신의 건강을 향상시키고 여가 문화를 누리기 위해 노력하고 있다.

(1) 현대 여가 문화의 특징

여가 문화가 활발해지고 발달하면서 여가에 대한 다양한 특성들이 나타나고 있다. 그중에서도 여가는 상업화, 개별화, 온순화 그리고 글로벌화로 확대되고 있다. 이에 대한 상세한 내용은 다음과 같다.

① 여가의 상업화

현대의 여가가 상업화로 발전하게 된 요인에는 다양한 전파매체의 개발과 인쇄매체의 발달 그리고 영상매체 등의 기술적 요인들의 개발과 발달로 인해 확산되기 시작하였다. 1970년대에는 교통수단의 발달로 인한 고속도로가 생겨나게 되고 철도여행의 대중화로 인해 관광 붐이 조성되기 시작하였다.

1980년대에 이르러서는 개인 소유 자가용이 보편화되면서 외식산업이 발달하는데 많은 영향을 주게 되었다.

대도시의 중산층 이상의 인구가 새로운 여가 트렌드를 주도하면서 여가소비 수준이 증대하였다. 현재 우리나라의 여가 산업도 문화 산업에 의해 일차적으로 지배되어 있으며, 이윤추구의 목적을 우선으로 하는 하나의 산업 네트워크를 구성하고 있다.

② 여가의 개별화

공동체적인 여가 문화가 쇠퇴해 가면서 개인주의를 바탕으로 하는 경쟁, 성취, 업적 위주의 여가를 추구하게 된다. 이러한 경향은 공동체 여가 문화의 궁극적 목적인 인간적 유대의 범위를 축소시키고 극단적 이기주의적 성격을 창출하는 사회로 변화하는 계기가 되고 있다.

③ 여가의 온순화

인간이 즐거움을 추구하는 방식에서 통제되고 순환되는 형태로 충족시키는 방식이 지배되는 것을 여가의 온순화라고 한다. 이러한 경향은 여가가 제도화되고 전문화되면서 공격성이 감소하는 현상을 보이는 것과 관련이 있다. 현대의 여가 활동은 점

차 '대리적인 행위' 형태를 갖추어가고 있다.

④ 여가의 글로벌화

자본주의 발전에 따른 여가의 상업화에 부수되는 현상이다. 글로벌화에 의한 인적, 물적 교류에 의해 생활의식과 라이프스타일이 서서히 변화된다. 여가 생활에 관한 의식과 행동의 변화도 함께 이루어지게 된다.

글로벌화되는 여가를 위해 해결해야 할 문제점은 다음과 같다.
❶ 노동 시간 단축과 장·단기 휴가의 증가
❷ 글로벌화에 따른 노동관과 여가관의 개선
❸ 글로벌화에 맞는 국민들의 여가 행동양식의 변화
❹ 국내 여가 시설과 여가 활동의 기회 증가와 여가정보 등을 국제적인 수준으로 향상

Case Study

코로나로 바뀐 여가 생활, 호캉스 문화

요즘과 같은 시국에 멀리 여행을 떠날 수 없는 분들을 위한 새로운 여행 트렌드인 차박캠핑. 많은 분들이 시도해 보고 계시는데요. 한 가지 걸리는 것이 있다면, 준비할 것이 많다는 점입니다.

코로나로 바뀐 여가생활, 호캉스 문화
변화하는 호캉스

장비에서부터 자동차, 그리고 음식까지 여러 가지를 챙겨야 하는 캠핑 자체를 즐기시는 분들은 준비 과정이 즐겁게 아무렇지 않게 느껴지실 수 있지만, 캠핑이 익숙치 않으신 분들에게는 여전히 높은 진입장벽을 가지고 있는 여가 생활일 것으로 보입니다.

이렇게 캠핑 준비조차 어려우신 분들이 쉽게 하실 수 있는 작은 여행이 있다면, 바로 호캉스가 아닐까요?

모든 것이 갖추어져 있는 공간으로 떠나는 작은 여행이기 때문에, 우리가 필요한 최소한의 것들을 가지고 오늘 오후 당장이라도 떠날 수 있는 호캉스를 찾는 분들이 더욱더 많아지고 있습니다. 하지만 이 호캉스 문화 또한 외국인 관광객 감소와 국내 여행객 감소로 인하여 트렌드가 바뀌어가고 있는데요. 오늘 한손 트렌드에서는 코로나로 인해 바뀌어가는 호캉스 문화에 대해서 소개해 드리도록 하겠습니다.

넷캉스라는 말 들어보셨나요?

바로 넷플릭스 + 호캉스의 줄임말입니다. 요즘, 넷플릭스 챙겨보시는 분들 많으실 텐데요. 말 그대로, 호캉스를 즐기는 방법 중 하나로, 넷플릭스 등의 서비스를 함께 즐기는 것을 말합니다.

호텔에서 즐기는 넷플릭스, 어떠신가요?
"호텔에서 즐기는 영상 콘텐츠 문화, 넷캉스"

호캉스라는 문화 자체가 무언가를 크게 하지 않으면서 호텔에서 나만의 시간과 여유를 즐기는 것이 목표이기 때문에 그러한 측면에서 볼 때 넷플릭스는 아주 적절한 활용 상품이 될 수 있는데요. 실제로 이러한 니즈가 높아짐에 따라 호텔에서는 스마트 TV와 셋톱박스는 필수 준비 요소가 되어가고 있고, 해당 관련 상품을 하나둘씩 선보이고 있습니다. 특히, 신라스테이의 경우 아주 특별한 스트리밍 패키지를 제공하고 있는데요.

넷플릭스뿐만 아니라, 왓챠, 티빙, 유튜브 등의 서비스를 모두 이용할 수 있는 연동 기기를 대여해 주는 것입니다. 호텔 체크인 시 이러한 장비를 제공받으면, 원하는 서비스를 이용할 수 있어서, 각자 취향에 맞는 콘텐츠를 즐길 수 있다는 장점이 있습니다. 해당 서비스는 서울이나 해운대, 제주는 물론 전국 12개 호텔에서 제공되고 있다고 합니다.

실제로, 호텔스컴바인이 20-59세 남녀 2천 명을 대상으로 조사한 2021 호캉스 트렌드 조사 결과에 따르면, 20대 응답자들의 경우, 호캉스에서 넷플릭스 등의 OTT 서비스 이용권이 가장 선호하는 서비스로 선정되었다고 합니다.

넷캉스와 유사하지만, 이러한 콘텐츠보다 게임 콘텐츠를 즐기시는 분들을 위하여 가상현실(VR) 게임을 대여해 주는 패키지 또한 출시되었습니다. 특히나 해외 또는 먼 곳으로의 여행이 힘들어지는 요즘과 같은 상황에는 가상현실을 통한 관광 서비스 또한 큰 인기를 얻고 있다고 할 수 있습니다.

이러한 서비스들의 경우에는 호텔 입장에서 크지 않은 투자와 노력으로 2030의 젊은 세대들을 유치할 수 있다는 장점이 있어, 해당 패키지는 지속적으로 출시될 것으로 보입니다.

호텔에서도
먹는 건 빠질 수 없어요

"호캉스에서도 놓칠 수 없는 미식족을 위한 식도락 여행, 먹캉스"

한화손해보험

여러분이 호텔을 고르실 때 가장 중요하게 생각하는 요소는 어떤 것인가요?

아마 많은 분들이 "음식"을 택하실 수 있습니다. 실제로 위에서 말씀드린 호캉스 트렌드 조사에 따르면 전체 응답자의 60%가 조식 이용권을 꼽았다고 합니다.

이것의 의미는 일상을 잠시 벗어나는 호캉스 문화에서조차 먹는 것은 빠질 수 없다는 것인데요. "먹캉스"라는 말이 있을 정도로 호캉스에서 먹기는 빠질 수 없는 요소이며 경험해 보고 싶은 호캉스 테마 또한 78%의 응답자들이 음식을 먹으면서 즐기는 "먹캉스"를 꼽았다고 하며, 지역 맛집 배달 서비스에 대한 선호도 또한 높은 결과를 나타냈다고 합니다.

특히 배달 서비스 시장이 급격하게 커지고 있는 요즘과 같은 상황에 호캉스에서 또한 이 현상은 동일합니다. 호캉스가 아니더라도 먹방 콘텐츠 자체에 대한 인기가 줄어들고 있지 않고 있으며, 평소에는 먹기 어려운 전문 셰프가 운영하는 호텔 레스토랑 음식을 즐길 수 있다는 점이 젊은 세대에게 큰 장점으로 다가가고 있는 것으로 보입니다.

밀레니엄힐튼호텔에서 선보이고 있는 "비스트로 50"이라는 패키지는 미국 50개 주의 다양한 음식을 즐길 수 있도록 한 패키지로, 인테리어 또한 아메리칸 레트로 풍으로 되어 있어. 다이닝은 물론 색다른 체험을 할 수 있도록 구성되어 있습니다.

또 다른 "먹캉스" 패키지로는 안다즈 서울의 '안다즈 먹캉스' 패키지를 소개해 드릴 수 있는데요. 호텔에서 머물고 지내면서 최대한 다양한 음식을 먹고 마실 수 있도록 구성된 먹캉스 패키지입니다. 투숙뿐만 아니라 모든 여가와 식사를 호텔 안에서 해결하려는 사람들에게 적합한 패키지라고 할 수 있죠. 이 외에도, 대부분의 호텔들은 '먹캉스'를 목표로 하는 투수객들을 잡기 위한 각종 패키지를 내놓고 있습니다.

식도락을 위해서 먼 지역까지 여행을 떠나는 사람들이 있을 정도로 여행에 있어서 먹는 것은 필수 요소가 되고 있는데요. 국내 미식족을 끌어들이기 위한 호텔들의 노력 또한 계속될 것으로 보입니다.

호텔에서 즐기는
독서는 어떠신가요?

"정신없는 일상에서 벗어나 호텔에서 즐기는 독서, 북캉스"

호텔에서 즐길 수 있는 또 다른 여가 생활에는 어떠한 것들이 있을까요?

평소 본인이 좋아하는 취미생활을 호텔에서 할 수 있다면 더없이 좋은 호캉스가 될 텐데요. 대표적인 것이 바로 "북캉스"입니다.

"북캉스"는 말 그대로 책을 의미하는 "북(Book)"과 호캉스의 합성어로 독서를 좋아하시는 분들의 호캉스를 의미하는 말입니다.

실제로도 이렇게 여러 명이 모이는 것이 아닌 혼자만의 독서 시간을 즐기는 분들을 위하여 '방구석 서재' 패키지 등이 출시되었는데요. 일반적인 책을 제공하는 패키지뿐만 아니라, 전자책 또는 오디오북도 제공하고 있습니다. 책 문화 또한 변화하고 있는 요즘과 같은 때에 호캉스에서 이렇게 다양한 책 콘텐츠를 즐길 수 있다는 것 자체가 굉장히 매력적인 요소일 수 있겠죠. 또한, 여러 사람이 모일 수 없는 시기에 프라이빗한 모임을 가질 수 있는 패키지도 나오고 있습니다.

실제 신라스테이에서 출시한 패키지 중 '라운지 1705'의 경우, 하루에 오로지 한 팀만 단독으로 사용할 수 있다는 장점을 가지고 있으며, 소소하게 모임을 즐길 수 있도록 구성되었다는 특징이 있습니다. 소소한 모임과 함께, 영화나 독서 등의 문화생활도 함께 즐길 수 있으므로, 코로나 시대에 아주 적합한 대표적인 호캉스 문화라고 할 수 있습니다.

이렇게 다양해지는 호캉스 문화를 많이 즐기기 위해서는, 하루이틀의 숙박으로는 부족하다고 느끼시는 분들이 많으실 텐데요. 좋아하는 취미 생활을 즐기기 위해서 호텔에 조금 더 오래 머무르면서 호캉스를 즐기는 분들을 위한 장기간 투숙에 대해서 소개해 드리려고 합니다.

호텔에서
한달살기?

"한 달 살이, 제주도뿐만 아니라 호텔에서도 할 수 있어요."

여러분, 혹시 "한 달 살이"라는 말 들어보셨나요?

한때 제주도 한 달 살기라는 것이 유행했을 정도로 일상을 벗어나서 일정 기간 동안 머무르며 휴식을 취하고 여유를 즐기는 문화가 떠올랐습니다. 이것이 호캉스 문화에도 나타나고 있는데요. 그렇다면, 어떤 분들이 호텔 한 달 살이를 선택하게 될까요?

서울의 경우에는 아무래도 비즈니스 고객의 비중이 높은 편입니다. 모든 부대시설이 갖추어져 있고 필요한 개인 물건만 챙기면 되는 레지던스 호텔을 찾는 분들이 많으며, 재택이 많아지면서 이러한 형태의 투숙을 찾는 분들이 많아진 것이죠.

제주도와 같이 일반적인 일상생활 공간에서 멀리 떨어진 여행지의 경우 휴식과 여행, 여가 자체에 목적을 둔 장기 투숙객들이 많습니다. 해외여행을 갈 수 없기에 제주도 등의 국내 여행지를 찾게 되고, 이에 따라 장기 투숙 패키지 상품이 늘어나고 있는 것입니다.

실제로도 각 호텔들은 이러한 장기 투숙객들을 잡기 위하여 각종 패키지를 선보이고 있는데

호캉스 문화, 어떻게 바뀌고 있나요?

1. "호캉스" = 호텔에서 즐기는 바캉스, 코로나에 즐기는 여가생활
2. "넷캉스" = 넷플릭스+호캉스, 호텔에서 넷플릭스를 즐겨요
3. "먹캉스" = 호캉스에서도 빠질 수 없는 식도락 여행
4. 북캉스, 호텔에서 한 달 살기 등 다양한 호텔 패키지 상품 출시

요. 호텔의 등급이나 구성하고 있는 상품에 따라서 비용은 천차만별이지만 호텔에 머무르는 것 자체를 목적으로 하는 호캉스 고객들의 니즈에 맞는 일상생활을 포함한 상품, 예를 들면 세탁 서비스나 커피 또는 조식 제공권 제공 등의 서비스가 늘어나고 있습니다.

이렇게 또 다른 하나의 여행문화로 자리 잡은 호캉스 또한 시대와 상황에 맞게 변화하고 있는데요. 어서 빨리 호캉스와 함께 실제 여행도 즐길 수 있는 날이 오기를 바랍니다.

출처: https://blog.naver.com/sin_woo1

3 현대 사회 여가의 변화와 특성

산업 사회에서 후기 산업 사회로 변화됨에 따라 여가의 특성도 수단적 가치에서 자기 충족적 가치로, 주지주의적 방향에서 쾌락주의적 방향으로, 노동의 보상적 의미에서 인간권리의 의미로, 도덕적인 사회가치의 기준에서 향락적인 인간가치의 기준으로, 전통적인 계급적 특징에서 개인주의적인 대중적 특징으로, 행정과 종교 교육의 리더에서 여가 산업의 선도자로, 상류사회의 유한 및 특권계급의 여가독점에서 대중화현상으로, 여가의 부정적 비관주의 견해에서 긍정적 낙관주의 견해로, 행사중심의 여가에서 상업주의적 여가로 변화하고 있다.

여가는 인간 세상의 모든 분야와 밀접한 관계를 맺고 있기 때문에 산업 사회에서 여가의 지위는 더욱더 향상되어야 한다. 사회적, 경제적으로 발전이 진행되면 여가도 이에 따른 밀접한 관련성을 가지게 된다. 개인적으로나 사회적으로 여가의 비중이 커지게 되면 그에 상응하는 여가의 비중 또한 증가하게 되는 것이다.

현대의 사회가 빠른 속도로 진행되고 있고 스마트하게 발전되는 현실에서 여가의 개념도 이러한 사회에 발맞추어 변화해야 한다.

현대 사회의 급속한 변화는 정치, 경제, 사회, 문화 등 각 방면은 물론 의식과 일상생활에 직접적인 영향을 주고 있다. 오늘날 경제의 발전과 더불어 소득과 여가 시간의 증가로 인해 인류는 노동과 여가관의 혼란의 상태에 빠지고 있다.

현대 사회의 특성으로는 노동 시간 단축, 자가용 보유의 증대, 그리고 항공산업과 정보산업의 발달로 인해 취미와 기호가 다양화되면서 탈개성화가 이루어지고 있다.

현대 사회의 다양한 특징 중 대표적인 것은 고령화, 정보화, 국제화로 구분된다.

❶ 고령화는 전체 인구에 대비한 고령인구의 비율이 증가하는 상태, 즉 인구의 고령화 또는 고령화가 진행 중에 있는 사회를 말한다.

❷ 정보화는 정보가 물질이나 에너지 이상으로 중요한 자원이 되어 정보의 가치 생산을 중심으로 사회나 경제가 발전해 가는 사회이다.

❸ 국제화는 국가 간에 시공간의 장벽이 없어지고 인적, 물적 자원의 이동이 자유롭게 됨과 동시에 인류사회에 대한 인간의 공동체의식이 강화되는 것을 뜻한다. 이러한 현대 사회의 특징들은 현대인의 여가 생활에 직접적인 영향을 미치게 된다.

4 여가 생활의 유형

지금까지 일률적이고 유행에 의해서 활성화되었던 여가 활동이 점진적으로 개인의 개성이 강해지면서 여가에 대한 활동 유형 또한 조금씩 변하고 있다. 1인 1색의 시대에서 1인 10색의 시대로 변화되면서 여가에 대한 다양한 현상이 나타나고 있다. 사람들마다 각기 추구하는 여가의 유형이 존재하고 여가를 통하여 얻고자 하는 바가 다르기 때문에 여가를 즐기는 유형을 시간소비형, 문화교양 창조형, 자연친화형, 커뮤니티형 그리고 웰빙형 레저 생활 유형으로 나누어 알아보고자 한다.

(1) 시간 소비형 레저 생활

소득수준의 향상과 근로 시간 단축 등에 따른 레저시간의 확대는 레저 수요를 증가시키는 것과 함께 레저 패턴에도 새로운 변화를 가져오고 있다. 레저시간이 많아짐으로 인해 금전 소비보다는 시간 소비에 더 많은 관심을 갖게 되었다. 즉, 보다 여유로운 레저시간을 잘 활용함으로써 레저 생활의 내용을 더욱 충실히 하고 나아가서는 자기 계발 목표를 달성하려는 인식이 강해지고 있다.

과거의 금전 소비보다 시간 소비형 여가가 증가하게 될 것이다.

(2) 문화, 교양, 창조형 레저 생활

현대 사회에서 일반대중의 문화 활동 참가, 대중의 욕구에 부응한 창작활동 등의 활성화 여부는 대중문화의 질 향상과 매우 밀접하게 관련되어 있다. 여가 활동은 문화적 요소를 포함하고 있으며 대중문화에는 대중여가적 내용이 혼합되어 있다. 실생활에서 여가비중의 증대는 대중문화에 대한 여가의 역할이 중요하다. 문화 활동을 통한 건전한 여가확립은 질 높은 문화창조의 지름길이 된다.

현대인의 건전한 여가 생활은 복잡하고 여유가 없는 생활에서의 교양을 쌓는 데 많은 영향을 미치게 되면서 사회생활에서의 견문과 지식을 향상시키는 역할을 하게 된다. 사람들의 자발적인 여가 활동은 자신이 좋아하고 하고 싶은 여가에 몰입함으로 인해서 자신만의 창조형 레저 생활을 개발할 수 있게 된다.

(3) 자연친화형 레저 생활

여가를 즐기는 사람들은 환경문제를 고려하는 자연 밀착형 여가를 선호하게 될 것이다. 건축물, 도로 등 인공구조물이 지배하고 있는 도시와는 달리 다양한 자연경관을 형성하고 있는 농촌, 산, 강 등의 자연친화형 여가 활동 지역으로 여가 활동을 하는 사람들이 증가하고 있다. 또한 자동차를 이용한 대량관광 등 그동안의 관광 형태에서 탈피하여, 자전거, 도보, 달리기 등 가능한 한 느림관광(slow tour)을 통해 자연경관 및 농촌문화를 즐기고 체험하려는 경향이 늘어나고 있다. 우리나라의 경우 많은 산림면적을 확보하고 있으며 웰빙에 많은 관심을 가지게 되면서 자연친화형 여가 활동은 더욱 증가하게 될 것으로 예상된다.

(4) 커뮤니티형 레저 생활

커뮤니티형 여가 생활은 문화 활동 증진을 통한 삶의 질을 제고하고 여가활용과 문화 복지를 향상시키는 데 많은 영향을 미치게 된다. 이는 대규모 시설을 이용하기보다는 여가를 즐기는 사람들이 이용하기 편리하고 접근성이 뛰어난 커뮤니티 중심시설이 필요하다. 커뮤니티형 여가를 활성화하는 다양한 기능을 갖춘 복합, 소통, 교류의 공간이 확보되고 시민 공동체를 연결시켜 주는 네트워크의 구축이 이루어져야 한다.

(5) 웰빙 레저 생활

오래 사는 것뿐만 아니라 건강한 삶을 지속시키고자 하는 생활방식으로 여가 생활을 즐기는 사람들이 증가하고 있다. 자연, 온천, 식사 등 그 장소의 자원 및 환경 전체

가 건강이라는 주제에 따라 활용되는 것이 중요하며 그 장소에서 육체적, 정신적으로 건강해진다는 것으로 현대인들의 건강유지, 회복이나 질병 차단을 위한 웰빙 여가 생활을 원하고 있다.

여가 시간이 증가함에 따라 가족과 함께 즐기는 유형과 사회적 참여유형이 증가하게 되었으며 교육적, 물리적 생활수준 등의 개선으로 여성의 사회활동 참여가 적극적으로 늘어나고 있다. 맞벌이 부부의 증가로 인한 소득의 증대와 여가 시간에 할애하는 경향이 많아지면서 관광에 대한 인식이 증가하게 되고 보다 안락하고 쾌적한 삶을 추구하게 되었다. 자기 계발형 레저활동과 함께 자연친화적 체험형태의 장기체제 유형의 관광패턴이 증가하면서 여가 관광 산업의 급속한 성장이 이루어지고 있다.

 ## 4. 현대 사회에서의 여가 역할

현대 사회에서는 생활상의 모든 즐거움과 추구할 만한 가치는 여가의 세계에 있고, 상대적인 것은 모두 노동의 세계에 있다는 의식과 가치가 팽배해지고 있다.

산업화와 과학기술의 발달과 경제 성장 그리고 교육수준의 향상으로 여가는 부와 지위의 상징으로 인식되고 있다. 또한 여성의 사회진출 등 사회, 경제적 환경변화에 영향을 받아 여가에 대한 가치관과 의식이 크게 변화하여 여가 수요가 증가하면서 여가의 대중화 현상을 맞이하게 되었다.

 ### 개인에게 미치는 영향

(1) 건강유지와 체력향상

기계와 과학기술의 발달로 인해 일상생활에서 사람들의 운동량이 갈수록 감소하게 되면서 비만율이 많아지고 각종 성인병으로 인한 사회적 비용이 증가하고 있다. 이는 개인의 행복과 발전에 악영향을 주게 될 뿐만 아니라 국가적으로도 국민의 건강이 악화되어 많은 의료비 증가로 이어진다.

다양한 여가 활동으로 건강한 마음과 신체를 유지하게 됨으로써 질병을 예방하고 체력향상에 도움을 주게 된다.

(2) 스트레스 해소

스트레스는 현대인의 건강에 많은 악영향을 미치고 있다. 이는 현대인에게 내적 불균형을 가져오게 함으로써 사회적으로 각종 범죄를 발생시키는 주요 원인으로 파악된다. 다양한 여가 활동은 현대인의 일상으로부터 긴장을 완화시키고 기분을 전환시키는 역할을 하게 된다.

(3) 노동의 재창조

여가 활동을 통해 일상에서 생긴 피로와 지루함을 해소하고 새로운 활력소를 찾게 되면서 새로운 일상으로의 복귀로 생산성을 높이게 할 뿐만 아니라 재충전의 기회를 되찾는 효과를 가지게 된다.

(4) 사회생활의 적응력 배양

적극적인 여가 활동으로 협동심과 독립심을 동시에 배양하여 사회생활에 많은 영향을 미치게 된다. 소극적인 성격과 생활방식을 협동적이고, 민주적이고 낙천적으로 형성하고 외향적이고 능동적으로 변화를 주게 됨으로써 사회생활을 적극적이고 활동적으로 할 수 있도록 한다.

(5) 자아실현의 욕구 충족

자신이 추구하고자 하는 여가 활동을 진행하게 되면 내부에 잠재해 있던 가능성의 극대화를 실현하게 되면서 자아실현을 달성하는 데 적극적인 역할을 하게 된다.

2 사회에 미치는 영향

(1) 사회 통합의 유지와 응집력 강화

같은 종류의 여가 활동을 하는 집단을 통해 연대감을 증가시키면서 일체감이나 소속감을 가지게 된다. 이를 통한 적극적인 여가 활동은 사회생활에 대한 적극성과 조직에 대한 강력한 응집력을 결속시키는 역할을 한다.

(2) 일탈 방지의 효과

정기적이고 지속적인 여가 활동을 통해 행복감과 만족감을 가지게 되면서 직장과 사회에 대한 욕구불만을 해소하게 된다. 이는 일탈행위를 방지하게 되고 일상생활에 만족하게 하는 효과를 주게 된다.

(3) 문화의 전승과 발달

음악, 미술, 연극, 영화 등의 문화 예술 활동은 분야에 대한 양적, 질적 발전을 가져오게 된다. 문화에 대한 관심과 활동은 교육과도 상호 연관적인 관계를 가지면서 인간의 충실한 내적 성장을 이루는 중요한 역할을 하게 된다.

Case Study

📊 2020년 국내여행 트렌드는 'R.E.F.O.R.M.'

한국관광공사

"소셜미디어 분석 결과, 나만의 여행·숨은 여행지 찾기, 여행의 디지털화 등 가속화 전망"

문화체육관광부와 한국관광공사는 2020년 국내여행 트렌드를 R.E.F.O.R.M.의 여섯 가지 키워드로 전망했다. 소셜미디어 분석에 따르면 여행자의 취향이 세분화되고 있으며, 국내여행 트렌드 역시 개인 맞춤형 여행을 선호하는 경향으로 변화하고 있는 것이 큰 특징이다.

Regional Creator - 지역 관광명소를 발굴, 소개하는 유튜버 크리에이터의 성장

유튜브 채널 내 국내여행 관련 언급량은 계속해서 증가세를 보이고 있으며, 특히 2019년 1~3분기 국내여행 언급량은 약 8만 2천 건으로 전년 동기 대비 약 72% 상승했다. 또한, 국내여행 유튜버 중 개인 크리에이터가 차지하는 비율은 영상 기준 87%, 조회수 기준 75.7%로 나타났다. 이는 지역을 소개하는 소규모 크리에이터의 영향력이 커진 것으로 해석할 수 있으며, 앞으로도 대형 콘텐츠 공급자보다 지역 여행을 소재로 한 유튜브 크리에이터의 강세가 꾸준히 나타날 것으로 전망된다.

Enjoy & Critique Food - 식사 종료는 별점과 함께, 여행자 모두가 음식 비평가

인스타그램, 유튜브 등 SNS 채널을 통해 비주얼 콘텐츠의 생산·소비가 증가하면서 음식 관련 시각적 콘텐츠가 증가했다. 이와 더불어 소비자가 식사와 동시에 음식을 평가하는 경향이 더욱 거세질 것으로 전망된다. 소셜 데이터에서도 식사와 관련된 리뷰, 후기 등 평가 관련 키워드의 언급량이 눈에 띄게 증가한 것을 통해 이를 예측할 수 있다.

Find My Trip - 초개인화 시대, 세분화된 취향에 맞는 나만의 여행 찾기

취향의 세분화와 개인 맞춤형 서비스의 성장은 많은 분야에서 두드러지게 나타나고 있는 트렌드이다. 이러한 트렌드는 국내여행에서도 확대될 것으로 전망된다. 소셜미디어에서 언급되는 국내여행 목적 및 활동 관련 키워드 중 '낚시'와 같은 일반적인 키워드는 크게 증가하지 않았지만, '얼음낚시', '원투낚시', '배스낚시' 등 세분화된 활동의 키워드는 높은 증가율을 보였다. 이는 소비자의 취향이 세분화되면서 보다 만족감을 주는 자신만의 여행을 찾아 즐기기 시작한 경향이 나타난 것으로 볼 수 있다.

Other Destinations - 붐비는 인기 여행지에서 쾌적한 숨은 여행지로

대도시나 인기 여행지보다는 다소 덜 번화한 곳이나 부도심지의 키워드 순위가 유의미하게 상승한 것이 관측됐다. 이는 관광객의 쏠림 현상으로 인한 각종 불편, 즉 오버 투어리즘을 피해 조용하고 쾌적한 여행을 즐기려는 움직임으로 분석된다. 이처럼 상대적으로 덜 알려진 숨은 명소(Second City)를 찾는 경향은 앞으로 더욱 뚜렷해질 것으로 전망된다.

Redesign With Technology - ICT 진화로 여행의 디지털화 가속

국내 여행지에서 즐기는 주요 활동 중 드론과 가상현실(Virtual Reality)이 포함되는 등 여행지에서 ICT에 기반한 다양한 액티비티를 즐기는 경향을 확인할 수 있다. 또한, ICT 인프라와 높은 스마트폰 보급률을 기반으로 모바일 여행서비스가 증가하고 있으며, 공유경제 플랫폼이나 배달앱 같은 O2O 플랫폼 역시 나날이 활성화되고 있어 여행의 디지털화는 앞으로도 강화될 것으로 보인다.

Make Trips Nearby - 짧게 자주 떠나는 여행의 일상화

2019년 상반기 국민여행 조사 결과에 따르면, 2018년 상반기에 비해 당일여행 횟수가 무려 23.6%나 증가했지만, 숙박여행 횟수는 2% 감소했다. 또한 여행 관련 페이스북, 인스타그램 채널에서도 데이트, 피크닉 등 일상에서 가볍게 즐길 수 있는 활동에 대한 언급량이 증가했다. 짧고 부담 없이 가볍게 떠나는 여행이 올해에 이어 내년에도 증가될 것으로 보인다.

주목할 만한 소비자 여행 트렌드는 다음과 같다.

1) 변화를 위한 여행: 지역주민처럼 살아보기, 독특한 현지 문화 경험 추구
2) 보여주기 위한 여행: 'Instagramable(인스타그램에 올릴 만한)' 순간, 경험, 배경을 위한 여행 추구
3) 건강을 위한 여행: 걷기 여행, 웰니스(wellness)여행, 스포츠 여행 추구
4) Access economy(유사 표현: 지속가능성, 협력적 소비, 공유경제, 공정여행) 부상: 자원 낭비를 막고 지역경제와 상생을 추구하는 지각있는 소비를 하는 여행 추구
5) 홀로여행과 조부모와 손주가 함께하는 다세대 여행: 1인 가구 증가와 인구 고령화에 따른 변화
6) 지속가능성에 대한 여행자들의 관심 증가: 기후변화, 플라스틱 소비 근절 등

약 1억 명의 여행자들의 검색 정보 분석 결과, 2020년 세계 여행 트렌드의 인기증가와 해변 여행지 선호 등 휴식을 가장 중요한 여행의 목적으로 보는 소비자의 심리를 확인할

수 있다고 했다. 또한 여행에 영감을 주는 매체로 소셜 미디어의 영향력은 하락하고, 오히려 나만의 여행지를 찾는 성향이 증가하고 있다고 밝혔다.

1) 느긋한 여행(Slow travel): 정해진 일정이 없어도 OK! 다녀와서 더 피곤한 여행보다 좀 더 긴 시간 여유롭게 즐길 수 있는 여행. 양보다는 질을 중시하는 슬로 트레블이 인기를 끌 것으로 전망했다. 이탈리아에서 시작한 슬로 푸드 운동처럼 슬로우 트레블도 지역과 여행자들과의 상호관계, 그리고 여유로운 생활방식을 강조하는 특성을 보인다.

2) 잠수 여행, JOMO(Joy Of Missing Out): Trips FOMO(Fear Of Missing Out, 다른 사람들이 참여하는 모임에 본인이 참여하지 못할 것을 걱정하는 것을 뜻하며, 소셜미디어 관계망에서 주로 쓰임), 소위 요즘 말로 인싸(인사이더, insider)가 되지 못할까 불안해하기 보다 스스로 아싸(아웃사이더, outsider)가 되어 남들의 시선에서 벗어나 오롯이 나를 위한 시간을 보내는 여행 선호가 2019년 대비 50% 상승. 비수기에 남들이 다가는 여행지가 아닌 나만의 여행지를 찾아 JOMO를 즐기는 잠수 여행이 2020년 유행할 것으로 내다봤다.

3) 지속가능한 관광(Sustainable Tourism): 빠르게 퍼져나가는 여행 트렌드 중 하나인 지속가능한 관광은 소비자들이 보다 자연친화적인 여행을 선호하는 것을 나타낸다. 이들은 현대 여행의 새로운 물결을 일으키는 선구자로서 방문 지역의 문화·환경적 영향을 고려하여 친환경 항공사를 선택하고, 침구나 수건 교환을 줄이며 대중교통만을 이용하고 걷거나 자전거를 이용하여 관광지를 둘러보는 등 탄소배출량 감소에 신경을 쓰고, 지속가능한 관광상품을 사용하는 등 책임 있는 여행에 동참하고자 한다.

4) 짧은 일상 탈출(Micro Escapes): 전년보다 응답이 줄긴 했으나 여전히 10%가 넘는 응답자들이 바쁜 상황에서도 짧게라도 여행을 가고 싶다고 했다. 집 근처에서 하이킹, 캠핑 등을 통해 연중 틈틈이 쉬기를 원하는 'Micro Escapes'은 내년에도 계속될 전망이다.

5) 자기 계발 여행(Transformative Journeys): 여행은 여행지를 알아가는 것은 물론, 자기 자신에 대해서도 알아갈 수 있는 시간을 가질 수 있는 기회를 준다. 점점 더 많은 사람들이 이러한 여행에 대해 관심을 가지고 있으며, 여행 형태는 마라톤, 요가명상과 같은 자기 발전을 위한 여행과 현지인에게 언어를 가르치거나 나무를 심고, 집을 짓는 등 남을 돕는 봉사여행의 형태 등 개인별로 다양하다고 한다.

6) 미식 여행(Local Gastornomomy): 여행지를 알아가는 가장 빠른 방법은 맛집 검색부터가 아닐까? 여행 전에 온라인을 통해 지역 대표 음식과 추천 음식점을 알아보며, 품격 있는 유명 음식점부터 길거리 음식까지 맛있는 음식이 있는 곳이라면 주저없이 떠나는 미식 여행 역시 주요 여행 트렌드가 될 것이다.

출처: 경남관광박람회 GNTF2020, 대학생 서포터즈 7기(2020.2.23)

 ## 5. 여가 생활의 개선방안

(1) 여가에 대한 수용태도

자유 시간의 증대가 개개인들에게 아직도 충분히 분배되고 있지 못하다. 또한 대부분의 사람들이 여가는 필요한 것이라고 인정하면서도 전통적인 노동가치관 속에 그것을 자연스럽게 받아들이지 못한 채 '논다'라는 말의 어감이 암시하듯 기존의 생활방식과 갈등을 빚음으로써 자유로움을 임의적 특성으로 하는 온전한 여가 시간을 즐기지 못하고 있다.

오늘날 보편화되고 있는 여가 의식과 여가 욕구의 팽창속도를 무리 없이 수용할 수 있는 개인적, 사회적, 정책적 차원에서의 이해와 의식변화가 국민여가부문의 발전을 향한 첫걸음이 된다.

(2) 일탈적 여가 현상의 팽배

물질만능의 퇴폐적 쾌락주의가 주류를 이루는 여가 현상이 각계각층에서 광범위하게 발생하고 있다. 이렇게 여가 생활이 본질적인 가치로부터 일탈, 왜곡되고 있는 원인에는 산업화시대의 급격한 사회변동을 따르지 못하는 개인들의 가치관, 윤리의식, 행동규범 등이 미정립된 상태에서 모든 가치가 돈과 물건으로 계량화되는 것에도 그 원인이 있다.

여가 일탈화 현상의 팽배를 억제하고 그 근원을 고갈시켜야 한다는 것은 개인의 건전한 여가 활동 향유를 위해서도, 역사발전의 동인이 되는 건전한 국민정신의 보호를 위해서도 중요한 과제이다.

(3) 여가 활동의 질적 수준 저하

우리의 놀이 문화는 근본적인 후진성을 탈피하고 있지 못하다. 우리나라의 전통적인 놀이 문화가 일제치하에서 명맥이 끊기고 해방 이후 밀려들어 온 서구문화에 대해서도 그 본질에 정착하지 못해 이것도 저것도 아닌 '얼치기 문화'가 만연해 있다.

여가 활동의 질적 수준을 유지해 주는 여가 공급주체들의 서비스 정신이나 직업의식이 부족한 다양한 여가 활동 프로그램의 개발 부진도 개개인의 여가 활동의 질을 저하시키고 있다. 여가의 질적 수준을 높이기 위해서는 여가 활동의 교육과 프로그램 개발을 위해 각 지방자치단체와 정부의 주도하에 적극적인 지원이 필요하다.

(4) 잠재적 수요가 큰 여가 활동에 대한 대비 부족 현상

여가 활동에 대한 변화와 가까운 미래에 일반화될 수 있는 요트, 윈드서핑, 승마, 골프 등의 많은 수요를 대비하여 아웃도어 레크리에이션(out door recreation)에 대한 준비를 할 필요성이 있다. 이러한 특수한 여가 활동들은 극소수의 동호인들을 제외하고는 정보도입 체계가 수립되어 있지 못하고 사회적 지원도 전무한 실정이다.

잠재적 수요가 큰 여가 활동에 개인이나 사회가 적극적으로 대비하지 못하게 되면 국민들의 여가기회를 축소시키게 되고 획일화를 초래하는 경우가 발생하게 된다. 따라서 관계단체나 교육기관은 잠재적 수요가 큰 여가 활동들에 대한 정보와 기술축적을 확보하여 수요 확대에 대비하는 자세를 가져야 한다.

(5) 여가 공간 시설의 부족

여가 수요에 대비한 여가 공간과 시설의 부족현상은 지속적으로 이어지고 있다. 특히 도시의 녹지공간과 농·어촌지역의 여가 시설 등의 부족은 삶의 질을 윤택하게 하는 여가의 의미 자체를 실체화시킬 수 없도록 만드는 것이 사실이다.

정부나 지역사회에서 제공하는 여가 시설들은 대부분 대도시에 편중되어 있기 때문에 농·어촌 지역의 사람들은 상대적으로 여가 공간과 시설의 부족현상으로 여가를 즐길 수 있는 기회가 줄어들고 있다.

모든 국민은 여가를 누릴 수 있는 권리를 평등하게 가지고 있다. 따라서 취약지역의 사람들을 위해서 적극적인 여가 프로그램과 시설 등을 확보하고 홍보해야 한다.

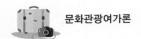

 Case Study

여가 공간 속의 AI(인공지능)

여가 공간은 노는 곳이자 쉬는 곳이다. 일상생활에서 벗어나 편안하고 즐겁게 휴식을 취할 수 있는 공간을 말한다. 최근에는 '한번뿐인 인생'이라는 뜻의 '욜로(YOLO, you only live once)'를 외치는 사람이 늘어나면서 여가 공간의 중요성 또한 점점 커져가고 있다. 그렇다면 AI(인공지능)가 여

사진제공: shutterstock ⓒAI타임스

가 활동에 어떤 영향을 미칠까? 지난 2016년 한국문화관광연구원이 조사한 국민여가 활동 조사 결과 1위는 TV 시청이었다. AI가 여가 활동에 영향을 미치려면 TV 방송 채널의 선택에 영향을 줘야 하겠지만 아직까지는 채널 결정권까지 AI가 가져가고 있지 않다. 하지만 최근 AI 음성비서 시스템의 대중화로 리모콘으로 직접 채널을 조작하지 않고 "내가 좋아하는 영화 채널 틀어줘"라는 음성 명령으로 해당 서비스를 이용하는 수준까지는 왔다. 그런 의미에서 각 통신사의 AI 스피커와 음성비서 어플의 사용 비중이 점점 커지고 있다.

AI가 게임에서 미치는 영향은 어떻게 될까? 과거에 비해서 게임이 여가 활동에서 차지하는 비중은 점점 커지고 있다. 게임의 시나리오와 그래픽 부분에 함수를 넣어 이미지와 동작을 생성시키는 실질적인 구현은 지금까지 사람에 의해 제작되었다. 하지만 지금은 단순 표현 분야를 넘어서 게임 자체를 AI가 수행하도록 하고, AI가 스스로 게임을 만들어 낼 수 있게 하는 제작 도구까지 고안하는 환경이 조성되고 있다. 게임을 즐기는 유저들이 많아지면서 게임을 만들어내는 속도보다 스테이지를 달성하는 속도가 더 빨라졌고, 제작사는 AI 자동 조합 모듈로 다양하고 복잡한 게임에 대한 제작을 하고 있다.

네트워크 게임에서 유저가 직접 조정하지 않더라도 액션을 가지는 캐릭터들은 강화학습에 의해서 움직이게 된다. 자연어 처리랩과 AI랩이 게임 회사의 핵심 부서가 되면서 AI 전공 인력이 게임 회사로 몰려가는 현상은 우리나라에서도 관찰된다.

여가 공간이라는 것은 집이나 카페 같은 편한 곳으로 인식된다. 카페의 백색소음과 공부하는 사람들 사이에서, 같은 테이블에 마주 보고 앉아 있어도 조용히 SNS 메신저로 대화하는 모습이 여가 공간이 되고 있다. 미래의 여가 공간은 AI와 함께 지금까지와는 전혀 다른 방향으로 발전해 갈 것으로 전망된다.

출처: AI타임스(http://www.aitimes.com)

'여가친화기업' 사례로 본 기업의 새로운 문화 만들기

2019년 7월 1일이 되면 근로 시간을 주52시간 이내로 제한하는 주52시간 근무제가 시행된 지 1년이 된다. 이 제도는 2004년 주 5일 근무제 도입으로 대부분의 근로자들에게 토요일 근무가 사라진 이후 가장 큰 노동 시간의 변화를 야기할 것으로 기대하고 있다. 이러한 노동 시간을 줄이는 방법을 고민하게 된 출발은 잘 아는바와 같이 우리나라가 OECD 국가 중 최장노동 시간 국가이며, 이러한 장시간 노동이 삶의 불균형 문제로 인해 근로자들의 삶의 질 저하나 낮은 행복 수준으로 나타난다는 것이 지적되면서부터이다. 결국 오랜 시간 노동을 하던 삶에서 일과 일 이외의 개인적 여가 시간과 가족과 보내는 시간을 삶에서 균형 있게 맞추는 것이 중요하다는 것이 강조되었다. 이러한 사회적인 변화나 분위기로 주변에서 발견할 수 있는 여가친화기업의 사례가 주목받게 되었다. 이에 정부는 좀 더 많은 사례를 발굴하고 알리기 위해 2012년도부터 '여가친화기업 인증제도'를 도입하여 발표하고 있다. 결국, '여가친화기업 인증제도'란 근로자가 일과 여가 생활을 조화롭게 병행할 수 있도록 모범적으로 지원하거나 운영하는 기업을 선정하여 인증하고 지원하는 제도를 말한다.

이 제도는 2015년도 제정된 「국민여가 활성화기본법」 제16조에도 '국민여가 활성화를 위하여 모범적으로 운영하고 있는 기업이나 공공기관에 대하여 우수사례를 발굴하거나 시상할 수 있다'고 명시됨으로써 보다 확산되고 있다. 처음 2012년에 10개 기업을 인증한 뒤, 매년 인증기업 수를 늘려서 2018년도에는 31개 기업을 선정하였다.

출처: 지역문화진흥원 홈페이지(www.rcda.or.kr)

그 외에도 임직원의 설문을 통해 조직문화(유연하고 자유로운 조직문화와 임직원 간의 원활한 소통이 이루어지는가)를 진단하며 전문가가 기업 현장에 나가 기업이 제출한 자료를 확인하고 임직원을 인터뷰하여 그 결과를 근거로 선정하게 된다.

실제 여가친화기업에 선정되기 위해 신청한 기업들의 경우 직원들의 이직률이 높아서 고민하는 중소기업, 새로운 제도를 도입해서 새로운 직장문화를 만들어가고 싶은 기업, 노동강도와 노동 시간의 차이로 고민하는 IT기업, 새로운 CEO가 영입되어 다양한 변화를 시도하는 중소기업, 대표와 직원을 합해서 5인

2018년도 여가친화기업 인증식

미만의 영세하지만 근로환경을 개선해 보려고 노력하는 영세기업 등이 있다. 이 외에도 그동안 다양한 제도를 도입해서 시행하고 있으나 직원들의 요구에 부합되는지 점검하고 싶은 공기업들, 업무의 성격에 따라 사무직과 판매직 또는 영업직 등 다양한 조직구성으로 조직되어 업무 성격에 따라 맞춤형 제도를 도입하고 싶은 대기업들, 고객들에게 친절한 서비스를 제공하면서 정작 직원들이 소외되고 있다고 생각하기 시작한 서비스 업종의 기업들 등다양한 영역과 직업군에서 관심을 가지고 있음을 알 수 있다.

예를 들어 대표적인 IT 기업인 (가) 기업은 직원들의 창의성을 높이고 다른 경쟁 기업으로 이탈하는 직원들을 줄이기 위해, 직원들을 위한 다양한 여가친화 프로그램을 고민하게되었다. 그러던 중 직원들의 아이디어를 반영해서 회사 안에 동아리방을 만들어 그림그리기와 가죽공예 등의 활동을 지원하고 직원들의 작품을 일부 전시까지 해놓기도 하고 있다. 다른 IT 기업인 (나) 기업은 직원들의 업무에 따라 근무시간을 자율적으로 정하도록 하고, 팀별로 집중 근무시간(core time)을 최소로 정해서 개인 업무를 자유롭게 할 수 있도록 유연하게 근무시간을 조정하거나 재택 근무도 가능하도록 하였다. 특히 회사 내 안마의자나 휴게공간(침실 포함), 게임방 등을 제공하여 업무시간 중간에 개인이 선택해서 이러한 공간을 자유롭게 이용하도록 하였다.

외국과 무역을 주로 하는 (다) 기업은 새로운 대표가 영입되면서 미술작품에 대한 관심을 모든 직원들과 공유하기 위해 사무공간에 미술작품을 전시하고, 이를 관리하고 담당할 전문가를 고용하여, 정기적으로 관심 있는 사람들을 모아 전문적인 미술 관련 교육을 하기 시작하였다. 그리고 금요일 오후에는 교대로 신청을 해서 회사 밖으로 나가 개인적으로 미

술품이나 공연을 보는 개인적인 시간을 갖도록 제도로 정착하게 하였다. 처음에는 다소 부정적이었던 시각이 모든 구성원들의 활력으로 되돌아와 생기 넘치는 기업문화로 정착되었으며, 이직률이 낮아지고 직원들 스스로 기획하고 참여하는 다양한 활동들이 늘어나게 되었다고 한다.

온라인 서비스를 제공하는 업체인 (라) 기업은 프로젝트에 따라 근무시간이 유연하게 관리될 필요성을 느껴 직원들과 함께 고민하다가 팀별로 근무시간을 관리하도록 하고, 모든 휴가나 유연근무제도에 대한 결재는 팀장이 관리하도록 하는 시스템을 도입하였다. 이러한 제도를 도입한 근본적인 이유는 직원들 스

2018년 장관표창 우수사례발표 - 스튜디오씨드코리아

스로 자신의 업무시간을 선택할 수 있는 선택권과 갑작스런 개인 상황에 따라(자녀 돌봄이나 노부모 병원 진료 등) 즉각적으로 자신의 근무시간을 조정할 수 있도록 하여 직원들의 만족도를 높이는 데 기여했다고 평가되었다. 현장에서 인터뷰한 경영진이나 직원들 모두 초기에 제도를 악용할 사례가 나올 것에 대해 우려를 했지만, 기본적으로 회사가 직원들을 신뢰하고 있다는 점에서 매우 빠르게 정착했다고 말했다.

경기도에 위치한 제조업인 (마) 기업은 직원들과 연초 회사 워크숍에서 다양한 소통을 하는 과정에서 여가친화 관련제도를 도입하는 안이 제기되고 이를 도입하면서 컨설팅도 받고 싶다는 제안으로 신청하게 되었다. 이 기업은 기본적으로 직장문화를 새로이 하자는 데 강한 동기가 있었고, 여러 가지의 이벤트(생일자 선물, 뽑기로 1일 당첨자 이벤트 등)로 활기찬 직장 분위기를 만들어보던 중 이벤트보다는 제도를 정착해서 지속적으로 만족감을 줄 만한 제도를 고민하던 중 신청하게 되었다. 다행히 여가친화기업의 인증제도는 여가 관련 전문가의 인력풀을 구성해서 현장에서 인터뷰와 자료를 확인하여 선정을 위한 심사를 하기도 하지만, 컨설팅을 통해 기업의 요구에 맞는 제도들을 제안하기도 하고 있다. 이러한 컨설팅의 필요성을 인지하여 2017년부터는 별도의 컨설팅 단계를 운영하여 신청기업 중에서 사전 및 사후에 컨설팅을 요청하게 되면 전문가를 별도로 파견하여 컨설팅하는 과정도 병행하고 있다. 그 결과 여가친화기업에 선정된 기업이 이후 새로운 제도를 도입하거나 기업문화의 변화에 대해 궁금해하면서 재인증을 신청한 기업이 2016년도 이후 12개 기업이나 되었다. 2012년부터 시작해서 신규인증 3년, 유효기간 연장 인증 2년이 지나 2016년부터 재인증이 가능하다고 볼 때 짧은 시간동안 기업 스스로 재인증을 신청한 수가 많은 것을 알 수 있다.

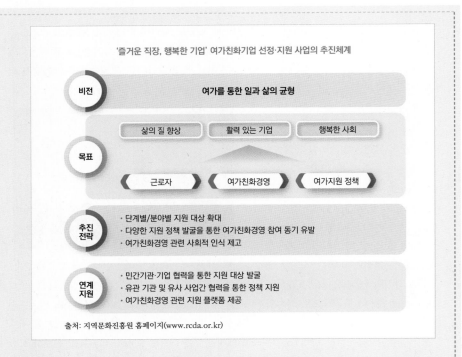

'즐거운 직장, 행복한 기업' 여가친화기업 선정·지원 사업의 추진체계

비전 여가를 통한 일과 삶의 균형

목표
삶의 질 향상 활력 있는 기업 행복한 사회

근로자 여가친화경영 여가지원 정책

추진전략
· 단계별/분야별 지원 대상 확대
· 다양한 지원 정책 발굴을 통한 여가친화경영 참여 동기 유발
· 여가친화경영 관련 사회적 인식 제고

연계지원
· 민간기관·기업 협력을 통한 지원 대상 발굴
· 유관 기관 및 유사 사업간 협력을 통한 정책 지원
· 여가친화경영 관련 지원 플랫폼 제공

출처: 지역문화진흥원 홈페이지(www.rcda.or.kr)

이러한 인증심사 절차를 거쳐 선정된 기업은 10월 문화의 달에 모여 인증식을 개최하면서 서로의 사례를 공유하고 네트워크를 하는 시간을 가지게 된다. 이때 여가친화정책을 담당하거나 여가 정책 관련 전문가들이 참여하여 실제 현장에서 나타나고 있는 변화와 다양한 접근을 오히려 새로워하는 기현상을 경험하기도 한다. 이러한 사례를 공유하면서 기업의 정체성 굳히기, 직원들의 애사심 늘리기, 직장 내 소통의 문화 만들기, 기업의 문화적 가치 확산 경험하기, 실질적인 직장만족도 늘어나기 등의 효과를 간접 경험하게 되기 때문이다.

또한 기업들의 경우에 직원들과 소통하려고 해도 어떤 방식으로 할지 모르거나, 직원들의 문화적 욕구를 어떻게 공유할지 모르는 경우에 이 사업을 통해 기업이나 직원들을 대상으로 문화 예술 향유 기회를 제공하거나 관련 사업에 접할 수 있는 정보를 제공받을 수 있다는 점에서 매우 만족해한다.

물론 제도는 있으나 성공하지 못하는 기업도 있다. 내가 다른 일로 개인적으로 방문한 A 기업은 국내에서도 유명한 IT 업종의 기업인데, 사내에 직원들을 위한 휴식공간, 문화공간, 게임공간 등을 만들어놔서 외부인이 사옥을 방문했을 때 부러움을 사지만, 실제 그 안에 근무하는 직원들은 과다한 업무로 그 공간을 쉽게 접하거나 이용하지 못 한다는 말을 듣게 되었다. 결국, 여가친화 기업이 지향해야 하는 점은 직원들의 이야기를 듣고 그들이 원하는 방식과 제도를 도입하는 것이라고 여겨진다. 그 기업의 특성에 맞게, 구성원들의 성격과 조직특성에 맞게, 그리고 직원들이 스스로 제안하는 제도를 도입하게 된다면 그 기업의 직원 모두가 이용하고 만족할 것이다. 아마도 여가친화기업 인증제가 지향하는 바가 이것이며, 특히 이러한 기업 맞춤형 방식을 위해 컨설팅까지 동시에 이루어지는 것이 아닌가 한다.

최근 유행하는 소확행(小確幸·작지만 확실한 행복)이나 욜로(YOLO: You Only Live Once)라는 말로 워라밸(WLB: 일과 삶의 균형)의 중요성이 회자되곤 한다. 즉 한번 살아가는 삶에서 내가 즐길 수 있는 것을 찾아서 즐기는 것이 중요하다는 인식에서 비롯된 말이다. 그러나 이것을 작다고 표현하기에는 매우 크고 확실한 행복을 찾아가는 방법이고, 그동안 소외되었을 뿐 다시 중요한 자리를 찾아간다는 의미에서는 더 큰 의미로 받아들일 필요가 있다. 인생에서 중요한 것은 일 크기의 문제가 아니라 다양한 삶과 경험이 필요하다는 점에서 실천과 경험의 중요성으로 받아들이는 것이 필요하다. 결국, 일과 삶의 균형을 이루기 위한 가장 확실한 방법은 생활 속에서 실천할 수 있는 다양한 제도나 경험을 통해 개인적인 행복감을 맛보는 것이다. 현재 경기가 안 좋다고, 그리고 우리 기업이 어렵다고 미룰 것이 아니라 과감하게 귀를 기울여서 새로운 기업문화를 만들기 위한 첫 출발을 해야 할 것이다. 현재 그 길을 여가친화기업 인증제도가 함께하고 있으니 외롭지는 않을 것이다.

출처: 웹진 문화관광 2019. 07.

6. 미래의 여가와 직업

1 미래여가의 형태

미래의 여가는 지금의 획일화된 여가와는 다르게 각자의 개성에 맞게 추구하는 여가로 발전하게 되리라 예상된다. 따라서 각 세대에 적합한 여가 활동을 중심으로 여가 산업에 대한 확산이 증가될 것으로 기대된다. 이에 대한 내용으로 건강지향형, 시간소비형, 정보활용형, 모험추구형, 그리고 문화창조형으로 구분되며 다음과 같이 설명할 수 있다.

(1) 건강지향형

현대인들의 치열한 생존경쟁은 정신적, 육체적으로 많은 스트레스를 받고 있다. 이러한 스트레스를 해소하기 위한 다양한 방법들을 찾고 있다. 대부분의 사람들은 주말에 집에서 휴식을 취하거나 가까운 곳을 찾아서 편안한 시간을 보내기도 한다. 또한 건강한 생활을 유지하기 위해서 각자의 방법을 고안하기도 한다.

과학기술과 의료기술의 발달은 사람들의 평균수명 연장과 몇몇의 질병 외에는 의사의 도움으로 생명연장의 꿈을 이루고 있다. 이러한 이유로 고령자의 증가로 인해 실버산업과 관련된 유망업종들이 성행을 이루게 될 것이다.

2030년대에는 우리나라도 초고령화 사회로 진입하게 되면서 고령자들의 여가 활동에 대한 관심이 확대되고 있다. 특히 자연을 배경으로 한 각종 여가 활동은 고령자들에게 정신적, 육체적 건강을 지켜줄 수 있는 최고의 선물로 인정받게 될 것이다.

또한 사회생활로 인하여 많은 스트레스를 받고 있는 사람들 역시 건강에 많은 관심을 가지게 되면서 웰빙(wellbeing)과 관련된 음식과 여가 활동에 소비를 하는 경향이 많다.

남녀노소를 불문하고 건강지향형 여가 생활을 하고자 하는 인식이 보편화되면서 정신적, 육체적인 건강을 회복하게 됨으로써 일상생활로 복귀하였을 때 활기 있는 생활을 영위할 수 있게 될 것이다.

(2) 시간소비형

소득수준의 향상과 여가에 관한 사회적 인식이 많아지게 되면서 여가 산업에도 새로운 변화를 가져오는 계기가 되고 있다. 현대인들의 여가활용 형태는 예전의 금전적인 소비형태보다는 여가 시간을 잘 활용하여 활동의 내용을 충실히 하고 나아가서는 자기 계발의 목표를 달성할 수 있는 기회로 발전하기도 한다.

현대인들은 증가된 여가 시간을 자신의 생활을 더욱 풍요롭고 즐겁게 소비하기 위해 노력할 것이다. 따라서 여행, 스포츠, 취미활동, 자기 계발 등 취미와 생활의 폭이 점점 확대되고, 외식과 다양한 오락성 여가에 대한 수요가 늘어나면서 시간소비형 여가에 대한 수요는 더욱 높아질 것으로 예상된다.

(3) 정보활용형

IT 기술의 발달로 인해 인터넷과 정보통신의 보급 확대는 우리의 여가 생활에도 많은 영향을 미치고 있다. 인터넷의 발달은 여가 활동을 하기 위한 예약, 날씨 예보, 이벤트 안내, 지역의 특성, 관광안내 등 관광객들의 편의에 많은 기여를 하고 있다. 또한 여가 활동을 하는 사람들뿐만 아니라 시설들을 제공하는 업체들 역시 다양한 정보를 활용하게 되면서 관광객과의 쌍방향 커뮤니케이션을 활용하고 있다.

미래의 여가 활동으로는 인터넷과 사물 간의 연결을 자동으로 인식하는 사물인터넷(IOT)이 활성화되면서 관광객들의 여가 활동에도 많은 변화를 가져오게 될 것으로 예상된다.

(4) 모험추구형

미래의 여가 문화는 기존에 존재해 있는 평범한 여가 활동보다는 젊은층을 위주로 하여 개척되지 않거나 위험하면서도 성취감을 느낄 수 있는 모험추구형 활동이 많아질 것으로 예상된다. 미래에는 보다 안전하고 진화된 장비와 과학기술의 발달로 인하

여 안전한 장비로 모험을 경험할 수 있는 여가 활동이 개발될 것이다.

미국의 모험여행 시장규모는 연간 2천200억 달러에 달하고, 지난 5년간 미국성인의 절반 정도인 9천800만 명이 모험여행을 즐겼다고 한다. 예를 들면, 히말라야산맥과 코스타리카계곡 래프팅 및 중남미 갈라파고스섬 원시림 탐험 등이 미국에서 인기를 얻고 있는 모험여행상품이다. 또한 우주산업이 발전하게 되면서 일부 계층만이 누릴 수 있는 우주여행 관광이 인기를 얻게 될 것이다.

전세계 크루즈 관람객은 연간 500만 명 선이며, 매년 5%씩 증가하고 있는 추세이다. 특히 크루즈 여행은 이동과 체류라는 미래형 여행요소를 모두 갖추고 있다. 여가 시간이 증가되면서 중장년층을 중심으로 크루즈 여행 역시 호황을 누리게 될 것으로 예상된다.

또한 스포츠 영역에서도 모험형 스포츠가 유행할 것으로 예상된다. 거대한 협곡에서의 점핑이나 글라이딩 또는 익스트림 스포츠 등의 동호회와 단체들의 모험레저는 젊은층 사이에서 많은 인기를 누릴 수 있으리라 예상된다.

(5) 문화창조형

물질의 풍요로움과 교육수준의 향상으로 인해 자아실현의 욕구를 이루고자 하는 사람들이 증가하게 될 것이다. 개인이나 단체 동호회로 시작된 활동에서 취득한 기술이나 스킬을 활용하여 창작의 활동까지 이어지게 된다는 것이다. 이러한 계기로 취미나 자기 계발의 목적으로 시작한 여가 활동들이 점차적으로 익숙해지고 전문화되면서 직업으로까지 발전할 수 있는 계기가 마련될 것이다.

요즘에는 평생 교육원, 대형마트나 백화점 등에서 성행하고 있는 문화 활동 프로그램들로 인하여 많은 주부들은 여가 시간을 활용하여 여가와 문화, 그리고 사회활동에 참여하는 경우도 증가하고 있다. 미래의 여가 활동에는 문

화, 교양, 창조형 여가 활동들이 개발되면서 개인의 문화적 욕구 충족과 자아실현의 목표를 달성하게 하는 여가가 늘어나게 될 것이다.

2 대한민국의 미래여가

미래학은 과거의 역사 또는 현재의 상황을 분석하여 미래사회를 예측하는 학문으로서 미래를 예측할 수는 없지만, 과거의 역사를 거울 삼고 현재의 흐름을 정확히 읽을 수 있다면, 미래에 발생할 여가관련 문제에 대해 준비할 수 있다.

미래는 일과 여가의 경계가 명확하지 않게 되고, AI나 로봇과 같은 기술혁명의 발달로 여가가 삶의 중심이 되는 여가시대가 도래함을 강조하며, 미래에 대해 선도적으로 준비하며 만들어가는 노력이 필요하다.

10년 후 대한민국의 여가 활동에 대해 예상해 보기로 한다.

첫째, 여가 산업은 의료산업이나 제조업과 같은 관련 산업과 융합하여 과학적인 발전을 도모하게 될 것으로 예상된다.

둘째, 실내에서 즐길 수 있는 다양한 여가 활동이 성행하게 될 것이다.

셋째, 실외에서 즐기는 야외 레크리에이션 시장이 성장하게 될 것이다.

넷째, 장애인이나 노인 등을 위한 여가 활동과 과학기술의 도움으로 활성화하게 될 것이다.

다섯째, 가상현실, 사물인터넷, 소셜 네트워크 서비스 등의 발달로 여가서비스의 직접 관람시청 참여가 촉진될 것이다.

여섯째, 국제적으로도 대면과 비대면 여가 문화의 교류가 활성화될 것이다.

일곱째, 인공지능이나 ICT를 기반으로 한 여가 교육과 코칭이 발달할 전망이다.

여덟째, 과학기술의 발달이 오히려 여가의 부정적 사회문제들을 야기할 가능성이 높을 것이다.

3 미래의 여가 유망직업

(1) 소비생활 어드바이저

개인의 소비와 관련된 불만을 대신 처리해 주고, 구입한 상품에 대해 조언을 해준다. 판매자와 구매자 사이에서 중개인 역할을 수행하기도 한다.

일본의 경우 필기시험에 합격하고 1년 이상의 실무경험 혹은 일본산업 협회가 실시하는 실무연수를 수료하면 소비생활 어드바이저로 인정을 받을 수 있다.

(2) 문화여가사

문화여가사는 문화와 여가에 대한 다양한 정보와 서비스를 제공함으로써 여가 시간을 알차게 보내는 방법을 알려주고 여가 생활을 지원한다.

일본의 경우 일본 레크리에이션협회가 실시하는 관련 교육을 이수하고, 자격시험에 응시해 합격하면 문화여가사 자격증을 취득할 수 있다.

(3) 레크리에이션 강사

레크리에이션 강사는 기업이나 단체 또는 학교에서 행사를 개최할 때, 행사장에서 레크리에이션 프로그램을 준비하고 진행하는 사람이다.

레크리에이션 강사가 되는 데 필요한

특별한 조건은 없지만, 해당 분야에 대한 충분한 지식과 실기 능력이 요구된다. 따라서 전문대학이나 대학교에서 레크리에이션학과, 이벤트학과 등 관련 학과를 졸업하거나, 민간협회에서 발급하는 레크리에이션 자격증을 취득하면 취업에 도움이 될 수 있다.

(4) 플로리스트

꽃을 용도에 따라 알맞게 디자인하거나 연출한다. 넓게는 꽃을 재배하는 사람부터 판매하는 전문인이나 예술인까지도 플로리스트로 볼 수 있다.

손재주와 미적 감각 등의 재능만 있다면 성별, 나이, 학력 제한 없이 누구나 플로리스트로 일할 수 있다. 플로리스트 자격증을 취득하면 좀 더 전문적으로 일할 수 있다.

(5) GRO(Guest Relations Officer)

호텔에 근무하면서 귀빈이나 VIP 객실을 이용하는 고객을 위한 서비스를 담당한다. 호텔 내에서의 일상적인 서비스는 물론, 고객의 비즈니스 및 관광 스케줄을 관리한다.

국내외에서 호텔 경영학을 전공하거나, 훈련기관에서 호텔 업무와 관련된 교육을 받는 것이 유리하다. 외국인 관광객을 대할 기회가 많기 때문에 외국어와 다양한 외국의 문화를 학습하면 더욱 편안한 서비스를 제공할 수 있다.

(6) 여행상품 개발자

여행상품 개발자는 아직 여행지로 발굴되지 않는 곳을 찾아서 새로운 관광지를 구성하고 여행상품으로 개발하는 일을 한다.

전문대학이나 대학에서 관광과, 호텔경영학 등의 관련 학과를 전공해야 한다. 국내 여행안내사 나 한국관광 통역 안내사 자격증을 취득하면 여행안내에 관한 전문성을 기르는 데 도움이 된다.

(7) 국외여행 인솔자

외국을 여행하는 내국인을 안내한다. 여행 출발부터 귀국할 때까지 관광객과 함께 움직이면서 일정에 따라 해외여행과 관련된 모든 일을 담당한다.

관광관련 실업계 고등학교나 전문대, 대학교의 관련 학과를 졸업하여 국외여행 인솔자 자격증을 발급받으면 된다. 비전공자의 경우 여행 관련 분야에서 6개월 이상 경력을 쌓아 교육을 받으면 자격증을 발급받을 수 있다.

(8) 파티 플래너

효과적인 파티 진행을 위해 파티의 전체 과정을 총괄한다. 파티의 계획에서부터 홍보, 파티 당일 준비사항 점검과 연출, 진행 등을 담당한다.

대학의 이벤트 혹은 홍보 관련 학과에서 교육을 받을 수 있다. 파티를 주관하는 회사에서 아르바이트로 일하며 경험을 쌓는 것도 실무를 익힐 수 있는 좋은 방법이다.

출처: 다양한직업들, 사용자 바롱, 2019.12.13

 4차 산업혁명시대 여가 생활을 위한 AI와 Big Data의 활용

1. 인공지능과 빅데이터 그리고 여가 생활

여가가 개인의 자유 시간을 활용하는 행위이고 특히 취향을 향유하는 시간이라는 점에서 특유의 가치가 있다. 그런 관점에서 보면, 산업화 시대의 대량생산체제는 이후 산업화 후기 및 4차 산업화시대의 다품종 소량생산체제로 전환되어 소비자들에게 다양한 취향에 맞는 제품들을 제공했다. 대중들은 여가 시간에 구미에 맞는 상품과 서비스를 즐기면서 마치 개개인의 취향에 맞는 여가를 향유하는 듯했다. 하지만 아이러니하게도 데이터 스모그라 불리는 현상이 발생하게 된다. 데이터 스모그는 소비자들이 선택할 상품이 많아 판단력이 흐려지는 상태를 일컫는다. 경영학에서는 고객이 아픔을 느낀다고 해서 이 지점을 일명 '통점'이라 한다. 이런 현상을 해결할 수 있는 것이 바로 인공지능과 빅데이터를 활용한 고객별 맞춤 서비스 시스템이다. 고객에 대한 내외부 소스와 데이터를 이용해 그들의 소비패턴을 분석하여 고객별 프로파일링을 기반으로 한 맞춤형 서비스를 제공하는 것이다.

다시 말하면 기존의 방식은 고객이 여가를 즐기기 위해 자신이 좋아하는 서비스나 상품을 고르는 것이었다면 빅데이터 기반의 맞춤형 서비스는 고객에게 적합한 적은 선택지를 제시하고 고르게 한다. 이번 칼럼의 사례이기도 한 넷플릭스와 스포티파이가 인공지능과 빅데이터를 기반으로 한 서비스를 제공한다. 전 세계의 대중들은 이 기업이 제공하는 서비스에 열광하고 기꺼이 자신의 여유시간을 이 기업의 시스템과 함께한다. 빅데이터가 부착된 인공지능이 전 세계의 음악과 영화를 분석하면서 동시에 서비스를 이용하는 이용자의 소비 패턴과 성향을 파악해 연결하는 것이 위 두 기업서비스의 핵심이다.

출처: https://cosmorning. com/news/article.html?no=29796

2. 넷플릭스의 사례

대략 전 세계 1억 3천만 명 정도의 시청자를 확보한 넷플릭스는 오리지널 콘텐츠의 퀄러티 확보, 안정적으로 끊기지 않는 영상공급기술, 클라우드 기반 서비스를 통한 데이터의 안전시스템 인프라 구축을 기반으로 하고 있다. 이런 탄탄한 시스템을 바탕으로 빅데이터를 근간으로 세계

출처: http://www.hani.co.kr/arti/culture/culture_gener-al/883326.html

소비자들에게 맞춤형 드라마, 영화 영상 서비스를 제공한다. 한 마디로 이용자들에 대한 '취향저격'을 제대로 해낸 것이다. 그렇다면 넷플릭스는 어떻게 이용자들의 취향을 파악해 그들에게 서비스를 제공했을까?

넷플릭스는 단순한 인구통계학적 분류로 시청자들을 나누지 않는다. 거주하는 지역, 나이, 종교 등으로 서비스 이용자들을 구별하지 않고, 빅데이터를 활용해 그들의 시청 패턴을 철저하게 분석한다. 우선 넷플릭스는 1억 3천만 이용자의 시청 습관을 수집한 뒤 시청자들이 좋아하고 싫어하는 장면과 각 에피소드로 전 세계 시청자들의 반응을 체크한다. 이를 토대로 이용자들의 취향을 캐치해 내고 시청자들의 취향군을 만든다. 그 후 넷플릭스는 취향별로 맞춤형 서비스를 제공하는데 상품의 상징이 되는 해당 포스터까지 철저히 취향군에 맞춰서 다르게 영상으로 보낸다. 그리하여 넷플릭스 시청자의 75%는 넷플릭스가 추천한 영화를 본다. 철저히 소비자와 관련된 빅데이터 활용, 인공지능이 구사하는 머닝러신 기법의 합작품이다.

한국에는 2016년에 넷플릭스 서비스가 제공되었다. 명성에 비해 한국에선 초반에 영향력을 가지지 못했다. 한국인들이 좋아하는 콘텐츠가 부재했을 뿐만 아니라 기존에 자리 잡고 있는 플랫폼들이 있었기 때문이다. 그러나 넷플릭스는 한국 시청자들의 취향을 파악하기 시작했고 그들에게 맞는 한국형 콘텐츠 등을 제공했다. 킹덤, 범인은 바로 너, 옥자는 한국 시청자들을 사로잡기 위해 제공한 상품들이다. 그 결과 한국에 진출한 지 2년만인 2018년경 넷플릭스는 100만 한국인 시청자들을 확보한다. 국내 지상파 등이 넷플릭스를 견제하면서 논쟁에 불을 붙이고, 애국심에 기반한 호소를 하고 있지만 먹히지 않고 있다. 그만큼 인공지능과 빅데이터에 기반한 취향맞춤 서비스는 매력적이고 막강하다는 걸 넷플릭스는 보여주고 있다.

3. 스포티파이 사례

스포티파이도 넷플릭스와 마찬가지로 인공지능과 빅데이터를 바탕으로 소비자들의 취향을 타켓으로 한다. 스포티파이는 스웨덴 뮤직스트리밍 플랫폼 서비스 기업으로, 인공지능을 활용해 전 세계에 존재하는

출처: https://commons.wikimedia.org/wiki/

모든 음악을 수집해 음악의 구성 요소를 철저히 분석한다. 이용자들이 좋아하는 음악과 싫어하는 음악은 당연히 포함해 시간대별로 이용자들의 청취음악의 패턴을 분석하기까지 한다. 이를 토대로 스포티파이는 '추천 알고리즘'을 통해 사용자의 취향에 맞는 가수와 음악을 추천한다. 게다가 사용자의 상황, 가령 운동, 수면 등의 분위기에 걸맞는 음악재생목록을 제공한다. 이에 만족하지 않고 스포티파이는 '최고의 음악 지능 플랫폼' 구축을 목표로 삼고 빅데이터와 인공지능을 기반으로 한 유수의 기업들을 인수했다. 그 기업은 음악 추천 앱투니고, 음원 데이터 분석업체 에코네스트, 데이터 분석업체 시드사이언티픽, 음악 추천 스타트업 닐랜드이다.

결국 스포티파이는 전 세계 1위의 음원 스트리밍 제공기업으로 성장해 이용자 1억 8천만 명, 그중 매달 10달러를 내고 듣는 이용자 8천300만 명을 확보하고 있다.

사용자들은 스포티파이에 대해 이렇게 평한다. '나보다 내 취향을 더 잘 안다.' '스포티파이가 제공하는 음악은 헤어진 애인이 들려주는 음악 같다.'

이렇듯 4차 산업혁명의 핵심 요소인 인공지능과 빅데이터는 인간들에게 좀 더 자신의 취향과 맞는 문화서비스를 제공할 수 있다. 결국은 질 높은 여가 생활로 이어질 가능성을 높인다. 다가오는 4차 산업혁명 시대에 미리 우리들의 여가 생활의 즐거움을 배가시키고 취향에 맞는 여가 스타일을 만들기 위해 위에 제시한 서비스들을 적극 이용하는 시대를 맞고 있다.

출처: 2021 융합경영리뷰 6월호

부록

우리나라 주요 여가 시설 현황

문예회관

- 공립문화 시설로써 공연장을 중심으로 하는 복합적 성격의 지역문화 예술시설
- 각 지역에서 공연예술을 중심으로 전시·교육·정보 등 다양한 분야의 문화향수와 창조활동을 활성화하는 거점 공간을 의미

  예 문화회관을 비롯한 시민회관, 시민문화회관, 문화체육센터, 문화센터, 예술의전당, 아트홀 등 유사 명칭이 다양하게 사용

지방문화원

- 시·군·구 단위로 설립되는 지방문화원은 지역축제, 민속행사 등 전통문화의 발굴·보존과 각종 문화행사를 주최하는 등 지역문화진흥을 위한 지역문화 사업을 수행하기 위한 단체
- 주요기능
  - 향토문화 연구소 운용, 향토사료전시관 설치 운영, 문화유적지 탐방, 지역문화행사 등
- 운영 프로그램: 전통문화, 문화 예술, 생활문화, 어학, 컴퓨터

문화의 집

- 지역주민이 생활권역 안에서 문화 예술을 이해하고 체험하며 직접 참여할 수 있도록 하기 위한 복합문화공간
- 주요기능
  - 지역고유문화의 계발·보급·보존·전승 및 선양, 향토사의 조사·연구 및 사료의 수집·보존
  - 지역문화행사의 개최 및 문화에 관한 자료의 수집·보존 및 보급
  - 지역전통문화의 국내외 교류 및 지역문화에 관한 사회교육활동
- 운영프로그램: 문화 예술, 생활문화, 어학(영어, 한문), 컴퓨터, 생활체육 및 건강, 문화감상, 전통 문화

생활문화센터

- 지역주민의 생활문화 참여기회를 확대하고 다양한 생활문화 활동을 지원하기 위한 목적으로 건립된 문화 시설

사설문화센터

- 백화점, 쇼핑센터, 마트, 신문사 등과 같은 사설기관에서 문화여가 관련 교육을 실시하는 시설
  예 롯데백화점 문화센터, MBC 문화센터 등

미술관

- 문화 예술의 발전과 일반공중의 문화향수 증진에 이바지하기 위하여 박물관 중에서 특히 서화·조각·공예·건축·사진 등 미술에 관한 자료를 수집·관리·보존·조사·연구·전시하는 시설
- 운영 프로그램: 교양이론강좌, 직무연수

박물관

- 문화 예술, 학문의 발전과 일반공중의 문화향수 증진에 이바지하기 위하여 역사·고고·인류·민속·예술·동물·식물·광물·과학·기술·산업 등에 관한 자료를 수집·관리·보존·조사·연구·전시하는 시설
- 운영 프로그램: 문화학교, 문화유적답사, 박물관연수

도서관

- 도서관자료를 수집·정리·분석·보존·축적하여 공중 또는 특정인의 이용에 제공함으로써 문화 발전 및 평생 교육에 이바지하는 시설
- 읍·면·동 사무소의 기능전환으로 인한 여유공간을 활용해 주민을 위한 문화, 복지, 편익시설 및 프로그램을 운영하고 주민 참여를 통해서 주민자치의식과 지역공동체형성의 구심체역할
- 주요기능
  - 주민자치기능, 문화여가기능, 지역복지기능, 주민편익기능, 주민교육기능, 지역사회진흥기능
  - 정보 및 문화 교육센터로서의 기능(평생학습관, 문화학교 등의 운영)
- 운영 프로그램: 문화 예술, 생활체육, 건강, 생활문화, 문학강좌, 어학, 컴퓨터

여성회관/여성발전센터

- 여성을 대상으로 기술·기능교육을 실시하여 여성의 자질향상 및 능력개발 등 여성의 복지증진
- 주요기능
  - 여성의 사회참여 활성화를 위한 교육 및 활동의 장 제공, 여성의 교양교육 및 여가 활동 지도
  - 여성의 경제력 향상 지원, 지역여성복지사업, 상담사업, 자원봉사활동지원 등
- 운영 프로그램: 여성복지 상담사업, 여성자원봉사센터 운영, 보육사업, 시설대여, 기능교육 등

사회복지관

- 지역사회 내에서 일정한 시설과 전문인력을 갖추고 지역사회의 인적·물적자원을 동원하여 지역사회복지를 중심으로 한 종합적인 사회복지사업을 수행하는 사회복지 시설

- 운영 프로그램: 가정복지사업, 지역복지사업, 장애인복지사업, 아동복지사업, 청소년복지사업, 노인 복지사업

평생학습관
- 지역주민을 대상으로 평생 교육 프로그램 운영 등 지역학습센터로서의 역할과 더불어 평생 교육에 관한 연구·연수 및 정보제공의 기능 수행
- 주요기능
  - 지역주민을 대상으로 평생 교육 프로그램 운영, 지역학습센터로서의 역할, 평생 교육에 관한 정보 제공의 기능 수행 및 연구·연수
- 운영 프로그램: 대부분 평생학습관으로 지정된 도서관이므로 문학 강좌 다수

오락장 (아케이드 게임방, 카지노 등)
- 아케이트 게임방: 대개 동전을 넣고 게임을 즐기는 형태를 취하는 오락장을 지칭하는 것, 특성상 고도의 집중을 요구하는 게임보다 간단한 여흥거리가 될 만한 게임들이 주로 비치 되어 있으며 게임의 진행에 오랜 시간이 걸리지 않는 종류가 주종을 이룸
- 카지노: 해변가, 온천지, 휴양지 등에 있는 일반 옥내 도박장을 말하며 우리나라에서는 관광업의 발전을 위해서, 국내 외국인이나 관광객용으로 서울, 부산, 제주 등의 관광호텔에 개설됨

국민체육센터
- 국가에서 국민들의 체력증진과 생활체육 확대를 위해 건립한 다목적 복합 체육시설로 수영장, 체육관, 헬스장 등을 갖춘 시설

청소년수련관
- 실내 활동 위주의 시설을 다양하게 갖추고 수련거리를 상설 운영하는 수련시설
- 운영 프로그램: 학교연계프로그램, 기획프로그램, 단위수렴프로그램, 동아리, 인터넷카페, 자원봉사

생활권공원
- 근린거주자 또는 근린생활권으로 구성된 지역생활권 거주자의 보건과 휴양 및 정서생활의 향상에 기여함을 목적으로 설치된 공원
  예 생활권 공원(소공원과 어린이공원)을 제외한 지역생활권 내 설치된 공원

주제공원
  예 역사공원, 문화공원, 수변공원, 묘지공원, 체육공원 등

유원지

- 유원지는 사람이라는 위락행위자(慰樂行爲者), 산·강·호수·평야와 같은 자연환경, 교통·유흥·숙박을 위한 위락시설물로 구성되며 크게 시가지 내에 시설되는 동력오락기계를 주로 하는 것, 도시에서 멀리 떨어진 경치가 좋은 곳에 숙박시설을 갖춘 것으로 구분됨
  - 예 서울특별시에 있는 뚝섬유원지, 부산광역시에 있는 송도유원지, 대구광역시에 있는 동촌유원지, 광주광역시에 있는 지산유원지, 강원도의 강촌유원지, 한강변의 팔당·청평·남이섬 유원지

테마파크

- 테마파크(theme park)는 특정주제(theme)를 정하여 그 주제에 맞는 오락시설과 건축, 조경 등의 연출이 이루어지는 공원을 말하며 테마공원이라고도 불림, 놀이동산이나 놀이공원과 비슷한 의미로 사용됨. 뚜렷한 테마를 가지고 모든 관련요소들이 주제에 맞게 꾸며져 있으며, 건물이나 분위기뿐만 아니라 판매상품이나 종업원의 복장까지도 테마에 맞게 꾸며짐
  - 예 롯데월드, 에버랜드, 서울랜드, 오션월드, 스파캐슬 등 놀이공원과 워터파크

농산어촌체험장

- 농어촌의 자연환경, 전통문화 등을 도시민들이 체험하고 즐길 수 있는 장소로 농어촌체험마을 및 시설을 포함
  - 예 킨텍스 농어촌생태체험장, 당진농촌체험장 등

삼림욕장

- 삼림욕을 할 수 있는 환경과 시설을 갖춘 곳
  - 예 서울대공원산림욕장, 용인 자연휴양림, 청평자연휴양림 등

캠핑장

- 보통 숲속에 있으며, 평평한 대지에서 야영을 할 수 있는 장소
  - 예 송도 국제캠핑장, 오토캠핑장, 엠캠프 가평 글램핑장 등

참고문헌

고미영·오상훈(2010), 한국 고령사회 노인여가 정책 활성화 방안, 제주관광학 연구, 14, 58-74.

고재욱·이상식(2012), 고령층 여가 산업의 법적 환경과 운영효율화 방안, 스포츠와 법, 15(4), 85-117.

권영길·차상운(2013), 주 5일 수업제로 인한 청소년의 여가 활동에 대한 인식. 인권복지연구, 13호, 81-101.

김남중(2021). 고령사회 노인여가 문화의 개선을 통한 노인 복지관광의 활성화 연구, 세한대학교 대학원 박사학위논문.

김미희(2021). 자전거 라이더의 진지한 여가와 삶의 질 결정요인, 서울시립대학교 도시과학대학원 석사학위논문.

김애순(2006), 성인발달과 생애설계.

김오중(2000), 여가, 레크리에이션 총론, 대경.

김정운·최석호·이장주(2004), 주 5일제와 여가 정책, 여가학연구, 2(1), 87-99.

김효정 외(2007), 여가 공간의 정책적 유형화.

문경원(2014), 대전시민의 여가 의식과 문화관광 수요조사 연구, 대전발전연구원.

박광희·김대관 (2013a), 100세 시대 삶의 질 제고를 위한 노인 여가분석 I: 노인 여가 레퍼토리 분석, 『관광레저연구』, 25(6), 85-104.

박광희·김대관 (2013b), 100세 시대 삶의 질 제고를 위한 노인 여가분석 II: 노인 여가 만족도 분석, 『관광레저연구』, 25(7), 541-555.

박광희·김대관(2014), 여가 공간 유형별 노인여가 특성 및 만족 분석, 관광레저연구, 26(7), 678-696.

박양우(2012), 문화융성의 의미와 과제, 한국문화관광연구원.

박영제(2014), 호텔경영론, 한올출판사.

박주한(2012), 스포츠의 개념연구, 한국체육철학학회지, 20(4), 163-175.

안신현(2012), 솔로 이코노미, 1인 가구의 부상, 경영노트.

오상훈 외 2인(2009), 현대여가론, 백산출판사.

유정우(2011), 주 5일제 시행확대와 가족 여가 활성화, BDI 포커스, 제120호.

윤소영(2011), 100세 시대 대비 여가 및 문화 활동 활성화 방안, 한국문화관광연구원.

윤소영(2012), 여가 문화 활성화를 위한 여가기본법 제정안 연구, 한국문화관광연구원.

윤소영(2013), 100세 시대 문화여가로 잘사는 법, 창조산업과 콘텐츠.

윤소영·윤주(2009), 생애 주기별 여가 활동 모형 개발, 한국문화관광연구원.

윤소영·최석호·정영종·박정주·옥성삼(2012), 여가 문화 활성화를 위한 여가기본법 제정안 연구, 한국문화관광 연구원.

윤주(2014), 한국형 여가 교육 모형개발연구, 한국문화관광연구원.

이나련(2014), 삶의 질 향상을 위한 가족 친화적 여가 활성화 방안 모색, (재) 경기도 가족여성연구원, 제8호 14-05.

이철원(2002), 현대 여가학, 대한미디어.

이혜경(2023). 노인의 여가 활동 유형이 자아존중감에 미치는 영향에 관한 연구, 백석대학교 기독교전문대학원 박사학위논문.

조경욱·이동기·이중섭(2011), 100세 시대 도래, 노인 삶의 질 준비 필요하다, 이슈 브리핑, Vol.58.

조우순(2023). 여가 제약과 여가참여동기가 액티브 시니어의 삶의 질에 미치는 영향 연구, 경희대학교대학원 박사학위논문.

조현호(2001), 여가론, 대왕사.

조호정·전선형(2010), 국내 1인 가구의 7대 구조적 특징 - 1인 가구의 저소득, 고령화 심화, 경제주평, 7-14(통권394호), 현대경제연구원.

주영민(2011), 한국관광 산업의 업그레이드 전략, 삼성경제연구소.

지우석(2013), 여가 문화의 새로운 트렌드, 경기개발연구원.

최경은·윤주(2013), 1인 가구 여가 활동분석 및 대응정책 연구, 한국문화관광연구원.

최석호(2012), 여가를 통한 행복사회 정책토론회, 한국문화관광연구원.

최석호(2013), 국민행복시대의 여가 정책. 문화융성시대 국가정책의 방향과 과제, 한국문화관광연구원.

최석호(2014), 일과 삶의 조화, 이론적 연구.

최석호·박성필(2001), 여가진흥법 국내외 주요 사례연구, 한국여가 문화학회, 여가학연구, 5(2), 88-126.

최원종(2023). 여가스포츠 참여노인의 자기통제감과 건강신념간 차이 및 관계.

경기복지재단(2011), 경기도 경로당 운영 활성화 방안.

대한상공회의소(2013), 대한상공회의소 보도자료.

문화관광부(2007), 전게서.

문화관광부·한국문화관광연구원(2007), 2007 여가백서.

문화관광체육부·한국문화관광연구원(2008), 노인여가 문화 활성화 방안을 위한 실태조사, 노인 여가 시설을 중심으로, 128-134.

문화체육관광부 (2012), 『2012 국민여가 활동조사』, 서울: 문화체육관광부.

문화체육관광부(2012), 2012 국민여가 활동조사.

문화체육관광부(2014), 2013 여가백서.

문화체육관광부(2023). 2023년 국민문화 예술활동조사, 국민여가 활동조사 보도자료.

보건복지부(2013), 2013 노인 복지 시설현황.

삼성생명, 은퇴저널 6월호.

연합뉴스(2024.05.09.). 시민이 꼽은 랜드마크는 한강, 외국인은 광화문 광장.

제주관광공사·제주발전연구원(2012), 외국인 개별관광객 중저가 숙박시설 이용 활성화 방안.

통계청(2013), 통계포탈 http://kosis.kr/statPopulation/main.jsp

한국관광공사(2007), 국내실버관광 실태조사.

한국관광공사(2011), 스포츠관광 마케팅 활성화 연구.

한국레저산업연구소(2011), 레저백서.

한국문화 관광연구원(2009), 노인여가 문화 활성화 방안을 위한 실태조사.

한국여가 문화학회(2022). 제2차 국민여가 활성화 기본계획수립을 위한 연구.

한국은행(2008), 2005 산업 연관표.

한국콘텐츠진흥원(2011), 2011년 1분기 콘텐츠산업 동향분석 보고서.

Card Gorilla(2023). 취미,여가 비용중 지출이 가장 큰 영역은?

LG 경제 연구원(2014), LG Business Insight, LGERI 리포트.

Bob, D., Andy, V.(2008), Selling the sea, John Wiley & Sons, Inc. Hoboken, New Jersey.

Crawford, D. & Godbey, G.(1987), Reconceptualizing, barriers to family leisure, Leisure Sciences, Vol. 9. p. 122.

Gambles,. R., Lewis, S., & Rapport, R.(2006), The myth of work. Life balance; The challenge of our time for Men, Women and Societies, John Wiley & Sons.

Godbey, G.(1981), Leisure in your life: An exploration, State College, PA: Venture Publishing, Inc.

Gayle, J.(2007), Water-based tourism, sport, leisure, and recreation experiences, Elsevier, Inc.

Johnny, A., William, O., Ian, M., Robert, H.(2002), Festival and special event management, John Wiley & Sons. Australia, Ltd.

Judy, A.(2002), The business of event planning, John Wiley & Sons, Canada Ltd.

Knesch, J. & Robert, K. Davis(1972), Comarison of methods for recreation evaluation, in D. Robert * N. Dorfman(eds.), Economics of the Environment.

Kraus, Richard G.(1990), Recreation and leisure in modern society, 4th ed., Glenview, A division of Scott, Foresman and Co.

Kwong, E. W. Y., Lai, C. K. Y., & Liy, F. (2014), Quality of life in nursing home setting: Perspectives from elderly residents with frailty. Clinical Nursing Studies, 2(1), 100-110.

Linda, N.(2007), The leisure economy, John Wiley & Sons. Canada, Ltd.

Leonard H., Hoyle, Jr., CAE, CMP (2002), Event marketing, John Wiley & Sons, Inc. New York.

Meyer, H. D., Brightbill, C. K. & Sessoms, H. D. (1969), Community recreation(4th Ed.), New York: Prentice-Hall.

Robert, M.(2006), Work, family, and leisure, Rowman & Little field Publishers, Inc.

Simon, P. M. and Haas, A. L. (2013), Family, leisure activity and functional status in older adults: Relationship with subjective well being. Clinical Gerontologist, 36(4), 275-293.

Stanley, C. Plog(2003), Leisure travel, Pearson Prentice Hall.

Su, C. L., Lee, C. J., & Shinger, H. S. (2014), Effects of involvement in recreational Sports on physical and mental health, quality of life of the elderly. Anthropologist, 17(1), 45-52.

Tony, Veal, A. J.(2005), Leisure and tourism policy and planning, Cambridge: CABI Publishing.

World Health Organization(2013), World Health Statistics 2013.

찾아보기

기타

저자 소개

박영제

학력
- 용인대학교 호텔관광경영학 학사
- 수원대학교 대학원 호텔관광경영학 석사
- 계명대학교 대학원 관광경영학 박사
- University of Nevada, Reno 대학원 과정

경력
- (현) 문화관광 콘텐츠 연구소 연구 소장
- 호텔 신라 서울 서비스 교육센터 수료
- 한국국제대학교 산학 협력단 연구원
- 계명대학교 외래교수
- (사)대한관광경영학회 이사
- 호텔 신라 서울 근무
- 부산 코모도 호텔 근무
- 국립경상대학교 평생 교육원 문화관광해설사 강사
- 진주 보건대학교 외래교수
- (사)한국외식경영학회 이사

저서
- 호텔경영론, 한올출판사
- 문화관광 정책론
- 관광학원론
- 환대산업 서비스경영론, 한올출판사
- 융합 관광론

주요 논문
- 「영화 또는 드라마속의 PPL이 호텔브랜드 이미지와 만족도에 관한 연구」
- 「한국형 호텔 브랜드 자산 가치 구성 척도 개발」
- 「간접광고에 노출된 호텔브랜드가 기업이미지와 고객선호도에 미치는 영향」
- 「간접광고가 호텔레스토랑 브랜드 이미지와 만족도에 미치는 영향 연구」
- 「호텔마케팅 커뮤니케이션이 브랜드 인지도, 이미지, 충성도에 미치는 영향」
- 「커피전문점의 문화마케팅활동 브랜드 이미지와 재구매의도에 미치는 영향」
- 「피자전문점의 물리적 환경이 서비스품질과 행동의도에 미치는 영향」
- 「확장된 한국형 호텔 브랜드 자산 가치 구성 척도 개발」

김광우

학력
- 경기대학교 일반대학원 외식조리관리학과 박사
- 경기대학교 관광대학원 호텔카지노컨벤션경영학과 석사
- 경기대학교 경상대학 경영학과 학사

경력
- Imperial Palace Hotel 식음료부 팀장
- Grand Hyatt Seoul Hotel 식음료부 근무
- 경기대학교, 재능대학교, 경복대학교 외래(겸임)교수
- Ritz-Carlton Seoul Hotel 식음료부 매니저
- 국제대학교 호텔외식조리과 교수

저서
- 실전외식사업경영론
- 외식창업백과
- 호텔경영론
- 조주기능사자격증 쉽게따기
- 커피학개론
- 음료와 칵테일
- 최신 식음료경영 바이블
- 소믈리에 자격증 쉽게따기 외 다수
- 커피바리스타관리론
- The Bartender's Basic
- 호텔조리실무영어

주요 논문
- 호텔기업의 아웃소싱 도입에 따른 호텔리어의 인식에 관한 연구
- 호텔기업의 사회적 책임(CSR)활동이 종사원의 이직의도에 미치는 영향(조직이미지, 조직신뢰 그리고 직무성과의 매개 역할)
- 여행 경제환경 인식에 따른 소비가치의 차이분석에 관한 연구
- 호텔기업의 효과적 조직팀웍을 위한 서번트 리더쉽의 역할 연구 외 다수

조선하 ————————————————————————————————————

학 력
• 목포대학교 레저스포츠산업학과(체육학박사)

경 력
• 현) 조선대학교 미래사회융합대학 교수
  대한생활체조협회위원
• 전) 광주관광재단 위원

• 한국여성체육학회 이사
• 광주문화재단 자문위원

저 서
• 여가복지신체활동의실제
• 여가사회학

• 즐거운실버여가메뉴얼
• 여가이벤트실습

문화관광여가론

초판 1쇄 인쇄 2017년 1월 25일
3 판 1쇄 발행 2025년 2월 10일

저　　자　박영제·김광우·조선하
펴 낸 이　임순재
펴 낸 곳　(주)한올출판사
등　　록　제11-403호
주　　소　서울시 마포구 모래내로 83(성산동, 한올빌딩 3층)
전　　화　(02)376-4298(대표)
팩　　스　(02)302-8073
홈페이지　www.hanol.co.kr
e - 메 일　hanol@hanol.co.kr
I S B N　979-11-6647-516-0

문화관광여가론

문화관광여가론

문화관광여가론